Public

Crisis

Manager

公共危机管理通论

Public Crisis Management

◇ 胡税根
余潇枫
何文炯　等著
米　红

ZHEJIANG UNIVERSITY PRESS
浙江大学出版社

序

    当今社会政府在管理和影响社会及经济发展方面承担着更为重要的责任。与此同时，现代政府管理面临的环境也显得愈来愈复杂多样，各种矛盾和竞争错综复杂，不同类型的公共危机事件频繁发生，已成为影响社会稳定和经济发展的重要因素。对公共危机的有效管理，是当今世界任何国家和政府都必须认真对待的重大问题，也是政府履行维护公共利益的职责、实现有效治理的重要途径与基本目标。

    当前，我国正处于社会主义现代化建设的转型期，由于政治、经济、文化、地理等方面的因素，不同程度的公共危机时有发生。如何有效地管理公共危机，做到预防公共危机、正确处理公共危机、尽力将公共危机危害程度降到最低，这是现代政府面临的紧迫任务，也是提高党的执政能力的重要问题。我国从"非典"事件以后，高度重视公共危机管理问题，从中央到地方都开始建立了应急管理体制和机制。2007 年 8 月 30 日我国第十届全国人民代表大会常务委员会第二十九次会议通过了《中华人民共和国突发事件应对法》，并于 2007年 11 月 1 日起施行。这部法律是我国公共危机管理的纲领，标志着我国公共危机管理体系逐渐走向成熟。但从总体看，随着现代社会公共危机范围的扩大和影响程度的加深以及现代社会的迅速变化，公共危机管理也趋向于更为复杂。2008 年的金融危机、各种自然灾害、社会领域的突发事件都证明公共危机管理的研究有待进一步深入。

    由浙江大学公共管理学院胡税根教授、余潇枫教授、何文炯教授和米红教授等撰写的这本《公共危机管理通论》正是在上述背景之下撰写的一部专著。该著作结合当前公共危机管理发展的前沿性问题，对公共危机管理的研究领域进行了较为全面的阐述并有新的突破，该书作者提出了许多创新性的观点和看法，对我们从公共管理的视角深入认识公共危机管理问题具有重要的参考价值。

    首先，本书较为系统地梳理了公共危机管理框架，从风险评估、预警管理、应急管理、公共危机沟通、公共危机管理系统设计与政策仿真、公共危机管理绩效评估、非传统安全等领域提出了作者所建构的公共危机管理的框架，这对于进一步完善公共危机管理理论与实践将会起到积极的作用。其次,本书注重公共危机管理作为公共管理者责任的重要理念,并将这一理念与一系列制度设计和技术方法结合起来,以期实现有效的公共危机管理,并切实转化为公共管理者的责任与管理实践。这些制度设计和技术方法包括风险评估方法、公共危机预警管理机制、公共危机管理系统设计与政策仿真方法、公共危机管理的绩效评估等等。同时,本书运用了新公共管理的理念与方法,注重公共危机管理的效率和创新。未来的公共危机管理在很大程度上将不同于以往,社会公众不仅关心公共危机的应急管理,也开始关心公共危机管理的效率、资源使用的有效性以及公众的满意程度。这些研究领域都是 20 世纪 80 年代以来新公共管理运动所关注的问题。效率、结果、责任和公民满意作为新公共管理的核心理念,在现行的公共危机管理中也需要得以一定的体现。因此,本书在构建具有预见性的政府、建立公共危机管理绩效评估框架、树立非传统安全观念、公共危机管理系统设计与政策仿真等研究领域都结合了新公共管理的理念与方法,使现代公共危机管理具备更多的可行性与创新性,体现了创新型政府的发展要求。最后,该书结合案例和实践对公共危机管理进行了剖析。如风险评估如何进行、预警管理机制的构建、如何运用政策仿真方法、非传统安全如何体现、绩效评估方法在公共危机管理中的应用等等。通过案例的介绍提高了这些观念、制度与方法在公共危机管理中的应用。

作者在书中认为,公共危机管理已经变成公共管理的重要组成部分,同时也是提高政府应对危机的能力和水平,避免和减轻危机造成的财产损失和人员伤亡,提升政府形象和政府信任度的途径。有效地进行公共危机管理是摆在我国政府面前的紧迫而亟需解决的问题,也是考验地方政府创新能力的一个重要标志。公共危机管理中的新思路、新方法、新观念都是政府改革与创新过程的一部分。面对日益复杂与多元的公共需求,加快公共危机管理机制的构建与完善,也有助于为我国公共部门探索适合中国特定国情的公共危机管理道路作出一定的贡献。

该书是作者深入研究的成果。其中很多观点、思考与方法还将成为我们进一步探讨公共危机管理的重要参考和依据。相信他们的努力将会吸引更多不同领域的学者来共同研究和探讨,为提高中国公共危机管理的理论与实践水平做出有益贡献。

薛　澜
2008 年 12 月

目　　录

第一章　公共危机管理概述

随着现代科学技术和信息化的发展以及全球化时代的到来,建立在公务员制度、层级制和规则基础上的传统公共行政也开始发生巨大变化,美国政治学家盖伊·彼得斯在《政府未来的治理模式》中指出,今天的政府治理模式已截然不同于以往,作为一个庞大的机构体系,政府在管理和影响社会及经济方面承担着更为重要的责任。彼得斯提出政府治理模式应该向"市场式政府、参与式国家、弹性化政府及解制型政府"方向发展,而这些治理模式的关键点在于倡导现代政府通过多种方式来维护公共利益,政府除了效率目标以外,更应以公共利益为基本目标展开活动。[①] 现代政府管理面临的环境显得愈来愈复杂多样,各种矛盾和竞争错综复杂,突发公共事件导致的公共危机频繁发生,已成为影响社会稳定和经济发展的重要因素。对公共危机的有效管理,是当今世界任何国家和政府都必须认真对待的重大问题,也是政府履行维护公共利益的职责,实现良好治理的重要途径与基本目标。

第一节　公共危机的类型与特征

当前,我国正处于经济社会的转型期,由于政治、经济、文化、地理等方面的影响,不可避免地会因各种矛盾和问题引发不同程度的公共危机。公共危机是由不可预测的、突发的、紧急的、影响广泛的突发公共事件导致的,往往具有相当大的破坏性,会严重影响到社会秩序的稳定和经济生活的运行。如何有效地管理公共危机,做到预防公共危机、正确处理公共危机、尽力将公共危机危害程度降到最低,这是现代政府面临的紧迫问题,也是提高党的执政能力

---

① 〔美〕B. 盖伊·彼得斯,吴爱明、夏宏图译:《政府未来的治理模式》,中国人民大学出版社 2001年版,第 127 页。

的重要问题。我国从"非典"事件以后,逐渐提高了对公共危机的认识,从中央到地方都开始建立公共危机的管理机制。但从总体看,随着现代社会公共危机范围的扩大和影响程度的加深,我们对公共危机则更需要有新的认识,树立公共危机管理的新理念,构建公共危机管理新体制,以维护社会稳定,确保和谐社会目标的顺利实现。

一、危机与公共危机

(一)危机的涵义

在国内,对危机的称呼有很多,如"突发性危机"、"突发事件"、"紧急事件"、"灾难"等,这里我们统称为"危机"(crisis)。目前,关于危机的含义,主要分为两类。

第一类主要是从危机的本源含义出发。"危机"来源于希腊语的分离(krinein)一词,普遍用于医学领域,原意为决定病人是走向死亡还是逐渐恢复的关键时刻,以形容一种至关重要的、需要立刻做出相应决断的状态。这里包含着两层含义,一是危险,即存在严重的风险,有可能导致分歧、摩擦、对抗、损失、系统失衡等结果;二是机遇,即虽然存在极为危险的状态,但这个状态也是转折点,只要处理好这种危险状态,就可化险为夷,走向恢复和稳定。《韦伯辞典》也将"危机"一词定义为有可能变好或变坏的转折点或关键时刻。根据这类定义,我们对待危机应持有两面性,一方面要明确危机的严重危害性,树立紧迫的危机意识;另一方面要正确对待危机,不能以逃避的态度对待危机,而应将应对处理危机作为组织的必要责任,以便妥善处理危机,促进组织的持续稳定发展。从某种意义上说,危机是组织变革与发展过程中所不可避免的一种状态,是影响组织变革与发展的重要因素。

第二类是从系统控制理论的角度研究危机的产生和状态的。根据控制论的观点,危机是指导致社会偏离正常轨道的失控状态;根据系统论的观点,危机是指社会系统的无序度上升到一定水平,严重影响了社会秩序的高度无序状态。控制论表明了危机发生的原因,系统论表明了危机发生后的社会秩序状态,即危机的后果。换言之,危机是对正常社会秩序的一种破坏,使社会秩序处于失控的状态,而对危机的处理应对,也应围绕恢复社会正常秩序的基本目标进行。系统控制论的基础是系统的综合平衡,可通过监督、内部因素相互作用等途径有效应对各种危机,达到系统平衡。

危机的含义我们大致可以从以上两个方面进行解释,而学术界对危机的定义也是不尽相同,目前为止也没有统一的界定。如美国著名学者罗森塔尔

(Rosenthal)认为"危机"是指对一个社会系统的基本价值和行为准则构架产生严重威胁,并在时间压力和不确定性极高的情况下必须对其做出关键决策的事件。[①] 美国学者劳伦斯·巴顿则认为那些能够预防的"危机"并不是危机,只有那些无法预知的、被忽视的、具有颠覆力的意外事故,才能称得上是真正的危机。[②] 国内学者薛澜等人认为"危机通常是在决策者的核心价值观念受到严重威胁或挑战,有关信息很不充分,事态发展具有高度不确定性和需要迅捷决策等不利情景的汇聚"。[③] 还有一些学者从危机的破坏性角度定义危机,认为危机是指社会遭遇严重天灾、疫情,或出现大规模混乱、暴动、武装冲突、战争等,社会秩序遭受严重破坏,人民生命财产和国家安全遭受直接威胁的非正常状态。[④] 也有一部分学者将危机归纳为"在某种状况下,由于缺乏正确预测或者有效预防而发生的意外事件"[⑤],突出危机的特点。

这些危机的定义分别从不同的角度指出危机的涵义,从总体上我们仍可以概括出危机的共性,即不确定性、危害性、紧急性。因此,我们认为所谓危机,就是指在出现非正常社会秩序状态的情况之下,出于其紧急性和危害性,在时间压力和不确定条件下做出决策的事件。这里包含着三层涵义:第一,出现危机的前提条件是破坏正常社会秩序状态,社会处于非正常状态之中,如食品安全问题使人们的生命健康受到严重影响。社会秩序的稳定与否是判断危机的先决条件,如果发生经济动荡、自然灾害等重大事件,影响到社会秩序,就可能发生危机。第二,这种非正常社会秩序往往是紧急发生的,不可预知的,并可能带来严重后果。如突然发生的重大传染病疫情或食物中毒等事件,预防的可行性较小,其紧急发生带来的后果通常比较严重,不仅是经济上的损失,更多的是社会秩序的破坏和人心恐慌。如不及时应对和处理危机,将严重影响到社会秩序稳定和政府信用等问题。第三,应对危机的条件是"较短的时间和不确定条件",即非程序化决策。根据决策理论,非程序化决策是在有限的时间条件下,在各种不确定条件下做出决策,同时做出的各项决策方案的风险也是不确定的,即"在不确定条件下做不确定的决策"。这种决策难度高,是对决策者能力的考验,也是对危机应对处理的考验,是危机管理的本质问题。

---

①　Rosenthal Uriel,Charles Michael T.,ed. Coping with Crises:the Management of Disasters,Riots and Terrorism. Springfield:Charles C. Thomas Publisher Ltd,1989:10

②　[美]劳伦斯·巴顿,符海霞译:《组织危机管理》,清华大学出版社 2002 年版,第 3 页。

③　薛澜、张强、钟开斌著:《危机管理:转型期中国面临的挑战》,清华大学出版社 2003 年版,第25 页。

④　马建珍:《浅析政府的危机管理》,《长江论坛》,2003 年第 5 期。

⑤　李泽洲:《构建危机时期的政府治理机制》,《中国行政管理》,2003 年第 6 期。

(二)公共危机的涵义

危机是在出现非正常社会秩序状态的情况之下,出于其紧急性和危害性,在时间压力和不确定条件下做出决策的事件,广义上的"危机"包含了各类突发事件、灾害、紧急事件,是对这些事件的综合概括。而根据危机出现的领域,我们又按照危机对社会秩序破坏的程度分为两类,一类是私人领域的危机事件,一类是公共领域的危机事件。私人领域的危机事件包括个人和私人组织,其危机事件一般也符合危机的基本条件,但其影响范围通常较小。公共领域的危机事件以"公共"为其本质属性,是在公共领域内发生的危机,一般影响范围较大,社会秩序破坏严重,影响到公共利益,这类危机我们认之为"公共危机"。

对公共危机(public crisis)的定义,目前学术界同样尚未形成共识。由于研究的侧重点各有不同,许多学者对公共危机的定义也就有所不同。主要的界定包括:

"公共危机是指由于内部或外部高度不确定的变化因素,对社会共同利益和安全产生严重威胁的一种危险境况和紧急状态。"①

"公共危机是指人们在面临突发公共事件时所出现的共同重要生活目标受阻的状态,这里的阻碍是指一定时间内,无法使用常规的解决方法解决当前的问题。"②

"公共危机特指一个行政区域内出现迫在眉睫的特别紧急情况而亟需公共行政管理者作出重要决断,调动本行政区域内的一切力量作出共同努力并付出很大成本方能摆脱的困境,通常是一种对全体公民和社会生活构成严重威胁的危险局势,也称为公共紧急状态(public emergency)。"③

关于公共危机的定义还有很多,在这里需要指出的是,公共危机并不等同于突发性公共事件。虽然,公共危机与突发性公共事件在很多时候存在一定的相同性,而且有时候可以互换,但它们在概念上和外延上都是有区别的。公共危机一定是突发性公共事件,但突发性公共事件未必会形成公共危机,一次大面积的突然停水,一起交通事故引起的长时间的交通堵塞等都可以构成一次突发性公共事件,但这还不能称其为公共危机,只有"急需快速做出决策,并且严重缺乏必要的训练有素的人员、物质资源和时间来完成"④的才算得上是

---

① 王晓成:《论公共危机中的政府公共关系》,《上海师范大学学报》(哲学社会科学版),2003年第11期。
② 王小璐:《公共危机与价值失范》,《社会科学家》,2003年第9期。
③ 莫于川:《公共危机管理的行政法治现实课题》,《法学家》,2003年第4期。
④ [美]罗伯特·希斯著,王成等译:《危机管理》,中信出版社2001年版,第18—19页。

公共危机。我们是在"危机"的基础上界定了"公共危机",危机本身包含了突发事件、灾难、紧急事件等内容,那么公共危机也是在较大范畴内包含着突发性公共事件等内容,是最为广义的一种界定。因此,我们认为,所谓公共危机就是指在某种情况下,由于缺乏准确预测或者有效预防而发生的某一突发性事件,对社会公共秩序形成巨大冲击,对社会造成极大破坏,对不特定人群的生命、财产等构成巨大威胁,危及公共安全,并要求政府组织社会共同采取紧急措施加以应对的危险状态或危险事件。

二、公共危机的类型

就公共危机发生的情况来看,不同类型的公共危机所发生的原因、导致的结果、处理的手段都有所不同。这就要求我们根据公共危机的成因对公共危机进行分类,对各类公共危机进行深入分析,以了解不同类型公共危机的本质特征,从而有助于更好地应对危机。

(一)公共危机的成因分析

近几年来,世界各国公共危机频繁发生,从高温灾害、台风灾难到地铁爆炸事件、传染病疫情及能源危机,公共危机几乎涉及人们生活的方方面面。每种公共危机都有其具体、深层次的原因,虽然我们对公共危机具体的成因还不能做到一一剖析,但从宏观层面看,对各个领域的危机成因还是可以进行一定的分析。根据近几年来公共危机的发生状况,大致将公共危机的成因归为以下几类因素。

第一,自然状况因素。自然状况因素通常以一个国家或地区所处的地理位置、地形地貌、资源分布和储量状况、地区植被种类以及环境状况等作为分析要素。自然状况因素一般来讲都是既定的,在相当长的时间内是很少发生变化的。因此,这类因素导致的公共危机虽然具有不可抗拒性和巨大的破坏性,但同时大都也是常见而典型的自然灾害,如台风、洪水、地震等。但随着现代社会的快速发展,自然状况因素的稳定性正在受到严峻的挑战。气象变异、植被破坏、水土流失、资源耗竭、环境恶化使得对自然状况因素分析的困难程度增加。与此相关的各种新型的、更具破坏性的公共危机不断爆发,如雪灾、地震、污染,等等。自然状况因素的变异参数已成为自然状况因素分析中的重点,同时也是难点所在。并且自然状况因素日益同其他因素结合在一起,成为引发公共危机的关键因素。

第二,政治发展与政治参与。政治发展一般是指一国政治民主化的程度。亨廷顿把政治发展定义为"政治制度化"。不同的政治发展水平会影响到处理公共危机尤其是政治冲突的质量。① 比如,民主政治体制虽不能确保政治示威的低发生率,但通常却能较为有效地消除或降低极端冲突行为,如暴力冲突、叛乱的发生率。在现代化过程中,民众受到更多的社会动员,政治参与日益扩大,如何将扩大了的政治参与接纳进现行政治制度中去,将其"政治制度化",将直接影响到国家的政治稳定。当政治发展不能满足被动员起来的政治参与时,政治动乱就会产生。因此,民众政治参与的满足程度与政治性的公共危机爆发概率有着密切联系,是我们进行公共危机原因分析的一个重要研究变量。

第三,经济发展与结构调整。经济发展程度通常是以一国经济发达水平、工业化程度及国民生产总值(GNP)水平,国民人均收入水平及医疗保健水平等为评价标准,用以分析其与社会政治稳定之间的关系。经济发展与政治暴力的发生呈倒 U 型曲线关系。不同的经济发展时期,社会面临的公共危机爆发可能性也不同,在中国经济发展处于高速发展时期,这种可能性大大提高,需要引起关注。而经济结构调整则从一个比较微观的层面来衡量。结构调整更强调的是一个过程,尤其是这一进程的速度,如工业化速度,城市化速度,市场化导致的对各种资源的重新配置,市场对财富的重新分配,效率和公平的矛盾等。在这个过程中,调整的幅度过大与速度过快,有可能导致社会秩序混乱。因此,对经济因素的研究需要从宏观和微观两个层面上去加以把握。

第四,社会结构与变迁。社会结构及其变迁过程对社会稳定、公共危机的爆发影响巨大。社会结构的失衡与社会变迁会加速社会的不稳定,容易引发公共危机。社会结构失衡指国家在发展与变迁进程中,某一方面的社会结构与另一方面的社会发展出现不相适应的现象。这种情形在急速发展的社会中是经常出现的。在不断加速的社会变迁中,社会共同体中主流文化与非主流文化之间、社会多数群体与少数群体、强势群体与弱势群体之间的间离性不断加大;社会经济变迁与社会政治的进步不同步,社会不平等与社会分化加剧。而社会变迁转型的加速,使不平等现象加剧。这种不平等不仅包括经济分配方面(如土地分配、收入分配)的不平等,而且包括对政治资源的不平等控制以及宗族、民族之间的不平等。社会分化的迅速加剧,使社会各阶级、阶层、民族乃至宗教之间的矛盾冲突加剧,导致社会不稳定系数的大幅度提升。对社会因素的把握需要从静态与动态两个维度来进行。

第五,国际环境变化。传统意义上的公共危机往往着眼于一个国家内部

---

① 余红胜:《亨廷顿的政治发展观浅探》,《理论学习月刊》,1995 年第 3 期。

的各类可衡量因素的整合,如政治因素、经济因素、文化因素、自然因素等。现代政府管理的环境正如前面所说,已不同于以公务员制度为基础的治理模式,政府治理的责任不再局限于以效率为目标的公共服务,同时也担负着维护国际关系、保障生态平衡、促进经济安全、重视文化与信息安全等职责。由于世界正在逐渐向多元化、信息化、全球化方向发展,国际环境的变化和政府管理视野的改变,产生了许多不同于传统的公共危机,即非传统安全,这一方面导致公共危机的影响范围扩大,另一方面也强化了政府在公共危机管理方面的责任。

一国公共危机的发生有时可能是单一变量起作用,但通常是多种变量交互作用、综合发生影响的结果。因此,在进行公共危机研究和应用中,应多方考察危机发生的原因及其相关因素,尤其是互相间的关联与影响,才能选择正确的决策,有效地控制与管理危机,维持社会稳定。

(二)公共危机的类型

公共危机成因纷繁复杂,相应的,对公共危机进行分类也就变得复杂。如果不按照某种标准将其划分归类,那么在应对公共危机时就难以有的放矢,采取有针对性的措施化解公共危机。因此对公共危机进行类型化处理,是有效防治公共危机的一个必要前提。按照不同的标准可以将公共危机分成不同的类型。[①]

第一,根据公共危机发生的动因不同,可以将公共危机分为自然性公共危机和人为性公共危机。前者称之为"上帝的行动",后者则被称为"人为的错误"。所谓"上帝的行动"指各种自然灾害和疾病超出了人类可控的范围,例如台风、水灾、地震、瘟疫等。所谓"人为的错误"指因人类的行为所导致的危机,如生产事故、战争危机等。这种分类方法比较简单、清晰,但也存在一定的缺陷。在现代社会生活中,天灾与人祸在大多数情况下是可以互相转换的,难以截然分开。比如洪水本来是自然灾害,超出人类可控的范围,但它也有可能是因为人类的过度开采和开发,引发了大面积的水土流失而导致的,从这意义上说它又具有人为的性质。

第二,根据公共危机发生的领域不同,可以将公共危机分为公共政治危机、公共经济危机、公共卫生危机等。政治危机就是政治领域内发生的危机,如政府倒台、政治动乱等;经济危机指经济领域内发生的危机,如货币贬值、通货膨胀、股市崩塌等;公共卫生危机指卫生领域内发生的危机,如"SARS"、

---

① 按照《中华人民共和国突发事件应对法》的规定,突发事件可以分为自然灾害、事故灾难、公共卫生事件和社会安全事件。

禽流感危机等。同样,这种分类方法也不是绝对的,因为危机的复杂性,发生在某一领域内的危机可能会向其他领域蔓延,从而引发多领域的全面危机。

第三,根据公共危机影响的范围,可以将公共危机分为全国性公共危机和地方性公共危机。全国性公共危机其影响波及全国,需要中央政府及时采取措施加以应对。例如"SARS"危机就是一次全国性的公共危机,对它的处理超出了地方政府的能力范围。地方性公共危机只是影响到某一特定区域,对它的处理需要地方政府及时应对,它只在特定区域内产生影响。但由于公共危机的复杂性和不确定性,如果处置不及时或不妥当,地方性公共危机也有可能演变成全国性公共危机。而且,随着现代经济联系的拓宽,全国性公共危机往往交杂着地方性公共危机。

第四,根据公共危机对社会带来的后果程度,可以将公共危机进行分级分类。(1)一般(Ⅳ级)危机事件,表示其影响局限在社区和基层范围之内,可被县级政府所控制;(2)较大(Ⅲ级)危机事件,标示后果严重,影响范围较大,发生在一个县以内或是波及两个县以上,超出县级政府应对能力,需要动用市有关部门力量方可控制;(3)重大(Ⅱ级)危机事件,表示其规模大,后果特别严重,发生在一个市以内或是波及两个市以上,需要动用省级有关部门力量方可控制;(4)特别重大(Ⅰ级)危机事件,表示其规模极大,后果及其严重,其影响超出本省范围,需要动用全省的力量甚至请求中央政府协助方可控制,必要时由国务院统一领导和协调应急处理工作。

关于公共危机的分类还有许多其他不同的分类标准,如许文惠、张成福教授根据危机的复杂程度和危机管理的性质把危机分为结构不良的危机和结构良好的危机。① 罗森塔尔从危机发展的速度与终结的速度两个角度同时入手,将危机分为龙卷风型危机、腹泻型危机、长投影型危机、文火型危机。②

2006年1月,国务院发布了《国家突发公共事件总体应急预案》,对突发公共事件进行分类,主要根据自然状况、政治因素、经济因素、社会因素等对突发公共事件爆发产生的作用大小进行划分。这种划分固然是基于突发公共事件的划分,但对公共危机的分类也有一定的借鉴作用。

不同标准的分类对我们正确认识公共危机并采取有针对性的措施都是大有裨益的,但是任何一种分类方法都不是绝对的,都必须兼顾其他分类方法。

---

① 许文惠、张成福:《危机状态下的政府管理》,中国人民大学出版社1998年版,第23—25页。
② 转引自中国现代国际关系研究所危机管理与对策研究中心编著:《国际危机管理概论》,时事出版社2003年版,第11—13页。

一个公共危机可能同时具有几种属性。只有正确认识到这点,我们在应对公共危机时才能做到更加具有针对性,更加迅速和高效。虽然公共危机的成因往往是复杂的,公共危机的爆发通常是多种变量交互作用、综合发生影响的结果,但不难发现其中总有一个变量起着决定性的作用。通过公共危机发生的关键因素分析,对公共危机进行一定的分类,有助于我们更好地把握公共危机的性质,解决公共危机带来的一系列问题。根据公共危机的定义及其形成的主要原因,这里主要将公共危机的类型分成以下几类(见表1-1)。

表1-1　公共危机的类型

类　型	危机事件例示
自然灾害	水旱灾害、气象灾害、地震灾害、地质灾害、海洋灾害、生物灾害和森林草原火灾等
事故灾难	工矿商贸等企业的各类安全事故、交通运输事故、公共设施和设备事故,环境污染和生态破坏事件等
公共卫生危机	传染病疫情、群体性不明原因疾病、食品安全和职业危害、动物疫情以及其他严重影响公众健康和生命安全的事件
社会安全危机	恐怖袭击、民族宗教危机、涉外突发公共危机和规模较大的群体性事件等
经济危机	金融危机、贸易危机、资源危机、市场交易危机等
文化与信息危机	信息泄漏危机、文化认同危机、价值观危机等

　　自然灾害　主要包括水旱灾害、气象灾害、地震灾害、地质灾害、海洋灾害、生物灾害和森林草原火灾等,是由自然原因导致的一些公共灾害性事件。
　　事故灾难　主要包括工矿商贸等企业的各类安全事故、交通运输事故、公共设施和设备事故、环境污染和生态破坏事件等。事故灾难与自然灾害的本质区别在于是否具有人为性,诸如环境污染和生态破坏等事件虽具有自然属性,但归根到底是人为导致的,故归为事故灾难一类。随着社会经济发展,这一类的公共危机发生频率呈上升趋势。
　　公共卫生危机　主要包括传染病疫情、群体性不明原因疾病、食品安全和职业危害、动物疫情以及其他严重影响公众健康和生命安全的事件。这类公共危机是在事故灾难这类事件基础上进行的特殊划分,主要与医疗卫生相关。
　　社会安全危机　主要包括恐怖袭击、民族宗教危机、涉外突发公共危机和规模较大的群体性事件等。为和传统的公共危机相区别,这类危机主要包含两个层面，一是国内层面的社会安全，二是国际层面的国家安全与国际关系维护。

经济危机　主要包括金融危机、贸易危机、资源危机、市场交易危机等，是与经济生活相关的公共危机事件。

文化与信息危机　主要包括信息泄漏危机、文化认同危机、价值观危机等。这类公共危机最具隐性和专业性，也是政府管理很难涉及的领域。

对公共危机的类型学分析，不仅有助于我们了解危机与公共危机的概念，同时也有助于公共危机的治理与管理。通过分析和掌握公共危机的类型，了解各类危机的成因，使我们可以较为全面地把握公共危机的本质，从而建立有效的公共危机管理体制。

三、公共危机的特征

危机具有紧急性、危害性的特征，公共危机是在危机基础上的具体分类，既具有危机的一般特征，同时也具有公共危机的特殊性。公共危机一般具有以下几个特征：

第一，突发性。危机往往是由突发事件引起的，它是社会结构失衡由量变到质变的积累，这一发展过程的临界点就是突发事件，它是公共危机产生的导火索。正是在这个意义上，通常有人将公共危机等同于突发事件，当然两者还是有区别的。虽然公共危机存在预知预警的可能，但由于发生的时间、地点具有一定的不可预见性，通常都是超出社会正常运行秩序和心理惯性的，所以才会让人感到突然和紧迫，它是一种打乱了既有的体系或部分体系，让受灾者和管理者都措手不及的事件，具有突发性和紧迫性的特点。

第二，不确定性。由于环境的不确定性、人类的有限理性以及信息的不对称性，使得人们无法准确判断公共危机发生的时间、地点、爆发源等，也同样无法对危机的发展趋势、危害程度及其最后结果进行准确的预料。因此，了解这种不确定性，努力控制并排除这种不确定性就成为政府在危机来临时的首要任务。政府在进行危机管理时应根据现实情况判断，打破日常的程序性规则，而采取非程序化的决策体制。

第三，危害性。危机的典型特点是具危害性，尤其是公共危机，其危害的程度和范围都比一般危机要严重。公共危机是对社会正常秩序破坏的一种危机状态或危机事件，由此，公共危机具有破坏性和危害性的特点。而公共危机管理的责任正是从公共危机的这个特点出发，治理公共危机，预防公共危机产生危害，减少公共危机产生的危害，使公共危机的危害性降到最低，并尽快恢复社会正常秩序,维护社会稳定与和谐。

第四,社会性。这主要是指公共危机的影响具有社会层面的内涵。危机事件的处理,其影响是社会性的,绝不仅仅是对一次事件而言的,它把社会原来的有序状态变成了无序状态,社会需要重新建立秩序和信心。如果政府在危机管理中决策得当,可以使危机成为"机遇",成为维护社会稳定,减轻社会内压,形成充分的社会认同和国内凝聚力的有效力量;但如果危机事件处理不当,就可能造成巨大的生命财产损失,人心恐慌,社会动乱,造成无可挽回的影响。如2008年我国"问题奶粉"事件爆发后,社会公众对牛奶产品的信任程度下降,影响一些地方性牛奶生产企业,形成了连锁反应。公共危机与一般危机的区别即在于此。公共危机涉及的事务往往是社会性的、公共性的,其影响的层面较为广阔,是社会公共事务的重要组成部分。

第五,决策的非程序化。公共政策理论主要研究的是政策规划、政策执行、政策评估、政策监控的过程,对公共危机的管理完全不同于一般的决策理论。公共危机的突发性、紧迫性及决策条件的不确定性都使政府管理者只能在有限的信息、资源和时间条件下进行非程序化决策。这对管理决策者的决策能力和决策素质及政府管理的决策体制都是极大的挑战。非程序化决策是公共危机的应对和处理的核心内容,也构成了公共危机管理的本质。

第二节　公共危机管理的理念与范式

危机是一种危害,也是一种"机遇"。对危机进行管理的目的在于减少危机产生的危害,获得解决危机的机会,从而创造组织管理的新局面。公共危机是公共领域内有可能破坏社会正常秩序、影响社会稳定的危机事件或危机状态,合理有效地预防、处理、应对公共危机是现代政府治理的主要责任,是维持社会秩序与稳定、保障经济社会运行的重要基础,是体现政府有效性的一项指标,也是新公共管理改革的核心内容之一。树立公共危机管理的理念,逐步完善与建立公共危机管理模式和体制,使公共危机管理成为现代政府管理的常规性主要内容,而非临时性的机构或任务。

一、公共危机管理的理念

从危机管理到公共危机管理,体现了公共危机管理的重要性与必要性,也体现了公共危机管理作为一种管理方式,有其科学的管理体系与管理理念。

（一）危机管理的模式

作为一种管理方式,公共危机管理源于世界各国公共危机频发的实践,其理论研究的历史较短。而在工商企业管理领域,对危机进行管理早已成为共识,被认为是企业组织战略的重要构成部分。所谓危机管理,就是"一种有组织、有计划、持续动态的管理过程,组织针对潜在的或者当前的危机,在危机发展的不同阶段采取一系列的控制行动,以期有效地预防、处理和消弭危机"。①

美国学者罗伯特·希斯用两个模型概括了危机管理的范围及其主要内容。

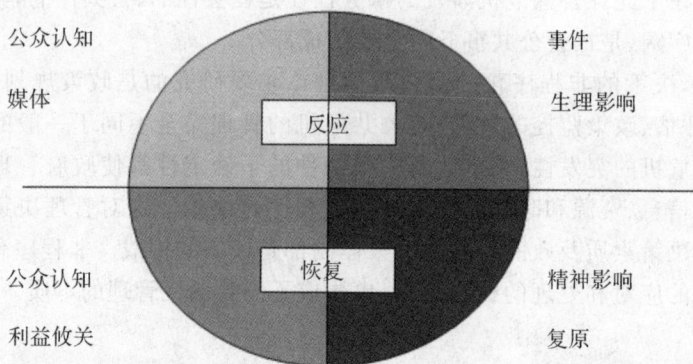

图 1-1　危机管理的范围②

图 1-1 表明了危机管理的范围,左边两个象限代表危机管理的沟通活动,右边两个象限表示危机管理的行为构成;上面两个象限反映的是开始处理危机事件的初期阶段,以生理上可见的影响为主,下面两个象限反映的是恢复管理时期,在该阶段以精神影响为主。四格象限图完整地对危机管理的范围和管理的对象进行了分析,有助于管理者从整体战略高度进行危机管理。该图表明,作为管理者,当发生危机事件时,不能仅仅局限于资源管理（如时间、财物、设备等）,更应以全面沟通为基础,协调组织内部、组织外部及媒体之间的关系,使精神复原和组织建设成为最高目标。不是临时地处理危机,而要将危机处理视为组织战略管理的重要组成部分,促进组织战略目标的实现。

图 1-2 是罗伯特·希斯提出的危机管理"4R"模型,反映的是危机管理的

---

① 张成福:《公共危机管理——全面整合的模式与中国的战略选择》,《中国行政管理》,2003 年第 7 期。

② ［美］罗伯特·希斯著,王成等译:《危机管理》,中信出版社 2001 年版,第 30 页。

主要内容,即减少、预备、反应和恢复。这四项主要内容同时也构成了危机管理的阶段过程:第一阶段主要是进行风险评估与管理,尽量通过风险评估减少发生危机的可能性,使企业组织减少危机成本;第二阶段是在风险评估的基础上建立全方位预警系统,制定危机管理制度,构建危机管理团队,做好危机应对的预备工作;第三阶段是危机的应对过程,需要利用沟通、媒体管理、形象管理等方法,使危机得以顺利解决;第四阶段的恢复过程,既包括生理的恢复,也包括消除精神方面的影响,以维持组织的正常秩序和持续发展。

关于危机管理的模式与方法事实上还有很多,如危机管理的阶段论,危机管理的信息支持系统等。当然无论哪种方法都有其可借鉴的地方,这里主要介绍希斯的"4R"模型,一方面了解危机管理的范围,另一方面也能了解危机管理的过程,是一种较为综合的管理模式。

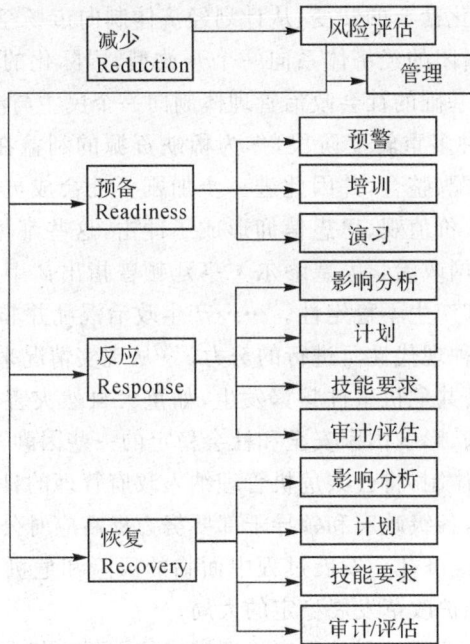

图 1-2　危机管理"4R"模型①

(二)公共危机管理的重要性

从总体看,公共危机管理的重要性主要体现在以下几方面。

第一,公共危机管理是全球化背景下应对复杂国际秩序的重要方式。现代组织理论认为,组织具有系统性和动态性,组织是社会系统的组成部分。在

---

① 〔美〕罗伯特·希斯著,王成等译:《危机管理》,中信出版社 2001 年版,第 32 页。

由社会系统构成的环境中,组织能否生存并得到发展取决于组织内部机制和组织与环境的关系。20世纪90年代以来,组织环境的相对稳定性正被不确定性、复杂性、风险化和多元化所替代,不断爆发的自然危机、公共卫生危机、生产性危机等向人类社会的发展提出了严峻的挑战。各种危机的频繁发生标志着人与自然、人与社会的相互关系之间存在着越来越多的矛盾与冲突,对社会和经济的持续稳定发展造成巨大的冲击。全球化的现实要求我们改变传统意义上对公共危机的理解:在全球化的生活状态下,一国的公共危机都有可能蔓延到其他国家和地区,这样,公共危机管理就不再是为应付临时危机的管理模式,而是一种必然趋势,是政府日常管理的重要组成部分。

第二,公共危机管理是构建社会主义和谐社会的重要内容。当前,我国正经历着一场历史性变革,逐步实现着多重转变:从一个乡村——农业化社会到一个城市——工业化社会的转变;从计划经济体制向市场经济体制的转变;从一个内向型、自我封闭的经济体系向一个开放型、国际化的经济体制转变;从一个以个人权威为基础的社会政治管理体制向一个民主与法制化的社会管理体制转变①。在这种多重转变阶段,作为稀缺资源的利益在不同的个人及群体之间进行重新分配、整合,并因此进一步加剧了社会成员的两极分化,同时也对传统的世界观、价值观、思想信仰形成了冲击,这些都将成为引发公共危机的重要因素。美国政治学家塞缪尔·亨廷顿曾指出:"事实上,现代性产生稳定性,而现代化却产生不稳定性。……产生政治混乱并非由于没有现代性,而是由于要实现这种现代性所进行的努力。"②从现实情况来看,20世纪90年代以来,我国各地公共危机事件频繁发生,如重大自然灾害、重大特大安全事故、重大传染性疾病、影响国家安全和社会稳定的一些因素等。我们迫切需要建立公共危机管理体制,将公共危机管理纳入政府管理的日程,促进社会稳定与和谐发展。因此,各级政府和领导干部要努力提高应对公共危机的能力,积极预防和有效化解经济社会发展过程中面临的风险和危机,切实保障人民群众生命财产安全,维护改革发展稳定的大局。

第三,公共危机管理是现代政府治理模式的主要改革内容,是行政管理体制改革的一种取向,也是体现现代政府责任的重要机制。公共危机管理的核心问题是政府如何在有限的时间内做出"满意决策",将公共危机带来的危害降到最低。这个问题涉及两方面内容,一是政府决策能力问题,即在危机状态下,政府如何使各级政府、各部门各种社会力量紧密协作,相互配合,调动一切

---

① 薛澜、张强、钟开斌著:《危机管理:转型期中国面临的挑战》,清华大学出版社2003年版,第26页。

② [美]塞缪尔·P.亨廷顿著:《变动社会中的政治秩序》,上海三联书店1989年版,第35页。

相关资源与力量进行危机救治，及时有效地预防、防范公共危机的产生，实现在最短时间内、最大程度地控制危机、恢复常态；二是政府责任问题，预防、应对公共危机是政府的主要职责，政府的责任不仅是对各类公共危机做好预防和应急工作，关键在于建立公共危机管理体制，使公共危机管理走向制度化、法制化和常规化，以便有效地应对各类公共危机。当前我国正在进行行政管理体制改革，西方国家的新公共管理运动为我国的行政管理体制改革提供了很多借鉴，如政府绩效评估、公用事业民营化、公共部门人力资源管理等。这些改革措施的本质是向私营部门学习，将私营部门的管理方法融合到政府部门。从危机管理的理论和实践看，企业组织的危机管理发展较早，也较为成熟，这就使得以公共利益为导向的公共部门可以借鉴企业危机管理的模式进行公共危机管理体制建设，以便有效应对危机、处理危机，提高现代政府的决策能力和责任观念。

第四，公共危机管理是现代政府组织变革与创新的一个基点，影响到组织变革发展的方向，是政府组织创新发展的一项管理机制。21 世纪是一个充满竞争、挑战与危机的时代，世界各国政府均普遍感受到经济社会持续发展、公共危机事件处理、政府信任度提升、公民社会构建、信息技术与政府管理等一系列问题的压力。加拿大学者加里斯·摩根在《驾御变革的浪潮》中指出，一个想要在变革世界中生存的组织，必须十分清醒地意识到自己最亟待提高的能力就是感知环境潜在变量的能力，这种能力是组织管理能力的构成部分，要提升组织管理能力则需要把组织锻造成学习的、灵活的、以团队合作为基础的组织形式，最大限度地释放组织成员的创新能量[1]，增强组织的创新能力和管理能力，并利用各种创新方法应对变革的组织与社会。"变革是组织生存的法则"。组织管理者工作的重要任务就是通过持续的变革来引导组织的发展，并对各种变革进行管理以寻求和创造稳定。美国学者康纳和莱克等人认为，由于 21 世纪多样性、全球性、消费者需求的变化、就业惯例[2]、经济健康发展和技术革命等潜在因素，使组织的发展呈现一种不稳定的状态，这就要求组织建立起应对各种危机管理机制，以寻求组织的创新与发展。在变革与创新已变得越来越重要的时代，实行公共危机管理也就成为现代政府的一项重要责任。

（三）公共危机管理的内涵

公共危机管理固然是在危机管理的基础上建立起来的，但从本质看，公共

---

① ［加］加里斯·摩根，刘霞，孙晓莉译：《驾御变革的浪潮：开发动荡时代的管理潜能》，中国人民大学出版社 2002 年版，第 3 页。

② 就业惯例，即终身就业制，是指社会越来越趋向于聘用具有经验、技术专长的年长者。

危机管理与企业危机管理两者之间仍存在着较大区别。第一,主体不同。公共危机管理的主体是以政府为主的应对网络,而企业危机管理的主体是企业;第二,宗旨不同。公共危机管理的宗旨是提供公共安全,而企业危机管理的宗旨则是在保证企业生存和发展的基础上,考虑公众和消费者的利益。[①]

1.公共危机管理的界定

从公共管理的角度看,公共危机管理区别于企业危机管理,是对公共领域内的危机事件的管理。关于公共危机管理,国内学者的定义主要如下:

"公共危机管理就是对没有预料到的且对公共安全和公共利益形成重大威胁的事件的管理"。[②]

"公共危机管理是公共管理的一个重要领域,它是政府及其他公共组织,在科学的公共管理理念指导下,通过监测、预警、预防、应急处理、评估、恢复等措施,防止和减轻公共危机灾害的管理活动,并认为政府是公共危机管理的责任人"。[③]

"公共危机管理是指对公共危机的管理,其管理主体既包括政府部门、非政府公共部门,也包括企业等私人部门,甚至也可以将公民个人涵盖在内"。[④]

综上所述,公共危机管理应该是一种有组织、有计划、持续的动态过程,政府和其他社会组织通过风险评估、预警、准备、反应、评估、恢复、监测、总结等措施,防止可能发生的危机,处理已经发生的危机,以达到减轻损失,甚至将危险转化为机遇,维护公共安全,保护公民的人身权和财产权的管理活动。

2.公共危机管理的特征

公共危机管理与一般危机管理相比,具有明显的特征:

(1)预防性。公共危机是一个持续的过程,这就要求政府不仅要做好危机的救治工作,更重要的是采取预防措施,防止危机爆发或者最大限度地减少危机。我们可以在危机爆发前,做好必要的准备、监测、预控工作,比如做好人、财、物的准备,制定危机管理的各种应急预案,成立危机预警机构,对可能引起公共危机的一些现象做科学的分析和识别等。

(2)应急性。危机事件具有突然爆发的特性,使得危机管理必须应急处置,像"9.11"事件、印尼巴厘岛爆炸案等,在危机爆发前,所能获取的信息有限,都要求政府必须在有限的时间内做出最优的决策。即使在事件爆发前已

---

① 李经中编著:《政府危机管理》,中国城市出版社 2003 年版,第 36—40 页。

② 何志武、贾蓉治:《政府危机管理述评》,《理论月刊》,2004 年第 1 期。

③ 吴兴军:《公共危机管理的基本特征与机制构建》,《华东经济管理》,2004 年第 3 期。

④ 张小明:《从 SARS 事件看公共部门危机管理机制设计》,《北京科技大学学报》(社会科学版),2003 年第 3 期。

经有前兆,但由于危机发展在速度、规模、危害性上的不可预测性,政府也只能根据危机的发展情况来应急性地采取相关措施。

(3)综合性。公共危机管理是涉及多部门、全方位的管理。危机事件本身是一个综合的、立体的多面体。从其发展阶段来看,有潜伏期、爆发期和恢复期,一项危机事件常常会引发另一项或多项危机事件,如地震可能引发火灾、化学事故等。这就决定了公共危机管理必须具有综合性的特点。因此,必须成立一个专门的综合协调机构,由该机构来协调相关公共危机管理部门的关系,并统一指挥对危机实践的应急处理工作。[①]

(4)权变性。根据现代权变理论的观点,不存在适用一切危机管理的普遍法则,由于公共危机事件的突发性、不确定性、多因性等,所以公共危机管理不同于一般情况下的管理,它具有更大的复杂性。所以危机管理者需要根据不同的现实情境对危机事件采取不同的处理方法。

3.公共危机管理的职能

危机事件通常遵循一个特定的生命周期。任何一类公共危机事件,都有其发生、发展和减缓的阶段。在不同的阶段,公共危机管理的职能活动都不尽相同。前面我们已经介绍了罗伯特·希斯的"4R"模型,了解了危机管理的范围与活动,就公共危机管理而言,由于其某些特殊性,导致公共危机管理的职能活动也有所差别。根据公共危机本身的性质,我们将公共危机事件总体上划分为预警期(潜伏期)、爆发期、缓解期(恢复期)和善后期(见表1-2)。

表1-2　公共危机管理的分期职能活动

分期	发生阶段	能力要求	主要职能
预警期	事前	预警预备	风险评估,防范事件发生,尽可能控制事态发展
爆发期	事中	快速反应	及时控制危机事件并防止其蔓延
缓解期	事中	恢复重建	保持应急措施的有效并尽快恢复正常秩序
善后期	事后	评估学习	心理恢复、危机管理评价

(1)预警期。它主要是指公共危机事件发生之初,危机征兆已经出现的时期。这个时期公共危机管理的职能包括两个方面:一是进行风险评估,掌握可能会发生的公共危机的概率和后果的严重性;二是采取预防措施防止公共危机发生,尽可能控制危机事态的发展。

(2)爆发期。它主要指公共危机事件已经发生,进入紧急阶段,此时公共

① 鲍勇剑、陈百助:《危机管理——当最坏的情况发生时》,复旦大学出版社2003年版,第10页。

危机管理的任务就是即时控制公共危机事件并防止其蔓延，其关键在于快速反应能力。

（3）缓解期。它主要指公共危机事件进入相持阶段，虽然在一定程度上控制了公共危机状态，但仍有可能向坏的方向发展。此时公共危机管理的职能是保持应急措施的有效性，尽快恢复社会正常秩序。

（4）善后期。它主要指公共危机事件已得到有效解决后对遗留问题的清理。这一时期公共危机管理的职能也包括两个方面：一是对整个公共危机事件处理进行调查评估和监测，学习公共危机管理方法，提高公共危机管理能力；二是重视心理恢复与善后，强调心理恢复是政府的一项主要职责，也是公共危机管理的重要职能。

在实际的公共危机管理过程中，四个阶段的划分并不会如此明显，有时是交杂在一起的。因此，对于公共危机管理者来说，不仅要树立正确的公共危机管理意识和责任观念，也需要从职能分工入手，组建合作高效的公共危机管理团队，建立公共危机管理体制，实现公共危机管理的各项职能。

二、公共危机管理的范式

（一）建立公共危机管理新范式的意义

公共危机管理是指政府对公共危机事件的管理，目的是通过提高政府对危机发生的预见能力和危机发生后的救治能力，及时、有效处理危机，恢复社会稳定，恢复公众对政府的信任。[①] 它强调公共危机一旦发生，政府如何迅速作出反应，制定正确的决策；如何调动政府各个部门的人力、财力、物力以缓解危机；如何有效地动员社会一切资源支持政府，并协助采取相应的援救措施；如何做好危机之后的各项恢复和重建工作，重新确立正常的社会秩序。因此，公共危机管理承担着解决公共危机事件的重要职责，同时也对政府管理能力、政府管理体制的改革与创新提出了更高层次的要求。传统公共危机管理的理念和范式主要立足于公共危机的危害性与紧急性，认为公共危机严重破坏社会正常秩序，政府有能力并有义务解决公共危机和维护社会稳定。随着公共危机事件爆发的频繁、全球化的发展和政府管理体制改革的深入，我们对公共危机管理的认识也逐渐开始发生变化，主要体现在以下几方面：

第一，公共危机管理是政府管理的主要职责，体现了现代政府治理模式发展的新趋向，将公共危机管理纳入政府日常管理的范围，保证公共危机管理工

---

① 叶国文：《预警和救治——从"9.11"事件看政府危机管理》，《国际论坛》，2002年第5期。

作的常规化、日常化和程序化,是政府部门绩效考核的一项内容,是责任政府、效能政府和服务型政府建设的基本要求。

第二,公共危机管理的内容与职能扩展。根据现代公共危机管理的要求,公共危机管理的内容不再局限于减少与缓解危机,准备资源、有效控制危机,回应社会与公众的需求,危机后的恢复与重建①等"可见"的内容,而是向更广的方向拓展,如公民心理的恢复程度、政府在公共危机管理中的学习、风险评估与预测、公共危机管理的监测、公共危机管理中的沟通等。这些内容构成现代学习型政府和服务型政府建设的综合要求,也是公共危机管理构建新模式的主要方向。

第三,公共危机管理的管理模式发生变化。"四阶段"公共危机管理模式是对特定阶段特定公共危机事件的处理方式,而从现代公共危机的类型看,公共危机逐渐具有综合性、跨区域性、隐性和显性交杂的特点,如文化危机、价值观危机、群体性事件等。这些类型的公共危机已不能用"四阶段"或"4R"管理模式来解释与分析,需要创新公共危机管理模式,建立新的公共危机管理范式,以适应公共危机管理的需要。

第四,公共危机管理对公共管理者的能力要求提升。随着现代科学技术的发展,公共危机管理对信息技术、仿真技术、风险评估技术等高科技技术的依赖程度明显增加,这也对现代公共管理者的危机管理能力提出了更高层次的要求。公共管理者能力在公共危机管理中是一个十分重要的概念,尤其在传统公共危机管理中,领导者的决策能力、果断程度、影响能力和综合素质直接影响到公共危机应对与管理的效果。目前,我国各级政府部门也非常重视公务员危机应对能力的建设,足见公共管理者能力素质建设的重要性。但在科学技术高速发展的今天,公共危机管理要求公共管理者不仅具有宏观的决策管理能力,还应具有一定的技术能力,需要依靠高科技信息技术来进行信息搜集、风险评估和决策模拟。在不少西方发达国家已开始在公共危机管理领域率先进行政策模拟以应对各种类型的公共危机,以提高决策能力。

因此,建立公共危机管理新范式无论对公共危机管理本身还是对政府管理体制改革都具有十分重要的意义。

第一,任何国家和社会的发展只有在一个基本稳定的环境下才能进行,从这个意义上说,维持社会秩序的能力是首要的政府能力。危机构成了对现有正常社会秩序的威胁,而任何一个社会在发展过程中,突发性事件的产生几乎是不可避免的。从维持社会安全和社会秩序的角度来看,危机管理是一种最

---

① 许文惠、张成福主编:《危机状态下的政府管理》,中国人民大学出版社 1998 年版,第 91 页。

典型的公共产品,对突发性事件的危机管理也几乎成了每一个政府必须具备的能力。这种公共产品必须及时地提供,否则,会对所有社会成员带来高得不能承受的代价,政府的有效性也将受到质疑。面对层出不穷、类型各异的危机事件,政府的危机管理体系和能力是降低危机损害的关键所在。

第二,危机事件给政府正常的管理活动和管理过程带来了巨大的压力,迫使政府必须在较短的时间内做出生死攸关的决策,并采取有力的措施,控制危机局势的进一步激化和升级,以免政府的统治力受到怀疑、政府的合法性受到损害。可以说,公共危机管理是对政府的管理能力和效率的全面考察与综合鉴定,是衡量和反映政府能力的重要方面。

第三,政府的政治合法性及其形象树立归根到底要落实到政府管理国家的产出和绩效之上,表现在社会生产力在不断提高,人民生活水平在稳步发展,公众对国家、社会的前景充满信心,而这一切都有赖于政府能否维持和确立一个和平、安宁、持续发展的社会环境。我国是人民民主专政的社会主义国家,国家的利益与人民的利益从本质上讲是一致的。因此政府无论是从维护社会稳定,使人民安居乐业出发,还是从增强政府合法性、树立政府良好形象出发,都必须重视和防范危机事件,努力完善公共危机管理体系。①

综上所述,公众通过公共危机管理措施选择和管理结果来评价政府能力,确立对政府的信心,政府对危机事件的管理直接关系到其在公民心目中的权威地位和良好形象。构建公共危机管理体制和管理新范式,对突破传统的公共危机管理的局限性,在更广、更深的范畴内建立公共危机管理方法和新时期我国经济社会建设都具有极为重要的意义。

(二)现代公共危机管理的基本原则

与传统公共危机管理模式不同,现代公共危机管理面临的不仅是危机状态,同时也是一种日常管理状态。为有效应付危机,提升对危机事态的控制能力,需要探索一些不同常规的原则。具体而言,现代公共危机管理应遵循以下基本原则。

第一,居安思危、未雨绸缪原则。这可以说是公共危机管理的最优化原则。正如戴维斯·杨所说,"面对任何危机,你首要的目标是尽快结束危机。而比这更重要的是要做到防患于未然"。② 危机具有很强的社会破坏性,危机一旦发生,必将造成巨大的社会损失和社会冲击。因此,最成功的危机管理要求政府采取超前的行动,及早发现引发危机的线索和原因,预测出将要遇到的

---

① 参见叶婧:《政府危机管理问题探讨》,《行政与法》,2003 年第 1 期。
② 转引自张岩松编著:《企业公共关系危机管理》,经济管理出版社 2000 年版,第 68 页。

问题以及事情发生后的基本发展方向和程度，从而制定多种可供选择的应变计划。对一切有显露的问题要积极采取措施，及早做出处理，将危机扼制在萌芽状态。尤其是文化危机、价值观冲突等隐性问题，对运用这项原则的要求更高。

第二，公众利益至上原则。公众利益至上是现代政府管理的普遍原则，不过在危机管理中，这一原则的地位显得尤为突出。危机的不可抗性和一般公众在危机面前的脆弱性，迫切需要政府在危机管理中时刻将公众利益作为一切决策和措施的出发点和依归。

第三，透明度原则。即政府在处理危机的过程中要充分利用一切有效渠道与公众保持良好的沟通和不断接触。当社会危机发生时往往会伴随出现一定程度的社会恐慌，而这些恐慌很大一部分是由于公众获得的信息不全或者受到歪曲，造成对社会危机的认识偏差。所以在发生社会危机时政府要及时与媒体和社会公众沟通，发布权威的信息，让人们了解政府在治理社会危机时已经采取了哪些措施、现在危机的处理状况以及最新的危机演变情况，将危机的真相公之于众。

第四，真诚坦率的沟通原则。通常情况下，社会危机发生都会使公众产生种种猜测和怀疑，有时新闻媒介也会有夸大事实的报道。因此，当危机发生时，政府要想取得公众和新闻媒体的信任，必须采取真诚、坦率的态度。真诚坦率是危机公关的绝对前提，"以诚相待"的公关才是取信于民、转危为安的最佳公关。罗伯特·希斯在"危机管理范围"的模型中也指出，各方面的沟通是危机管理的重要条件。真诚坦率的沟通有助于公共危机的顺利解决，也能提升政府形象，是公共危机管理活动的重要原则。

第五，快速反应原则。危机具有很大的危害性，甚至是灾难性，如果不能及时控制，将会"千里之堤，溃于蚁穴"。危机发生后，一方面应以最快速度派出得力人员调查事故起因，安抚受害者，尽力缩小事态范围；另一方面应主动与新闻媒介沟通，说明事实真相，尽力取得传媒的支持和谅解。快速反应原则考验政府应对公共危机的决策能力，是制度、机构、能力的综合反应，也是对公共危机管理体制健全与否的考验。

第六，富有创意、注重实效原则。危机事件的突发性和独特性决定了公共危机管理中很多决策和举措的非常规性和创造性。政府在设计危机处理方案时，要从能迅速有效解决问题的角度出发，要充分考虑各方面的条件和因素，因人、因地、因事制宜，达到对政府、公众、社会都有益处。不过，我们也必须认识到，由于危机事件的突发性和决策所依据的信息的不完全性，必然导致政府在危机状况下所作的任何决策都具有一定的风险性。"在面临不确定状态时，政策具有赌博性"。①

第七,勇担责任原则。现代公共危机管理充分强调政府在公共危机管理中的责任,因此这项原则也是公共危机管理中最重要的原则。公共危机发生之前,政府有责任进行风险评估和预警;危机发生后,政府要主动采取应对措施;危机处理完毕之后,政府也有义务进行恢复和危机管理评估与学习。当然,在现代社会中,由于公共危机的复杂性,公共危机管理的主体也趋向多元化,相应的,责任主体也会向多元化方向发展,如媒体、非营利组织、社区、专家机构等。但就公共危机管理本身而言,政府在公共危机管理中承担着主要职责,是其职能的重要体现。

第八,专业性原则。现代社会的公共危机类型纷繁复杂,应对各种类型的公共危机无论在能力还是时间精力上都有限。因此,政府部门在构建公共危机管理体制上要以专业性原则为指导,通过专业的途径建立合理科学的公共危机管理模式。如组建公共危机团队、进行危机情景管理、建立心理恢复机制和风险评估机制、动员专家队伍与机构等。现代的公共危机往往专业性很强,作为政府管理部门也就需要进行专业的公共危机管理,以保障危机的顺利解决。

(三)现代公共危机管理体系的构建

所谓的公共危机管理体系是指在上述基本原则的指导下,政府所建立的一整套公共危机监测、预防和快速反应的制度和运行机制,在其中政府各职能部门有明确的任务和责任,它具有组织健全、运行灵活、高效统一的特点,②是公共危机管理模式的综合体现。

我国现有的公共危机管理体系,主体依赖于各级政府的现有行政设置,不仅缺乏专门机构和完善体系,而且缺乏专业人员和应急运作规则,跨部门协调能力不足。同时,由于现有绩效考核体系的影响,各级政府面对危机的理性选择是尽量封锁消息,各行其是,无法明晰责任。为提高政府在重大突发危机事件中的管理能力,加强政府对危机事件的预见和救治能力,我们亟待进行现代公共危机管理体系的建设。笔者认为,一套完善的危机管理体系可从静态结构和动态机制两方面来加以构建。

1.公共危机管理体系的静态结构

从静态结构上来看,危机管理体系应包括下列内容:

第一,完备的危机应对计划。为了有效预防和应对各类公共危机,我们有

---

① [美]德罗尔著,王满传等译:《逆境中的政策制定》,上海远东出版社1996年版,第111页。
② 参见叶婧:《政府危机管理问题探讨》,《行政与法》,2003年第1期。

必要借鉴国外的经验,根据可能发生的不同类型的危机制定一整套危机应对计划,明确怎样防止危机爆发,一旦危机爆发应如何立即做出针对性反应等,从法律上明确说明政府各部门和机构在各种不同的危机情况下所负的责任以及中央和地方在处理危机中所负的责任。危机应对计划的制订将逐步淡化危机管理的非常态性,使危机管理有一定的规则可循。

第二,高效的核心协调机构。西方发达各国都十分强调危机管理机构的建设。如美国设有联邦危机管理局(简称 FEMA)负责协调各地各方对危机的各种反应;日本政府也设置了部一级的危机管理中心,由专任的大臣负责。通过这样一个高效的核心协调机构,政府对危机的管理被纳入一个有步骤、有条理的进程中,能够将危机给社会带来的各种影响减小到最低程度。① 在国家层面上建立一个常设性的危机处理综合协调部门,以立法的形式授予其对其他政府机构进行协调和调度的权力,协同各方面专家,对各类危机进行划分总结,在国家安全的高度上制定长期的反危机战略和应急计划,以便加强各地区、各部门以及各级政府之间的协同能力;在地方各级层面上也应相应地设立相关部门,至于具体的组织形式及职能就需要根据各地不同的实际情况因地制宜地设置。②

第三,全面的危机应对网络。一个全面的危机应对网络是政府在进行危机监测、控制和处理时的根本保障。这样一个危机应对网络可从两个层面来构建。(1)从组织的层面:一方面,要充分利用政府自身自上而下的行政组织体系,在各省、市、县(区)、乡镇(街道办事处)都设置专职、专业人员负责各种与危机有关的信息的收集、加工、分析和传播;另一方面,要充分利用社会的力量,吸收各类社会组织尤其是各类自治组织(包括居民委员会、村民委员会和社管会)的参与。通过这两方面的结合,形成一个上下联动、内外协调的应对危机的组织网络。(2)从技术的层面:应当建立和完善全国性的计算机网络,覆盖各级各类政府部门、自治组织、科研机构、事业单位、非盈利团体、民间机构及其他社会组织等,从而在此基础上,建立一个有效的政府信息资源管理体系。

第四,成熟的危机应对意识和应对能力。首先,要培养危机意识。危机意识是危机预警的起点。在和平稳定时期,人们往往缺乏危机意识,因此,各级政府首先要从关系党和国家进一步生存发展的高度上认识危机处理的重大意

---

① 参见陈尧:《当代政府的危机管理》,《行政论坛》,2002 年第 7 期。
② 薛澜、张强:《建立现代危机管理体系刻不容缓——美国"9.11 事件"的启示》,网络资源:http://www.people.com.cn/GB/guandian/29/163/20011023/588156.html

义,保持敏感度。同时通过模拟危机情势,不断完善危机发生的预警与监控系统,能够使政府和公众培养危机意识,就像消防演习一样,通过演练培养消防人员的消防意识,使消防人员时刻做好防火的心理和物质准备。① 其次,要培养危机处理和应对能力。必须重视全民的危机管理教育,一方面尽快开展在公务人员中的危机应对情景训练,这一点可以结合目前正在大力推动的公共管理硕士(MPA)职业教育的推广;同时对普通民众开展危机应对教育,了解各种灾难发生的自然过程,掌握一定自我保护的方法,增强危机应对能力。

第五,在危机管理中充分利用和发挥媒体的作用。现代政治中,媒体由于能够触及最广大的公众,已经成为一股重要的政治力量,它与政府和公众形成了三角平衡关系,既制约影响着政府,又受政府影响制约;既引导公众,又迎合公众。除了获取信息,公众接触媒介还为了获得对于情势的分析和评估,在危机发生的过程中,媒体还引导公众采取适当的行为。当突发性事件爆发时,人们会比平日更依赖媒体知道外界发生了什么,他们周围的人们在做什么,特别是政府在做什么。

2.公共危机管理的动态机制

根据危机发生的特点和阶段,公共危机管理的动态机制可分为危机前的危机预控机制和危机发生后的危机救治机制。

第一,建立危机预控机制。危机预防系统可具体分为危机预警系统和危机的预控系统。危机的预警系统包括了危机迹象的监测、危机迹象的识别、危机迹象的诊断和危机迹象的评价。在这里政府首先是要树立危机的意识。危机的预控体系包括思想准备、组织准备、物质准备、基础设施准备以及危机处理准备。政府危机预防的目的除了对未发生的危机进行预警之外,还要预料危机解决后的未来可能情势,给公共危机管理提供类似雷达的平台。

第二,建立危机救治机制。政府在进行危机救治时具体可采用的机制包括:

(1)积极性的强制干预。危机的解决固然需要克制,需要妥协,但也需要积极的干预。因为,在危机状态下,决策者会处于一种非理性状态,要么亢奋要么保守,同时还会遇到各方面的阻力,其风险性使得任何决策都难以像常规情况下一样容易达成妥协和统一,有时还会出现巨大的分歧。因此,依靠政治权威、推行强制性的决议之外,别无选择。

(2)探寻危机产生的根源。危机产生后,对社会和公众心理影响巨大的主要原因在于危机产生根源的不确定或不明确,探寻危机根源一方面可以暂时

---

① 叶婧:《政府危机管理问题探讨》,《行政与法》,2003年第1期。

安抚公众心理情绪,保持社会稳定,另一方面是进一步采取措施的前提。

(3)通过一系列决策稳定社会,进行心理救治。对社会来说,危机造成的最大危害在于社会正常秩序遭到破坏并由此带来社会心理的脆弱。所以保持稳定的社会秩序,保持原有的社会运行轨迹是首要的选择。首先,尽可能保证社会公共生活的正常。比如,促进社会的正常运转,尽可能避免进一步造成更大的公众心理伤害。其次,开展政府公关。在危机中,公众的心理是十分脆弱的,他们需要强大的政府。此时,政府必须加强公关,甚至有必要告诉一些必要的内幕,以维护政府在危机中的形象。尤其需要做好媒体工作。媒体是除了政府之外提供公众各种信息的主要渠道,是通过提供信息消除各种不安因素的一种有效方式。

(4)动员社会的参与。在一个开放的社会,危机管理没有社会力量的参与是不可想象的。社会力量的参与,一方面可以缓解危机在公众中产生的副作用,使公众了解真相,祛除恐惧,消除危机制造者希望危机伴生的流言、恐慌等副产品,起到稳定社会、恢复秩序的作用;另一方面可以降低政府救治危机的成本。由于社会力量的参与,信息通道不再堵塞,提高政府决策的可信度和可行度,降低政府政策的制定和执行成本。

(5)强调公共部门应对危机过程中的有效沟通。公共危机的特殊性在于其涉及普遍性的社会公共利益,影响范围广,具有公共性的显著特征。因此,在公共危机管理中,要注重建立系统的有效的综合沟通机制。一要确保有关公共危机的信息能够真实准确地传递到政府有关部门,政府也能相应地主动掌握信息,并及时进行评估和反馈;二是在应对公共危机过程中,需要灵活有效的信息沟通机制,以及时传递危害信息和救治信息;三是在公共危机处理完毕后需要一定的沟通来确保有效的反馈,以利于更好地促进公共危机管理。

总之,现代公共危机的管理与治理突破了传统公共危机管理的范畴,将公共危机管理视为政府管理的主要职责,是政府职能转变与政府管理体制改革的重要内容。而作为现代公共危机管理,我们不仅需要理念和范式的创新,也需要创新公共危机管理战略,提高公共危机管理意识,构建社会主义和谐社会。

参考文献

1. Rosenthal Uriel,Charles Michael T.,ed. *Coping With Crises;the Management of Disasters,Riots and Terrorism*. Springfield;Charles C. Thomas Publisher Ltd,1989

2.［美］塞缪尔・P. 亨廷顿著,李盛平等译. 变动社会中的政治秩序. 上海:译

文出版社,1989

3. [美]德罗尔著,王满传等译.逆境中的政策制定.上海:上海远东出版社,1996

4. [美]B.盖伊·彼得斯著,吴爱明,夏宏图译.政府未来的治理模式.北京:中国人民大学出版社,2001

5. [美]罗伯特·希斯著,王成等译.危机管理.北京:中信出版社,2001

6. [美]劳伦斯·巴顿著,符海霞译.组织危机管理.北京:清华大学出版社,2002

7. [加]加里斯·摩根著,刘霞,孙晓莉译.驾御变革的浪潮:开发动荡时代的管理潜能.北京:中国人民大学出版社,2002

8. [美]约瑟夫·S.奈等主编.全球化世界的治理.北京:世界知识书店,2003

9. 许文惠,张成福.危机状态下的政府管理.北京:中国人民大学出版社,1998

10. 张岩松编著.企业公共关系危机管理.北京:经济管理出版社,2000

11. 薛澜,张强,钟开斌.危机管理:转型期中国面临的挑战.北京:清华大学出版社,2003

12. 中国现代国际关系研究所危机管理与对策研究中心编著.国际危机管理概论.北京:时事出版社,2003

13. 余潇枫等.非传统安全概论.杭州:浙江大学出版社,2006

14. 胡百精主编.中国危机管理报告.北京:人民大学出版社,2008

15. 余红胜.亨廷顿的政治发展观浅探.理论学习月刊,1995(3)

16. 叶国文.预警和救治——从"9.11"事件看政府危机管理.国际论坛,2002(3)

17. 陈尧.当代政府的危机管理.行政论坛,2002(7)

18. 王小璐.公共危机与价值失范.社会科学家,2003(9)

19. 莫于川.公共危机管理的行政法治现实课题.法学家,2003(4)

20. 张成福.公共危机管理——全面整合的模式与中国的战略选择.中国行政管理,2003(7)

21. 叶婧.政府危机管理问题探讨.行政与法,2003(1)

22. 马建珍.浅析政府的危机管理.长江论坛,2003(5)

23. 李泽洲.构建危机时期的政府治理机制.中国行政管理,2003(6)

24. 王晓成.论公共危机中的政府公共关系.上海师范大学学报(哲学社会科学版),2003(11)

25. 薛澜,张强.建立现代危机管理体系刻不容缓——美国"9.11事件"的启示.网络资源:http://www.people.com.cn/GB/guandian/29/163/20011023/588156.html

第二章　风险评估与公共危机管理

危机是一类风险事故。有效的危机管理,必然基于扎实的风险评估。风险评估是指以历史和现实的信息为基础,运用逻辑推理和科学预测的方法、技术,进行风险分析和衡量,把握损失规律,确定风险程度的一系列活动。在公共危机管理中,风险评估的主要任务,是在公共危机发生前或发生的过程中,分析公共危机形成的条件、可能出现的公共危机种类、公共危机可能涉及的利益群体,以及公共危机可能产生的后果及其程度。通过风险评估,危机管理者得以认清危机的根源,据以判断风险的性质、大小和变化的趋势,从而可以作出正确的决策,因此,风险评估是公共危机管理的重要组成部分。一般认为,风险评估主要有风险分析和风险衡量两个阶段。本章着重阐述风险分析和风险衡量的理论与方法。

第一节　风险评估概述

在讨论风险分析和风险衡量之前,我们需要分析风险评估对于公共危机管理的重要意义,风险评估所应遵循的基本原理、风险评估的一般程序,以及风险评估工作需要注意的问题。

一、风险评估的重要性

风险评估是危机管理的重要步骤,其重要性体现在以下几个方面。

（一）风险评估是公共危机管理决策的基础

公共危机的孕育和发生,都与风险的形成和变化相联系,决策者只有掌握与危机相关的一切风险因素,才能作出正确的决策。因此,风险评估是公共危机管理决策的基础。当然,由于取得准确而充分的信息并不容易,特别是在紧急时刻,风险评估工作具有一定难度。在信息不充分的情况下,风险评估往往主要依赖决策者的智慧与经验,而在信息比较充分且能够被量化时,风险评估的科学化程度也随之提高,各种科学方法逐渐被运用。

(二)风险评估有助于降低公共危机发生的可能性

任何公共危机都是一系列风险因素综合作用的结果,许多重大事故通常是由细小的矛盾逐步累积而成的。因此,如果能够通过风险评估,发现风险因素及其演变趋势,发现带有倾向性的问题,从而及时采取有效措施,则就有可能把问题解决在萌芽状态,从而降低公共危机事件发生的可能性。这方面,反面的教训是深刻的。例如,四川宜宾南门大桥垮塌事件就比较典型。

案例:2001年11月7日凌晨,从四川南部宜宾进入云南的咽喉要道宜宾南门大桥(长江大桥)发生悬索及桥面断裂事故,桥两端同时塌陷,2人死亡2人受伤,造成交通及市外通讯中断。令人震惊的是,宜宾垮桥事故也已经不是第一次:1997年,穿城而过的岷江二桥先后垮了两次,致使内江至宜宾高速路延期建成;2000年,由政府立项、山东鲁能集团投资修建的连接南岸区与主城区的新金沙大桥刚开工不久(只建了两个桥墩)便停下来了。而更令人不可思议的是,南门大桥修好后10多年了,有关部门从未对大桥进行过检修;1999年綦江虹桥事件后,宜宾有关部门就对此桥进行过一次"体检",当时被验收合格;同样是在1999年,宜宾一位记者曾对该桥的安全隐患做了一些报道,但没有引起有关部门的足够重视;而就在宜宾垮桥事故发生的四个月前,就已经发现大桥有裂缝,但有关部门却不予及时检修,最终导致惨剧的发生。

(三)风险评估有助于降低公共危机造成的危害

风险评估的任务之一是寻找损失分布,即把握危机造成损失的可能性、损失的规模、损失的形式,帮助决策者采取合理措施,降低公共危机所造成的损失。对危机损失的估计与把握,可以使政府和公众在第一时间做好物质、心理准备,并采取有效措施避免危机的发生,或者降低危机的破坏程度。

二、风险评估的基本原理

虽然,公共危机的形式多种多样,且形成的原因也很复杂,但是,公共危机的发生和发展有着某些共同的规律。这些共同规律是我们进行风险评估需要掌握的基本原理。

(一)相关性原理

任何公共危机的发生,都会有一些前兆。最终发生的公共危机与社会生活中的一些异常现象具有相关性,前兆变量与突发事件的相关程度、公共危破坏程度之间也具有一定的相关性。因此,需要对前兆与危机发生、蔓延之间的相关性进行分析和研究。在风险评估过程中,需要设定与危机事件发生相关的若干个前兆变量,通过考察、评价这些前兆变量,预测公共危机发生的可能性,评估危机事件的性质,以及可能造成的后果。

（二）相似性原理

在公共危机的形成与演变过程中,同一性质的公共危机尽管在发生的时间、地点和规模上会有区别,但是,其发生的规律、性质是极为相似甚至是一致的。因此,我们可以通过对历史和现实中各类公共危机发生规律的认识,分析未来可能出现的征兆及发展的趋势,采取有针对性的措施来预防、控制,或者制止危机事件。

（三）统计原理

随机性是风险的基本特征,在特定的时间和范围内,公共危机发生与否、何时发生、其危害程度如何,都是不确定的。但是,如果有足够的信息,尤其是在一个较长的历史时期和较大的观察范围,我们可以发现某些公共危机的一定规律。这方面,概率论和数理统计的方法是有用的工具。

在寻找公共危机发生规律的过程中,往往需要跟踪研究,即需要持续追踪社会生活中所出现的矛盾,获取可能导致冲突的各种信息、资料,密切关注事态的发展。例如,政府在出台有关物价上涨、紧缩财政等方面的政策时,要周密考虑它所带来的影响,密切观察公众的反应,避免发生人民生活水平急剧下降,避免因失业人数急剧增加而给社会带来不稳定。

三、风险评估的一般程序

经过长期的探索和实践,人们已经对风险评估概括出一套规范性程序,主要有以下三个步骤。

（一）采集信息

信息是进行风险评估的基础。风险评估质量的高低,很大程度上取决于信息的数量与质量。对有关方面的信息搜集得多一些,了解得深一些,风险评估的质量就好一些;反之,风险评估的质量就要差一些。

信息采集工作有三要素:一是目的,二是内容与范围,三是采集方法。信息采集的目的是否明确,直接决定信息采集的成败,而这决定于信息搜集人员的个人素质,又决定于对从事信息搜集工作人员的合理组织与正确指导,只有这样,才能使有关人员各尽所能,各施所长,相互配合。要根据相关性的原则,确定信息采集的内容与范围,一要真实,二要准确,三要完整。至于信息采集的方法,通常是根据信息的性质、来源和传播的渠道来决定的,一般有问卷调查法、访谈法、观察法等。

(二)处理信息

对采集到的信息,需要进行处理,这是去粗取精、去伪存真的过程,需要进行分析、加工、整理、存储、检索和传输等工作,从中确定可能发生的危机及其风险因素。信息的处理可分为定性处理和定量处理两种。

(1)定性处理。定性处理是对采集到的信息进行定性分析,从而得出一个倾向性的结论,一般有以下几步:一是原始分类;二是归纳、总结,但不作取舍,只把意见相近的条目归并在一起;三是拟订向决策层或有关部门提出处理的要求和目的任务书;四是聘请有一定实践经验和理论水平的人员参与资料的处理工作;五是分送原始资料(信息)、处理要求和目的任务书,聘请专家指导;六是根据专家的处理意见,进行汇总与协调,最后得出倾向性的结论。

(2)定量处理。定量处理是将采集到的、可以通过数据或者转换成数据来表达的信息进行数字处理,并以此给出定量结果的资料分类、分析、加工、存储和传输的过程。定量处理的目的是为了对信息做出准确的评价,为决策者和有关部门提供可靠的依据[①]。

(三)分析结果

在处理信息的基础上,要集思广益,及时、全面、系统地分析可能引起危机的各种因素,分析其趋势,进行综合判断。当然,得出正确的结论是一件很不容易的事情。

四、公共危机风险评估需要注意的问题

公共危机风险评估是一个复杂的系统工程,也是一项非常细致而艰巨的工作。在风险评估过程中,要有强烈的责任心和耐心,要善于运用风险评估的基本原理和各种有效方法,同时还需要注意以下几点。

(一)尽可能考虑全部风险因素

引发公共危机事件的风险因素很多,必须尽可能地考虑全部的风险因素,不能仅仅根据影响因子的大小来确定重点。因为许多时候,公共危机的发生是因为一些非常细小的因素引起的。在公共危机风险评估中,人们往往比较重视影响因子较大的风险因素,而忽视那些不易为人们所察觉的细小的风险因素,从而无法得出准确、全面的结论。所以,必须深入研究,并动员各方面的

---

① 参见何文炯:《风险管理》,中国财政经济出版社2005年版,第113—135页。

力量,找出引发公共危机的一切风险因素,甚至对那些看似愚蠢乃至荒谬的意见也要给予一定的重视。

（二）注重风险及其环境的变化

风险具有可变性,公共危机的风险因素是在不断变化的。因为内部本质的规定性和外部环境的改变,可能导致公共危机的某些风险因素在逐步扩大,某些风险因素在逐步减小,有一些风险因素则可能逐步消失了,还有一些风险因素虽然在形式上一样,但是生成的机制却发生了根本性的变化。例如,不明原因的传染性疾病所形成的公共卫生事件,对经济社会的影响呈扩大的趋势。这主要是由于随着各种交通工具的日益发达,人类的流动性大大增强,从而大大增加了传染的机会,使传染性疾病扩散的速度有加快的趋向,因而对经济社会的破坏也加强了。又如,随着经济体制的转型,因为失业引发的群体性公共危机事件开始增多;随着利益的多元化,如果处理不当,一些人民内部矛盾演变成群体性公共危机事件的可能性也在逐步增加。同时,随着技术进步和管理的改进,也有一些风险在降低,公共危机的破坏力则有减弱的趋势,比如,煤矿渗水,由于技术的进步,使人类救援的时间大大缩短,从而减少了生命财产的损失。因此,进行公共危机风险评估,必须紧紧跟踪经济、社会和技术的变化,明确重点,把握主要矛盾。

（三）充分考虑公众的心理承受力

公共危机管理,不仅仅是决策者的事情,而需要全社会的参与。因此,风险评估需要充分考虑社会公众的感受。现实生活中,人们对不同类型公共危机的承受能力是有差异的。对有些公共危机承受能力较强,而对有些公共危机的承受能力则比较弱。比如,在日常生活中,尽管交通事故发生的概率要远远大于飞机失事的概率,交通事故造成的伤亡和损失量要远远大于飞机失事造成的伤亡和损失总量,但是,人们对飞机失事的反应比对交通事故的反应要强烈得多。一般说来,人们对具有以下特征的危机承受能力比较强:愿意承担的;认为风险的可控性强的;常见的突发事件,带有习惯性的;不是很恐惧的;存在地域很广泛,随处可见的;自然界存在的;非致命性的等等。相反,对具有以下特征的危机则承受能力相对较弱:不愿承担风险的;一旦发生,风险则很难控制的;不熟悉或者最新发现的;让人记忆深刻的;令人恐惧或者致命的;突然发生的;风险暴露的时间长,恢复正常状态所需时间长的等等。由于人们对不同类型危机事件的心理承受能力不同,在进行公共危机风险评估时,必须充分考虑人们对公共危机事件的心理承受能力,并将其纳入风险评估之中。

（四）注重定量分析与定性分析相结合

公共危机风险评估必须回答两个问题:一是公共危机会不会发生? 二是

如果发生其损失程度如何？而回答这两个问题，必须综合运用两种方法。定量分析具有客观、精确等优点，但受到信息采集能力的限制，其评判结果也有局限性，因为公共危机事件的生成是一个复杂的过程，有时候带有很强烈的偶然性，很难进行数量化。比如，火山爆发，可能在某一个时期会很活跃；而在某一个时期，基本上没有。又如，群体性事件，由于时代背景不同，发生的概率也会有很大的差异。因此，在评估公共危机的风险时，不能简单地用定量分析的方法，而是要把这两类方法结合起来。

第二节　风险分析

风险分析是指风险管理者对于所面临的风险及其形成原因进行分析，确认风险的存在，明确其性质。通过风险分析，寻找可能导致风险事故发生的各种因素，为拟订风险处理方案、进行风险管理决策服务。风险分析是风险衡量的基础。需要指出的是，风险分析是一项具有系统性和连续性的工作，需要制度化[①]。所谓系统性，是指风险分析不能局限在某个部门、某个环节之中，而要研究某个时期本地区或本单位作为一个完整系统所具有的全部风险。所谓连续性，是因为世界总是在不断变化之中，任何事物都在变，风险的质和量都在变，还可能出现前所未有的风险，若非连续性地工作，实难发现经济单位所面临的潜在风险。因此，风险分析应当是一项科学的管理活动，需要制度化、规范化。一般地说，风险分析过程需要回答以下问题：一是需要考虑哪些风险因素？二是可能形成怎样的公共危机事件？三是引起公共危机事件的主要原因和条件是什么？四是公共危机事件的后果会是怎样？

一、风险基本含义及其分类

（一）风险的基本含义

现实世界中，自然灾害和意外事故客观地存在着，但这种不幸事件何时何地发生，致害于何人，造成何种程度的损失，通常是无法预知的。因而，对于特定的事物而言，人们对自己是否会遭遇不幸事件，受到多大的损失，处于一种不确定的状态。于是，特定的事物，对于特定的人们，就构成了风险（risk）。

---

① 何文炯：《风险管理》，中国财政经济出版社 2005 年版，第 58 页。

风险这个概念有多种定义,比较流行的有两种说法。一种是主观说,认为"风险即损失的不确定性"①。另一种是客观说,认为风险是"在给定情况下和特定时间内,那些可能发生的结果间的差异"。于是,所谓风险大,就是指这种变动程度大,风险小,就是指这种变动程度小。这在一定程度上反映了不确定性程度的高低。用概率论中的术语,风险的大小则是由损失(X)的期望值(EX)和方差($VarX$)决定的。据此,风险的大小本质上决定于不幸事件发生的概率(损失概率)及其发生后果的严重性(损失程度)。

(二)风险因素、风险事故和损失

风险与风险因素、风险事故、损失密切相关,它们构成了风险存在与否的基本条件。要准确理解风险的本质,就必须弄清这三个术语及其相互联系。

1. 风险因素

风险因素是指促使或引起风险事故发生的条件,以及风险事故发生时,致使损失增加、扩大的条件。风险因素是风险事故发生的潜在原因,是造成损失的间接的和内在的原因。例如,建筑物的建筑材料与建筑结构以及干燥的气候和风力,对火灾而言,是风险因素;人的健康状况与年龄以及业务活动范围和业余生活特点,对人的死伤残而言,是风险因素;工作人员的业务素质低,对经济单位某项工作的成败而言,是风险因素。根据其性质,通常把风险因素分成物质风险因素、道德风险因素、心理风险因素三种。

2. 风险事故

风险事故又称风险事件,是指引起损失的直接或外在的原因,是使风险造成损失的可能性转化为现实性的媒介,也就是说风险是通过风险事故的发生来导致损失的。例如火灾、爆炸、雷电、船舶碰撞、船舶沉没、地震、人的死亡和疾病都是风险事故。

3. 损失

损失是指非故意、非计划、非预期的经济价值减少的事实。这里有两个要素:一是经济价值减少,强调的是能以货币衡量,即使对于人身伤亡,也是从由此引起的对本人及家庭带来的经济困难或者其对社会创造经济价值的能力减小出发来考虑的;二是非故意、非计划和非预期。例如"馈赠"和"折旧",虽然都满足第一个要素,但不满足第二个要素,因为它们都属于计划或预期中的经济价值减少,故不是我们这里所定义的损失。

损失可分为直接损失和间接损失两种。其中直接损失是指风险事故对于标的本身所造成的破坏事实,而间接损失则是由于直接损失所引起的破坏事

---

① 中国保监会保险教材编写组:《风险管理与保险》,高等教育出版社 2007 年版,第 2 页。

实。例如，一家旅店遭受火灾，火烧毁了房屋，这是旅店的直接损失；而由于房屋被毁旅店一度无法正常营业，这种损失，则是旅店的间接损失。

4. 风险因素、风险事故、损失三者关系

风险因素、风险事故、损失三者之间的关系是：风险因素引起风险事故，风险事故导致损失。例如，一辆汽车由于刹车系统失灵，发生车祸，撞伤一人，压坏自行车一辆。这里，刹车系统失灵是风险因素，车祸是风险事故，撞伤一人和压坏一辆自行车则是损失。如果我们把风险因素存在的事物（即载体），包括有形的和无形的，视为一个单位，那么此单位与风险事故及损失三者就构成实务中常称的"损失暴露单位"。于是，一幢房屋，一个人，一条船，一种法律责任，甚或某种价值的损失（如1万元或10万元的损失）产生，皆可视为一个损失暴露单位。

值得注意的是，同一事件，在一定条件下是造成损失的直接原因，则它是风险事故；而在其他条件下，则可能是造成损失的间接原因，于是它成为风险因素。例如下冰雹使得路滑，导致车祸造成人员伤亡，这时冰雹是风险因素，车祸是风险事故。但若冰雹直接击伤行人，则冰雹便是风险事故了。

（三）风险的分类

基于风险分析、风险管理的需要，我们必须对风险加以分类。从不同的角度出发，可以对风险进行不同的分类。从危机管理的角度出发，常见的分类有以下几种。

1. 自然风险、社会风险、经济风险和政治风险

按照形成损失的原因为分类标准，我们可以把风险分成自然风险、社会风险、经济风险和政治风险。自然风险是指由于自然现象、物理现象和其他物质风险因素所形成的风险；例如地震、海啸、暴风雨、洪水、火灾等。社会风险是指由于个人行为的反常或不可预料的团体行动而形成的风险，例如抢劫、偷盗、罢工、暴动等。经济风险是指生产经营过程中，由于相关因素的变动或估计错误导致产量减少或价格涨跌的风险。政治风险是指起源于种族、宗教、国家之间的冲突、叛乱、战争引起的风险。现在人们对政治风险的理解已更为广泛，通常由于政策、制度的变动以及权力的更替而引起的风险也称为政治风险。政治风险还包括投资风险，指因为政局、政策的变化，投资环境恶化，使投资者蒙受损失的风险。

需要注意的是，自然风险、社会风险、经济风险和政治风险是相互联系、相互影响的，有时很难明确区分。例如，由于人的行为引起的风险，以某种自然现象表现出来的，则风险本身属于自然风险，但由于它是人们行为的反常所致，因此又属于社会风险。又如，由于价格变动引起产品销售不畅，利润减少，

这本身是一种经济风险,但价格变动导致某些部门、行业生产不景气,造成社会不安定,于是又是一种社会风险。还有,社会问题积累可能演变成政治问题,因此社会风险酝酿着政治风险。

2.财产风险、人身风险、责任风险和信用风险

按照潜在的损失形态分,风险可以分为财产风险、人身风险、责任风险和信用风险。

财产风险是指财产发生毁损、灭失和贬值的风险。例如,建筑物遭受地震、洪水、火灾的风险,飞机坠毁的风险,汽车碰撞的风险,船舶沉没的风险,财产价值由于经济因素而贬值的风险等等。

人身风险是指由于人的死亡、残废、疾病、衰老及丧失或降低劳动能力等所造成的风险。人身风险通常又可分为生命风险和健康风险两类。

责任风险是指由于社会个体(经济单位)的侵权行为造成他人财产损失或人身伤亡,依照法律负有经济赔偿责任,以及无法履行合同致使对方受损而应负的合同责任,所形成的风险。与财产风险和人身风险相比,责任风险是一种更为复杂而又比较难控制的风险,尤以专业技术人员如医师、律师、会计师、理发师、教师等职业的责任风险为甚。

信用风险又称违约风险,是指义务人不履行义务而对权利人造成损失的风险。比较常见的信用风险有两类。一类是债务人不能或不愿意履行债务而给债权人造成损失的风险,另一类是交易一方不履行义务而给交易对方带来损失的风险。

3.纯粹风险与投机风险

按照是否有获利机会为标准,风险可以分为纯粹风险和投机风险。这种分类方法是受威利特关于静态风险划分的启发,由莫布雷(Mowbrag A. H.)最先提出,以后得到众多学者的赞同与采用。纯粹风险是指那些只有损失可能而无获利机会的风险。纯粹风险的风险事故发生,对当事人而言,必有损失形成。例如火灾、沉船、车祸等事故发生,只有受害者的财产损失和人身伤亡,而无任何利益可言。当然,如果为了某种目的蓄意肇事,则从根本上改变了风险因素的性质。投机风险是指那些是既有损失可能也有获利机会的风险。例如,市场行情变化,对此企业造成损失,对彼企业则可能是有利的;对某企业而言,市场的此种变化将遭致损失,而市场的彼种变化则可能带来好处。

纯粹风险的风险事故及其损失,一般可以通过大量的统计资料进行科学测算,而投机风险则难以做到。因为投机风险在很大程度上受到政治环境、市场变化和道德因素等的制约,这与静态风险与动态风险的情形类似。纯粹风险与投机风险有时相互交织。此时进行风险分析,就必须根据风险因素的形

成与风险事故的发生过程进行逻辑分析和判断,以准确认定风险的性质。例如,建筑物失火应该属于纯粹风险,但某幢建筑物在失火前已经被确定为丧失使用价值而准备拆除,如果此时失火将建筑物焚毁,则业主可因此而减少拆除费用的开支。

二、定性分析方法

(一)头脑风暴法

头脑风暴法是为了鼓励创新、防止阻碍参与者的创造性而设计的预测方法。它鼓励参与者大胆地提出自己的想法,同时禁止对别人的想法提出批评,通过相互启发、相互影响、相互刺激,产生共振即创造性设想的连锁反应,以达到做出集体预测的目的。采用这种方法,要创造出一种敢于发言,敢于陈述己见,敢于争辩讨论的民主气氛,积极支持和鼓励每一个与会者解除思想顾虑,使所有参加会议的人都能开动脑筋,把注意力集中到所讨论的问题上来,积极、踊跃、大胆地发表自己的看法。在典型的头脑风暴会议中,被邀请参与危机风险评估的人员围桌而坐,由会议主持人向大家说明要评估的危机的基本情况,然后在一定的时间内参与者尽可能地提出自己的看法,当所有的意见和看法都记录下来之后,最后再讨论归纳这些意见,最终形成结论。

(二)名义群体法

名义群体法是以匿名的方式,通过几轮函询征求专家意见,要求每个被邀请参加风险评估的成员在讨论之前独立地写下自己的看法,由预测负责人对每一轮意见进行认真、详实的汇总整理,作为重要的参考资料,再分发给每一位专家,供他们分析判断,由每个成员逐个地向群体说明自己的看法,直到每个成员的看法都发表完毕并完全被记录下来,在此之前对任何想法都不进行讨论。如此反复多次,专家的意见越趋于一致,结论的可靠程度也就越高。接下来的环节就是讨论,讨论一方面是要了解一种看法的真正意思,另一方面是要对这种看法进行评价,各成员独立地将各种想法排序,综合排序最高的看法就作为最终对危机的预测。这种方法的优点是:群体成员在正式开会的同时还可以进行独立思考,完全消除了人为心理因素的影响,可以随时反馈情况,所以现在被广泛采用。

(三)德尔菲法

德尔菲法类似于名义群体法,但它不要求参与者出席,参与者在背靠背的情况下进行评估。德尔菲法的步骤可以表述为:确定要评估的危机;每个参与者匿名地、独立地进行第一次的危机预测,并说明理由;汇总第一次评估的结果,对所有的评估意见和理由进行编辑、整理;向每一个参与者提供经过整理的所有参与者的第一次评估意见和理由,但不能说出任何一条意见和理由是谁提出的;每个参与者阅读别人的意见和理由之后,重新对危机进行评估,第二次提出自己的意见和看法,汇总第二次的意见和看法,进行编辑、整理,重复第一次的过程,如此循环下去,直到所有参与者的意见大体一致为止,这样就获得了危机预测的最终结果。德尔菲法隔绝了群体成员的相互影响,使评估更加准确、客观,但缺点是费时、费力。

（四）电子会议法

电子会议法是将名义群体法与计算机技术相结合的方法,参与者通过计算机接收需要评估风险的有关信息,然后将自己预测的看法输入计算机进行汇总。汇总后,各成员通过计算机对每个看法进行讨论、投票统计,最后得出结论。电子会议法具有快速、匿名、诚实的优点,因为参与者可以在不必透露自己姓名的情况下表达自己的任何想法,而使公共危机风险评估的结果更客观、更准确。

三、定量分析方法

定量评估法一般是通过统计分析、数学计算和计算机的应用把所获得的信息定量化,建立与预测目的相适应的、反映事物联系的数学模型,经过运算去定量地预测危机的未来。其基本假设前提是根据过去的历史资料可以预测将来的行为或结果,这就要求事态基本上还是按照过去的发展模式发展下去,没有太大的变化,而且历史资料不能太少,否则就无法进行统计学的处理。定量法主要有以下几种:

（一）趋势外推法

趋势外推法是利用过去和现在的资料,推断未来的状态,设法找到它们之间的统计关系,可以预测到风险如何变化,危机将会按照什么速度和沿着什么方向发展下去。

（二）时间序列法

时间序列是指观察或记录下来的一组按时间顺序排列起来的数字序列,如某种产品几年来的年产量、月销售量等。时间序列法就是把在一定条件下出现的事件,按时间顺序排列起来,通过趋势外推的数学模型去预测未来。这也是简便易行的预测法,但它只考虑了时间关系,没有考虑因果关系,所以预测的精确度不高,多用于短期和中期的预测。

（三）回归分析法

回归分析法是研究引起公共危机的各种客观因素的相互作用，找出各种因素与未来状态之间的统计关系，依据相关因素的大量统计数据来近似地确定变量间函数关系的方法。在现实生活中，在某些变量之间存在着一定的依赖关系，某一定量的变化，会引起另一定量的变化，例如，每天的冷饮销售量与当天的气温，家具的销售量与当年新婚人数等因素有关。当能够准确地确定其数量关系时，就表现为函数关系；当难以准确地确定其数量关系时，就表现为相关关系。为了定量地把握事物的因果规律，需要使相关关系转化为函数关系，这种转化的中介就是回归分析，可以用来预测未来。

四、若干常用方法介绍

（一）类推评估法

类推评估法是一种运用类比推理进行评估的方法，是在两个不同事件之间的相互联系规律已知的情况下，利用先导事件的发展规律来预测后发事件的发展趋势。采用这种方法，必须注意把对象（后发事件）与被类比对象（先导事件）进行全面比较，找出异同点。相似性的结果出现的频率越高，进行类推评估的可靠性就越大；同时，还应把各种内外部因素对事件的影响都考虑在内，从被类比对象和预测对象所处的历史条件和环境因素的不同，对评估结果做出修正，以提高类比推理预测的可靠程度。需要注意的是，运用这种方法，如果只是短暂地注意了两种事物之间存在的某些相似，而不认真地去揭示其他方面的相似，那么，这种类推显然不足以预测出事件的未来，而按这种类推做出的预测结论往往也是经不起检验的。

（二）模拟实验评估法

模拟实验评估法是根据危机发生、发展的条件与结果的内在联系，模拟公共危机的发展过程，从中取得第一手实验数据，通过对实验数据的统计分析，把握公共危机发展的客观规律，并以此预测同类危机在相同条件下的发展趋势和状态的预测方法。如很多组织会注重采用危机演练、沙盘模型等模拟手段来预测未来可能发生的公共危机。

（三）危机晴雨表评估法

美国学者斯蒂文·芬克分别以危机发生概率和危机影响值为横坐标和纵坐标，创建了危机晴雨表（见图 2-1），这是一种定量分析方法。

危机发生的概率总是处于 0 和 100% 之间。概率为 0，表示危机不会发生；概率为 100% 时，表示危机必然会发生。根据发生概率的高低，危机可以

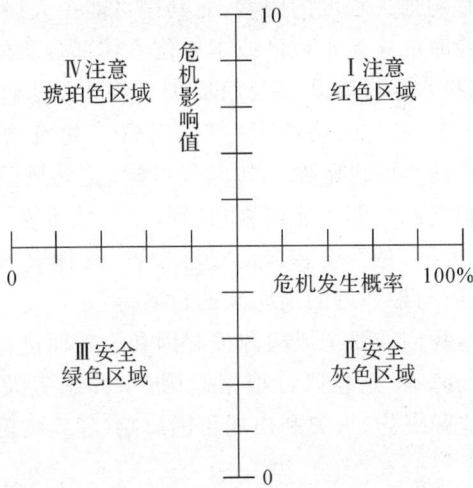

图 2-1　危机晴雨表

分为低度发生（0～50％）、高度发生（50％～100％）两种类型。显然,在危机影响值相同的情况下,不同发生概率的危机其严重程度是不同的,所引起的重视程度也必然不同。所谓危机影响值,是指危机一旦发生后不对它进行干预所产生的危害大小。通过对其进行主观评价,可以用 0～10 表示危机影响值的大小,数值越大,表明危机的危害越大。

　　如图 2-1,如果发现潜在的危机处于第Ⅰ象限,进入红色区域,则表明危机的发生概率和影响值都较高,危险程度较大,需要立即进行危机预报,并采取危机预控措施,否则后果将不堪设想;如果发现潜在的危机处于第Ⅱ象限,进入灰色区域,表明危机的发生概率较大,但影响值较小,危险程度处于中间状态,要小心提防,以免引起不必要的麻烦;如果发现潜在的危机处于第Ⅲ象限,进入绿色区域,表明危机的发生概率和影响值都较小,相对较为安全;如果发现潜在的危机处于第Ⅳ象限,进入琥珀色区域,表明虽然危机的发生概率较小,而一旦发生影响较大,需要密切注意。

　　（四）风险清单

　　风险管理人员在分析风险时,最经常、普通使用的方法是编制风险清单,清单上逐一列出本地区或本单位所面临的风险,并将这些风险与本地区自然、经济、社会特征或者是本单位的业务活动联系起来考察,以便发现各种潜在的风险因素。因此,风险清单中必须列明本地区或本单位基本情况,以及自然、社会、法律和政治环境等。

　　在分析可能引起风险事故的因素时,一般从两个方面来考虑:一是引起事故的风险源,一是影响损失程度的因素,尤其是可能扩大损失程度的因素。例如,在考察洪水风险时应注意本地区或本单位主体部分所处的地理位置,在发生洪水倒灌、暴雨、排水系统阻塞以及河堤决口等意外事件时,有无被淹没的可能性。又如,在分析火灾或爆炸风险时,对每一建筑物及场所均要考虑:(1)有无引起火灾或爆炸的风险源。如电气风险、化学风险、发热的风险和生产过程中的风险,相连或毗邻的建筑物和场所占用性质等。(2)影响损失程度的因素。如建筑的类型,是否安装自动喷淋设备,其他灭火装置和警报设备,屋内存放物品的性质与最邻近的消防队的距离等。

在这个过程中,我们需要把风险源按起因和影响而进行某种分类。据此,水灾、暴风雨、决堤、海啸、龙卷风可根据起因(水和恶劣天气)相似而归入一类;而地震、战争、炸弹爆炸、火灾和山崩可因影响(建筑物倒塌和企业损失)相近而列在一起。

综合不同来源的信息,通常可以获得更多的信息。这些信息源提供的信息可能是各式各样的,从定性的(文字描述,如来自某个人的脆弱性评估)到定量的(事件发生的频率和概率)。

头脑风暴法是帮助列出风险清单的常用有效方法。这是很有趣、也是最富有创造性的。把许多人聚拢到一起,共同挖掘可能的风险源,可以帮助我们很快列出一份长长的清单。头脑风暴法在综合一个群体的洞察力时,鼓励有创造性和独到见解的思维。其目的在于创造一个人们可以陈述其观点和想法而不会像通常一样立时招致批评的过程。头脑风暴法的基本过程如下①:(1)把一组人集合在一间远离骚扰的安静的房间内。(2)确保房间内有为每个组员准备的桌子、椅子、纸和笔,以及用以书写大家都能看到的目录所需的设施(幻灯机、白板、黑板或翻转表)。(3)组织者概括出此次集合的理由,并向所有成员阐明以下规则,"对以下议题尽可能多地发表自己的意见,而不用考虑其有效性和可行性"。让每个成员仔细考虑议题,尽可能清晰地记录下有关该议题的可能潜在的概念或观点。在风险确认中,这就是每个人所能想到的可能的全部风险源。接下来,组织者可使用两级程序或三级程序来收集所有参与者的意见。

两级程序:组织者可以把所有成员的目录整理成一个目录,或让每个成员读出他的意见目录,并把它写成所有成员能同时看到的媒介(幻灯片、黑板、翻转表、白板或联网计算机的显示屏)上,从而收集起每个成员的意见。组织者要确保在收集完所有意见之前,任何在场的人都不能提出非议。

---

① 〔美〕罗伯特·希斯著,王成等译:《危机管理》,中信出版社2004年版。

　　三级程序：组织者在每个人已记录下各自的全部意见后，立即把所有成员分成几个小组。然后，这些小组再讨论议题，并制定小组成员一致通过的个人意见的目录。这常常有助于人们思考，并鼓舞其产生进一步的想法。但这种做法存有一个障碍，即小组意见容易一般化，会减少特殊的意见。小组组织者需确保收集齐所有的观点（个人的或小组的）。小组讨论后，组织者可以用两级程序中同样的方法收集小组意见目录（或任何个人的进一步补充）。

　　在很多情况下，现场调查是很必要的。要到现场对风险源进行一次彻底清理。通过现场调查，就可发现其他的威胁和风险源。这是由风险管理者和风险顾问常用的一种方法。现场调查使得管理者能看到某项目、某活动的运营情况，对环境和利益攸关者有更深入的了解。常常很快就会发现安全问题、不规范操作、易燃废料的堆放、疏散道路的堵塞、新建筑或设备等隐患。这是十分重要的一个环节。这时，第一线的风险相关者看到存在的问题被认真对待，可能会自觉加入到这个过程中来。

　　据此所列出的清单，我们可有三种行动选择：（1）简单决定如何管理清单中的所有风险；（2）将清单中相近的风险加以分类，然后决定如何管理每类风险；（3）由于资源的限制，需要寻求建立某种顺序，优先处理最重要的一种或一类风险。

　　（五）威胁分析法

　　威胁分析是通过编制对地区或单位业务活动构成威胁的事故一览表，来分析造成地区或单位重大损失的各种原因，以及这些原因对重大致损事故发生及损失程度影响力的一种分析方法。例如，对交通阻断进行威胁分析。有很多原因可以引起交通阻断，如发生流行病后的防疫管制；临街建筑倒塌堵塞交通；自来水总管或煤气总管破裂引起的禁止通行；车辆在主要通道处发生碰撞等等。这些威胁可能造成损失的严重程度和持续时间是各不相同的，表2-1列举了交通阻断对于某个工业企业的威胁分析。如果进行完整的威胁分析，则要将可能的事故一一列出，进行分析。

表 2-1　交通阻断对企业的威胁分析

威胁	原　因	结　果	减轻危险的因素	损失估计	
				物质损害	经营活动中断时间
交通阻断	(1)洪水	完全阻断	供给有保障	0	2～5周
	(2)道路下陷	完全阻断	后门进入厂区	0	1周
	(3)流行病	完全阻断		0	1～2个月
	(4)汽车碰撞	完全或部分阻断		0	1天
	(5)罢工	完全或部分阻断	劳资沟通	0	2～5周

（六）事故分析法

事故分析是对可能引起损失的事故进行研究，并探究其原因和结果的一种方法，图 2-2 作了说明。以锅炉运行事故为例，有多种潜在的事故原因，如锅炉爆炸、水管破裂、主供水泵故障等。这三种原因所引起的影响是完全不同的。锅炉爆炸会造成生产过程的重大停顿、财产毁损和人员伤亡，并可能引起对第三者的责任；水管破裂可能引起生产的短暂中断，但不会引起财产损失和人员伤亡；主供水泵发生故障时，如果能立即开启备用泵，则可能丝毫不影响正常生产的进行。

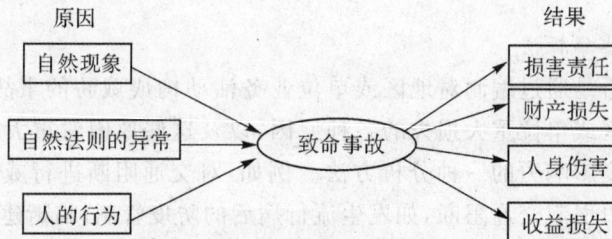

图 2-2　事故分析

事故分析还可以用逻辑树的方法来识别出各种促成致损事故的风险因素，计算事故发生的概率。我们将利用逻辑树进行事故分析的方法称为事故树分析，它是定性和定量相结合的一种有效方法，在风险管理中运用很广。

（七）风险因素预先分析

风险因素预先分析法是指在一项活动开始之前，分析整个系统所存在的风险因素及其类型，估计可能发生的后果的一种方法。这一方法适用于新项目的开发和建设，一般说来，人们往往对新开发项目存在的风险因素缺乏足够的认识，因此，风险管理人员必须重视对其风险因素的预先分析。风险因素预先分析法的主要过程如下：

1.分析系统出现事故的可能类型。通过广泛收集资料，了解本地区或本单位以及国内外同类型活动(项目)曾出现过的事故；与本地区或本单位内外的专家磋商；深入调查本单位、本地区或本项目实施的环境，如地理位置、气候条件、社会环境，以了解外部环境可能给本项目带来的灾害和事故；分析本项目活动的流程，了解其可能出现的事故属于哪一类型。

2.调查风险源。弄清风险因素存在于哪些地方，以确定风险源头。

3.识别风险源转化条件。研究风险源转变为危险状态的必要条件和危险状态转变为事故的触发条件。

4.划分等级。找出了风险源、转化条件、触发条件以后，再对上述风险因素后果的严重性划分等级，以供风险管理决策使用，一般划分为四个等级：

一级　后果可以忽略，可不采用控制措施。

二级　后果较小，暂时不会造成人员伤亡和系统损坏。应考虑采取控制措施。

三级　后果严重，会造成人员伤亡和系统损坏，需立即采取控制措施。

四级　灾难性后果，必须立即予以排除。

需要指出的是，每一种风险分析方法都存在一定的局限性，这是因为：(1)任何一种方法不可能揭示出全部风险，更不可能揭示导致风险事故的所有因素，因此需要将多种方法结合起来综合使用。(2)经费的限制和不断地增加工作会引起收益下降，风险管理人员必须根据实际条件选择效果最优的方法或方法组合。(3)风险分析是一个连续不断的过程，仅凭一两次调查分析不能完全解决问题，许多复杂的和潜在的风险因素要经过多次分析才能获得较为准确的答案。

第三节　风险衡量

在风险分析之后，需要对风险进行衡量，为拟订处理方案、进行公共危机管理决策做准备。在许多情况下，风险的衡量无法采取科学化的技术手段，因为缺乏完整的信息，只能根据经验和管理者的智慧进行估计，此时的风险分析和危机管理决策对于管理者的胆识与能力要求较高。如果有足够的信息，则可以采用科学化的技术手段进行风险衡量，即运用数理方法寻求危机发生及其损失的规律。风险是指损失的不确定性，而这种不确定性包括损失发生与否，何时何地发生和一旦发生其损失程度如何等都不确定，其中损失发生与否和损失程度在风险管理中尤为重要。损失发生的可能性称之为损失概率。而损失程度,则表征损失的严重性,在风险衡量中通过以下两个指标反映:一是损失期望值,即未来某一时期内预期的损失平均值。二是损失幅度,指一旦损失发生,可能形成的最大损失。因此衡量一种风险的大小,关键在于估计损失概率、损失期望值和损失幅度。

一、损失概率

损失概率是指损失发生的可能性,确定损失概率是风险衡量的一个重要方面。某一事件的发生与否往往存在着一种统计规律性。例如掷一枚硬币出现正面朝上、朝下均有可能,若记"正面朝上"为一事件,那么每掷一次这一事件都有可能出现。如果重复掷多次,正面朝上的次数,即事件发生的次数,我们称之为频数,频数与重复次数之比,称之为事件发生的频率简称频率。随着所掷次数的增加,频率趋向一个定值1/2,这种事件发生频率随着重复掷的次数的无限增多而趋于一个常数的性质,我们称为这个事件的发生存在着统计规律性,这个常数即为事件发生的概率。

考虑汽车在一年内发生损失的可能性。假定一年内1000辆同类型汽车有9辆发生损失,则损失发生的频率为9‰;如果汽车增至10000辆,发生损失的有105辆,则损失频率为10.5‰;如果观察的汽车为100000辆,发生损失1001辆,则损失频率为10.01‰。因此当观察的汽车数越来越多时,损失频率趋于常数10‰,故汽车发生损失存在着统计规律性,在一年内损失概率为10‰。

如上所述,我们可以发现损失频率实际上是损失概率的估计值,在风险衡量中常常是通过对损失频率的计算来达到估计损失概率之目的。

二、损失期望值

损失期望值表征某一时期的平均损失,它可以通过损失数据的算术平均数来估计,如果已得到损失的概率分布,则可精确计算出来。损失期望值常被用于拟定风险处理方案。如果不进行风险处理,那么某一单位在相当长的时期内每年(月、季)将承担相当于损失期望值大小的损失,尽管对某一特定年(月、季)实际发生的损失可能并不是损失期望值。如果单位拥有的过去损失资料比较稳定,损失与期望损失相差不多,此时风险管理人员可根据期望值的大小制定风险管理计划,例如安排保险,或者自留,或者研究损失发生的原因以及是否有办法控制损失的发生。如果单位拥有的过去损失资料不够稳定，或数据太少，那么据此得到的损失期望值可信度低，此时应结合标准差等其他指标来考虑风险管理计划。

三、损失幅度

损失幅度是指一旦发生致损事故，其可能造成的最大损失值。风险管理人员根据经济单位自身特点，可用不同的方法来衡量损失幅度，比较常用的是估测最大可能损失（maximum possible loss）和最大预期损失（maximum probable loss）。对最大可能损失与最大预期损失概念有不同的解释，其中较为有名的是 Richard Prouty 的观点。他认为最大可能损失强调的是单一风险单位在企业生命存在期间，单一事件发生下可能最坏的损失，其特征是以企业生命存在期间为观察期间。而最大预期损失强调的是单一风险单位，在单一事件发生下可能的最坏损失，其特征是不以企业生命存在期间为观察期间。我们认为最大可能损失是一种客观存在，与人们的主观认识无关。而最大预期损失则是一种与概率估算相关，即与人们的主观认识有关的概念，它随着人们选择的概率水平的不同而有所不同。因此最大可能损失不会低于最大预期损失。例如一幢建筑物价值 1000 万元，那么最坏的可能是全损，即最大可能损失 1000 万元。而从概率的角度考虑，或许有人测算此栋建筑约 40 年有一次损失超过 800 万元，由于这种可能极为微小，因此认定最大预期损失为 800 万元，或许有人测算 40 年有一次损失超过 850 万元，故最大预期损失为 850 万元。估测最大预期损失较为困难，但也最为有用。

仅估测最大可能损失与最大预期损失是不够的，有时还需要估计年度最大可能损失和年度最大预期损失。年度最大可能损失与年度最大预期损失均可成因于单一风险，或者成因于多种风险，它们可包括各种风险事故所致众多风险单位的所有类型损失。年度最大预期损失是面临风险的单个单位或单位群体在一年内可能遭受的最大总损失量。与最大预期损失一样，这种损失量依风险管理人员选择的概率水平而定。但与最大预期损失不同的是，这种量度并不仅仅是指一次事故的严重性，相反依事件的个数以及它们的严重性而定。

由于损失概率往往较小，而一旦发生，其造成的财务负面影响对经济单位来说却常常又是可怕的，甚至是毁灭性的。因此估算损失幅度比估算损失概率更为重要。但是，并不是说任何情况都是如此，有时也存在估测损失概率比估测损失幅度重要的时候。例如，一家保险企业对其承保的建筑物火险。由于保单的赔偿额有一定的限制,如设置责任限额,因此保险企业就较为注重损失概率的估测。

四、损失概率与损失程度的估测

（一）每年损失事故发生的次数

估测每年损失事故发生的次数是确定损失概率的一个重要方法,也是风险管理人员必须要掌握的内容。损失次数可使用二项分布、泊松分布等来估计。尽管我们这里仅估测年损失次数,但实际上下面的方法,对任何一定时期的损失次数估测均是适用的。这里主要介绍用二项分布估测损失次数。

假设 n 个风险单位均遭到同一风险事故的威胁,每一个风险单位在一年中是否发生此风险事故是一个随机事件,并且风险单位对该风险的结果只有两个:发生与不发生。如果记 n 风险单位在一年中发生所述的风险事故的次数为 X,且满足下列条件:(1)每个风险单位发生同样风险事故的概率相同,设为 p;(2)任一风险单位发生风险事故都不会影响其他风险单位发生同样风险事故(独立性);(3)同一个风险单位在一年中发生二次以上的事故可能性极小,可以认为这一概率为零。则 X 为一服从二项分布的随机变量,且分布律为

$$P\{X=k\}=\binom{n}{k}p^k q^{n-k}, k=0,1,2,\cdots,n$$

其中 $q=1-p$ 是风险单位在一年中不发生事故的概率。

根据分布律,不仅能计算一年中有多少个风险单位发生事故的概率,还能得到诸如二个以上风险单位发生事故等风险管理人员所迫切想知道的情况。

二个或二个以上风险单位发生事故的概率

$$P\{X\geqslant 2\}=P\{X=2\}+P\{X=3\}+\cdots+P\{X=n\}$$

$$=\sum_{i=2}^n P\{X=i\}=\sum_{i=2}^n \binom{n}{i}p^i q^{n-i}$$

或通过下式计算

$$P\{X\geqslant 2\}=1-P\{X<2\}=1-P\{X=0\}-P\{X=1\}$$

$$=1-\binom{n}{0}p^0 q^n-\binom{n}{1}p^1 q^{n-1}$$

由于 n 个风险单位在下一年度中可能遭受风险事故的次数是一个随机变量,我们无法确定究竟会发生多少次风险事故。但风险管理人员只要了解 n 个风险单位在下一年度中发生事故的平均次数,及其偏离程度就可以了。我

们知道 X 的数学期望就表示了事故发生次数的平均值,标准差描述了实际情况与期望的偏离程度。

X 的期望值 $E(X) = np$,标准差 $\sqrt{\text{Var}X} = \sqrt{npq}$ 。

例如,某地区有 5 家工厂,假设任何一家在一年中发生火灾概率为 0.1,并且各个工厂之间就火灾而言是互不相关的,同一个工厂一年中发生二次以上火灾概率认为是零。请估算该地区下一年度中发生火灾的次数分布概况,以及平均将有几家工厂遭受火灾?

设 X 为该地区 5 家工厂在一年中发生火灾的次数。因为每一家在一年中发生火灾的概率为 0.1,故 X 服从 $B(5,0.1)$,分布律为

$$P\{X = k\} = \binom{5}{k} 0.1^k 0.9^{5-k} \quad k = 0,1,\cdots,5$$

发生火灾工厂数目及相对应的概率见表 2-2。

表 2-2　某地区发生火灾工厂数目及相对应的概率

发生火灾工厂数 $X = k$	概率 $P\{X = k\} = \binom{5}{k} 0.1^k 0.9^{5-k}$
0	$\binom{5}{0} 0.1^0 0.9^5 = 0.5950$
1	$\binom{5}{0} 0.1^1 0.9^4 = 0.3281$
2	$\binom{5}{0} 0.1^2 0.9^3 = 0.0729$
3	$\binom{5}{0} 0.1^3 0.9^2 = 0.0081$
4	$\binom{5}{0} 0.1^4 0.9^1 = 0.0005$
5	$\binom{5}{0} 0.1^5 0.9^0 = 0.0000$

下一年将有 $E(X) = np = 5 \times 0.1 = 0.5$(次),即下一年发生火灾的工厂数目预期为 0.5。可能的偏离程度,即标准差

$$\sqrt{\text{Var}X} = \sqrt{npq} = \sqrt{5 \times 0.1 \times 0.9} = 0.671$$

另外,比较常见的是用泊松分布估测损失次数。泊松分布常见于稠密性的问题,因此对风险单位数很多的情况特别有效。一般说来,要求风险单位数不少于 50,所有单位遭受损失的概率都相同并小于 0.1。在风险管理问题中,许多情况均满足上述条件,损失发生概率往往很小,如果风险单位数不够,风

险管理人员可通过分割风险期间来增加风险单位数,或者根据同类地区或同行的损失资料,并入自己的损失资料中,来增加风险单位数。

(二)一次事故的损失金额

为估测一次事故的损失金额,我们将利用一些概率分布,如正态分布、对数正态分布和帕累托分布等,这些分布将会给出一次事故中损失金额可能取值的概率。这里主要介绍用正态分布估测损失额。

对于一些损失频率分布类似一个正态分布的密度函数图形,即只有一个峰,且图形关于峰是近似对称的。这样的损失频率分布可用正态分布来拟合,并通过正态分布来估测损失额落在某区间上的概率,以及损失额超过某一数值时的概率。我们通过实例来说明估测方法。

例如,某地若干年间夏季出现暴雨共 84 次,每次暴雨以一天计算,一个夏季(5~9 月)共 153 天。表 2-3 每次暴雨造成的损失频率分布表,试估算下次暴雨的:(1)期望损失;(2)损失额落在什么区间的概率为 95%;(3)损失额大于 100 万元的概率多大?

表 2-3　某地若干年间夏季暴雨致损金额分布表

组别	分组(万元)	频数 f_i	频率(%)
1	5~25	4	0.0476
2	25~45	8	0.0952
3	45~65	14	0.1667
4	65~85	19	0.2262
5	85~105	21	0.2500
6	105~125	10	0.1190
7	125~145	5	0.0595
8	145~165	3	0.0357
$\sum$		84	0.9999

从上述损失分布的直方图(图 2-3),我们可以明显看出分布近似于正态分布。

(1)用损失资料的算术平均数去估计正态分布的数学期望,即用算术平均数估计暴雨的平均损失,见表 2-4。

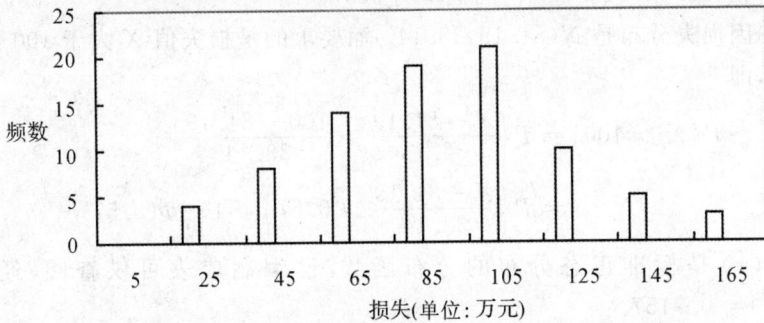

图 2-3

表 2-4

组别	组中值 m_i	频数 f_i	$f_i m_i$	m_i^2	$f_i m_i^2$
1	15	4	60	225	900
2	35	8	280	1225	9800
3	55	14	770	3025	42350
4	75	19	1425	5625	106875
5	95	21	1995	9025	189525
6	115	10	1150	13225	132250
7	135	5	675	18225	91125
8	155	3	465	24025	72075
$\sum$		84	6820		644900

故 $\bar{x} = \dfrac{\sum\limits_{i=1}^{8} f_i m_i}{\sum\limits_{i=1}^{8} f_i} = \dfrac{6820}{84} = 81.19$，因而下一次暴雨的期望损失是 81.19

万元。

(2)由于标准差 $S = \sqrt{\dfrac{1}{n-1}\Big[\sum\limits_{i=1}^{8} m_i^2 f_i - n\bar{x}^2\Big]}$

故 $S = \sqrt{\dfrac{1}{83}\big[644900 - 84(81.19)^2\big]} = 33.14$

根据正态分布的特点,损失额落在 $(81.19-33.14\times2, 81.19+33.14\times$

2)，即落在(14.91,147.47)内的概率为 95％。

（3）因损失分布是 $N(81.19,33.14^2)$ 而要求的是损失值 X 大于 100 万元的概率，即

$$P\{X > 100\} = P\left\{\frac{X - 81.19}{33.14} > \frac{100 - 81.19}{33.14}\right\}$$
$$= P\left\{\frac{X - 81.19}{33.14} > 0.57\right\} = 1 - \Phi(0.57)$$

其中 $\Phi(x)$ 是标准正态分布的分布函数，已编制成表可供查阅，经查，$\Phi(0.57) = 0.7157$

即 $P\{x > 100\} = 1 - 0.7157 = 0.2843$，所以损失值大于 100 万元的概率为 0.2843。

（三）每年的总损失金额

年总损失金额是指具有同类风险的众多风险单位在一年中因遭遇相同风险所致事故而产生的损失总和。估测年总损失金额同样要解决三个基本问题：(1)年平均损失多少？(2)企业遭受特定损失金额的概率。(3)"严重损失"将发生的概率。

表 2-5 是一个假设的概率分布，描述了某地 5 辆汽车每年总损失金额的分布状况，每辆汽车的价值 4000 元。我们用此例来说明估测方法。

表 2-5 某地 5 辆车年总损失金额的概率分布

每年损失金额 x_i	概率 p_i
0	0.606
500	0.273
1000	0.100
2000	0.015
5000	0.003
10000	0.002
20000	0.001
总　计	1.000

表 2-6 表 2-5 中总损失金额等于或大于某些特定价值的发生概率

特定价值 x	概率 p
500	0.394
1000	0.121
2000	0.021
5000	0.006
10000	0.003
20000	0.001

1. 年平均损失估测

在估测年平均损失时,风险管理人员首先应当考虑用于估计年平均损失的年度损失资料的适用性。在任何情况下,损失数据应满足完整性、一致性和相关性。其次在整理过程中,还应考虑年度损失数据的变化趋势,如果一列年度损失数据按时间次序呈递增状的话,则显然来年的年度总损失仍有一种递增的趋向,此时如再用平均值来估计将产生较大的误差,应使用时间序列分析方法来估算。

许多风险单位遭受损失的总和值,根据中心极限定理,只要各风险单位之间就某一风险是相互独立的且所致损失分布相同,那么总损失金额近似服从正态分布。如一辆车发生碰撞,不影响所研究的另一辆车发生碰撞,而且损失分布相同,如果汽车数很多,则所有汽车的损失金额就服从正态分布。这样通过估计正态分布两个参数 μ, σ^2 就可完全了解总损失金额的分布状况。并且用正态分布的数学期望来估计年平均损失,这个估计额叫做期望总损失金额。期望总损失金额即长期的年平均损失金额,既反映了损失频率,又反映了损失的严重性,表 2-5 所示的损失期望值等于

$$\sum_{i=1}^{7} x_i p_i = 0 \times 0.606 + 500 \times 0.273 + \cdots + 20000 \times 0.001$$

$$= 321.5(元)$$

这种衡量表明:如果自留这种风险,则该单位在长期中将蒙受这种年平均损失。

2. 遭受特定损失金额的概率

风险管理人员常常需要知道年总损失金额大于或等于某一特定数值的概率,为风险管理决策提供依据。如年总损失金额大于等于购买全部保险所需的保险费的概率有多大?如果风险自留,会引起企业严重财务问题的损失应

大于什么数额,发生这样的"严重损失"概率有多大?

表 2-6 车辆总损失金额大于等于特定数值的概率,其计算很简单,如要计算年总损失金额 $x \geqslant 500$ 的概率,只要计算 $p\{x \geqslant 500\}$。

$$p\{x \geqslant 500\} = p\{x = 500\} + p\{x = 1000\} + \cdots + p\{x = 20000\}$$
$$= 0.273 + 0.100 + \cdots + 0.001 = 0.394$$

或者 $p\{x \geqslant 500\} = 1 - p\{x = 0\} = 1 - 0.606 = 0.394$

在考虑年总损失金额大于等于购买全部保险所需的保险费的概率时,应将损失和保费换算成税后价值。因为同样金额的损失和保费其税后价值是可以不同的。现假定表 2-5 的损失为税后损失,且全部保险的税后保费 600 元,则据表 2-6 知税后损失金额大于等于 600 元保费的概率约为 0.12。假定税后损失大于等于 18000 元被认为是重大财务损失,则产生严重财务问题的概率为 $p\{x \geqslant 18000\} = p\{x > 20000\} = 0.001$,如果我们得到了精确的统计分布,则上述概率问题也可精确地通过理论概率分布计算出来。

3. 最大可能损失与最大预期损失

最大可能损失(maximum possible loss)与最大预期损失(maximum probable loss)都用以表征研究对象的损失幅度。保险人经常使用这两个概念,以确定是否设置责任限额或办理分保。企业风险管理人员也常用此来估测特别严重损失发生的可能,并在事前选择恰当的风险管理方法来处理。

我们这里所称的最大可能损失是指单一风险单位遭遇单一风险事故所致的最大事故。例如,一幢价值 100 万元的建筑物对火灾风险来说,其最大可能损失为 100 万元。而这里的最大预期损失是在一定的概率水平下,单一风险单位因单一风险事故所致的最大损失。例如风险管理人员相信不可能有发生机会小于 1‰ 的,那么最大预期损失对于建筑物来说就要小于 100 万元。假定我们已知这栋建筑物的损失分布,记 X 为单一事故所致的损失金额这个随机变量,则在 1‰ 的概率水平下,最大预期损失 L 可通过下式求得

$$P\{X > L\} \leqslant 1\%$$

这里的 L 应是满足不等式的最小 L。

因此一旦概率水平不同,则最大预期损失也将不同,可以肯定选定的概率水平越小,最大预期损失越接近于最大可能损失。

至于年度最大可能损失,它可以指一个风险单位在一年中因同一风险遭受多次风险事故所致的最大总损失,也可以指许多同质风险单位在一年中遭受同一风险的不同风险事故所致的最大总损失。根据年损失次数的估测,同一风险单位在一年内发生多于一次的相同性质风险事故的概率是很小的。但是年度最大可能损失仍不能用简单的代数和将最大可能损失累加而成,需要

考虑损失次数的分布情况而定。

年度最大预期损失与最大预期损失在有些地方类同,它是在一定的概率水平下的年度最大损失总和。例如,概率水平为 3‰ 的年度最大预期损失为满足 $P\{X>L\}\leqslant 3‰$ 的最小 L 值。

最后,关于年总损失金额的估测,若能获得年损失发生次数和每次事故的损失分布,则可以获得年总损失金额的概率分布,当然也能有效地估测年总损失金额。

参考文献

1. Bert V. Hong, Stuart A. Klugman. *Loss Distributions*. John Wiley & Sons. Inc. ,1984

2. Arthur Williams, Jr. , Richard M. Heins. *Risk Management and Insurance*. Fifth Edition, McGraw-Hill Bock Company,1985

3. Wton L. Bowers Jr. , Hans U. Gerber, James C. Hickman, Donald A. Jones, Cecil J. Nesbitt. *Actuarial Mathematics*. First Edition, The Society of Actuaries,1986

4. Eorge L. Head, Stephen Horn II. *Essentials of Risk Management*. Second Edition, Insurance Institute of America,1994

5. C. D. Daykin, T. Pentikainen, M. Pesonen. *Practical Risk Theory for Actuaries*. First Edition, Chapman & Hall,1994

6. Etti Baranoff,*Risk Management and Insurance*. WILEY,2004

7. [日]龟井利明著,李松操译.危险管理论.北京:中国金融出版社,1988

8. [美]防务系统管理学院著,国防科工委军用标准化中心译.风险分析与管理指南.北京:航天工业出版社,1992

9. [英]多米尼克·卡瑟利等著.朱泱,张胜纪译.挑战风险——金融机构如何生存和发展.北京:商务印书馆,1997

10. [美]小哈罗德·斯凯博著,荆海,高蒙等译.国际风险与保险:环境—管理分析.北京:机械工业出版社,1999

11. [英]迈克尔·雷吉斯特等著,何剑云,连丹波译.经营风险与危机处理.北京:中国标准出版社,2000

12. [美]威廉斯等著,杨南该译.风险管理与保险.北京:经济科学出版社,2000

13. [美]高盛公司编著,寇日明等译.风险管理实务.北京:中国金融出版社,2000

14. 宋明哲. 风险管理. 中华企业管理发展中心,1984

15. 韦冠俊. 安全原理与事故预测. 北京:冶金工业出版社,1995

16. 盛勇等. 风险断桥. 北京:企业管理出版社,1998

17. 苏伟伦. 危机管理. 北京:中国纺织出版社,2000

18. 〔美〕休·考特尼等著,北京新华信商业风险管理有限责任公司译. 不确定性管理. 北京:中国人民大学出版社,2000

19. 〔美〕诺曼·R. 奥古斯丁等著,北京新华信商业风险管理有限责任公司译. 危机管理. 北京:中国人民大学出版社,2001

20. 〔美〕罗伯特·希斯著,王成等译. 危机管理. 北京:中信出版社,2001

21. 陈秉正. 公司整体化风险管理. 北京:清华大学出版社,2003

22. 宋清华等. 金融风险管理. 北京:中国金融出版社,2003

23. 〔意〕克里斯蒂安·戈利耶著,徐卫宇译. 风险和时间经济学. 北京:中信出版社,辽宁教育出版社,2003

24. 何文炯. 风险管理. 北京:中国财政经济出版社,2005

第三章　公共危机预警管理

阿尔文·托夫勒在《未来的冲击》中指出,由于不去预先考虑未来的问题和机会,我们正从危机走向危机。当前,随着公共危机发生的频率和产生的危害影响扩大,世界各国普遍建立了对公共危机进行预防管理的机制。公共危机的风险评估与预防,不仅是公共危机管理体制的重要组成部分,也构成了现代政府的一项职能。当然,公共危机的预警管理不同于一般的危机预警管理,由于公共危机预警管理研究起步和实践发展较晚,同时由于对公共危机进行风险评估与预防的各种困难和复杂性,使得公共危机预警管理成为公共危机管理体制建构的最大障碍,包括理论研究、技术障碍、机构设置及体制建设等方面。但作为现代政府管理体制改革的重要导向,责任政府、服务型政府、效率型政府的建设都迫切需要政府建立与完善公共危机预警管理机制,一方面提高政府预防公共危机、降低公共危机产生的危害的综合能力,另一方面也有助于完善公共危机管理体制,是现代公共危机管理体制的主要构成。

第一节　公共危机预警管理的理念

冷战结束后,危机管理逐渐从军事防御意义上的管理转变为对国民经济社会文化意义上的管理。自现代危机管理诞生以来,国外学者一般把危机管理分为四个阶段,即预先减缓(mitigation)、准备工作(preparedness)、危机反应(response)和危机恢复(recovery)。而前面两阶段的工作一方面预防危机的产生与扩散,另一方面做好危机应急的准备工作,被视为是危机管理的核心理念之一。公共危机管理过程中,我们首先需要树立的是预警管理理念。中国古代有一则很著名的魏文王问扁鹊的故事。魏文王问扁鹊家族中三兄弟谁的医术最为高明,扁鹊回答说:"长兄最善,中兄次之,扁鹊最为下。长兄于病视神,未有形而除之,故名不出于家。中兄治病,其在毫毛,故名不出于间。若扁鹊者,鑱血脉,投毒药,副肌肤,闲而名出闻于诸侯。"扁鹊的意思是说长兄和中兄在病情还没开始和病刚开始发作的时候就能医治病患,而当病情已很严重再去医治时则不是一个能干的医生。对于组织管理者而言,同样需要深谙这个道理。作为在公共领域产生的危机,公共危机带来的组织、资源、人员的损失更为严重。因此,树立公共危机预警管理的理念是构建公共危机管理机制的重要前提,也是完善现代公共危机管理体制的一个内容。

一、公共危机预警管理研究的发展历史

危机管理产生于二战后,作为一门减少组织风险和处理实际发生的意外事故的科学,危机管理学只有几十年的发展历史,是一门新兴学科,还处于发展的初级阶段。20世纪60年代至80年代初,古巴导弹危机、水门事件等危机事件的发生,使西方学术界对危机问题的研究出现了第一次高潮,危机管理开始作为一门独立的学科出现。企业首先把危机管理引入管理活动中,后来,随着影响范围超过单一组织的危机事件的不断发生,政府开始逐渐重视危机管理,并在公共部门中引入危机管理的管理模式。

作为公共危机管理的组成部分,公共危机预警管理并不是完全依照危机管理的发展轨迹发展的。对公共危机预警的研究可以追溯到二战期间,当时,各国都为了应付战争可能出现的各种社会问题,对社会现象进行预测,并做了广泛而深入的研究,其中军事预警理论的成效最为明显,即使在今天仍具有重要的参考价值。为了满足国家财政、计划和社会管理的要求,20世纪50年代美国兰德公司创造了一些新的研究方法,如系统分析、最优化分析等。20世纪60年代以来,随着对公共危机管理研究的深入发展,公共危机预警机制研究也有所突破。1961年埃·蒂里阿基安提出了社会动荡发生的经验指标;1968—1971年,德罗尔提出"系统群研究"的分析方法,确立12项内容的指标体系,鼓励将社会预警的分析与政策自觉相结合。到了80年代,公共危机预警理论进一步丰富起来,英国以齐舒姆为代表的区域社会研究学派,在《区域预测》一书中,总结了人口、资源、城市、经济和生态环境相互作用的经验数据,对社会运动进行预测;以罗马俱乐部为代表的未来学派,试图建立综合社会预警研究模型,在人口、能源、原料、环境、水源、卫生、食品、教育、就业、经济发展、城市条件、居住环境等12个要素之间,形成一个相互作用的客观系统网络;美国以内布拉斯加为代表的系统学派,于1982年研究出AGNET系统模型分析工具,对美国中西部6个州的区域社会管理,在预警的基础上实施全面的优化调控和管理决策;爱茨(Estes)则对社会不稳定状态进行描述,并将其

划分为六个指标。①

　　20 世纪 80 年代以后,公共危机预警管理进入了一个新的发展时期。以英国、美国为代表的西方发达国家普遍兴起了以市场导向和顾客满意为主要特征的新公共管理运动。新公共管理运动是一场涉及所有西方国家的大范围的政府改革浪潮,对各国政府行政改革都产生了积极而深远的影响。在新公共管理运动这一特殊的改革背景下,"以用户为驱动力的服务组织的概念也越来越被公共事务官员们所接纳"②,引导并促进了政府治理模式的转变。美国学者戴维·奥斯本和特德·盖布勒在《改革政府》中提出了政府再造的十个发展方向(十项原则):即起催化作用的政府:掌舵而不是划桨;社区拥有的政府:授权而不是服务;竞争性政府:把竞争机制注入到提供服务中去;有使命感的政府:改变照章办事的组织;讲究效果的政府:按效果而不是按投入拨款;受顾客驱使的政府:满足顾客的需要,不是官僚政治的需要;有事业心的政府:有收益而不是浪费;有预见的政府:预防而不是治疗;分权的政府:从等级制到参与和协作;以市场为导向的政府:通过市场力量进行变革。新公共管理运用的思想影响着 80 年代以后世界各国政府治理与创新的各项活动,对政府管理改革产生了深远的影响。正是在这一背景下,公共危机预警管理在理念、制度和技术层面上发生了重大变化。首先,预警管理被视为是公共管理的一项重要内容,是衡量政府有效性的一个指标。不少国家在建立政府绩效评估体系中,将预警管理的内容转变为一系列可衡量的指标,将预警管理与政府管理能力、社会公众满意度直接挂钩,促进政府由事后管理向事前和事中管理转变。其次,公共危机预警管理的技术能力大大提升。随着信息技术、模拟仿真、决策控制等技术的成熟,预警管理的监测与评估技术也相应提高,满足了危机监控和预警的需要。最后,公共危机预警管理制度不断完善。以日本为代表,其社会公共危机预警管理制度从法律、宣传、技术、教育、政府责任、程序规定等多个层面进行设计,逐步完善了公共危机预警管理机制,对减少公共危机的爆发及其产生的不良后果起到了积极的作用。

　　我国对公共危机预警管理的研究起步较晚,2003 年的"SARS"危机,引发并加速了我国政府和学术界对公共危机的关注和研究,同时也迅速引起了对公共危机预警管理的关注。2008 年在雪灾、地震、问题奶粉等多种公共危机的影响下,政府、社会公众和学术界对公共危机预警机制的建立被提升到了更

　　① 鲍宗豪,李振:《社会预警与社会稳定关系的深化》,《浙江社会科学》,2001 年第 4 期。
　　② 〔美〕麦克尔·巴泽雷著,孔宪遂、王磊、刘忠慧译:《突破官僚制:政府管理的新愿景》,中国人民大学出版社 2002 年版,第 7 页。

为关注的程度。

二、公共危机预警管理的涵义

凡事预则立,不预则废。危机管理,关键在于预防。公共危机预警机制作为公共危机管理机制的重要组成部分,具有非常重要的地位。在危机的前兆阶段,危机处于量变阶段,这是解决危机的最佳时期,也是决定危机走向"危机"还是"出现转机"的关键环节。正如奥斯本和盖布勒所倡导的:"使用少量钱预防,而不是花大量钱治疗。"那么,公共危机预警管理究竟应包含哪些内容呢?

(一)社会预警的含义

要了解公共危机预警管理的内涵,我们首先要掌握"社会预警"的概念,社会预警是对各类社会问题进行预防的一种机制,其含义大致包括以下几种:

第一,"社会预警是指依据对社会发展稳定状况的判断,按照社会系统整合关系的模型分析,对社会系统运行的质量和后果进行评价、预测和报警。"①

第二,"社会预警是在社会顺境状态下,在对社会负变量监测的基础上,对社会运行接近负面质变临界值程度的确定性评估和警情发展趋势的不确定性的早期预报。"②

第三,"社会预警是对可能酿成社会问题以致妨碍社会稳定与社会发展的社会偏离现象的预先警报。"③

第四,"社会预警机制对社会运行中出现的失调、失序、失范、失度等问题能够及早发生警报,以便及时制订和采取措施,使问题消解于萌芽状态。"④

社会预警从广义上理解,是对社会风险或社会危机的预警。如自然灾害、经济危机、公共卫生危机等方面的预警,都可以称之为是社会预警,而公共危机的预警是可以看成是社会预警的一个组成部分。

(二)公共危机预警管理的含义

根据社会预警的定义,我们认为所谓公共危机预警管理就是指对可能引

---

① 鲍宗豪、李振:《社会预警与社会稳定关系的深化——对国内外社会预警理论的讨论》,《浙江社会科学》,2001年第4期。

② 阎耀军:《城市社会预警基本原理刍议——从城市社会学视角对城市社会问题爆发的预警机理探索》,《天津社会科学》,2003年第3期。

③ 余红、黄昌保:《加强社会预警促进社会稳定》.载王辉主编:《社会稳定和发展的理论与实践》,天津社会科学院出版社1992年版。

④ 丁水木:《简论建立中国社会的社会稳定机制》.载赵子祥,曹晓峰主编:《21世纪中国经济社会发展与社会学的历史使命》,辽宁人民出版社1997年版。

起公共危机的各种因素及其所呈现出来的危机信号和危机征兆进行严密监控,对其发展趋势、危害程度等作出科学合理的评估与判断,发出正确的危机警报的一套有效运行体系与管理方法。

公共危机预警管理大致可以分为四个组成部分(见图3-1):

1. 保障系统。做好人、财、物的储备工作,进行严格的危机管理培训,制定危机管理的各种应急预案,成立危机预警机构等。

2. 危机监测评估系统。对政治、经济、社会、自然等环境进行观测,收集可能引发危机的外部环境信息和内部信息,将收集到的信息进行科学分析和识别,评估判断危机发生的概率和可能造成的危害程度,并对每一种可能发生的危机进行分类管理。

3. 危机预控系统。是指危机因素未引发危机之前,通过调整政策方案,采取紧急措施,协调资源配置,化解潜在的危机因素,或者对于无法避免的危机,尽可能通过预先控制将损失降到最低的程度。

4. 危机预警系统。准确判断各种指标和因素是否突破了危机警戒线,根据判断结果决定是否发出警报,发出何种程度的警报以及用什么方式发出警报。

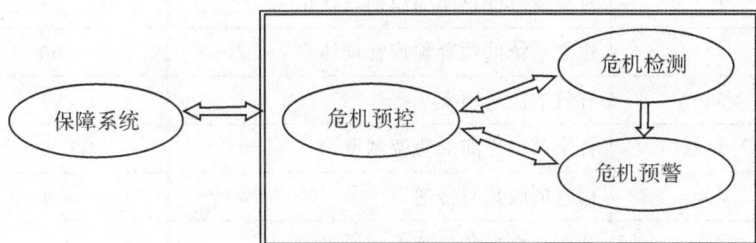

图 3-1　　公共危机预警管理系统各组成部分之间的关系

三、公共危机预警管理的重要性与必要性

(一)公共危机预警管理的重要性

无论从理论上还是从国内外实践经验总结上,我们都不难发现,危机预警比危机应急处理更为根本。前者重在预防,后者重在治疗;前者的作为建立在危机发生之前,后者的作为建立在危机发生之后。随着"和谐社会"治理理念的提出,政府和社会都希望以和谐社会为目标,构建一个安全、稳定的社会。这样,公共危机预警管理成为预防危机发生、维护社会稳定、构建和谐社会的重要管理机制。

20 世纪 80 年代以来,随着经济社会的迅速发展,各种潜在因素已成为影响甚至威胁经济发展和社会稳定的重要变量。如资源破坏、自然灾害、转基因食品、工业危机、克隆技术等等。我国属于一个后发展国家,在经济社会发展过程中面对这些危机的挑战,形势则更为严峻。我们迫切需要建立完善的公共危机管理体制,而建立系统完整的公共危机预警机制,完善公共危机管理方式就成为现阶段我国建立公共危机管理机制的前提和保障。

实践也证明,随着危机危害性的加剧,危机预防已经成为危机管理工作的重中之重,越来越多的国家选择投入大量的人力、物力、财力用于危机预防,力求防患于未然。有效的预警机制就像天气预报,能够及时察觉危机,止祸于开端之际,防患于未然,将损失控制在最小范围之内。在某种程度上,危机预防体系比单纯的某一特定危机事件的应急显得更加重要。根据有关调查,影响危机有效控制的最重要因素排在前三位的都是危机预警预控工作不可缺少的部分(见表 3-1)。

表 3-1　影响重大突发事件有效控制最重要因素的调查①

排　序	选　项	百分比(%)
1	对突发事件早期的识别与认识	58
2	建立系统的预警预控管理体系	56
3	有效的应对预案	51
4	各个部门之间的协调制度	45
5	信息的收集与传递	21
6	社会公众的危机意识	17
7	相关法律	11
8	其他	1

作为危机管理过程中的首要环节——危机预警是一种既经济又简便的方法,在危机管理过程中发挥着极为重要的作用。有效的危机预警依赖于对诱发危机因素的识别、分析预测、隔离、控制,而这一系列环节连续有效地进行则需要建立一套完善的公共危机预警机制与管理方法。因此,在这个危机频发的时期,加快建立科学有效的公共危机预警机制,对公共危机进行预警管理,

---

①　佘廉、马颖、王超:《我国政府重大突发事件预警管理的现状和完善研究》,《危机管理》,2005年第 11 期。

是应对公共危机和降低公共危机产生的危害的有效办法。

（二）公共危机预警管理的必要性

收集公共管理领域的危机信息，对危机信息进行较为准确的辨别，对可能引起公共危机的各种因素及其所呈现出来的危机信号和危机征兆进行严格管理，及时评估公共危机所处的前期阶段的情况，预测或计算公共危机可能产生的后果并制定不同的应急管理方案，提高对公共危机进行干预和应急的能力，对于现代政府提升公共治理能力和政府管理创新都具有极为重要的意义。

1.政府能力与预见性政府的治理理论诉求

（1）新公共管理运动对政府能力的要求

在现代社会的运转过程中，尤其是随着市场经济的发展，从经济管理、社会服务到国家安全和安全战略，现代国家政府都会以某种方式介入，承担广泛的公共管理职能。这样，政府能力就成为衡量政府的一个核心指标。一方面，社会公众期望在市场经济条件下政府能够以最经济的手段、最迅速的方式提供最优质的服务；另一方面，政府为社会大众提供各种公共服务必须由社会公众支付所需成本，因此政府功能扩张必将增大政府的施政成本。如何提高政府政策制定和执行公共政策的能力、如何提高政府管理效率以推动社会服务的高效率、高质量，这些问题在当今已成为世界各国政府改革的重心，是现代政治学和经济学领域普遍关注的问题，也是现代公共行政学走向以政府管理效率和政府能力为核心的现实依据。而解决公共危机的能力在很大程度上标志着一个政府的管理能力和水平。

自 20 世纪 70—80 年代起，各国政府面对财政困境和社会对政府提供服务需求的扩大，竞相实行了以"新公共管理运动"为取向的政府改革运动。这场涉及西方大多数主要发达国家的行政改革无一例外地都引入了市场竞争机制、强调顾客导向以及提倡服务质量的提高，亦即提出了绩效管理的概念。行政学者夏夫里茨和卢塞尔（Shafritz and E. W. Russell，1997）认为，"绩效管理是组织系统整合组织资源达成其目标的行为，绩效管理区别于其他方面纯粹管理之处在于它强调系统的整合，它包括了全方位控制、监测、评估组织所有方面的绩效"[①]。政府在现代社会的复杂系统中始终"为整个社会或其某个部分的需要行使管制和服务的职能"[②]。新公共管理运动的展开，开始更强调政府能力和水平，着重以社会为导向，注重公平，提高综合效率。我们的政府要维护社会稳定、提高政府管理效率，进行危机预防是关键。而建立有效管理的

---

① 张成福、党秀云：《公共管理学》，中国人民大学出版社 2001 年版，第 271 页。

② ［澳］欧文·E.休斯：《公共管理导论》，中国人民大学出版社 2001 年版，第 8 页。

危机预警机制既要靠政府主导,也要以民意为基础,在绩效管理理念的支撑下推动服务的高效率,同时也更关注公共危机管理的绩效。应该说,新公共管理运动(包括绩效管理)对我们国家政府实践管理具有借鉴意义,同时也为我国政府建立高效运作的危机管理机制提供了理论支持和实际经验借鉴。

(2)公共危机与预见性政府

公共危机的特征决定了公共危机的爆发往往会影响到社会安全的各个方面,包括政治、经济、文化、生活等。就目前形势来看,具有全社会影响力的事件的发生率还是很高的。国家安全、社会治安、自然灾害等领域,都存在爆发重大公共危机或突发性公共事件的可能性。在西方很多国家,面对公共危机共同的做法就是"建立了对危机事务的预警机制和快速反应机制"①。在西方发达国家,对于危机的预警,无论是制度保障上还是技术支持上都具备了一定的体系,可以说已基本建立了较为完备的预警管理机制。对公共危机做到及时预防和管理,这已是和政治能力相挂钩的一个衡量标准,也为一国政府的政治合法性提供了合理解释。就我国目前情况看,整个国家还没有建立起系统完整的预警管理机制。预警管理机制的缺乏使政府面对公共危机时经常处于被动状态,显得"后知后觉"。

危机的预警在政府危机管理中是十分必要的,直接关系到政府对公共危机的处理能力和公民对政府的信任度。健全的预警机制不仅能够预防灾难的发生、减少损失;而且即使在突发事件发生后也能按照预定计划有条不紊地处理,从而减少社会混乱、维护社会秩序。政府管理的目的是"使用少量钱预防,而不是花大量钱治疗"。政府危机管理的预警机制体现和实现了这个目的。因此,预警机制的建立往往比公共危机的处理机制来得更加重要。

美国行政学家奥斯本和盖布勒提出了"有预见性的政府——预防而不是治疗"的治理范式。作为变迁中的国家,其治理范式已经超越了传统的公共行政。稳定化、制度化的公务员制度、等级分明的组织结构,使政府在一个变迁的环境中面临极其巨大的挑战。随着新公共管理运动的兴起和发展,对政府工作效能又提出了新的要求。以绩效和服务为核心的政府如何能够维护社会稳定,其中建立良性运转的预警机制是其核心要求。一个能够防范社会风险的政府必然能在最大程度上保证效率和公平。建立"预见性政府"有助于综合提高政府管理社会的效率,也是提高服务水平的重要手段。因此,对政府和社会而言,建立预警机制和危机管理系统,监测和评估公共危机,应对公共危机已成为当前首当其冲的一件大事。

---

① 参见徐伟新:《国家与政府的危机管理》,江西人民出版社2003年版,第1页。

2.构建和谐社会和落实科学发展观的现实诉求

2004年9月,党的十六届四中全会通过了《中共中央关于加强党的执政能力建设的决定》,首次完整提出了"构建社会主义和谐社会"概念。2005年2月,在中共中央举办的省部级主要领导干部提高构建社会主义和谐社会能力专题研讨班的开班式上,胡锦涛总书记指出了和谐社会的六大基本特征,即民主法治、公平正义、诚信友爱、充满活力、安定有序、人与自然和谐相处。2007年10月15日,胡锦涛总书记在党的十七大报告中指出,我们要深入贯彻落实科学发展观,积极构建社会主义和谐社会。科学发展观是坚持以人为本,全面、协调、可持续的发展观。以人为本,就是要把人民的利益作为一切工作的出发点和落脚点,不断满足人们的多方面需求和促进人的全面发展;全面,就是要在不断完善社会主义市场经济体制,保持经济持续快速协调健康发展的同时,加快政治文明、精神文明的建设,形成物质文明、政治文明、精神文明相互促进、共同发展的格局;协调,就是要统筹城乡协调发展、区域协调发展、经济社会协调发展、国内发展和对外开放;可持续,就是要统筹人与自然和谐发展,处理好经济建设、人口增长与资源利用、生态环境保护的关系,推动整个社会走上生产发展、生活富裕、生态良好的文明发展道路。科学发展和社会和谐是内在统一的。没有科学发展就没有社会和谐,没有社会和谐也难以实现科学发展。构建社会主义和谐社会就是要深入贯彻科学发展观,坚持以人为本,实现全面、协调和可持续的发展。

"和谐社会"和科学发展观的理念,充分体现了我国社会主义发展进程中的现实要求。构建和谐稳定的社会是中国几千年历史的追求,在现阶段的社会主义体制下则充分体现为"一种整体性思考问题的观点,要求我们在把工作视野拓展到政治、经济、社会、文化等各个方面,运用政策、法律、经济、行政等多种手段,统筹各种社会资源,综合解决社会协调发展问题"。①而更多的学者把和谐社会的建设建立在一系列的制度建设基础上。和谐即要维护社会稳定,要能够从根本上预防那些危害社会稳定事件的发生,重预防甚于重治疗;要能够在有效的预防机制下进行管理。只有这样,才能在维护社会稳定的同时提高发展的效率。

随着"和谐社会"善治理念的提出,政府和社会都希望以和谐社会为目标,建设一个安全、稳定的社会。我国作为社会主义发展中国家,在经济迅速发展的同时迫切需要以科学发展观为指导构建一个和谐社会。政府当前以和谐社

---

① "和谐社会的提出及战略意图",http://www.ce.cn/ztpd/xwzt/guonei/2005/gjhxsh/zbtj/2005/02/24。

会为目标,首先必须致力于建立一套系统有效的公共危机预警管理机制。在制度建设上首先保障社会稳定,将公共危机遏制在萌芽阶段;在组织建设和人员调配上,建立危机预警机构;在技术条件方面引进危机管理专业人员,进行公共危机信息的采集与评估工作,保证信息渠道的畅通,并在适当的时候进行政策模拟,预测或计算公共危机可能产生的危害,以便制定不同的应急预案,确保社会公众能够安心,实现社会的稳定发展。这是我国社会和谐稳定发展的重要制度前提,也是和谐社会构建的现实基础。

第二节　公共危机预警管理的基础:问题管理

问题管理是现代西方公共关系发展中产生的新职能,它力求尽早确认可能影响组织的潜在或萌芽中的各种问题,然后动员并协调该组织的一切资源,对组织现有问题、潜在问题采取必要的行动,从战略上来影响这些问题的发展。因此,问题管理代表了一种超前行动的战略。

一、问题管理的界定

问题管理的实践最早出现在美国石油工业中。20 世纪 70 年代以后,世界性的能源危机对美国石油工业产生了严重的影响。当时,世界市场石油短缺,石油价格飞涨,消费者不满程度加深,国内石油储备量下降,石油开采和生产遇到困难,有关联邦法规不断出台。美国石油业为了应付这样的环境和问题,一些石油公司成立了专门的问题管理部门,以分析对组织可能产生影响的社会问题,并提前采取相应的对策。此后,为了对环境的突变性所造成的冲击加以某种控制,许多组织都非常重视问题管理这项职能。问题管理作为一种可以识别的管理活动开始异军突起。

问题管理还是一种行动型的管理职能。它主要表现为组织对社会环境变化的一种主动和积极的反应,要求组织在有关问题进入法规制订、公共政策形成之前就采取措施进行管理。这需要组织能够找到现存问题,并解决这些问题,同时还要预见到将要发生的问题,事先投入,及早防范,而不至于在问题突然出现时措手不及。所以,问题管理要求对组织现有问题、潜在问题采取积极的行动,并制订相应的对策。由此可见,问题管理要求组织通过调查,预测政治、经济和社会环境的发展给组织带来的新问题、新挑战及其相应的对策,消除由于环境变化所产生的问题给组织及其公众关系带来的潜在影响,促成有利于该组织的公共政策的实现,使组织在未来的机遇、威胁和竞争中增强自身的适应能力。

任何成功的组织都会通过制订计划来实现其整体目标。制订整体计划的目的是保证组织的资源和力量用在刀刃上,以对付未来的机遇或威胁。对这些机遇或威胁的界定本身就是问题管理的实质。组织越早认识到存在的威胁或机遇,越早采取适当的行动,就越有可能控制住问题,从而避免问题扩大并转化为危机。

二、问题管理的对象

问题管理作为一种行动型的管理职能,有其特定的管理对象。问题管理的对象显而易见是与组织有关的问题,美国公关实务委员会把问题界定为一个组织内部或外部的条件和压力,如果这种条件和压力持续下去就会对这个组织的运作及其将来的利益产生重大的影响。每一个问题都可能给组织带来威胁或机遇,如何评价问题是威胁还是机遇,有两个标准点:一是威胁的标准点,即损失限度,超过这一限度,就会危及组织或某一产品的生存;二是机遇的标准点,即行动收益和成本的限度,组织采取行动控制问题的成本不能超过行动收益,假如超过这一限度,行动收益将不能弥补行动成本。

对问题管理的对象而言,可以采取不同的标准进行分类。按照问题对组织影响的程度,问题可分为三种类型:第一,现有的问题即现在正对组织发生影响的问题。这类问题已经形成,而且组织已对此制定对策。第二,正在出现的问题,即对组织的影响还未完全显现的问题。这类问题可能早已露出征兆,但现在还未完全形成,组织也未对此确定应付的具体态度和政策。这类问题正处在不断发展的阶段,需要组织及时影响并加以控制。第三,社会趋势性问题,即涉及社会发展方向和潮流的问题。这类问题涉及公众的态度、行为的变化,最难以影响或改变。这类问题包括政治、经济、技术、人口、资源和社会等各个方面,及早估价这些趋势的性质、方向及影响是问题管理中的关键任务。另外,按照问题的影响广度和人们对问题的关心程度,可以将问题分成四种类型:第一,有广泛影响的问题,这是对众多公众的利益有直接影响的问题,如通货膨胀、空气和水的污染、产品质量等。这些问题容易引起广大公众的关心,它一般由社会活动家限定,并通过新闻媒介反映出来,对有关组织可能形成压倒一切的政治压力,公众希望通过一些具体的方案来解决这些问题,但政府一旦颁布了有关的法规,公众可能会认为事情已经解决,兴趣随之消退。但是,如果问题依然如旧,社会活动家继续施加压力,公众对该问题的兴趣则不会消退。第二,有广泛影响但较抽象的问题。虽然有不少公众可能注意到他们受到这些问题的潜在影响,但直接感觉到这些问题的人并不多,如住房短缺、失业、自然资源的利用等问题,对这些问题的确认和解释在很大程度上取决于领导集团的意见,其解决方案通常非常复杂,公众不可能施加很大的影响,一般会接受领导集团提出的任何解决方案。但是,公众会积极地或消极地抵制损害其利益的方案。第三,影响狭窄的问题。这类问题一般对数量不大或某一地区的公众有影响,大多数公众体验不到这类问题或不易受到问题的损害,如职业安全规定、公平的就业措施、保护少数民族权利等问题,这类问题通常是由有政治影响的压力集团确定的。第四,技术性问题。这类问题是由领导集团确认和解释的,它们通常很复杂,远离个人生活,牵涉到各种集团之间的政治权力和经济权力的分配,工会、社会活动团体、新闻媒介的活动是预测这类问题的关键因素。

三、问题管理的程序和方法

问题管理作为组织管理或公共关系的一项新职能,其工作需要按照一定的程序,并运用科学的理论和最有效的方法进行。

第一,发现与确定问题。对于一个组织来说,有效的问题管理可以防止问题出现或改变问题发生的过程,越早认识到存在的威胁或机遇,就越可能控制住问题。因此,进行问题管理首先要发现问题,确定问题,这就需要通过收集信息、调查预测来发现组织存在的问题,包括现有的问题、潜在的问题以及社会趋势问题。组织通过调查,可能会遇到数量极大的对其影响的问题,对此,有必要对这些问题进行识别、检查和筛选,缩小问题范围,集中注意实际的和有现实可能的问题。这一过程既有助于组织制定行动纲领,也有助于指明如何设计问题管理方案。组织可以利用许多方法来发现和识别现时的问题,如民意测验、媒介内容分析和文献研究等,也可以通过一些方法来预测较长时期内可能出现的问题或趋势,如历史分析法、直觉判断法、矩阵分析、德尔菲法等。

每个组织对自己的形象和状态都有一种自我感觉,但是确定问题不能仅凭自我感觉,因为一个组织在管理者心目中的形象和在公众心目中的形象往往相距甚远,所以必须从社会舆论、公众评价以及竞争对手等方面收集信息,要公正地、客观地站在公众的立场上观察组织,否则,难以发现问题的症结所在。

第二,分析与评价问题。只有当问题已确定并且得以分析,组织才能完全理解它的后果。因而问题找到后,就应该对问题进行认真分析,一是需要根据问题的性质对问题进行整理分类,确定这些问题是产品质量方面的问题,还是服务方面的问题;是市场萧条的问题,还是竞争对手利用优势占领市场的问题;是组织整体形象的问题,还是偶然失误的问题;等等。二是需要对造成问题的原因进行分析,究竟哪些因素促成了这些问题,是个别人员的素质问题,还是根本的指导方针出了毛病;是组织自身的方针跟不上环境的变化,还是公众的意愿和需要不合理;是技术力量太薄弱,还是管理水平跟不上;等等。三是需要对问题的影响进行评价。分析每一个实际问题对组织生存发展会产生什么影响,分析问题究竟影响和危及了哪类公众以及问题的迫切程度,决定哪些问题需要制订适当的行动计划,哪些问题需要继续跟踪。四是需要对问题排列次序。一个组织可能面临着一系列不同的现实或潜在的问题,而一个组织也不可能对所有的问题立即作出反应。问题分析必须将所有问题的次序按一定标准加以排列,这样才能使组织将其各种资源集中于应立即解决的问题上。排列问题的轻重缓急有两种方法,其一是按问题的紧迫程度,把那些需要立即处理的问题排在前边,而把那些可以在今后一段时间内解决的问题排在稍后;其二是按问题的重要程度排列先后次序。有时,这两种方法排出的次序大体相仿,因为许多重要的问题往往也是亟待解决的,但有时最重要的问题并不是需要马上处理的。

在分析与评价问题时要注意两点:一是对公众的意见不能盲目接受,不能完全受舆论的左右。不同公众的意见往往很不一致,因此,既不能根据少数人的意见确定问题,也不能忽视少数人的意见,而应对各方面意见进行综合评判作出结论;二是对问题不能就事论事。一个微不足道的问题也许是一系列严重问题的先兆,一次惨重的损失也许仅仅是偶然事故,因此必须把握问题的实质。

第三,影响与解决问题。确定问题、分析问题,都是为了"对症下药",解决问题。但是,适合各种问题的一般对策和方法显然是不存在的。有多少问题,就有多少影响或解决问题的不同对策和方法。故而,制订一项计划方案对于整个管理程序是必不可少的。因此,问题管理的最后一步应该是制订解决问题的计划方案,采取相应的措施,消除问题或防患于未然。组织在制订计划方案时必须考虑以下七个方面的情况:(1)检查所有可能对组织有影响的问题或趋势;(2)确定需要考虑的具体问题;(3)估计这些问题对组织的生存和利益的潜在影响;(4)确定组织对各种问题的应对态度;(5)决定对一些需要解决的问题采取的行动方针;(6)实施具体的解决问题的行动计划;(7)不断监控行动的结果,根据需要修正具体方案。

在这里,成本是一个重要因素,在制订处理某一问题的方案时,必须权衡这个方案实施的效果是否得不偿失,以免在实施时受到责难。另外,提出问题对策时应注意广泛收集各个管理部门及广大员工的意见,通过开座谈会、出黑板报等形式集思广益,并与员工商讨解决问题的措施,以此提高员工参与解决问题的积极性,增强组织的危机预防能力。

总之,问题管理是政府管理工作实践中新出现的一项职能,它着重对组织面临的问题和危机进行预防,并将危机转化为机会。由于危机对组织生存和发展具有极大的危害性,因而国外十分重视问题管理工作。鉴于我国市场经济体制的建立,市场竞争日趋激烈,社会环境日趋复杂,组织面临的危机风险大大提高。因此,研究和参考国外问题管理的理论和经验,对增强我国各类组织的危机防范能力,提高组织管理和政府治理能力,具有重要的现实意义。

第三节　构建公共危机预警管理机制

正如前文所述,公共危机预警管理是应对公共危机的首要环节,构建公共危机预警管理机制是公共危机预警管理的核心内容。建立与完善公共危机预警管理机制是现阶段各级政府的重要任务,关系到公共危机管理的成本,更关系到现代政府的责任履行与能力评价。

一、国外公共危机预警管理机制的模式与经验

当今世界,随着国际形势和社会结构复杂化程度的提高以及信息传播速度的加快,各种危机层出不穷,各国政府都面临着多样的挑战。在应对各种危机的过程中,西方发达资本主义国家普遍将其多元的危机管理理论(包括企业危机管理理论)直接应用于危机管理的实践,并且根据自己的国情形成了不同的危机管理模式,如美国的"强总统、大协调模式",俄罗斯的"大总统、大安全模式"以及瑞典的"平战结合的分权模式"。这些模式为我国构建公共危机预警管理体制提供了许多有益的借鉴。

(一)美国的公共危机预警机制

美国政府危机预警管理体系是构筑在整体治理能力基础上的,其通过以《国家安全法》、《全国紧急状态法》、《反恐怖主义法》和《联邦应急计划》为核心

的法律体系和法制化的手段,将完备的危机应对计划,高效的核心协调机构,全面的危机应对网络有机地融合到一起。

第一,完备的危机应对计划。在应对危机的时候,最重要的是未雨绸缪,在危机发生前就应制定完备的应急计划以对危机管理进行总体部署。在这方面,美国对各种危机的管理在事前就制定了纲目并举的操作计划,既有总体上的联邦应急计划(FRP),也有具体针对特殊性质危机事件的运作纲要(如应对国内恐怖主义的运作纲要——CONPLAN)。其中美国联邦应急计划(FRP)作为政府危机管理的基本法更是发挥着重要作用。FRP 是 27 个联邦政府部门及机构共同签署的具有法律约束力的政府文件,具体分成基础计划以及一系列的附件。其目的就是为了协助各州政府和地方政府去应对任何重大的自然灾害、技术性灾害和紧急事件。如果灾害或紧急状态影响到国家安全时,将通过国家安全局采取适当的措施。

在 FRP 中详细规定了危机应对中的政策和原则、计划设计的前提、运作纲要、应对和恢复行动、27 个重点联邦政府部门及机构(如农业部、商业部等)各自在危机管理中的职责和协同机制。它是在总统宣布紧急状态后整个联邦政府运作的执行纲要。FRP 不仅明确了联邦紧急事务管理署在危机管理中的首要协调管理部门的地位,而且将联邦政府机构的资源具体划分为 12 个不同的应急支持功能,对应每个功能都指定了一个主要负责机构及若干辅助机构,制定了各机构的具体责任范围和响应步骤。

第二,危机管理中的核心机构。在美国危机管理机制的运作中,发挥着重要指挥协调作用的核心机构主要有总统、国家安全委员会(MSC)、国土安全部、联邦紧急事务管理署(FEMA)、联邦调查局(FBI)、中央情报局(CIA)以及一些辅助性的研究机构,这些机构在危机管理中都发挥着重要作用,充当社会应急联动的协调角色。其中联邦紧急事务管理署在危机管理中发挥着首要协调部门的作用。

联邦紧急事务管理署(FEMA)成立于 1979 年,是一个直接向总统负责、报告并处理国家灾情的独立政府机构。在应对危机事件时,它在联邦政府、州政府、地方政府、私人商业部门和社区志愿者之间起桥梁作用,是危机管理中的重要决策、协调和执行机构。它总共拥有 2500 多名全职员工和 5000 名后备人员,在全国常设了 10 个区域办公室和 2 个地区办公室,每个区域办公室针对几个州,帮助各州开展救灾计划和减灾工作。FEMA 目前已成为联邦政府处置紧急事务的最高管理机构,集成了从中央到地方的救灾体系,建立了一个统合军、警、消防、医疗、民间救难组织等单位的一体化指挥、调度体系。一遇到重大灾害即可迅速动员一切资源,在第一时间进行支援工作,将灾情损失降到最低,在救助力量匹配方面,FEMA 拥有紧急事务应急小组,紧急事务支援小组特别是经过专门训练的城市搜索和救援小组,用于应付处理灾难性的救助任务,同时,FEMA 实行每天 24 小时不间断地运作。FEMA 的组织结构和职能在联邦应急计划和应对国内恐怖主义的运作纲要(COMPLAN)等文件中都有着明确而详尽的规定。

第三,全面的危机应对网络。美国危机预警管理体系从总体上来看以联邦紧急事务管理署为危机管理中的核心协调机构,进行灾难的计划与协调;横向来看,联邦应急计划明晰了各联邦政府部门与机构的相关职能;纵向来看,美国在各级政府设有紧急事务管理的重要机构:国家以立法形式要求各州、县市设立相应机构,每个部门或单位都指定具体人员负责,而且持证上岗,充分保证下情上达。对紧急事务响应负有重要责任的州级紧急事务管理办公室在灾难期间是本州的协调指挥机构,灾难一旦发生,州级紧急事务行动开始工作,州长动员并部署本州的工作人员、设备及其他资源到灾区以支持地方政府,该部分的具体操作通过 911 应急指挥系统实现。美国通过上述机制形成了纵向垂直协调管理,横向相互沟通交流,信息资源和各种社会资源(如志愿者组织、私人机构、国际资源等)充分共享,指挥协调有效,组织机构完备,覆盖全国范围的危机应对网络系统。

(二)俄罗斯公共危机预警机制

自苏联解体后,俄罗斯在应对各种危机的过程中逐步形成了自己的危机管理体系。俄罗斯拥有《俄罗斯联邦紧急状态法》(2001)、《俄罗斯联邦战时状态法》(2002)、《紧急事件和救援服务以及救援者的地位法》(1995)和《紧急事件管理法律保障计划》为核心的安全法律法规体系,其中《紧急事件管理法律保障计划》是为了协调以前各部门分别制定的约 100 个联邦级应对紧急事件的法律。根据该计划,俄罗斯紧急事件管理系统中,从国家到社区任何层次上的所有管理机构必须有单独的紧急事件管理计划,然后整合到国家紧急事件管理计划中,形成全民紧急事件管理计划。全民紧急事件管理计划的总体目标是联合联邦机构、社区管理和各实体组织机构等各个层次的资源和力量以降低风险、减轻紧急事件的影响。

全民紧急事件管理计划的主要协调部门是俄罗斯联邦民防、应急与消除自然灾害部(简称紧急情况部)。它于 1994 年成立,是俄罗斯政府危机管理的专门协调部门,直接指挥着一支由现役军人组成的应急救援队伍,在应急阶段承担一切组织、指挥、抢险甚至包括新闻发布的功能。它主要承担下列职能:起草政府政策建议,促进全民防卫,明确各部门在紧急事件中的职责;提供并发展联合突发事件控制反应的国家系统;监督全民防卫,促进研究和救援服务;监督紧急事件的控制和应对;监督政府划拨的应对紧急事件专项款;组织培训,对国民进行紧急状态下的应对措施教育。

俄罗斯危机预警管理体系除了完备的法律和应对计划、专门的危机管理部门外,它还有权力极大的中枢指挥系统。该系统包括总统和俄罗斯联邦安全会议,具有"大总统、大安全"的特色。所谓"大总统",是指俄罗斯总统比美国总统拥有更为广泛的权力,他不仅是国家元首与军队统帅,还掌握着广泛的行政与立法权力。所谓"大安全"是指俄罗斯设有专职国家安全战略的重要机构——俄罗斯联邦安全会议。该机构常设 12 个跨部门委员会:宪法安全、国际安全、信息安全、经济安全、生态安全、社会安全、国防工业安全、独联体安全、边防政策、居民保健、动员准备,这十二个跨部门委员会几乎囊括了国家安全的所有方面。

(三)瑞典的公共危机预警机制

瑞典危机预警管理的对象是一切重大危机,其危机管理体系以预防和准备为主,力求尽可能地减少危机发生的几率,是典型的事前管理模式。该体系具有以下特点:

第一,以法律和计划为危机管理的基础。以《危机准备法》(1993)和《省市内和平时期特殊事件法令》(2002)等法律为危机管理体系建立的基础,而且所有的危机管理活动都是在《市民危机计划》的指导下进行的。

第二,危机准备领域明晰的权责界定。与瑞典高度民主化的政治体制相似,危机预警管理体系强调各级政府之间明确的权责和不同部门之间的协调:各职能部门平战时期担负相同的责任;危机管理组织尽可能与日常组织结构一致;危机管理尽可能在地方层面进行,区域和国家仅在必要时给予支持。在此基础上强调三级政府管理和区域责任,同时特别确定了六个协调领域以及各领域的代表机构。

第三,危机准备中严格的报告和预算制度。瑞典政府危机管理体系执行严格的报告和预算制度。处于危机管理协调核心的国家危机管理署(Swedish Emergency Management Agency,SEMA)全面负责这一计划流程,通过计划、执行、追踪反馈来提高危机准备工作的效率,增强各个部门工作的协调性和工作的有效性。其以计划纲要明确年度危机准备的目标,协调统一各部门危机准备的方向;以计划议案明确年度危机准备的任务和各部门的行动,保障准备工作的效率和可监督性;最后以年度追踪报告对各部门计划执行的绩效进行评估,作为下一年度计划和资金分配的依据。

(四)日本公共危机预警机制

日本是世界上自然灾害最为频繁和严重的国家之一。也正是如此,日本是世界各个国家之中率先建立公共危机预警机制和相关法律体系的国家。强烈的危机意识，使日本形成了一套成熟完整的公共危机预警管理机制。

第一，科学界定公共危机，树立良好的危机管理意识。在日本，公共危机主要分为大规模自然灾害、重大事故、重大事件、武力攻击事态和其他危机等5个类型。其中每种分类危机下面又具体细分为各种危机，以便政府各个部门和社会公众能够区别公共危机类型，并进行相应的预防、管理和应对。公共危机预警管理的第一个步骤就是要明确界定公共危机类型，这是公共危机进行预警管理的重要前提。

第二，建立健全公共危机管理法制。日本是全球较早制定灾害管理基本法的国家，并已形成了一套相对完善的灾害法律法规体系。目前，日本拥有各类危机管理法律 40 余部，其中涉及减轻地震灾害的法律达十多部，主要包括《自然灾害对策基本法》、《原子能灾害对策特别措施法》、《有关防止海洋污染及海上灾害的法律》、《活动火山对策特别措施法》、《水灾防止法》、《灾难救助法》等①。完善的法律体系对各种危机的预防、应对措施、信息传递、灾后重建以及财政金融保障等都做出了具体规定，确保了公共危机预警管理的有效性。

第三，成熟的预警管理机制。日本的公共危机预警管理机制主要体现在政府职能部门的协调、沟通与管理方面。以法律为依托，内阁总理大臣为最高指挥官，内阁官房负责整体协调和联络，通过安全保障会议、中央防灾会议以及相关省厅负责人紧急协议等决策机构制定危机对策，由国土厅、气象厅、防卫厅和消防厅等职能部门负责具体实施的组织制度。在这一体制下，中央各部门和地方政府分别建有各自的危机管理体系。危机发生时，一般是根据危机的类型启动不同的危机管理机制。在灾害危机管理方面，起决定作用的是中央防灾会议。每个部门都要自己明确的职责。当发生公共危机事件时，既能确保统一行动，又能有自己管理控制的空间。

第四，高度信息化的应用。现代社会生活日益呈现出复杂性，使社会成为了高度复杂的网络系统。在这种情况下，对各种社会公共危机的预警、监测和控制就需要使用现代化的信息技术。日本是一个发达的现代国家，得利于本国充沛的信息资源和发达的信息技术，在公共危机预防和监控方面，日本广泛应用信息技术在危机监控和危机评估的管理过程中，实现了公共危机"过程监控管理"的创新管理方式。在工商管理中，过程管理并不是一个陌生的词汇。日本创新了过程管理模式，将信息技术和公共危机预警相结合，使过程式的预警管理更为有效。

---

① 朱凤岚：《日本的突发灾害危机管理及其启示》，《华夏时报》2008 年 5 月 17 日。

　　另外,日本在加强国民公共危机意识、公共危机预防演习、宣传教育方面也作出了大量创新管理工作。比较典型的如卡通片片头安排 10 秒钟左右的预防知识广告,学校和社区分发的宣传册等等。日本的公共危机预警管理在管理机制构建和操作方面为我国现阶段建立健全公共危机预警管理机制提供了有益经验借鉴。

　　(五)韩国公共危机预警机制

　　韩国在公共危机预警机制构建方面综合了美国、日本等国家的做法。自 1995 年发生三丰百货公司倒塌事件后,韩国在公共危机的立法、宣传教育和公共参与方面都立足于公共危机预警机制的建立,取得了良好的效果。

　　第一,建立完整的法律体系。韩国建立了有关危机事态应急管理的法律,主要将公共危机分为战争灾害、自然灾害和人为灾害三个大类,其中包括《自然灾害对策法》、《农渔业灾害对策法》、《灾害救济法》以及《灾害对策法》、《森林法》、《高压气体安全控制法》、《生命救助法》等,为有效应对各种公共危机提供了权威的依据,是韩国公共危机预警管理中的重要环节。

　　第二,重视公共危机的宣传和教育。韩国政府根据公共危机涉及的不同部分,针对有关部门印制宣传手册,图文并茂,易看易懂。韩国政府还规定每年的 5 月 25 日为"全国防灾日",在这一天举行全国性的"综合防灾训练",通过防灾演习让政府官员和普通群众熟悉预防公共危机的各项业务,提高应对公共危机的能力。通过公共危机预防知识的宣传,充分明确公共危机的预防和控制是全社会公共的责任,有助于政府和社会公共危机预警能力和水平的提高。

　　第三,完善信息沟通机制,加强公众参与。公共危机预警管理机制的建立是政府与公民社会互动的结果,对公共危机进行有效的预防、监控和判断有赖于政府与公民信息沟通机制的顺利构建。韩国政府在这方面进行了大量政府创新工作,并在政府部门中引进了"奈良商业过程系统"(On-nara Business Processing System)。通过商业操作系统在政府部门的应用,提高政府工作的透明度和有效性。这种政府在线的网络操作模式一方面鼓励公众参与,为社会公众提供了了解和反映信息的渠道;另一方面则从现代技术的角度促进公共危机预警管理机制的建立,实现更为畅通的信息沟通机制。韩国政府下一步的目标是建立全国性的商业查询模式(business reference model,BRM)。

　　第四,建立公共安全评估体系,提高对公共危机预防和应急管理的能力①。韩国在公共危机预警管理机制构建方面的主要特点即表现为注重公共危机或公共安全的评估体系,通过评估指标的设计、评估方法的确定和评估过程的开展,明确公共危机或公共安全领域的危险程度,以帮助政府明确对公共危机进行干预或应急的各种对策。在公共安全评估体系建设方面,韩国已取得了良好的效果,并针对不同类型的公共危机设立了相应的评估标准和评估方法,对推进公共危机预警管理起到了积极的作用,是我国今后在公共危机预警管理机制构建方面值得借鉴的一个方向。

(六)国外公共危机预警管理体系的借鉴

国外公共危机预警管理体系经过较长时间的检验在不断完善和发展过程中,为我国现阶段完善公共危机预警管理机制提供了有益的经验借鉴。

第一,预警管理理念和机制的积极转变。在对待公共危机问题方面,公共危机预警管理比一般的预警管理更具有管理的系统性。从单纯的预防走向综合的预警管理,逐渐形成了较为系统的预警管理理念和管理机制。其一,西方发达国家吸取企业危机管理的理论和实践,通过应用到公共危机管理中,开始逐步将预防和治理结合起来,形成了有效的预警管理体制。其二,预警管理在深入实践中发展为以现代信息科学技术和管理技术为基础的管理机制,包括公共危机信息的收集与甄别,信息沟通平台的建立,公共危机发展阶段的评估,公共危机预案的建立,公共危机应急的绩效评估等,是现代政府管理与创新的重要内容之一。

第二,注重建立系统的国家安全法律法规体系,为政府危机管理行为提供法律保障和制度规范。如美国有以《国家安全法》、《全国紧急状态法》、《反恐怖主义法》和《联邦应急计划》等为核心的安全法律法规体系;俄罗斯有以《俄罗斯联邦紧急状态法》、《俄罗斯联邦战时状态法》、《紧急事件和救援服务以及救援者的地位法》和《紧急事件管理法律保障计划》为核心的安全法律法规体系;瑞典有以《危机准备法》和《省市内和平时期特殊事件法令》、《市民危机计划》为核心的安全法律法规体系。这些国家的安全法律法规为危机预警管理体系的建立奠定了法制基础。

第三,强调建立拥有一定决策权力,以国家元首或政府首脑为核心的中枢指挥系统。美国的中枢指挥系统是总统和国家安全委员会;俄罗斯的是总统和俄罗斯联邦安全会议;瑞典的是总统。该系统不仅是政府反危机战略的制定者,也扮演着危机管理的核心决策者和指挥者的角色。

---

① Kim, Jung-Hyun,"Public Safety Measures and Crisis Management in the Republic of Korea", 1996.

第四，设立一个常设的、权威的、具有独立地位的危机管理综合协调部门。如美国的联邦紧急事务管理署、俄罗斯的特别情况部和瑞典的国家危机管理署。综合协调部门在应对危机事件时，在中央政府、地方政府、私人商业部门和社区志愿者之间起桥梁作用，是危机管理中的重要决策、协调和执行机构。

第五，建立一套有效的信息管理系统。例如美国的中央情报局、联邦调查局，俄罗斯的联邦安全局等都是世界著名的信息管理政府部门，它们收集和分析与国家各类安全问题相关的信息，同时这些国家还有一些其他的信息部门从事专项的信息处理工作。另外，这些国家的政府还与本国的媒体建立了良性互动关系，保证在危机发生后能通过媒体发布权威的消息，与社会和公众进行有效沟通，增强整个社会的危机预防与应对能力。

二、我国现阶段公共危机预警管理机制的基本情况

2003 年的"非典"疫情引起了国内学术界对于建立公共危机预警机制问题的全方位思考。2006 年 1 月，国务院发布了《国家突发公共事件总体应急预案》，并对其适用范围、工作原则、应急预案体系、组织体系、运行机制和监督管理要求等作了基本的解释。《国家突发公共事件总体应急预案》根据突发公共事件的发生过程、性质和机理，将突发公共事件分为四类：自然灾害、事故灾难、公共卫生事件、社会安全事件。另外，又根据各类突发公共事件的性质、严重程度、可控性和影响范围等因素，将突发公共事件分为四级：Ⅰ级（特别重大）、Ⅱ级（重大）、Ⅲ级（较大）和Ⅳ级（一般）。2006 年"两会"期间，致公党中央在两会上提交的一份提案中建议，建立生态安全全方位、动态监测机制，定期开展生态安全评价分析，建立国家生态安全预警系统，及时掌握国家生态安全的现状和变化趋势，对不安全趋势发出预警报告。张皎委员提出建立社区安全体系，以杜绝重大事故发生，保证安全生产。《国家突发公共事件总体应急预案》的制订是我国从国家层面建立公共危机预警管理机制的重要实践，对于指导各级政府实施预警管理起到了纲领性的作用。

2007 年 8 月 30 日，中华人民共和国第十届全国人民代表大会常务委员会第二十九次会议通过了《中华人民共和国突发事件应对法》，并于 2007 年 11 月 1 日起开始施行，标志着我国公共危机预警管理机制走向科学化和法制化管理阶段。《中华人民共和国突发事件应对法》全面规定了突发事件的内涵，确定突发事件应对工作实行预防为主、预防与应急相结合的原则，并按照社会危害程度、影响范围等因素，将自然灾害、事故灾难、公共卫生事件、社会安全事件分为特别重大、重大、较大和一般四级。该项法律制度将"预防与应

急准备"和"监测与预警"作为不同的管理内容进行区分。在预防与应急准备过程中,明确规定国家应建立健全突发事件应急预案体系,包括部门和各地区应急预案的制定;规定突发事件应急管理工作的组织指挥体系与职责和突发事件的预防与预警机制、处置程序、应急保障措施以及事后恢复与重建措施等内容;安排应对突发事件所必需的设备和基础设施建设,合理确定应急避难场所;建立健全安全管理制度;建立健全突发事件应急管理培训制度;整合应急资源,建立或者确定综合性应急救援队伍;建立健全应急物资储备保障制度;把应急知识教育纳入教学内容;发展保险事业;鼓励、扶持教学科研机构和有关企业研究开发用于突发事件预防、监测、预警、应急处置与救援的新技术、新设备和新工具等。在监测与预警过程中,该法则明确规定国务院需要建立全国统一的突发事件信息系统,县级以上人民政府及其有关部门、专业机构应当通过多种途径收集突发事件信息。同时,也要建立健全突发事件监测制度和突发事件预警制度,按照突发事件发生的紧急程度、发展势态和可能造成的危害程度分为一级、二级、三级和四级,分别用红色、橙色、黄色和蓝色标示。一级为最高级别,并规定可当发出不同级别的预警时各地方政府应采取的措施和程序。通过"预防与应急准备"和"监测与预警"阶段的积极准备,能够有效地预防和控制公共危机的发生,是我国较为系统的预警管理机制构建的重要体现。

应该说,我国的预警管理机制经过这几年的建设已经有了很大进步,随着《中华人民共和国突发事件应对法》的实施,在各类公共危机的预防、行动措施和程序、责任的明确方面都得到了显著的改善。尤其对地方政府部门而言,以《中华人民共和国突发事件应对法》为指导,纷纷开始建立地方性突发公共事件的总体应急预案,有助于完善和推动我国各级政府公共危机预警管理机制的健全与发展。

2008年在雪灾、地震、"问题奶粉"事件、世界性金融危机等各种危机的影响下,政府不仅在公共危机应急管理实践方面积累了经验和教训,同时也大力推动了公共危机预警管理机制的建立,取得了较好的效果,逐步完善了我国公共危机预警管理体系,对维护社会稳定,减少社会经济损失起到了积极的作用,同时也提高了政府应对公共危机的能力与水平,在新的历史时期提升了政府的绩效素质和公众信任度。这些现实的成就主要可以归纳为以下几点:

第一,建立了公共危机应急管理运行机制,在法律层面上确立了公共危机预警管理的地位与作用。在《国家突发公共事件总体应急预案》和《中华人民共和国突发事件应对法》中,把"预防与应急准备"和"监测与预警"放在首位。不仅规定了监测、预测的责任主体和有关部门,同时也架构了应急的组织体系,倡导充分发挥专家和地方政府作用,争取对公共危机能够做到早发现、早报告、早处理。《中华人民共和国突发事件应对法》明确了公共危机预警的责任主体和组织体系,并在制度上为公共危机的尽早发现和解决提供有力的法律保障作用。

第二,确定了预防为主、预防与应急相结合的公共危机预警管理原则。以该项原则为主导,立足于建立重大突发事件风险评估体系,对可能发生的突发事件进行综合性评估,减少重大突发事件的发生,最大限度地减轻重大突发事件的影响。公共危机的事前评估工作是公共危机预警管理的重要内容,也是一项考验管理能力和技术水平的综合工作。一方面需要信息沟通平台的建立,另一方面则有赖于有效的公共危机综合评估技术。2008年以来,我国各级政府加强了可能发生公共危机的突发事件评估的工作。一些地方政府也更为重视危机预防的评估管理工作,以减少公共危机的发生或减轻公共危机产生的影响。如浙江、福建、上海等地,在公共危机风险评估体系建设方面已有一定的效果。今后,公共危机的评估工作将成为公共危机预警管理体系的重要内容,也是衡量公共危机应急管理工作的一项指标,是政府绩效的一个组成部分。

第三,针对实际情况制定的各个行业、部门的应急预案,有助于在社会相关领域建立预警体系,增强相关部门的应急观念和认识能力。在对我国公共危机进行分类的基础上,建立了各种专项应急预案,如自然灾害类方面建立《地震应急预案》、《农作物生物灾害应急预案》;事故灾害类方面建立《火灾事故应急预案》、《电网重特大事故应急预案》;公共卫生事件类方面建立《动物疫情应急预案》;社会安全事件类方面建立《粮食安全应急预案》等,有助于在社会相关领域建立预警体系,增强相关部门的应急观念认识和能力。这些专项预案对各个行业部门建立适合自己行业情况、具有针对性的、具体的预警机制有着十分重要的意义。

第四,严格规定危机预警的发布,有利于公共危机的预防和社会的稳定。公共危机不同于一般危机。与现代政府的责任和社会公众的诉求相适应,公共危机预警的发布一方面体现了责任政府的内涵,另一方面也有助于维护公众的知情权,体现了公民社会的诉求。《中华人民共和国突发事件应对法》规定了可以预警的自然灾害、事故灾难和公共卫生事件的预警级别,按照突发事件发生的紧急程度、发展势态和可能造成的危害程度分为一级、二级、三级和四级,分别用红色、橙色、黄色和蓝色标示,一级为最高级别。并根据不同的级别规定了地方政府应采取的措施及应承担的责任。西方发达国家在公共危机预警管理机制构建过程中明确规定政府具有公开危机信息的责任。我国通过法律的形式确定公共危机预警发布的内容、程序和责任,为完善公共危机预警管理机制提供了有力的保障。2008年雪灾、地震的实况直播,及时公布受灾信息,以及"问题奶粉"事件信息的及时公开,对于减少伤亡损失起到了关键的作用,大大减轻了公共危机产生的消极影响,从而维护了社会的稳定与信心。

第五,强调公共危机预警管理的责任,有利于公共危机的平息和社会正常秩序的恢复。《国家突发公共事件总体应急预案》和《中华人民共和国突发事件应对法》对公共预警管理的责任进行了明确规定。包括建立预警管理体系的责任、通报突发事件信息的责任、建立危机事件监测体系的责任、进行宣传培训的责任、定时向社会发布与公众有关的突发事件预测信息和分析评估结果的责任等等。公共危机预警管理是在很大程度上考验政府管理能力的一项管理职责。美国学者戴维·奥斯本和特德·盖布勒曾举过一个例子。他们认为传统的官僚政府专注于提供服务以便与各种问题作斗争。于是,为了对付犯罪,政府拨款雇佣更多的警察;为了与火灾作斗争,它们购买了更多的消防车。它们称之为这就是"提供服务"①。由于受到政府财力等各种因素的限制,政府提供"这种公共服务"的规模受到了越来越多的限制。在戴维·奥斯本等人看来,预防问题的产生本身就是政府的责任,是以预防为导向的公共服务的实现形式。在21世纪的今天,这种特殊的公共产品与服务已成为衡量政府能力与绩效的一项关键指标,是政府责任的综合体现。我国通过法律的形式强调各级政府在公共危机预警管理方面具有明确的责任,规范了地方政府行为,这对于预防危机、管理危机,公共危机的平息和社会正常秩序的恢复都具有重要的意义。

当然,虽然我国公共危机预警管理已取得了一定效果,但从总体看,同西方发达国家相比,我国公共危机预警机制的建设相对还比较落后,基本处于摸索和试验阶段。如公共危机的预警机制的系统性还不强,在观念上不论是政府还是其他社会组织有时甚至把危机预警同危机处理等同起来,在制度、组织建构上尤其在技术方面仍然有许多可改进的地方。

第一,有待于建立统一、专业的社会综合安全预警监控机构。SARS传染病事件后,我国开始重视危机应急管理和紧急救援,各个部门都做了不少预案,对公共危机管理的组织体系作了大致的规定,包括领导机构、指挥机构、工作机构;市、县(市)应急组织机构;专家组建设等。虽然以政府及其有关部门作为应急处理的集中部门,能够最有效地调动社会资源应对危机。但是,公共危机的预警所涉及的专业领域并不是行政工作可以完全替代的,仅仅依靠各

---

① 〔美〕戴维·奥斯本,特德·盖布勒著,周敬仁译:《改革政府》,上海译文出版社1996年版,第202页。

个部门、行业的预警机制和应急预案也不足以支撑整个社会的预警系统。在全球化时代,涉及现实社会各个领域的"综合性危机"的爆发频率升高,因此很难迅速而明确地判明各类公共危机的性质及所涉及的领域。这就需要不同危机预警监控机构之间的迅速、高质量的沟通。但现在的危机应急组织体系的核心成员都散布于政府各个部门或机构,彼此间缺乏足够的默契,很难从全局上把握危机发展态势,制定科学的应急计划,这将会大大影响我们应对危机的反应速度。因此,建立一个统一的社会综合预警监控机构是公共危机预警机制的完整架构的组织起点。正因为这样,建立这样一个以政府为主导的、独立的、统一的、专业的、社会综合安全的预警监控机构是非常必要的。建立这样一个预警监控的专门机构,借助于专业的预警监控技术和人才,不仅可以有效地协调现有预警领域的预测、监测工作,还可以调整并不断扩大各预警领域,避免出现社会综合安全的预警真空地带。成立这一机构,也能够缓解政府各部门应对公共危机的综合压力,提高政府部门的办事效率。公共危机的预警是分行业,分部门进行的,但实际发生的危机常常需要多部门来共同应对的"综合性危机",这样的组织形式尽管具备了行政权威的力量,但在技术上和实际沟通方面仍存在很多缺陷。

第二,没有建立完备的信息系统,存在技术执行的难度。计算机信息系统的发明运用,给管理工作增添了新手段。信息时代管理绩效的提高很大程度上也取决于这种新技术的运用,在美国,甚至社区都已建立起社区信息中心,收集和反馈各种信息,以利于提高服务水平,提高管理绩效,也保证了社区信息及时传达到有关机构。因而,预警监控机构要充分利用现代信息技术,组建完备的信息网络以更加准确地做好监控预报工作。直至目前,我国在技术上还没有建立起对社会信息进行及时反馈的信息系统,这对预警监控机构和政府部门来说都会是个技术障碍,给危机的预警分析的技术执行增添了难度。当然,即使在技术手段完备的前提下,也不可忽视一些非技术因素(如政治因素、心理因素等)的影响。信息系统的不完备,影响我国建立更加完善的公共危机的预警机制。

第三,专家和社会中介组织优势作用的充分发挥有待于提高。《中华人民共和国突发事件应对法》第二章第三十四条和第三十六规定,国家鼓励公民、法人和其他组织为人民政府应对突发事件工作提供物资、资金、技术支持和馈赠,并鼓励、扶持具备相应条件的教学科研机构培养应急管理专门人才,开发用于突发事件预防、监测、预警、应急处置与救援的新技术、新设备和新工具。不可否认,在公共危机的预警和应急管理的实践中,政府必须占主导地位。但由于政府社会公共事务的扩大化和管理机构的有限性,社会危机信息不可能随时随地被发现,而这对危机预警来说是非常重要的。就社会整体治理发展趋势来看,社会中介组织和专家在预警管理方面的优势作用还需要进一步提升。一方面,我们要依靠专业的预警监控机构,借助信息手段以便随时监测、监控;另一方面,要借助专业技术人员和社会中介组织,通过专业分析和民众反馈来达到预警机制的健全性。我国近几年来社会中介组织发展迅速,治理能力也相应提高。以浙江省为例,作为一个民营经济大省,很多经济领域和企业管理领域的危机,行业组织的自行发现、反应和解决起到了重要的作用。如鞋类行业协会对鞋类企业的生产运行具有专业眼光,更容易发现问题和反映问题,能较好地解决一些内部引发的冲突与危机,有助于提高中介组织的治理能力。

第四,预警机制建设需加强国际合作。自 20 世纪 80—90 年代,国际上许多国际组织和研究机构建议发展中国家制定公共卫生基本干预项目,确保把有限的卫生资源投入到最具有成本效果的卫生项目。国际组织也帮助我国发展了需要优先保证的公共卫生服务领域,如区域卫生规划、AIDS 防治等,但是这些建设性的信息并没有传达到决策者或未被决策者重视,也没有在更大的范围内告诉民众。随着全球化脚步的加快,每年因此而引起的国际贸易争端也较多。我国应该充分利用自己的贸易优势,参与政府管理经验上的国际合作,学习和借鉴国外一些先进方法和技术,从而来进一步加强自身的公共危机预警机制建设。

公共危机预警机制的完善是一项艰巨的任务,无论是制度建设、组织架构还是技术保障、观念支持上,还有不少方面的工作需要改进。只有形成全面系统的公共危机预警机制,危机预防才能落到实处,才能真正地做到防患于未然。

三、构建公共危机预警管理机制

西方发达国家公共危机预警管理机制为我国构建科学有效的公共危机预警管理机制提供了经验借鉴,同时,我国现阶段公共危机预警管理机制构建的理论研究和实践发展也为建立和完善公共危机预警管理机制奠定了现实基础。构建公共危机管理机制是一项系统全面的任务,至少包括以下几方面:

(一)建立立体的全方位的预警主体系统

在预警机制建立过程中,首先要明确谁能承担预警责任,谁可以成为预警主体。通过进行归类研究以及总结国外的经验,分析我国社会各组织的性质和能力,我们认为建立公共危机的预警机制,必须确立以政府为主导,由专业技术机构、中介组织、社会公众共同参与的立体的全方位的公共危机预警主体系统。

1. 政府

公共危机不同于一般突发事件,它的特点是影响范围广,对整个社会都有直接或间接的影响力。因此,公共危机的首要预警主体必须是政府。政府有责任洞悉社会所处的状况,并随时作出反应。随着社会经济的发展,现代政府既不同于"守夜人"政府,但也不是"全能政府",不过政府在社会治理中的独特角色和地位始终没有改变。面对公共危机最有作为、最有实施效力的是政府,在预警公共危机方面它责无旁贷。而一般的社会组织和个人由于能力限制一般都无法单独承受全面解决问题的压力,在建立有效、完善的危机预警系统方面更多地应扮演起辅助者的角色。因此,就政府部门而言,要积极地动员、组织社会各种力量,建立起一套系统、完整、有效的公共危机预警机制。

2. 社会中介组织

在现代社会,社会中介组织是维持社会自运行,服务社会生活各领域的有效载体。正确引导、发挥和利用社会中介组织的作用,在公共危机的预警中,不仅有利于危机发生前及时收集相关信息,使得整个社会对危机作出迅速、及时地反应;还有利于危机发生后政府与公众的沟通,做好相应的危机救治工作。在西方国家,发达的中介组织能和政府平等地沟通,并可以在危机处理过程中发挥相应的作用。由于公共危机往往发生在社会领域,社会大众对危机必然有初步觉悟,许多组织尤其是一些有力的社会中介组织对公众的反应最为敏感。因此,社会中介组织通过合理的组织分工可以承担一定的公共危机预警任务。我国近年来社会中介机构发展迅速,如一些行会组织,对本行业的经营危机具备较好的预警能力。所以,社会中介组织作为一个沟通和反映民意的重要组织必须承担公共危机预警主体的相应责任,并执行相应的预警任务。

3. 专业技术机构

公共危机的处理与解决单靠行政部门是无法做到完全满意的,还必须借助于专业技术部门的力量,在自然灾害、公共卫生、经济、社会安全等领域,社会上都有专门的专业技术机构存在。它们一方面通过其专业技术,服务于相应领域的社会公众和组织的技术需求,另一方面,也通过其专业技术的研究,对该领域相关技术参数的变化与社会的关系积累了丰富的经验。为此,专业技术机构对于公共危机的预警具备着其他社会组织和个人不可替代的能力和作用。因此,专业技术机构应该成为特定的公共危机的预警主体。在已经经历的诸如 SARS、台风、禽流感之类的公共危机中,专业技术机构组成专家组,不仅可以提供相关的解决问题的技术参考方案,同时也有助于预防危机和防止危机事态的扩大。

4.社会公众

公共危机往往发生于社会的基层各相关领域,社会公众也往往成为公共危机最初感知的主体。因此,建立公共危机预警机制的一项重要工作,就是要将社会公众纳入到相关的体制内,并确立其为预警的主体。我们知道,社会公众在公共危机面前往往是非常具有感应力的,当有社会危机(尤其是自然灾害性危机)发生时,公众会在第一时间进行自我组织,防止危机扩散,解决相关问题。要让公民个体自觉地成为预警主体,增强防患意识,这既要加强宣传,增强社会公众的主体责任意识,更重要的是要有针对性地开展各种危机预警的组织演练,并将其真正地纳入到公共危机预警机制的主体之中。这样公民个人可以作为预警主体主动反应身边周围可能发生情况,将极大地提高预警机制的反应速度和工作效率。在这方面,日本和韩国的经验很值得我们学习。

(二)建立公共危机的预警组织体系

要进行公共危机的预警,必须建立实行公共危机预警的执行组织,这样公共危机的预警才有现实的基础,才有最根本的组织保证。在预警主体中,政府应该起主导作用。同样,公共危机预警组织的建立和运行,各级政府要发挥其核心作用。成立一个公共危机的预警组织机构,其组成应包括公共危机预警的专业人才、办公场所和经费、交通工具、通讯设施、收集和处理危机信息的各种技术设备等。但是,建立综合性的公共危机的预警组织体系,并不是简单地组建几个公共危机的预警组织机构。它需要构建由各组织机构组成的纵横沟通顺畅、组织网络完备、职责分工明确的预警管理系统。

西方发达国家十分强调政府机构运作中的危机意识和公共危机的预警机构的建设。近年来,受"9.11"事件的影响,以美国为代表的西方各国,改变原有防御战略的片面性,使得原有的公共危机预警体系在危机处理的初期阶段反应不够及时有效的状况得到了较大的改观。公共危机预警组织的预警工作,与公共危机的应急处理部门的救援开展的协作体现出较好的完备性,因此,它们能在很短的时间内实现对现场局势的勘察与控制,并采取相关的配套措施,如交通管制、股市停盘、政府各级官员在各阶段的适时公开反应,在财政、军事上的应对措施到位迅速,这些使得受灾地区很快恢复社会秩序的稳定。其中最重要的一点是公共危机的预警组织工作内容通过法律、法规加以制度化,关于何时启动什么程度的应急计划,众议院、参议院对总统如何授权、决策机制如何形成等等,都有章可循,使公共危机从预警开始,就井然有序、权责分明。

目前,我国的不同政府部门组织牵头建立的公共危机的预警机构,其存在组织健全状况和预警水平各不相同。一些政府机构,如消防部门、卫生部门、水利部门、卫生部门和农业部门等已建立了相应的公共危机的预警组织系统,但是,与西方发达各国相比,我们国家在公共危机的预警组织体系还比较落后。大量的有可能引发公共危机的日常生活领域的还没有建立相应的预警组织体系,即使那些已建立公共危机的预警组织系统也还存在着很多的非合理性的缺陷。这主要表现为各预警组织系统,缺乏相互之间的经常的、制度性的沟通和联系。因此,在我国实际运作中,应该在国家层面上尽快建立具有会商决策功能的综合体系和常设性公共危机的预警的综合协调部门,协同各方面专家对各类危机进行划分总结,在国家安全的高度上制定长期的反危机战略和应急计划,以便加强各地区、各部门以及各级政府之间的协同能力。在地方各级层面上也应相应地设立相关部门,至于具体的组织形式及职能就需要根据各地不同的实际情况因地制宜地设置。

(三)建立和完善公共危机预警的法律、法规系统

在紧急状态下的政府等社会主体的应变能力与管理的权威性、主动性,以及对社会整体资源的统一调配能力,不应该只是自发性的反应,同时也应是法律、法规与授权的结果。公共危机预警体系制度化的关键在于有一套相对完整的法律法规体系。为此世界各国都纷纷制定相关的法律、法规,统一规定政府、其他组织及个人在公共危机中的职权和职责,确定对抗紧急状态的法治原则,如美国制定了统一的《全国紧急状态法》,这有利于增强应对危机的能力。根据我国危机立法的现状,首先,应该把涉及公共危机的预警的不同法律、法规进行汇总、整理,出台一部全国统一的公共危机的预警法律,明确公共危机预警部门的机构设置、职能地位、管辖范围、权力责任以及经费来源等。其构成要件应涵盖以下条款:危机事件的应急预案制度;突发危机事件应急报告制度;突发危机事件的举报制度;突发危机事件的信息披露制度;突发危机事件的应急预案启动制度。[①]　其次,做好相关法规的配套工作,设立专门的紧急状态条款,规定政府在经济状态时期的行政紧急权力;修改《戒严法》的适用范围只严格限制在战争状态下这种情况。这样,通过法律及各项政策法规,对公共危机的预警机制建立和完善的经费投入、队伍建设、物资供应等基础工作给予了法律保障;对紧急状态下的授权,机构和个人应承担的责任、违法的处罚等做出制度化的详细规定;同时规范各级主体的行为,明确责任,加强常规性公

---

　　① 王学军:《预警、反应与重建:当代中国政府危机管理体系的构建》,《理论探索》,2004 年第 4期。

共危机的预警和防范。

（四）规划制定公共危机的反应和恢复计划

公共危机的预警反应和恢复计划是指政府预先制定的、指导政府在危机发生时采取有效的反应和恢复措施的计划,包括公共危机的预警小组的成立、危机中的行动方案、资源储备、危机处理设备、通信、沟通、媒体管理、协调等内容。制定政府危机反应和恢复计划目的是:

第一,减少决策时间和决策压力。由于危机具有紧迫性、信息不充分性和资源有限性的特点,危机发生时,要求公共危机的预警者在有限的时间、有限的资源和有限的信息下进行决策,而且决策是否正确很快就能从危机的进展中得到验证。正确的决策阻止或延缓了危机的恶化,错误的决策无法阻止危机的恶化,甚至使危机加重。因而,危机中的决策不但时间紧迫,而且决策的压力很大。

第二,减轻人们的心理紧张感。如果没有制定危机反应和恢复计划,危机发生时人们会感到突然;对危机的了解不深,人们对危机的熟悉程度较低;对危机的控制能力低,对自己的公共危机的预警能力缺乏信心,在公共危机的预警中心理上比较紧张也是正常的。政府制定了危机反应和恢复计划的情况下,公共危机的预警人员对危机本身和危机中可能出现的情景都有比较充分的考虑,对危机的各种情况考虑过相应的处理措施,这样一旦危机发生并遇到危机中出现的各种情况,公共危机的预警者就能排除紧张感,也就有能力来处理危机。因此,危机中人们的心理紧张感就比没有危机反应和恢复计划时轻得多。

第三,合理配置危机反应和恢复时所需要的资源。由于危机的紧迫性,危机反应和恢复所需的资源不但要充分而且配置要合理。危机反应和恢复计划通过对危机所需的资源进行事先合理地配置,减少危机对资源造成破坏的可能性,而且使资源在需要时能尽快投入使用。危机反应和恢复计划的一个重要任务就是在日常公共危机的预警中合理配置危机所需的资源,以便在需要时,资源能及时有效地、几乎没有损耗地用于危机处理。

第四,使危机反应和恢复行为更加科学合理。危机反应和恢复计划规定危机中各个公共危机的预警小组成员和组织各部门之间的分工,一旦发生危机,每个部门和每个人就能尽快地根据计划的要求履行自己的职责。计划指明危机所需资源的最佳配置,危机反应和恢复所需的资源可以以最佳的方式获得。计划也规定了有效的沟通方式、媒体管理方案、行动方案,使危机中的沟通、媒体管理、行动更为有效。

（五）建立危机监控系统，确立预警范围、预警等级

危机监控系统是指为了能尽早地发现危机的来临，建立一套能感知危机来临的信号，并判断这些信号与危机之间关系的系统，通过对危机风险源、危机征兆进行不断地监测，从而在各种信号显示危机来临时及时地向组织或个人发出警报，提醒组织或个人对危机采取行动。危机监控系统包括信息收集子系统、信息加工子系统、决策子系统、警报子系统。相应的公共危机的预警监控系统工作过程是：信息收集——信息分析或转化为指标体系——将加工整理后的信息和指标与危机预警的临界点进行比较，从而对是否发出警报进行决策——最后是发出警报。危机监控系统的建立对公共危机的预警具有重要的作用，首先有利于政府进行快速地反应，其次是减少危机监测成本和提高危机监测效果。

建立危机监控系统必须明确监控主体，监控主体不同于预警主体。监控主体是掌握预警主体提供的信息，全面分析情况，并随时作出反应的机构。因此，它主要还是由政府和专业机构组成。针对不同的情况和不同的部门，可以建立不同的类型危机的监控机构。像商务部就根据自身的情况对共计456类重点敏感商品进出口异常情况建立了预警监测分析系统；气象部门则建立了高温预警系统，监控高温状况。不同类型的危机，可以针对各自具体情况建立监控主体和监控系统。还可以针对各地区不同情况，设立地区统一的危机监控机构，将资源进行有效配置，使其效用达到最大化。如，杭州市准备建立的危机预警中心，这是比较符合实际的一种做法。

建立危机监控系统必须符合以下要求：（1）危机监控系统要能采集到危机预警所需要的信息。（2）危机监控系统能准确地预警危机，既不会对不是危机发生的信号发出错误的预警，也不会忽视危机发生的征兆。（3）危机警报系统能被应该接受警报的人接收到，并能被警报的接受者正确地理解。（4）各种危机之间不会相互干扰而影响危机警报的接收。（5）危机监控系统的建立和使用要经济、合理。（6）危机监控系统必须有一个量化的标准。建立量化的标准有助于衡量危机状态，也有助于事后评估。

根据危机监控系统的要求，危机监控系统的建立过程可以作如下表述：（1）确定政府需要对哪些危机建立监控系统。（2）评估危机风险源、危机征兆、危机征兆与危机发生之间的关系。这时需要政府组织各路专家和受危机影响的部门成员一起参与评估。（3）根据评估结果确定危机监测的内容和指标，并确定危机预警的临界点。（4）确定建立什么样的危机监控系统，采用什么样的技术、设备、程序，需要为危机监控系统配备哪些资源。（5）评估危机监控系统的性能，了解系统的特性，如系统的误差、系统的准确性、系统的可信度、系统

的稳定性、系统需要什么样的维护措施、系统的连续性、系统可能受到什么样的干扰,等等。(6)为危机监控系统的使用和维护配备人员,并制定相应的规章制度,确定使用和维护人员的责任、权利和义务。(7)向需要接收危机警报的人们说明危机监控系统,使他们能理解危机警报,并在收到危机警报时能做出正确的反应。如果有必要可以进行危机警报演习,使人们掌握如何对危机警报做出正确反应的方法。

危机监控系统还必须有一个诊断制度,从不同层面、不同角度对危机监控系统的运作情况进行检查、剖析和评价,以保证危机监控系统的高效、安全运行。诊断制度包括自身诊断和外界诊断,自身诊断主要是监控系统内部必须有一套程序化的诊断和复查机制,能够及时对现有的预警监控系统的运作情况进行复查;外界诊断主要是由监控机构外的相关的政府机构、中介组织、专业技术机构、媒体等,可以确定一定数量的以上组织进行定时、定量地诊断监控系统,另外,其他相关组织或个人可以在发现监控系统问题时进行及时反映,监控机构必须有专门的部门和人员来对外界诊断做出处理。通过以上提到的诊断方式,从不同层面对现有的监控系统的运作情况进行检查、剖析和评价,找出薄弱环节,从而采取有效的相应措施,以减少监控系统的错误和失误,避免不必要的恐慌,提高监控质量。

(六)提高社会对危机的应对能力

公共危机的预警其实是对一个国家和社会应对能力的综合考验。在美国,公共危机的预警目前已经发展成为一门新学科,在灾难防止与紧急应变上发挥了极大的功效。为了建设和谐社会,必须提高我国当前民众和政府官员的危机意识和应对能力,提高在危机情况下的"自救"、"共救"、"公救"意识,加强公民尤其是公务人员的危机意识教育和实际应对能力的训练。

为此,需要做好以下三项工作:

第一,建立专门的培训机构。对全民公共危机的预警意识的教育是一个长期、且又比较庞大的工程。必须有一个专门的培训机构来负责这一工程的实施。而培训机构建立的前提是必须有一批专业的公共危机的预警知识的培训人员。他们必须对公共危机的预警的知识有一定了解,能够对某一类的危机知识有一个系统的掌握。如果培训人员对公共危机的预警知识、特别是应对危机的技能一知半解,就会造成很严重的结果。可以先通过培训班的形式来培养首批危机培训人员,我们可以邀请公共危机预警方面的专家进行授课,除了这批培训人员和类同于其他培训机构的有关设施外,培训机构必须有像模拟公共危机的预警的实验室等特别的设备,使被培训人员更能直观地去体会。

第二,模拟危机情势。在和平稳定时期,人们往往缺乏危机意识,所以通过模拟危机情势,不断完善危机发生的预警与监控系统,能够使政府和公众培养危机意识,就像不断进行的消防演习一样,通过演练各种可能在实战中碰到的问题培养消防人员的消防意识,能够使消防人员时刻做好防火的心理和物质准备。

第三,政府要加大与科研机构和企业的合作。各级部门要尽快推动公共危机的预警研究,其中重要的各级政府能够和适合的科研机构进行通力合作,选择实际案例,建立各类危机案例库,并从理论总结到实际操作全方位寻求符合我国国情、政情的解决方案。

(七)建立危机的风险评估与诊断制度

公共危机预警管理机制有两项主要功能,一是预防危机发生,降低危害,二是判断危机发生的概率与可能导致的后果。要实现这两项功能,建立对公共危机的风险评估与诊断制度是公共危机预警管理机制的重要内容,也是实现对危机监控的主要手段。现代的风险评估以专业性和和量化为主要特点,为公共危机预警管理机制的构建奠定了技术基础。通过科学的手段对未来可能发生的公共危机进行风险评估,全面考察公共危机发生的概率、可能造成的危害、可以预防的手段,有助于预防公共危机,并尽力将公共危机的危害降到最低。当然,风险评估作为一种科学管理方法,直接有赖于完备的信息管理系统和高效运转的组织人事系统,在公共部门(政府)中进行科学有效的风险评估还需要各方面的完善。

在全球化视野中,转型期中国面临的公共危机则显得更为复杂。我国学者薛澜等人认为,转型期中国的公共危机具有以下基本特征:(1)危机事件涉及的领域多元化;(2)危机事件呈现高频次、大规模;(3)危机事件的组织性、暴力性、危害性加强;(4)危机波动方式多,事件国际化程度加大[①]。我国现有的公共危机管理体制还不能完全适应和解决全球化背景下和转型期中国面临的各种公共危机。在这种情况之下,构建公共危机预警管理机制的任务就尤为艰巨。公共危机预警管理体制的构建是以政府为核心的机制建设,但随着现代公共危机越来越多的复杂性,单一的"政府中心管理体制"已不能满足现实社会发展的需要。因此,在构建公共危机预警管理机制过程中,我们要实现"以政府为中心的危机管理"转向"公共危机协同治理"的理念转变。诚然,公共危机预警是政府的一项责任,而对公民社会的有效治理而言,实现共同治理、协同预警管理,也是提高公民社会治理能力的一种途径。

---

① 薛澜、张强、钟开斌:《危机管理:转型期中国面临的挑战》,清华大学出版社 2003 年版。

参考文献

1. 〔美〕戴维·奥斯本,特德·盖布勒著,周敬仁译.改革政府.上海:上海译文出版社,1996

2. 〔美〕B.盖伊·彼得斯著,吴爱明译.政府未来的治理模式.北京:中国人民大学出版社,2001

3. 〔澳〕欧文·E.休斯著,张成福等译.公共管理导论.北京:中国人民大学出版社,2001

4. 余红,黄昌保.加强社会预警促进社会稳定.载:王辉主编.社会稳定和发展的理论与实践.天津:天津社会科学院出版社,1992

5. 丁水木.简论建立中国社会的社会稳定机制.载:赵子祥,曹晓峰主编.21世纪中国经济社会发展与社会学的历史使命.辽宁:辽宁人民出版社,1997

6. 胡税根.问题管理:国外危机预防新策略.国际新闻界,1999(3)

7. 张成福,党秀云.公共管理学.北京:中国人民大学出版社,2001

8. 鲍宗豪,李振.社会预警与社会稳定关系的深化.浙江社会科学,2001(4)

9. 徐伟新.国家与政府的危机管理.南昌:江西人民出版社,2003

10. 阎耀军.城市社会预警基本原理刍议——从城市社会学视角对城市社会问题爆发的预警机理探索.天津社会科学,2003(3)

11. 薛澜,张强,钟开斌.危机管理:转型期中国面临的挑战.北京:清华大学出版社,2003

12. 徐家良.美日政府危机管理体制比较及启示.中国软科学,2004(6)

13. 佘廉,马颖,王超.我国政府重大突发事件预警管理的现状和完善研究.危机管理,2005(11)

14. 王宏洋,郭振中,李彦锋.公共危机管理预警阶段的组织行为分析.辽宁行政学院学报,2006(4)

15. 胡税根,翁列恩.预见性政府的治理与社会突发事件预警机制的建立.浙江大学学报,2006(2)

16. 黄顺康.论公共危机预控.理论界,2006(5)

17. 王德迅.日本危机管理体制的演进及其特点.国际经济评论,2007(2)

18. 何水,蓝立焰.中国公共危机管理的困境与出路——一个宏观的分析.湖北经济学院学报,2008(1)

19. 郑安云,戴雅玲,苗丹民.试论非政府组织在公共危机管理中的地位和作用.理论导刊,2008(2)

20. 张锋.国外城市应急机制建设对我国的启示.经济论坛,2008(9)

21. 和谐社会的提出及战略意图,http://www.ce.cn/ztpd/xwzt/guonei/2005/gjhxsh/zbtj/200502/24。

第四章　公共危机应急管理

当今世界,随着国际形势和社会结构复杂化程度的加深和信息传播速度的加快,各国政府都面临着挑战,各种危机层出不穷,如何维持一种稳定的状态,已成为各国政府的核心任务,公共危机管理也成为各国政府的关注焦点。而在公共危机管理过程中,对公共危机的应急管理是公共危机管理的重要组成部分。对公共危机应急处理的及时性和有效性从根本上决定着公共危机管理的有效性。公共危机管理的体制由预警机制、应急机制、责任机制等构成,其制度的健全与否决定了公共危机管理的有效性。我国现阶段公共危机管理体制还在不断健全和完善发展过程中。因此在现阶段,建立公共危机应急管理机制,对于处理危机、应对危机和解决危机具有十分关键的意义,也可以称之为是公共危机管理中的关键环节。

第一节　公共危机应急管理概述

面临同样性质的公共危机,采取不同的应急管理会产生截然不同的效果。公共危机应急管理的及时、有效和充分程度,是政府"公平、公正、责任"的服务理念在公共危机中的体现,也是衡量现代政府能力的一项指标。诚如前面所述,现代社会是一个充满风险的社会,政府应对公共危机是政府作为管理者的首要责任。而政府应对公共危机的应急管理能力则凸显出构建服务型政府、责任型政府、效率型政府的价值。

一、公共危机应急管理的含义

应急,原指当发生紧急事件时,采取各种措施应对紧急事件,以减少紧急事件造成的危害。所谓公共危机应急管理,是指通过建立健全各种管理机制以及采取各项技术来应对各类公共危机,使公共危机造成的危害降低到最小程度。公共危机应急管理,本质上也是一种应急,其关键点在于需要一整套管理机制来确保公共危机的应急不是盲目的,而是有系统、有组织、有目的的。公共危机往往具有突发性、紧急性、危害性、不可预见性的特征。发生公共危机时,如果没有一套系统可行的公共危机应急管理体系,就可能会发生应急不当,甚至造成更为严重的后果。反之,系统有序的公共危机应急管理体系不仅能在最短时间内排除危机,同时也有助于建立政府的公信力,促进社会和谐、稳定与发展。

二、公共危机应急管理的特点

公共危机应急管理需要通过建立、健全各种管理机制来应对各类公共危机,使公共危机造成的危害降低到最小。这样,明确公共危机应急管理体系的基本特点与内容,就有助于构建科学、合理的公共危机应急管理体制,从而指导公共危机应急管理的实践。

世界上许多国家和地区,在受到社会突发事件的威胁时,都会立即启动自己的应急处理机制。公共危机应急管理是在危机萌芽或发生之后政府所采取的一系列措施。在应急管理过程中,各国政府可以采取形式各异的方法,但在本质上还是具备了很大的共同性。如具备统一的指挥以充分动员各类组织和力量,政府、社会等各方面的积极参与,具备组织整合、资源整合、行动整合能力的一体化系统,利用现代高科技手段等等。从西方一些主要国家公共危机应急管理的做法和经验看,现代公共危机应急管理及其体系要具有以下一些主要特点:

第一,政府部门与社会形成良好的互动,在公共危机发生时能够互相协作共同应对危机。应急组织系统通常由政府部门和各种社会组织共同组成。其中社会组织包括非政府公共组织、新闻媒体、企业商会、各种公民自发组织等。政府部门包括各级政府、警察、消防、军队以及其他单位等。其中,政府部门应当起到核心与协调作用。例如,美国的联邦应急管理建立的应急反应体系分为联邦与州的两级制,这有利于及时反映基层需求,实行灵活应变的资源调度,不致因庞大的官僚体系导致效率低下。

第二,必须建立统一的应急管理体制和独特灵活的应急组织体系。应急管理体制指的是应急体系内的机构设置、职能分配、责任对象等各种关系以及运作关系。首先,应急管理体制应当分工明确。不同的应急部门、层级都应当具备明确的任务。其次,应急管理体制应当具备统一指挥。由于各个部门和层级都有其明确任务的范围,因此很容易形成各自为战的状态,从而失去处理危机的最佳时机。最后,各个部门之间保持密切的联系,尤其在危机应急之时更应如此。例如以"联邦应急方案"为代表的美国应急体系强调对紧急事件既要做出协调一致的反应,同时也要通过独特的应急功能进行模块划分,形成整体的国家应急网,具有立体化的特征,以确保应急体系在组织结构上具有最大限度的灵活性。在我国广西南宁市就已经建立了"社会应急联动系统工程"。这个系统利用集成的数字化、网络化技术,将 110 报警服务台、119 火警、122交通事故报警台及 12345 市长公开电话,纳入统一指挥高度系统,实现了跨部门、跨警区以及不同警种之间的统一指挥协调,使统一应急、联合行动成为现实。

第三,建立现代化的应急支持保障系统。现代应急管理体系必须有信息、技术、物质、资金、人才等各方面的支持保障。及时准确地收集、分析和发布信息,各种处理技术,应急物质的保证和调动,以及应急管理所需要的各方面人才都是政府科学决策和早期预警有应急的前提,主要表现在:(1)树立危机管理绩效评估的理念,确立危机管理的绩效标准。随新公共管理运动在全球的兴起,世界各国普遍开展了以绩效、服务、质量为核心理念政府改革运动。尤其是绩效导向的政府管理改革逐渐深入到政府管理实践中。以美国《政府绩效与结果法》为代表,绩效管理与政府绩效评估已成为政府管理改革的一项重要内容。它要求政府管理活动以绩效为导向,注重服务质量与结果,通过绩效评估来衡量政府的过程、行为与结果。危机管理应急是现代政府的一项重要职能,也需要通过科学确定绩效标准来进行危机管理绩效评估,以促进危机管理应急走向科学化和规范化。(2)明确危机管理的专业化和流程发展方向。随着公共危机的不断升级、政府管理的改革创新、公民期望的与日俱增,公共危机管理逐步向管理团队和应对措施的专业化、管理环节的流程化方向发展,以期达到节约成本、优化资源配置和效益最大化的目标。(3)应用高新科技。现代高新科技的引入改变了原先通讯信息技术落后的局面,在最大程度上实现了公共危机应急管理的有效性。网络、卫星监测、全球定位系统等一系列技术及其国际前沿的管理方法技术,在公共危机管理领域的应用广泛,是公共危机应急管理专业化的主要工具与手段。

第四,拥有健全的应急管理法律法规体系。公共危机应急管理机制是应对突发事件的回应,因此在早期多以快速的行政手段应急;而后提上立法议程,经过严格的法律程序定制立法;进而指导应急机制运作,并且在实践中修改完善。以美国为例,1803 年的国会法案为灾难立法提供了依据;此后自然灾难不断,通过的特别立法逾百,正式立法随之跟进。此外,美国政府现行的

《全国紧急状态法》(The National Emergencies Act)于 1976 年经过国会通过。该法对紧急状态的颁布程序、颁布方式、终止方式、紧急状态的期限以及紧急状态期间的权力作了规定。这就使美国的应急管理有了比较可靠的法律依据与保障。

第五,高效可靠的现代化信息系统。现代社会越来越离不开网络和信息,加强危机管理,建立应急机制迫切需要建立高效可靠的信息系统。信息系统在危机管理体系中承担非常重要的职能,是危机信息管理系统的神经系统。其主要功能是为决策者提供及时、准确的情报,同时向民众传递适当的信息。既要让民众对危机事态的程度与危害有清醒的认识,又要使他们了解决策层为化解危机所做的各种努力,更要使民众保持情绪稳定,避免民众情绪失控而增加决策者面临的压力,恶化决策环境。从这一意义而言,媒体起着重大的作用,而能否对媒体进行有效而富有弹性的管理是与民众沟通是否有效的关键。良好的信息系统使危机事态中的信息沟通顺畅,同时又避免社会情绪的动荡,为危机的解决创造了一个良好的社会心理氛围。

第六,政府有效的强制干预措施。通过立法来界定政府机构在紧急情况下的职责和权限,理顺各方关系,是许多国家应对突发灾难的共同做法。法国的紧急卫生事件应急体系是各个国家中实施卫生安全做得最好的。其国家传染病防治体系建立在"强制申报"、"死亡统计"、"国家传染病防治中心"和"监测网络"基础之上。其措施以预防为主,因而近百年来该国一直未出现传染病大规模流行。为严格规范在紧急情况下政府对紧急权力的行使,法国在宪法中规定了紧急状态制度,给政府的行政紧急权力划定明确的宪法界限,详细规范在紧急状态时政府与公民间的关系,以保障政府在紧急状态下充分、有效行使行政紧急权力,同时又对这一权力加以限制,以保障公民不因紧急事件的发生而使其一些基本宪法权利遭到侵害。

由于公共权力和公共资源的优势,政府及其所属的部门在公共危机应急管理中扮演着主体角色。因此,公共危机应急管理也被称之为"政府应急管理"。国内有学者指出,在公共危机管理过程中,现代政府扮演着"科学决策者、信息发布者、社会力量发动者、主动作为者、常态管理者和系统思考者"[1]的角色。建立一个科学有效的公共危机应急管理体系,在很大意义上需要政府管理方式创新和管理能力提升,无论是信息网络建设、政府强制干预还是政府与社会的良性互动,都需要政府积极转变管理方式,转变政府职能,促进公共危机应急管理体系的建立。

---

[1]　左小麟:《公共危机管理中的政府角色》,《思想战线》,2008 年第 1 期。

三、政府应急管理的一般过程

公共危机往往具有潜伏期、形成期、爆发相持期和消退期。针对不同的阶段,政府应急管理由三个部分组成:预警;应对和恢复。在这三个阶段,政府应当采取适当适时的应对措施。美国学者科纳指出,公共危机应急管理的过程与性质在很大程度上取决于当地的经济和社会条件,在很多情况之下,危机过程甚至就仅仅是个经济方面较量的过程①。因为在应急管理过程中,尤其是突发性公共事件,需要耗用地方政府和大量社会资源。因此,政府应急管理的过程不仅仅体现为一系列可见的步骤和程序,也包括很多潜在的复杂因素。

1. 准备

准备(preparedness),是指危机发生之前或者危机发生后的第一时间,政府为了消除突发事件出现的机会或降低危害程度所做的各种准备性工作。在预警机制检测到某种特定的或潜在的公共危机之后,政府就应当进入准备阶段。这个准备阶段不同前期的预警工作,是为进行特定的危机应对而采取的准备措施与相关策略。在这一阶段,一般的准备工作包括:(1)制定简单的容易理解的沟通计划。公共危机应急往往是突发性的,在应急管理过程中的沟通可能比一般的管理沟通更为困难,心理压迫也相对比较重。因此应急管理沟通应该是简单的,使人容易理解的,以便于及时有效的沟通。(2)信息收集、分析与形势评估。首先要保持信息渠道的畅通以及信息的真实度,这是决策的基础。信息收集的来源主要有:大众媒体,突发事件的现场报告与第一手资料,实地调研。收集到信息之后,对它们进行快速的分析,评估现存危机的严重程度以及演化方向,以及造成的伤害程度。(3)人员上的准备。第一,根据危机的不同性质与种类,调集相关政府官员、专家学者以及其他人员组成统一的指挥中心。第二,进行合理的可提供危机应急服务的人员训练和素质提升,尤其是社区应急队伍建设,确保公共危机发生时社区队伍人员能发挥自救的功能,最大程度上降低危机产生的危害。第三,在全国或地区范围内组织和发展受到训练的志愿者队伍,使之能够积极配合危机应急工作,辅助公共危机的各项措施。(4)物质上的准备。能够提供存储物资的清单,保障公共危机应急的物质和设备,即科纳所说的公共危机应急的经济条件。

2. 应对

在完成信息以及人员准备之后,马上正式启动危机应对管理(response)。

---

① Cuny, Fred C. (1983). *Disasters and Development*. Oxford: Oxford University Press.

这个阶段政府的措施有以下五个方面：（1）授权。授权对象为应急指挥中心。统一的指挥中心相对日常机构有两个好处：一是能够提高快速反应能力，节约时间；二是具有较强的组织动员和协调的能力，充分利用各方资源。（2）决策。在形式评估之后，选择并启动应急预案，或者现场决策应对方案。这里要制订比较明确的实施方案。当然，由于公共危机的特性，使得应对的决策方案制定往往是信息不完全的，是一种不确定型决策或者是风险决策。直接考验着决策者的决策能力。（3）资源与人员反应。快速调动所需资源与人员，参与危机应急。这里就涉及资源的动员能力和水平问题。（4）隔离危机。阻止危机的进一步蔓延，把危机控制在尽可能小的范围之内。尤其是一些涉及疾病的公共危机，隔离工作就显得尤为重要。西方国家在建立公共危机应急管理体系中，把隔离危机作为单独的一个环节来进行对待，足见隔离危机环节的重要性。（5）危机管理。调动社会各界的力量，包括媒体、社会组织、群众力量等参与到危机管理中，包括紧急救援、人员疏散、缓解公众情绪等。

3. 恢复

在危机的影响逐步消除的过程中，社会突发事件管理的另一个功能是实现社会的全面恢复（recovery）。在有效控制危机之后，应当采取适当措施以恢复正常的生活、生产秩序。主要措施包括五方面内容：（1）恢复生产、生活，对社会进行必要的损失赔偿，组织群众进行生产自救，保障群众所需的必要物质，稳定政治，重新恢复和建立各种秩序；（2）应对突发事件周期性特征中的下降、回复阶段，进行全面的宣传，通过包含媒体、政界等多方、多重的影响，对危机进行客观评价，总结经验教训，为下次应对类似危机奠定新的基础；（3）坚决避免社会突发事件"死灰复燃"现象的发生，强化扫尾工作；（4）逐步实现社会突发事件相关资源和"生产"能力，从"战时"向"平时"转化；（5）心理干预机制的建立，进行危机后的有效心理干预。公共危机往往带来社会公众心理方面巨大的不平衡，在恢复阶段除了必要的经济物质方面的补偿，同时也需要以心理恢复机制作为恢复的一种重要手段来提高公共危机的应急处理能力。

四、应急管理过程中的重要理念

作为公共危机管理中最重要的一个环节，公共危机应急管理不仅仅是管理手段与技术方法的集合，同样也是科学的应急管理理念的集中体现。如果说公共危机预警管理是一项较为隐蔽性的管理措施，那么公共危机应急管理则是政府应对公共危机的各种能力的直接体现。应急管理的理念、方法与能力直接反映着公共治理能力，是衡量现代政府能力的一项重要指标。因此，在公共危机应急管理过程中需要树立科学的应急管理理念以指导应急管理实践,确保应急管理的有效性。

第一,以人为本原则。人的安全是首要的,社会财富损失了可以重建,而人的生命只有一次。因此,不管发生任何形式的危机,都要把确保人民生命安全放在首要的位置。

第二,政府主导与科学决策原则。在危机管理中要充分体现政府的权威。只有政府才有能力和资格统筹危机管理,如果政府部门没有足够的权威就可能导致危机管理的松散,出现各自为战的不利局面。因此,一旦发生危机,就要确立政府的主导地位,进行统筹全局的决策。

第三,适当评估原则及时评估危机的状态并建立危机发言人制度。在危机发生之后,要对危机的不同阶段进行及时的评估,估算危机发展的趋势以及危机的即时状况,为下一步的危机管理提供及时的资料。并且要向社会及时准确地公布危机的现状,消除不必要的社会恐慌,击破不实的流言。

第四,时间概念。危机的一大特点就是紧急性,解决危机的机会也可能是瞬时的。因此,及时地决策、及时地介入是解决危机的关键所在。

第五,空间与地域概念。危机在不同的地域会有不同的表现,要根据不同的地区确定不同的危机应对策略。比如山区与平原,内陆与沿海,城市与乡村,经济发达地区与经济欠发达地区等都有其自身的特点,因此,危机管理也要因地制宜。

第六,适当的强制措施与取舍原则。危机的应急过程中,需要对社会与企业采取一些强制的措施,比如必要的停工、停学、物质的征用,人员的调配等;而且,在条件有限的情况下要进行适当的取舍,为保护全局利益而牺牲部分利益。

第七,成本核算与公共资源的最优配置。成本核算就是要尽可能地节约公共资源,减少不必要的浪费,使公共资源的配置达到最优的状态。

第八,人、财、物的调动。在危机发生之后,要及时成立一个统一的指挥中心,协调人、财、物资源的调动,确保各类资源实现有效的使用。

第九,充分发挥各级基层政府在应急管理中的作用。以英国为例,应对危机主要靠地方政府。英国政府应对具体灾难的一个主要原则是,灾难发生后,一般应由所在地方政府主要负责处理,而不是依赖国家层面的机构。因为地方政府能够最便利快捷地提供救援伤者、阻止灾害扩大等所需的资源、人力和信息。当灾难过于严重,超过当地政府承受能力时,通常从邻近地区就近调度支援。

第十,分工合作与责任明确的原则。西方发达国家公共危机应急的普遍经验就是确立公共危机应急管理过程中各部门的工作职责,一方面确保职责明确,发挥各个部门公共危机应急的作用,另一方面则在责任分工明确的基础上进行沟通合作,防止各自为战现象的发生。公共危机管理本身就是以政府责任为主导的管理方式,公共危机应急则更需明确责任导向和分工合作,建立起系统的公共危机应急管理体制。

五、公共危机应急管理的不同主体

公共危机应急管理并不仅仅是政府部门的单方面责任,由于其特殊性,它同时也涉及到社会的各个方面和阶层,对每个不同主体都有着不同程度的要求。

第一,政府责任部门。政府责任部门是应对危机的主体。难点和重点在于上层的重大决策如何及时有效地贯彻到基层。在以前的危机管理体制中,上层的重大决策往往不能真正地落实到基层,要改变这种状况,就要真正地落实相关的责任机制。

第二,社会组织。危机管理中的社会组织包括新闻媒体、非政府组织(社会中介组织)、社会营利组织等。新闻媒体要及时公开地报道危机的发展情况,在最大程度上消除社会的恐慌心理,稳定社会情绪;非政府组织与社会营利组织要密切配合政府的危机管理,提供人力、物力、财力方面的帮助。

第三,专家与学者。专家与学者是一种特殊的信息资源,在危机发生与应对的信息分析中起着特别的作用。在平时,应当注意储备充分的专家人才,建立专家库,根据不同的公共危机,把全国的专家学者分门别类地登记在册,一旦发生危机,就根据需要吸收各种专家学者进入危机应急队伍,以充分发挥专家与学者知识渊博、经验丰富的特长。

第四,社会公众。公共危机是主要发生在社会生活领域的危机。因此对普通社会公众而言,其要求首先是自救。在保障自身生命安全的前提下,配合政府应对危机。在平时则要加强对社会公众的危机应对预演和训练。社会公众作为危机应急管理的一个主体在很多公共危机应急过程中发挥着十分重要的作用。如美国"飓风事件"中,社会公众自发组织援救队伍进行抢救,挽救了很多生命。在2008年我国四川汶川地震灾害事件中,社会群众的自发救援也发挥了积极的作用。在日本,社会公众的自我救助学习是公共危机应急管理的重点内容,足见社会公众作为应急管理的主体是不容忽视的。

第五,各个部门之间的横向合作。危机的发生往往是全局性的,各个部门之间(政府,社会组织,专家学者与普通民众)要相互配合,共同应对危机。这就要求建立一个统一的领导和协调机构,负责各个部门之间信息的沟通与合作。

第二节　公共危机应急管理计划的制订

任何组织和单位在其运营过程中都可能遇到许多突发事件,这些突发事件引起的危机不仅损害组织的形象和声誉,甚至会影响到社会的稳定和发展,因而通过危机应急计划的制定与实施对损害组织形象和社会公共利益的危机进行预防和处理,并化危机为机会是现代政府公共危机管理工作的重要内容。

一、公共危机应急管理计划制订的重要性

公共危机是指由于意外突发事件引起社会的严重困难、紧张和危险的紧急状态,由此引起危机的意外突发事件则被称为危机事件。危机应急主要是指公共组织在危机的产生、发展过程中,为减少、消除危机的危害,根据危机应急计划和程序而对危机直接采取的对策。意外突发事件对组织和社会所造成的危机状态,不仅使组织蒙受极大的经济损失,导致组织形象和声誉的严重受损,而且会危及公众和社会的利益,这就要求政府调动力量,综合运用各种手段和措施,以最快的速度、最大的努力进行危机应急,以挽回公共组织形象和大众的损失,使组织和社会渡过难关。因此,危机爆发后,能否降低危机对组织和社会的危害程度,能否将危机转化为机会,最终要看危机应急处理的有效程度,这直接与政府对危机预防和危机应急处理计划制订工作的好坏密切相关。因此,危机应急计划的制订可以说是危机应急工作中富有挑战性的工作。

危机应急计划是危机的应变计划。它是组织制订的在紧急状态下预控和处理危机工作的预先谋划和安排。《危机管理》一书的作者美国学者菲克曾对《幸福》杂志排名前名的大公司董事长和总经理进行过一项关于危机管理的调查。调查资料表明:第一,80%的被调查者同意,现代组织所面对的危机,就好像死亡一样,已成为不可避免的事情。第二,在寄回调查问卷的公司中,74%认为曾接受过严重危机的挑战。第三,57%的被调查者表明,过去一年在组织内潜伏的危机最近有爆发的可能。38%的人表示,过去一年在企业内潜伏的危机已经爆发了。第四,危机困扰的时间,平均历时8周半,没有应变计划的公司,要比有应变计划的公司长25倍。危机后遗症的波及时间,平均为8周,

没有应变计划的公司,也比有应变计划的公司长 2.5 倍。这项调查至少可以得出以下两点结论:第一,几乎所有的组织都有可能遇到危机,因而危机是无法避免的。第二,对危机有应变计划的组织遭受的损失要相对小得多。这是因为危机应急管理计划有助于组织在紧张而短促的危机状态中科学地做出决策,并有效地采取对策和措施,这对避免或及时控制危机起着重要的作用。因此,科学地制定危机应急计划是危机管理工作的一项重要任务。

二、公共危机应急管理计划的制订

危机应急管理计划不同于其他类型的计划,其他计划制订后一般都要付诸实施,而危机应急管理计划则是在紧急状态下才实施的计划。因此,制订危机应急管理计划应考虑的问题有:

第一,分析组织和社会面临的潜在危机。虽然危机难以预料,但引起组织和社会公共危机的问题或事件的发生一般会有一定的概率。如地震、火灾等自然灾害是任何组织都可能面临的;交通事故对交通运输部门来说可能性总是存在的;重大工伤事故、质量事故等失误对生产性组织来说是应该考虑到的;环境污染对化工厂或核电站总是潜在的。因此,组织应当检查所有可能对本单位有影响的问题或事件确定需要考虑和重点考虑的具体问题或事件,并分析这些问题或事件与本组织生存、发展和利益的相关性以及对社会的潜在影响。

第二,设立应付危机的常设机构。应付危机的常设机构应由领导小组、发言人和专业队伍等人员组成,这些人员应当保持通畅的联系渠道。危机应急领导小组是常设的危机应急机构的核心。危机的类型不同,领导小组的人员构成也不同,一般来说,它应由组织的主要领导以及对外联络部门、人事部、保卫部等部门的负责人构成。

第三,确定危机应急的社会协作网。许多危机的处理仅依靠政府的力量是不够的,必须借助于社会力量对危机发生后可能会向其求助的单位,如急救中心、消防队、公安部门、邻近的单位等,应事先建立联系,使其了解本单位的基本情况以及危机发生后需要得到的帮助,以便危机发生后这些救援单位能够准确及时地向本单位提供帮助。

第四,提高社会公众的危机防范能力。政府应加强对社会公众的危机意识教育,将危机的应急措施制成通俗易懂的小册子,并将这些小册子发给相关人员。另外还应通过多种途径向社会公众介绍应付危机的方法,让社会公众对危机的可能性和应付方法有足够的了解。更重要的一点,是要加强社会公众防范危机技能工作的日常培训和演练,以提高其对危机的应变和处置能力。

第五,制订危机应急的行动方案。首先是要确定处理危机的先后顺序和全体社会公众应遵守的基本准则,重点要保障包括员工在内的所有公众的人身安全,还要明确应通知的有关部门和公众,如相关的高级管理人员、员工、协作单位、有关政府部门和新闻媒介等。其次要制定危机应急的对策,这里要分析组织面临的危机,对最有可能产生的危机进行相应准备,制定危机应急的行动方针和具体措施。其中重要一点是拟定应付危机的新闻对策,因为新闻界的报道将对本单位的信誉和社会稳定产生极大的影响,所以应设专人负责与新闻界的联系,使有关媒介对本单位的基本情况有明确的了解,以便同新闻界建立长期的良好关系。

三、公共危机应急管理计划的实施

危机发生后,政府应根据危机应急程序有计划有步骤地采取措施,这样才能有效地控制和消除危机后果。一般来说,公共危机应急计划的实施主要有以下几个方面的步骤:

第一,查清危机全貌。无论应急计划准备得多么完善,也不可能使危机的发生和预先准备的方案完全合拍。因而当灾难来临时,组织领导首先应当保持镇静,然后迅速查明有关事件的基本情况。具体包括:(1)查明事件的种类、发生时间和发现时间以及事件发生的地点和发生的原因,以便掌握事件的基本性质。(2)查清事件的后果和影响。如人身伤亡的严重程度,在什么医院接受治疗,本组织财产损失的状况和价值,公共设施损害的程度和范围,其他组织和社会损失的情况以及这些后果将会造成的社会影响。(3)查清事件的现状。如事件是在发展,还是得到了有效的控制,控制措施的实施情况如何,若事件还在发展,原因是什么,以及怎样才能使事件得到有效的控制。了解事件牵涉的公众对象如直接与间接的受害者,与事件具有直接和间接责任或利害关系的组织或个人,与事件处理有关的机构,还要了解事件的见证人以及见证人的姓名、单位、电话号码及通信地址,以便保持同事故见证人的联系。

第二,及时隔离危机。在查清事件全貌的同时,要迅速隔离危机,以免危机蔓延扩大。隔离危机主要有两方面的内容:(1)人员隔离。人员隔离是指把组织员工划分为处理危机和维持日常工作两部分,规定领导人中何人专司危机应急,何人负责日常工作,在一般人员中哪些人参加危机应急,哪些人坚守原工作岗位。否则,就会因危机发生而造成日常管理无人负责、日常工作无人从事的混乱局面,结果使组织陷于更大的危机。(2)危机隔离。危机隔离即对危机本身实施隔离。对危机的隔离在发出警报时就应开始。警告信号应明确表示危机的范围,以便保持其他部分的正常工作秩序,减少危机损失,同时也为危机处理创造条件。

第三,迅速处理危机。处理危机就是直接对造成危机的问题和事件采取对策和措施以平息危机。处理危机要注意做好以下几个方面的工作:(1)抓住和解决主要危机。危机处理要求组织在调查和识别主要危机的基础上,首先集中主要力量抓住并解决引起主要危机的问题或事件如果主要危机得到了控制,那么整个危机也就可以得到缓解或基本平息。(2)迅速控制和排除危机。危机爆发后,会迅速膨胀扩张,为了减少危机给社会带来的损害和影响,就要求政府在出现危机前兆信息或爆发时,迅速采取行动,及时果断采取有力措施,力争在危机的危害扩大前控制并排除危机。同时也要注意,由于种种原因组织采取的危机处理对策有时不一定能够立即奏效,届时,组织领导和危机处理人员应坚定信心,沉着镇定,千方百计找出原因,努力不懈地排除危机。(3)消除危机后果。危机往往要对组织和社会造成物质、精神及人员的伤亡和损失,给组织形象带来了不利影响。因此,消除危机的不利后果是政府危机处理工作的主要任务。这就要求政府及时消除或赔偿各种损失,尽快恢复政府组织的形象和声誉。

第四,危机处理评估。危机处理评估是指政府对其危机处理工作及其成效的调查、评价和总结,它是整个危机处理工作的最后一个环节。一般来说,危机处理评估包括三个方面的工作:(1)调查,即对危机发生的原因以及政府预防和处理危机所做的全部工作进行系统的调查。(2)评价,即对危机处理工作进行全面的评价。评价主要是政府危机处理的方法措施是否恰当,是否存在漏洞和问题,是否取得了成果,这有助于政府准确地把握危机处理工作的效果。(3)总结,即总结经验教训,其主要内容是对危机处理工作中存在的问题进行归纳综合,提出整改措施,并为制定新的危机处理计划提供依据,以便为今后的危机处理工作奠定基础。

第三节　公共危机应急管理机制的构建

公共危机应急管理是一项系统性工作,作为公共危机管理的关键环节,公共危机应急管理正在走向系统化、制度化和规范化。构建公共危机应急管理机制既是公共危机管理实践工作的需要,也是系统完善公共危机管理制度的发展需要。

一、公共危机应急管理机制构建的背景

SARS 事件以后,我国中央到地方都开始普遍关注公共危机的预防、应急与治理问题,尤其在地方政府层面积极制定了公共危机的应急预案,对预防和治理公共危机起到了极为重要的作用。2006 年 1 月 9 日,国务院发布了《突发公共事件总体应急预案》,预案分总则、组织体系、运行机制、应急保障、监督管理及负责等六大部分。国家应急预案框架体系初步形成,包括面对突发公共事件时的国家总体应急预案、专项应急预案、部门和地方预案、企事业单位应急预案等,基本涵盖了现代社会随时都能发生的各类公共突发事件,是一个比较完整的总体预案。但从总体看,这项预案是对突发公共事件的应急管理。诚如前面所说,突发公共事件与公共危机在内涵上还存在很大差异。同时,由于我国在构建公共危机应急机制方面还欠缺经验,难免存在一些问题。

2007 年 8 月 30 日第十届全国人民代表大会常务委员会第二十九次会议通过《中华人民共和国突发事件应对法》,并于 2007 年 11 月 1 日起施行。《中华人民共和国突发事件应对法》分为总则、预防与应急准备、监测与预警、应急处置与救援、事后恢复与重建、法律责任和附则等七章内容,全面而系统地对应对突发事件的阶段进行了规定,是我国应对公共危机的总纲领,对于进一步完善公共危机应急管理机制起到了关键性作用。2008 年在雪灾、地震灾害、问题奶粉等公共事件频发的情况下,政府应对各类公共危机的能力表明现阶段我国公共危机应急管理机制正在走向完善,并已具备了一定的应急反应能力。当然,借鉴和总结国际、国内突发事件应急处理机制,以及从当前我国公共危机应急管理的部分实践看,我的应急管理机制在许多方面还是有待进一步完善的。以下从法律、体制、组织、观念等多层次探讨我国在公共危机应急管理机制方面上存在的问题和不足。

第一,我国一些地区虽然已经开始设置专门的应急管理机构,但仍存在较大的缺陷。

SARS 传染病事件后,我国各级政府日益重视起危机应急管理和紧急救援,各个部门都做了不少预案,但缺乏一个全面覆盖各种社会突发事件的危机应急系统,还处在传统的"头痛医头,脚痛医脚"模式,一旦遇到新的危机情况,就显得手忙脚乱。20 世纪 60 年代,美国政府就选用"9.11"作为统一的社会紧急救助特殊服务号码。日本东京都构建了由知事直接管理,能承受 7.9 级大地震并能自备发电三天以上的"防灾中心"。北京也建起了全国第一个紧急避难所,可容纳 25 万人。

　　另外，我国在省级层面上，还没有常设性的，具有会商决策功能的应急管理综合协调部门。在现实的应急管理活动中，其领导机构与人员也大都是临时应急组成的。而且，我们平时常用的危机管理是分行业、分部门进行的，尽管这有利于"分工负责"，但实际发生的突发事件常常需要多部门共同应对的"综合性危机"，这样的组织形式尽管具备了行政权威的力量，但是由于其核心成员都是临时抽调的，彼此缺乏熟悉和默契，容易耽误决策和执行的时间。这时因条块分割，部门封锁的弊端而将产生很高的协调成本，并严重影响危机反应速度。而且，临时的机构也不可能在事先就准备比较完整的应急预案，因此很难从全局上制订应急计划，有很大的随意性。

　　第二，应急管理的相关法律条文已经开始建设，但和实践的要求相比仍需要完善发展。

　　现代社会的应急管理应当建立在法治的基础上。2007 年 8 月 30 日第十届全国人民代表大会常务委员会第二十九次会议通过的《中华人民共和国突发事件应对法》标志着我国公共危机应急管理走向法制化管理阶段。由于现代社会日益显示出复杂性，全球化带来的负面影响，社会生活方式的转变，我国转型期面临的矛盾等等，使公共危机的产生、影响方式、处理方式都发生了重大变化。因此，建立专业性的公共危机应急管理法律体系也是一个必然的趋势。以日本为例，全国建立了几十部专门的危机应急法律，使各个部门在进行公共危机应急时都能做到有法可依，并能进一步落实部门责任和领导责任。现代公共行政在很大程度上面临着一个"合法性"问题。公共行政也需要一个合法性基础。比如应对危机时所采取的非常规强迫性政策，如果没有法律法规的有效支持，就很难得到公民的理解，甚至会导致社会的动荡，导致公共危机的加剧。近几年来在生态环境污染事件中就逐渐显示出政府及各个部门在应对公共危机时也需要依法应对危机，以减少不必要的损失，从而维护社会的安定团结。

　　公共危机应急管理的依法应急管理问题不仅仅是一个应对危机、减少危机造成的损害的问题，更是涉及依法行政、提高政府信任度和公众满意度的问题。与现实社会发展的要求相比，我国在公共危机应急管理方面的专项法律制度方面还需要不断完善发展。我们迫切需要建立健全系统的公共危机应急管理的法律法规，使应急处置公共危机的各级各类预案加快形成一个完整的体系，以及时弥补应急体系法律与实践的滞后性这个问题。

　　第三，现行的危机管理体制带有一定的脆弱性，政府应急管理的手段还有待改进。

　　这是一个知识社会、信息社会和数字化的社会，用传统的"开会"等方式已经很难满足应急的实际需要。根据以往处理公共危机的经验,目前我国应对公共危机的手段在经济、技术层面上存在的问题尤为突出,主要有:

一方面,经济上的总体投入还存在着缺口。有资料显示,我国的卫生总投入占 GDP 的 4.8%,迄今为止还没有达到世界卫生组织(WHO)提出的最低限度标准,而且增长的卫生投入主要来自民间,卫生总经费政府比例仅 1/4,从公共卫生投入不足的角度,SARS 的爆发恰恰暴露了我们公共财政支出上存在的问题。"预防为主"一直是我国卫生工作方针之一,但把公共卫生作为重要的社会发展目标并纳入政府的重要议事日程还不普遍。在有些地方,各级政府把大量的公共财政用于短期内有回报的经济建设,公共卫生问题总是排在招商引资、开发区建设等经济议题的后面,反而主要靠公共财政的公共卫生事业却投入不足。尤其值得重视的是,政府农村卫生投入不足,投入比例逐年下降,且补偿机制也不合理,极大地影响了农村预防保健工作,同时也加重了农民的经济负担,广大农民缺乏医疗保障,因病致贫、返贫成为解决"三农"问题的主要障碍之一。

另一方面,技术层面上,应急管理信息系统的不完善是其突出表现。当前的社会生活中公共突发事件类型多、范围大、经济损失严重,尤其是像 SARS 疫情、禽流感之类的公共危机更是对国家安全和社会稳定产生巨大影响。社会需要建立应急信息系统,需要在全国范围内建立统一指挥、高效机动、协同联动的应急信息系统,以便迅速、主动、有效地应对公共危机。

建设好应急信息系统,这是我们当前面临的构建公共危机应急系统的重要任务,也是现代社会应对"非传统安全"的一个重要手段。因此,我国需要推进公共服务领域信息化公共安全。建立高效、安全、共享的公共安全信息网,建立全国灾难预警系统和应急指挥系统。网络系统一定要充分利用好政府系统的办公业务资源网,绝对不要再另建一个网络,搞重复建设,只要对政府办公业务资源网加以完善即可,应急信息系统建设的思路要扩展,网络上要包含本地的三网——通信网、广电网、互联网;辅助系统上要将一些很有优势的系统纳入,比如说地理信息系统、视频会议系统、GPS 定位系统、视频监控系统等。

第四,政府及其工作人员处理危机的专业素质培训力度继续加强。

SARS 疫情的爆发是我国近几年来严重的一次公共危机,它给政府带来了极大的挑战,对各级政府的能力水平进行了大检阅,也反映出公务员的责任意识、法治意识和综合素质存在着诸多问题。SARS 等灾情的发生,使人们认识到,公务员应具有应对突发事件的能力。近来,人事部印发了《国家公务员通用能力标准框架(试行)》,将是否具备应对突发事件的能力作为考核公务员是否合格的一项标准。此外,考核公务员还有政治鉴别能力、依法行政能力、公共服务能力、调查研究能力、学习能力、沟通协调能力、创新能力、心理调适能力等八条标准。主要表现有:公务员自身对应对社会突发事件专业素质的培训不够;公务员对自己在处理社会突发事件中的责任意识有待增强;公务员对社会公众的引导作用培训需要强化等等。

为此,政府必须重视并进行人才、技术和政府公务员的必要培训,要制定公务员依法行政培训规划和年度实施计划,使广大公务员真正能够在依法行政的基础上思考问题和解决问题。并通过定期培训、执证上岗等有效措施,努力建立一支装备精良、训练有素、常备不懈、平战结合的应急处置队伍,开展相应的科学研究,提高政府及其工作人员处理危机的及时控制和有效处理能力,要会根据危机的不同性质与特点,综合运用法律、行政、经济、科学、舆论和思想政治工作等手段和资源,创造性地解决危机,降低危机管理成本,不断提高公务员应对公共危机的综合素质。

第五,我国应急管理中的政府动员能力很强,但社会动员参与能力相对不足。

我国在公共危机应急过程中,以抗击 SARS 事件为例,展现了以一定的社会动员能力,积极引导社会其他力量增强社会责任感,并投入到整个社会的工作中。[①] 但与此同时,也存在着诸多问题,我们在应对危机时更注重投入军队、政府公务员、事业人员等,而不能充分动员社会力量。这就使应急管理处于传统管理体制的弊端中:缓慢、缺乏积极性。这不仅束缚了社会民间力量的发挥,也大大加重了政府的负担。

就目前我国动员参与应对公共危机能力相对不足的原因而言,主要是表现为三个方面:(1)政府管理模式显得有些陈旧,长期以来的"包办型政府"和"全能政府"的观念根深蒂固,未适应全球化发展趋势。例如在处理 SARS 事件中,政府没有及时掌握信息,对 SARS 危害判断不足,信息披露不及时便是值得总结的教训。国内学者薛澜认为,过去民众信息来源单一,政府"内外有别、内紧外松"的宣传政策一定程度上可以防止危机信息给社会带来不必要的恐慌。但在全球化的信息时代,如果政府部门不及时发布权威信息,就会产生信息传播的失真性、放大性、甚至是恶意的虚假信息,使社会心态发生意想不到的变化,反而阻碍了危机的有效控制。SARS 危机中出现的抢购风潮便是

直接的例证。① (2)政府"过度自信"。政府过度自信处理各类事务,包括危机的能力,以至于对无法对突发性的新事态做出最适时的反映。(3)社会参与不足,未能有效让非政府组织积极参与到社会突发事件的应急工作中来,它们也缺乏自身的职责意识,缺乏对社会突发事件的关注。

第六,应急管理的国际合作性还有待加强。

自 20 世纪 80—90 年代,国际上许多国际组织和研究机构建议发展中国家制定公共卫生基本干预项目,确保把有限的卫生资源投入到最具有成本效果的卫生项目。国际组织也帮助我国发展了需要优先保证的公共卫生服务领域,如区域卫生规划、AIDS 防治等,但是这些建设性的信息并没有传达到决策者或未被决策者重视,也没有在更大的范围内告诉民众。此外,互联网是一个新兴的领域,在其发展过程当中,不论是在技术方面,还是在管理方面,都面临许许多多无先例可循、需要认真研究和探索的问题。鉴于互联网在全球经济与社会发展的进程中的重要性日益增加,我们应遵循政府主导、多方参与、民主决策、透明高效的原则,加强国际间政府组织对有关互联网公共政策等问题的参与和协调。

二、公共危机应急管理机制的基本内容

前面已对公共危机应急管理机制的一般特点进行了阐述,我国自从SARS 危机以来,逐渐开始重视公共危机应急管理机制的建设,并立足我国当前公共危机的情况,建立了现阶段公共危机的应急管理机制。结合我国的实际以及西方发达国家公共危机应急管理的经验,我国还需要逐步建立健全专门的公共危机应急管理机制。

(一)建立专项应急预案

专项应急预案一共分成四类:自然灾害、事故灾难、公共卫生事件、社会安全事件。其中每一类都有具体不同类型的危机预案。但是,这些危机应急预案的分类还没有完全反映现阶段我国公共危机的特点与构成。相对于公共危机应急的一般分类,我国有着一些独特的危机类型。因此,应急预案应当更加注重建设:

1. 能源危机应急预案

能源危机是一个全球性问题。在我国,由于传统粗放型经济增长模式的

---

① http://news.tsinghua.edu.cn/new/news.php? id=5572,《清华大学教授薛澜指出非典带给中国四点重要启示》,中新网,2003 年 5 月 23 日。

影响,能源方面形势则更为严峻。尤其在东部沿海等城市,石油、煤炭、水、电等能源问题甚为严重。能源危机发生的周期比较长,相对其他类型危机具有更长的预警期。但一旦爆发能源危机事件,如果缺少科学的应急预案,就可能从经济领域出发,导致一系列的连锁社会危机。比如由于缺乏能源导致工厂停工、经济停滞,进而引起工人失业和社会动乱。20世纪70年代的金融危机跟石油价格和供应有着密切的关系。2008年世界性的金融危机事件中,石油价格的上涨也是一个比较关键的因素。能源危机重在预防,比如开发新兴能源、转变产业结构等。当然,转变产业结构不是一朝一夕能够完成的。因此,制定科学合理的总体性能源应急预案十分迫切。

2. 人才危机应急预案

随着社会经济的发展,我国在人力资源发展方面显示出一个双重矛盾,一是随着教育扩展出现了难以满足就业的情况,二是在目前的人才培养过程中出现了技术人才和创新人才的缺乏。国内媒体经常出现诸如高薪难求高级技工的新闻,而有关数据也表明,我国在技术创新方面一直缺乏动力。人力资源虽然是一个隐性、潜在的问题,但从长期看,如果这个双重矛盾不得以解决,就可能从根本上影响社会经济的发展,甚至引起社会危机。我国当前在教育体制改革、人力资源创新和就业机制方面还存在很多问题。2008年以来,由于受到金融危机的影响,出现了较大规模的企业裁员现象,使就业市场呈现出不稳定因素。大学生就业缺口、工资下降、失业人员增加等等,建立人才危机应急预案,解决就业与人才质量的问题是一项系统全面而长期的工作,一是要调整高校、技校的专业结构入手,二是要从整体上加大教育投入,三要改革当前人才培养和管理方面的体制。

3. 生活方式、价值危机及环保应急预案

首先,由于各种现代生活方式的迅速扩张,人们原有的生活方式和价值观受到极大冲击。一些传统而有价值的生活方式和价值处于边缘化甚至消亡的状况。新的生活方式与价值尚未成熟定型,而旧的生活方式与价值迅速退出消亡,是转型期社会动荡、不稳定的重要因素。随着现代化步骤的加快,我国在这方面的挑战就越严峻。如何应对人们生活方式、价值危机的挑战是一个无法回避的问题。因此,我们应当制定相关应急预案,规定在传统手工艺、文化艺术、生活方式处于消亡危机状况中,政府应当如何作为。其次,由于经济发展导致的环境污染日益严重,已经对居民正常生活造成了影响。环境污染不仅严重影响正常生活,而且可能会导致进一步的社会矛盾,甚至造成社会动荡。一方面,环保重在预防,另一方面,应当制定相关应急预案,使危机一旦发生就能够及时得到化解。

4. 对外经贸危机应急预案

我国对外经济贸易较为发达,不但加快了社会经济发展速度,而且为国家积累了大量外汇。但同时,我们每年在世界各国各地区产生的经贸危机也越来越多,损失巨大。频频发生的对外经贸危机,如果单靠企业与个人往往十分困难,需要政府的介入和帮助。因此,一方面要加强对外贸单位和个人的指导,另一方面制定对外经贸危机应急预案,因为它不但保护直接贸易个体和组织的利益和积极性,同时更是对国家经济稳定发展的有力保障。2008年的金融危机是一个全球性危机,影响到世界各个国家。我国在经济发展方向,是高度依赖于贸易出口的。在世界经济形势普遍不景气的情况下,我国的经济增长模式也面临着挑战。建立对外贸易危机应急预案不仅是对对外贸易而言,也是目前贸易形式的新思考。

(二) 强调政府的应急职能和社会动员能力

危机应急过程中,政府应当发挥主导作用,社会发挥辅助性的功能。我国现有的应急预案中政府几乎成为应急管理的唯一主体,而忽视了社会的积极作用。这大大加重了政府的负担,制约了社会力量的充分发挥,也不利于政府管理方式的转变。

社会动员能力不足是由于多方面原因形成的。首先,由于长期高度集中的计划经济体制的影响,我们一直采用分部门、分灾种的单一灾情的救援体制和应急管理模式,所以政府应急管理中主要还是依赖政府动员能力的发挥。这对单项危机事件有着较强的反应能力,但在应对复杂复合危机时往往被动而低效①。其次,社会组织本身发展不够完善,还不具备主动地承担危机预警,积极参与危机应急的能力。社会组织在数量上、能力上都还有待进一步发展。最后,公民个体参与危机应急的能力不强。由于缺乏必要的培训和演习,公民往往缺少发现危机苗头的必要知识和警觉性,在发现危机后不能及时地提醒政府主管部门,在危机应急中也无法很好地配合政府开展应急工作。

充分发掘和培养社会能力,协同政府共同参与危机应急,是危机应急取得成功的重要条件。社会能力主要以社会非政府组织为载体发挥作用,培育社会组织是提高社会应急能力的主要途径。第一,非政府组织耕植于社会之中,往往是整个社会中最先发现和面对危机的组织。及早发现危机苗头可以为危机应急争取宝贵时间。第二,非政府组织能够更好地培养公民意识和责任心。完善的非政府组织是公民学习应急知识的良好场所,同时也能培养公民的责任心和荣誉感,这对及时阻止危机、参与危机应急都有裨益。第三,非政府组

---

① 引自郭济主编:《政府应急管理实务》,中共中央党校出版社2004年版,第35—36页。

织能够协助政府协调社会矛盾，减缓社会矛盾，从而减少群体性事件发生的几率。在群体性事件发生之后，也能充当政府与群众之间的中介，有助于事件的化解。第四，社会力量的参与，一方面可以使公众了解真相，去除恐惧，起到稳定社会，恢复秩序的作用。第五，非政府组织参与危机应急，配合政府开展工作，可以大量节省政府的人力物力，使政府集中力量投入到核心工作中，提高危机应急质量。比如在浙江省防治"非典"的工作中，在中央政策的指导下，全省上下各部门、各组织有序地开展工作，医护人员积极工作在第一线，各研究机构积极研究攻关，社会民众自我保护意识和公共卫生意识明显提高，这些都为防治"非典"战役取得最后的胜利提供了保证。

从社会动员角度构建科学合理的公共危机应急管理机制，需要从以下几方面着手：

第一，充分发挥现有各个非政府组织的作用。到 1998 年底，中国全国性社会团体达到 1800 多个，地方性社会团体总数达 16.56 万个，民办非企业单位可能有 70 多万(吴忠泽，1999)[①]。这证明全国已经存在大量的社会组织。政府应当指导各个社会组织对其成员进行危机应急培训，一方面使组织成员对危机保持足够的警觉性，及早发现危机；另一方面提高组织成员在危机中的自我保护意识和能力；此外，还可以在危机应急中弥补政府在人力上的不足，协助政府进行危机应急。

第二，动员社会组织捐款捐物，在财政上保障危机应急的顺利进行。如果能够依托某个社会组织，企业和公民捐款将会更加及时有效。比如，浙江省的各种行业商会发展比较迅速，如果通过行业组织来进行捐赠活动，会比企业零星捐赠更加规范，规模也会更大。

第三，鼓励带有应急功能的社会组织的产生和发展。虽然目前社会团体的数量有了较大的增加，但相对于西方国家而言仍然处于弱势。因此要不断鼓励带有应急功能的社会组织的发展，政府要对其进行必要的指导和培训，在财政上也应进行相应的投入。

（三）从法律上明确规定应急管理的机构设置、职能地位、权力责任，形成稳定性和制度性

我国的《突发公共事件总体应急预案》规定国务院是突发公共事件应急管理工作的最高行政领导机构。在国务院总理领导下，由国务院常务会议和国家相关突发公共事件应急指挥机构负责突发公共事件的应急管理工作。毫无

---

① 转引自邓国胜：《中国非政府组织发展的新环境》，http://www.usc.cuhk.edu.hk/wk wzde-tails.asp? id＝1562。

疑问,这些领导和指挥机构具备了高度权威性,但是目前并未产生相关法律法规明确规定领导和指挥机构的地位、职责和权力,而仅仅是一些非常设性的机构,这样,可能会在危机应急中产生混乱和权责不清。权威的法律支持是一个机构顺利开展工作的关键。因此,应当使公共危机应急的领导和指挥机构成为常设性机构,并制订相应法律法规规定其职能地位、权力责任,确保应急中心的稳定运行和及时应对。只有建立了常设的独立的应对公共危机的应急管理中心,并且配套先进设备和专业人才组成的"智囊团",负责对突发事件的技术调查、取证、处置、控制和评价工作;或者在现有机构的基础上组建社会突发事件应急组织,设立前线指挥部,派遣危机应急人员、派送危机应急设备和物资,果断处理危机事态。只有这样,才能赢得决策时间,作出相对科学的决策,进而动员全社会力量参与危机应急管理。

(四)建立充分的信息来源渠道和透明的信息披露机制

信息的公开,特别是对那些涉及重大公益的灾难性信息,就更应该及时准确地提供给公众,以减轻或消除公众的疑虑,维护政府的公信力。向社会提供真实可靠的公共信息是政府和媒体的社会责任,尤其是在当今信息全球化时代,随着传媒的发达和信息传播速度的增快,封锁信息只会令谣言蔓延更快。

我国现阶段各级政府的《预案》都规定在处置一些特别重大、重大突发公共事件中,必要时要在现场设立新闻中心,没有设立新闻中心的,也必须指定专门负责媒体接待的人员。这就保证了特别重大、重大突发公共事件的信息透明度和民众的知情权。

但是往往是较大和一般的公共危机中,由于涉及地方形象以及领导的政绩等,地方政府往往容易隐瞒危机真相。因此,建立透明的信息披露机制不仅仅是针对特别重大和重大级别的公共危机,而应当是针对所有级别公共危机。只有这样才能及时应对一般公共危机,防止其演变成重大公共危机。

具体地讲,第一,我们应当公布统一的突发事件报告、举报电话[①],以及相关的保障。政府必须将危机的真实情况尽快地、主动地、尽可能准确地公布给公众,从而获得全体社会公民的支持和配合,甚至获得国际社会的帮助和指导。第二,新闻媒体要抛弃传统的思维模式,改变以往"报喜不报忧"的做法,切实履行新闻媒体的信息传播和监督功能。媒体要敢于、善于说真话,在危机

---

① 这个方面,可以借鉴广西南宁市的做法:南宁市城市应急联动系统利用集成的数字化、网络化技术,将110报警服务台、119火警、122交通事故报警台以及12345市长公开电话,纳入统一指挥高度系统,实现了跨部门、跨警区以及不同警种之间的统一指挥协调。市民只要拨打110、119、120或122任何一个号码就能得到所需要的救助服务……为统一特服号码做好了准备(引自薛澜等著:《危机管理:转型期中国面临的挑战》,清华大学出版社2003年版,第289—299页)。

信息的传播过程中尽量做到信息的准确、及时。并且，媒体要发挥舆论监督作用，在民众与政府之间建立交流沟通的平台。当然，媒体要自觉扮演社会稳定器的作用，正确引导舆论方向，保持社会正常运转。第三，应当建立和完善全国性的计算机网络，覆盖各级各类政府部门、自治组织、科研机构、事业单位、非盈利团体、民间机构及其他社会组织等，从而在此基础上建立一个有效的政府信息资源管理体系。

（五）注重我国转型期突发群体性事件

我国社会经济的快速发展，但社会仍处于转型期。近年来发生的突发群体性事件发生数量、规模呈上升态势，涉及领域广泛，参与主题多元化，而且对抗性日趋激烈，组织程度明显提高。群体性事件的处理关系到社会稳定与否，而稳定与否是当前的关键问题，针对这种情况我们应当以预防为主：第一，促进制度化的社会保障体系，扩大社会保障的覆盖面，保护弱势群体。第二，鼓励全方位的就业政策，吸收社会多余人口。第三，完善土地征用制度，保障农民权益。农民失土问题是引发浙江社会群体事件的主要诱因，必须从制度上保障农民的基本权益。第四，改革地方信访制度，拓宽弱势群体的利益表达途径。第五，在群体性事件发生后，要及时依法处理。最后，还要提高地方政府执政水平和能力，约束地方政府行为，改善政府形象。

群体性事件一旦发生，要注意以下事项：

第一，注意工作方法。群体性事件一般隶属于内部矛盾，政府部门不能动辄以处理敌我矛盾的方式解决问题，要慎用武力和国家暴力机关。要以说服和确实解决群众问题的方法为主。第二，注意时间概念。群体性事件如果不能及时化解，及有可能引发其他社会矛盾，或者被国内外敌对势力利用，成为攻击政府的借口。第三，重视事后问责。据有关调查分析显示，突发群体性事件产生的直接原因80％以上来自基层，80％以上是有道理或有实际困难应当解决的，80％以上是应该也能够在基层得到解决的。这意味着人民群众的冷暖安危未能得到当地主要领导的及时体察、关心和帮助。[①] 因此，处理基层领导责任人，是重塑政府形象，提高民众对政府信任度的关键环节。

（六）加强危机应急的培训和演习，培养公众的社会责任感，培育公众的抗危机心理素质

应急后勤保障是指那些在应急管理过程负担某些特殊任务的职能部门。主要包括交通、信息、卫生、商业、保险、红十字组织等。我们应当在危机尚未发生时就对后勤保障部门进行必要的培训和演习。

---

① 郭济主编：《政府应急管理实务》，中共中央党校出版社 2004 年版，第 300 页。

　　首先,要加强政府公务员的培训。目前很多危机管理决策者和参与者从未接受过基本的危机技能培训,缺乏起码的危机决策和应对知识。根据国家安全生产总局透露,在2002年上半年的特大安全事故中,有多决策者和危机救援人员连基本的抢救常识都不具备①。因此,加强政府公务员的危机应急培训是当务之急。

　　其次,要定期举行危机应急演习,并使之成为常规项目。具备应急知识并不一定代表能在危机应急中表现良好。经过培训获得的知识,只能通过危机应急演习才能得到真正地掌握。政府要定期举行各种类型危机的演习,一方面提高政府的应急实战能力,另一方面同时对普通民众开展危机应对教育,了解各种灾难发生的自然过程,掌握一定自我保护的方法,增强危机应对能力。

　　最后,公众的社会责任感是决定危机管理效果的重要影响因素,比如,公众良好的素养和强烈的社会责任感是新加坡危机管理体系得以生存的土壤。公众在面对危机时的脆弱的责任感和心理素质,不仅不利于当时的危机应急,更严重的是在危机之后会造成社会信用文化和信任机制的创伤。SARS危机是对中国社会信任体系的一次全方位的考验,它涉及了政府与公众的信任考验,也涉及了公众之间的信任考验。

　　(七)拓宽与国内外沟通、协调与合作的多种途径

　　由于现代国家之间的交流合作密切,利益关系紧密,公共危机的发生已不是一国的危机,它的影响广泛,通常是跨国界的,如2003年的SARS事件就已波及到世界上30多个国家。因此,政府在应对突发事件时,要开展广泛的国际沟通与协作。在防治SARS工作中,要加强和世界卫生组织及其他国家的沟通,开展技术合作,交流经验,同时调动其他国际资源以支持我国的SARS防治。此外,政府在环境保护、生产安全、自然灾害、公共卫生以及贸易与国际形势等多方面继续加强与外界的合作,提高政府应对公共危机的应急能力。

第四节　公共危机应急管理的恢复与心理救助机制

　　诚如前面所述,公共危机应急管理包含着三个环节:预警、应急和恢复。国内外很多学者将"恢复阶段"作为公共危机应急管理的组成部分视为应急管理的一个重要环节。由于公共危机涉及范围广泛,影响面广,对公共危机的应

---

① 郭济主编:《政府应急管理实务》,中共中央党校出版社2004年版,第365页。

急不仅仅是临时危急状态的解除,还要包括如何消除危机的消极影响以及危机后的各项重建工作。鉴于恢复阶段工作的重要性,一些学者也将公共危机管理的恢复阶段作为公共危机管理的单独环节进行研究。现代社会所提倡的以人为本观念以及责任政府的理念,在很大程度上有助于灾后重建和恢复工作的开展。90年代以来,以公共危机应急管理的恢复机制为主要研究对象的公共危机管理研究领域逐渐兴起,并产生了很多新兴的研究领域,如灾后心理救助机制研究、灾后组织框架与框架重建等等。

一、公共危机应急管理恢复机制

（一）公共危机应急管理恢复机制的价值

公共危机应急管理的恢复机制从直接目的来讲主要是为修复受到公共危机影响的领域,它所关注的着重点完全不同于危机的应对与应急。公共危机的主要特点是紧急性、危害性和采取决策的时间短。相应的,公共危机应急管理的主要特征就是要求政府及相关组织人员能够迅速应对危机,将公共危机所产生的损害降低到最小或者能够解除危机。但是由于公共危机影响领域的广泛性大和深远性,使公共危机应急管理不同于一般意义的管理。公共危机应急管理不仅要应对危机,更要处理危机过后的各种"后遗症"。如,在台风灾害的影响下,一些地方居民的生命财产安全受到严重损失。一方面要从心理上安慰受灾群众,另一方面还存在灾后群众再就业、再生产和重新恢复信心的许多问题。如果不及时解决这些问题,台风灾害很有可能会诱发新的不稳定因素,并产生新的公共危机。因此,从某种意义上说,公共危机应急管理的恢复机制研究不仅是对公共危机应急管理的补充,更是体现了政府管理方式转变、管理理念创新和民主社会的价值。

首先,公共危机应急管理的恢复机制体现了民主政治发展的发展诉求。在传统的应急管理体制中,为应付公共危机的破坏性和紧急性,公共部门应对危机所关注的焦点往往是危机的预防与应付,以期望能够在最短时间内解除危机,并尽可能减少危机所带来的危害。第二次世界大战结束后,危机管理的理念发生了根本性变化,从战略军事防御意义上转变为公民生命价值的体现。于是,危机的应急管理也需要集中体现保护人民生命财产安全、维护生命价值和提高公众满意度为导向。随着现代民主政治的发展,公民对政府管理的要求也发生了变化。一方面要求政府及有关部门能够解决问题,另一方面也要求政府能够高效、令人满意地解决问题。这就要求高效的、民主的、责任的公共组织能够在应对危机过程中充分考虑公民的生命价值和财产价值,恰当地维护公民利益。正如美国著名政治学家罗尔斯在《正义论》中谈到的,"正义是社会制度的首要价值,正像真理是思想体系的首要价值一样。一个社会,当它不仅被旨在推进它的成员的利益,而且也有效地受着一种公开的正义观管理时,它就是组织良好的社会"①。随着现代社会的发展,政府在公共危机应急管理恢复过程中责任逐渐形成了共识:如何减少受灾人民的损失、重建灾后基础设施与制度、推进全社会成员的共同利益。公共危机应急管理恢复机制作为灾后的重建机制旨在维护社会公众的共同利益,直接体现了现代民主政治的发展诉求,是对公民价值的肯定,体现出责任政府和高效政府的价值。

其次,公共危机应急管理的恢复机制建设有助于实现政府管理方式的转变。在传统意义上,对于政府在公共危机管理中的角色定位主要集中在危机预防与应对阶段。作为公共决策的制定者和社会力量的动员者,政府在公共危机应急管理者承担着重要职责。根据传统的公共危机管理模式,政府应对公共危机主要以事中管理为主。随着民主政治与责任政府理念的深入,公共危机应急管理逐渐转向事前管理和事后的恰当管理,并强化了政府在事后管理方面的责任。主要的事后管理内容包括,弥补受灾后的财产、再就业以及其他相关的制度结构重建。以美国为例,美国 2002 年《国家安全法》规定,国家应急计划中应表明在政府恢复危机时应提供相关的资源支持。该项法案规定了在公共危机管理中,联邦政府在灾后恢复工作中需要经常提供大部分的技术和支持援助。在美国的联邦政府体制中,地方政府一直扮演着自我创新和管理的关键角色,联邦政府赋予了地方政府以更多创新管理的权限。但在公共危机应急管理过程中,联邦政府和地方政府所扮演的角色进行了一定程度的转变。首先是联邦政府扩大了对公共危机事务的管理,尤其在灾后重建工作方面。灾后重建工作是公民价值的重要体现,体现了联邦政府的责任。联邦政府对公共危机应急管理恢复工作的干预和管理充分利用了联邦政府调度资源和重塑信心的优势,减少了地方政府的负担,在中央和地方政府关系方面实现了一定的转变,体现了合作主义的倾向。其次,地方政府治理在灾后恢复重建工作中也体现了地方多元合作主义及多中心治理的理念。公共危机应急管理的恢复是一项以政府为主导,多个组织和社会共同参与治理的结果,是现代多中心治理模式的集中体现,对于政府管理方式的转变有着非常重要的意义。

---

① [美]约翰·罗尔斯著,何怀宏、何包钢、廖申白译:《正义论》,中国社会科学文献出版社 2001 年版,第 3—5 页。

最后,公共危机应急管理的恢复机制有助于政府管理理念转变和治理创新。在政府管理理念方面,更注重人的生命价值,更注重经济社会的持续稳定发展。传统的公共危机应急管理在公共危机应急处理程序后对公共危机所引发的"后遗症"进行修复和重建,主要是把灾后重建工作作为应急管理的一个环节而展开系列措施。随着公共危机应急管理恢复工作重要性的提升,公共危机应急管理恢复工作逐渐被提升到了危机管理政策和灾后恢复工作创新的新领域。第一,政府开始更为重视公共危机应急管理恢复工作,并制定公共危机应急管理的恢复机制,实行相关的恢复政策,使公共危机应急管理的恢复工作具有政策基础的保障,提高了恢复工作的可执行力,有助于灾后受灾公众、财产和地域各项基础设施的重建和恢复。第二,公共危机应急管理的恢复机制为政府和社会组织提供了"一个主要的渠道"来进行合作、沟通。尤其在公共危机管理中,政府一直占有主导地位。而公共危机在现代社会越来越多地体现为政府、社会组织和公民共同合作的趋势。公共危机应急管理的恢复工作在很大程度上为政府和社会组织合作提供了沟通的渠道,是公共治理创新的重要体现。第三,公共危机应急管理的恢复工作实现了临时应急工作理念向高效性、长期性工作理念的转变。我国于 2008 年 6 月 4 日国务院第 11 次常务会议通过了《汶川地震灾后恢复重建条例》。该条例规定了地震灾后恢复重建应当遵循六项原则:受灾地区自力更生、生产自救与国家支持、对口支援相结合;政府主导与社会参与相结合;就地恢复重建与异地新建相结合;确保质量与注重效率相结合;立足当前与兼顾长远相结合;经济社会发展与生态环境资源保护相结合。这六项原则的确立重点体现了公共危机应急管理的恢复工作向高效、负责、长期的工作理念转变,有利于我国今后构建全面系统的公共危机应急管理恢复机制。

(二)公共危机应急管理恢复机制的内容

公共危机应急管理恢复机制是指在公共危机应急管理过程中,为处理公共危机应急事务、修复公共危机事件产生的危害而采取的各种恢复和重建措施所形成的制度。在这里,我们要明确两方面内容:第一,公共危机应急管理的恢复工作重点是哪些,即恢复的对象;第二,公共危机应急管理恢复机制的构成。作为一项制度性措施,应有其内在的合理逻辑,以利于恢复工作的顺利进行,确保公共危机应急管理恢复工作的合理性与有效性。

关于公共危机应急管理恢复阶段工作的起始点,不同学者一直持有不同的看法。一部分学者的观点是恢复阶段起始于当公共危机威胁到生命财产安全时需要采取及时的补救措施,即恢复阶段几乎同时于应急阶段,应急阶段的工作则应注重恢复的措施与行动。另一种学术观点认为恢复阶段的工作不同于应急措施,它始于公共危机减缓或基本结束时,公共部门采取物质、精神和制度方面的重建措施。无论哪种观点,公共危机应急管理恢复阶段有其特殊的研究重点。随着对恢复工作的日益重视,公共危机应急管理恢复工作的中心内容也得以不断完善和明确。

第一,物质重建。公共危机一般情况下直接造成公民生命财产安全的损失。因此,公共危机所造成的破坏性影响必须通过一定的物质方面的重建工作加以减轻。物质重建主要包括以下内容:(1)基础设施的恢复。诸如地震、台风等危机,严重损害了交通设施和居民的住所。重建交通要道,恢复交通和通信条件,安排临时避难场所等等,这些都是基础社会恢复和重建工作基本内容,也是公共危机应急管理恢复工作的基础。基础设施的恢复对于重建公民信心,避免公共危机事态进一步扩大以及帮助后期的救援工作都有关键性意义。基础设施恢复不仅是一项技术性工作,也是一项制度性安排工作。需要调动一些有用的资源,充分发挥社区、非营利组织机构、企业和公民的积极作用。如我国《汶川地震灾后恢复重建条例》中规定采取就地安置与异地安置,集中安置与分散安置,政府安置与投亲靠友、自行安置相结合的方式,政府对投亲靠友和采取其他方式自行安置的受灾群众给予适当补助。(2)公民生命安全的关注。这一方面的恢复工作主要是指对受伤公众的救助治疗工作,在更大程度上依赖于医生、救援组织及有关专家。当然,这也与有关的决策安排有关。西方发达国家在公共危机应急管理方面积累了很多经验,并能迅速化解危机,获得社会公众的信任。其中不少经验做法都与公民生命安全的关注和有关决策安排紧密相关。如美国著名的 Odwall 食品公司于 1996 年发生大规模的大肠杆菌感染事件。该公司和美国食品药物管理局及时通知新闻媒体,建立由高级顾问医生组成的专家队伍,制定每日信息汇报、公布患病症状、提供救治援助等等。诸如此类的危机事件与公民生命安全栖息相关,需要有关部门及时采取救治工作,以促进受灾人员康复,减少危机造成的伤亡损害。(3)公民财产补偿、恢复和重建。公共危机造成严重的公民财产损失,这方面的补偿恢复工作需要更多的资源和有效的制度安排。一是社会各界的支持和救援,尤其是一些大规模的灾害,如地震等。社会各个组织的援助显得尤为重要。二是保险的支付和赔偿。可通过保险理赔等多种形式进行财产补偿。三是政府主导的重建工作,如房屋建造,生活物品援助等。

第二,社会重建。物质重建是公共危机应急管理恢复工作的物质性基础,社会重建则从制度安排的角度为灾后受灾人员、受灾组织和受灾地区提供更为长远的恢复机制。社会重建主要包括以下内容:(1)建立面对受灾具体情况的调查评估制度。恢复阶段的工作起点是恰当合理的评估,使恢复重建工作有合理的依据,避免发生一些利用公共危机的不良事件。如评估城镇和乡村受损程度和数量;调查人员伤亡情况,房屋破坏程度和数量,基础设施、公共服务设施、工农业生产设施与商贸流通设施受损程度和数量,农用地毁损程度和数量等;需要安置人口的数量,需要救助的伤残人员数量,需要帮助的孤寡老人及未成年人的数量,需要提供的房屋数量,需要恢复重建的基础设施和公共服务设施,需要恢复重建的生产设施,需要整理和复垦的农用地等;环境污染、生态损害以及自然和历史文化遗产毁损等情况等。其中尤为重要的是评估和分析公共危机事件及其隐患,以防止公共危机事件进一步扩大或者产生新的危机。(2)建立面对全地区全员的恢复重建计划(规划),使灾后恢复重建工作具有长远性、规划性、可执行性和保障性。我国《汶川地震灾后恢复重建条例》中规定地震灾后恢复重建规划应当包括地震灾后恢复重建总体规划和城镇体系规划、农村建设规划、城乡住房建设规划、基础设施建设规划、公共服务设施建设规划、生产力布局和产业调整规划、市场服务体系规划、防灾减灾和生态修复规划、土地利用规划等专项规划。这些规划方案为全社会的恢复重建提供了蓝图,是进行社会重建的依据,有力地保障了公共危机应急管理的恢复工作。(3)建立面对政府等公共组织的职责体系和法律规范,明确灾后恢复工作设施各组织和部门的职责,并通过法律规范体系的建设确保公共危机应急恢复工作能在法律的监督下实施。如资金的使用、设备的使用、职责的履行等。应急恢复阶段的工作涉及组织部门、人员和资源的范围更为广泛,对这一过程进行有效的监督一是为保障社会公众的权益,二是有助于政府及有关组织更好地履行恢复重建的职能。如果发生违规行为,就要追究一定的法律责任。(4)建立面对受灾人员的专项救助机制。如再就业制度,保险理赔制度等等。以美国为例,公共危机事件过后,地方政府为援助受灾人员就会出台相应的专项救助和恢复重建机制。最典型的就是再就业制度,帮助受灾人员恢复就业。对于一些在公共危机事件中受伤,失去工作能力或者就业单位也因此受到损失而失去工作的人员来讲,再就业制度作为人员的恢复重建机制无疑发挥着重要的作用。我国在这方面的制度建设还有待加强。总之,社会重建是一项复杂而长远的工作,需要法律规章制度、政府与社会参与、评估技术的更新等多种途径共同强化。

第三,心理恢复。所谓心理恢复是指由于公共危机的突发性和破坏性,很容易造成受灾人员身心巨大的创伤。对于这些人员进行心理干预和心理救助是灾后恢复重建工作的重要内容,体现了现代政府和社会更多的人文关怀。近年来随着公共危机事件不断增多,公共危机的心理干预、心理援助也受到人们的关注。特别是2008年的"5.12"汶川大地震中,心理援助的大量介入为灾区人民带去了福音,给处于心理困顿中的灾区人民带来了希望。但是从总体看,我国目前公共危机的心理干预、心理援助工作总的来说还处于起步阶段,问题和困难还很多。如何加大对公共危机心理恢复的研究,构建我国公共危机心理干预体系是增强应对公共危机能力的必然要求,是考量社会处理公共危机能力的重要指标。在美国,官方灾难心理卫生服务被列入联邦紧急事务应急预案(FRP),包括12项,其中灾后心理援助隶属第8项:健康和医疗。美国的灾后心理卫生服务缘起1942年波士顿大火。1942年波士顿椰子园音乐厅发生大火,492人被烧死,150人被烧伤。Lindemann(1944)发现那些没有经过痛苦处理的居丧者,出现严重的精神病理现象。这次大火之后,美国总结出危机事件中影响心理反应的若干因素,有指导的心理危机干预由此起源。1974年,美国联邦应急管理局(FEMA)资助一项灾难危机干预项目,由美国心理卫生服务中心(CMHS)紧急服务及灾难救援项目组(ESDRB)负责,标志着美国官方灾难心理卫生服务的开始。总体来讲,心理恢复机制包括以下内容:(1)政府统一部署。心理援助应急活动特有的任务紧急、工作任务重、服务对象复杂、需要多个部门紧密配合等特点决定了心理援助应急体系的建立必须由国家专门的机构统一负责和部署。(2)相关法律法规提供制度保障。公共危机心理恢复体系的建立还需要国家提供相应的法律、法规保障,这样才能保证应急恢复体系有法可依,保证心理援助体系的合法性和实效性。(3)从业人员力量的整合。随着我国心理健康教育和心理咨询事业的发展,特别是近年来国家人力资源与社会保障部(原国家劳动与社会保障部)实施的"心理咨询师"职业资格证书考评,培养了一大批心理咨询师,使我国心理工作者的数量大大增加,其专业水平和咨询技能也有了很大的发展和提高,为心理援助应急体系的建立储备了专业人才。但目前多数心理咨询师对突发公共事件的心理援助还是比较陌生的,需要进行专门的培训和演习,实现心理援助应急体系的科学性、专业性和高效性。

二、公共危机应急管理的心理救助机制

近几年来,公共危机(尤其是重大自然灾害)后的心理救助在许多发达国家和地区受到了广泛的重视和关注,心理援助应急体系也日趋完善和成熟,表现为政府立法、组织形式、具体实施方案、援助人员储备以及政府的重视和资助等方面已经得到了很大的发展。人们越来越认识到,预先制定公共危机的心理援助应急方案有许多的好处,比如可以提高灾后心理服务效率,避免重复劳动,减少灾后的混乱和二次创伤,并且使救援人员也得到保护。公共危机的

心理救助机制是公共危机应急管理恢复机制的重要组成部分,也是新兴的研究领域,它需要结合心理学、精神病学等学科进行综合研究。虽然在心理学方面 19 世纪 Braid、Charot、Janet 和弗洛德等学者就对 18 世纪末开始流行的催眠术和催眠现象做了研究,并把它当做治疗精神病的主要手段之一。弗洛伊德也在此基础上创立了心理分析疗法,大大推动了心理治疗的发展。但公共危机的心理救助机制其意义远远不止于心理学意义,在社会学、政治学和公共管理学领域,公共危机的心理救助和心理恢复有着更为重要的意义。

（一）危机爆发后的社会公众心理

社会公众响应除了积极的一面,还存在着消极的一面,因为社会公众往往是危机中的"受灾体",社会公众的恐慌心理也会引发"危机中的危机"。公共危机作为一种突发的紧急状态,预示和昭示着巨大灾难性危害,对没有多少防备的社会公众会带来不同程度的心理震撼与冲击,轻则吃惊、紧张、担忧、激动,重则震惊、恐慌、挫折、激怒。随之而至的社会公众消极或者不良"集合行为"(collective behavior)有:不知所措、猜疑四起、过度不安、普遍恐慌,严重的甚至骚动叠起、暴乱横生,不仅加剧危机的蔓延,而且会成为新的突发事件的诱因进而引发新的社会危机。

在危机的威胁下,社会公众的恐慌心理会通过某种程度的"传染"而转变为非理性的从众行为。1973 年 11 月 1 日,日本大阪市千里新城的一家超市开门前有几位家庭主妇在排队等候。这在平常是非常自然的情景,但在美元贬值日元升值以及国际商品价格飞涨的社会背景下,人们担心通货膨胀的随时到来,于是"排队"便成了一种有某种暗示的特殊"信号"。当超市开门时排队者已达 200 多人。因前面几位家庭主妇买的都是手纸,于是手纸成为抢购的"对象",迅速被抢购一空。没有想到的是当日这一"新闻"一经媒体报道,竟引发了一场全国的"手纸骚动",导致了手纸在日本商店柜台上一度消失。随之,担心涨价的恐慌心理不断传播、扩散,抢购风从手纸蔓延到了洗涤剂、砂糖、酱油等生活必需品。随之,人们又轻信无端而起的传言加入了"疯狂提款"的行列。为此,日本政府不得不采取紧急措施以恢复秩序、保持稳定,控制危机的进一步蔓延。

在危机的情境中,社会公众的恐慌心理会应谣言传播而加剧。如 2003 年 SARS 危机中,广州、深圳、珠海、东莞等地出现市场抢购板蓝根冲剂和醋制品现象,海南、南昌、南京等地也同时出现抢购药品现象。在不断的"米荒"、"盐荒"等谣言冲击下,群众心理十分脆弱,非理性抢购风潮不断再起。正常信息的阻塞、不正常信息的传播加剧了公众的心理恐慌与情绪过激,导致公众超常的自保行为甚至是非法的反社会行为。

　　在危机的经验中,社会公众的恐慌心理有其一定的合理历史成因。人们相信传闻而不相信政府有其原因。一是曾经的"谣言"后来竟变成了事实,于是正常传播渠道的"可信度"下降;二是政府的"保密"行为使公民的"知情权"得不到体现,于是非正当传播渠道的"可信度"增加;三是公共部门的"造假"行为、"前后矛盾"行为、"报喜不报忧"行为、"躲避责任"行为,使公众自然地站到了真相的对立面上。当"官方"的数字竟成为公开的"谎言"时,没有一个社会中"谣言"是不能大行其道的,于是公众的恐慌心理就成了危机中的"危机"。

　　无论是高估风险导致恐惧,还是低估风险疏于防范,个体风险感知概念模型对公众的认知偏差下导致行为偏差进行了较好的描述(见图4-1):

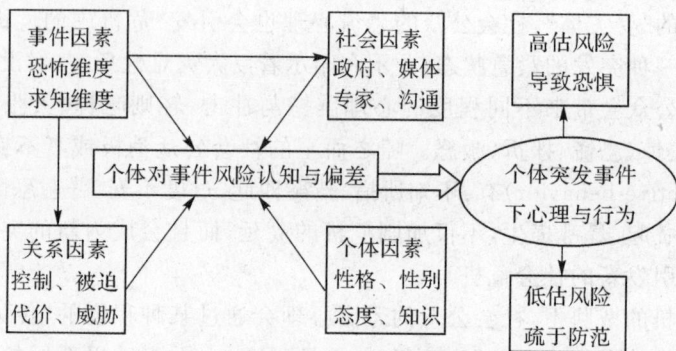

事件因素　恐怖维度　求知维度　→　社会因素　政府、媒体　专家、沟通　　高估风险导致恐惧

个体对事件风险认知与偏差　→　个体突发事件下心理与行为

关系因素　控制、被迫　代价、威胁　　个体因素　性格、性别　态度、知识　　低估风险疏于防范

图 4-1　个体风险感知概念模型①

　　当然,危机过后仍然会存在"危机后遗症"等各种社会心理问题。由于危机事件往往造成人员与财产的惨重损失,事件因素、社会因素、个体因素交织在复杂的关系之中,不仅个别人可能会因为过度"心理应激"出现抑郁倾向,而且社会公众也自然会表现出悲伤、低落、紧张、焦虑。如果疏导不力或经媒介的不当传播,会造成公众心理恐慌,甚至会对某类事件形成一种集体恐惧心理。因此,危机发生后,抚平受害社会公众的心理创伤,尽快恢复社会公众的生理和心理健康,对恢复社会公众对生活的信心十分重要。

　　(二)社会公众心理救助

　　危机给人们带来的不仅是物质上的损失,同时还给人们带来心理上的伤害。亲人失去的悲痛、灾难场面的刺激、过度紧张的焦虑、不期而至的精神创伤、意外幸存的情绪体验以及重新生活的压力等,会造成不同程度的"心理危机"。并且这些情绪体验与心理反应会持续很长时间乃至终生,甚至还会改变一个人的信念与行为方式。美国"9.11"事件和我国台湾地震发生后,大量的

———————————
① 孙多勇著:《突发事件与行为决策》,社会科学文献出版社 2007 年版,第 206 页。

心理学工作者活跃在救援第一线,抚平与稳定公众心理。我国在新疆克拉玛依火灾、张北大地震以及 1998 年全国特大水灾、洛阳东都商厦大火、大连"5.7"空难中都实施了灾后心理救援。

心理危机的干预是一项复杂且操作性很强的工作,主要表现在四个方面:[①]

一是进行个体心理健康的咨询工作,不仅对灾难幸存者,还包括对灾难的救助者、照顾者、目击者和受灾人家属与亲友等其他灾难见证人的咨询。通过咨询有效地将他们的精神创伤在意识中进行整合,适时地将他们的心理问题在互动中进行调适,得以恢复正常的心态。

二是进行团体心理健康的疏导工作,通过多种方法的干预、救助,在同情、理解、关心的基础上,激发处于灾难中的团体重新鼓起热爱生命、热爱生活的勇气,鼓励互相信任、尊重人格的行为,弘扬团结友爱、互助自强的精神,肯定重新振作、重建家园的努力。

三是进行社会心理健康的引导工作,通过电话、网络、媒体对公众在危机中的心理、经济、法律问题提供援助和服务,通过政府的政策宣传、善后行为导向满足公众的信息需求与秩序需求。"9.11"事件以后,美国媒体的一个显著特征就是在尽力报道事件的真相与背景的同时,在爱国主义的旗帜下大力呼吁公众尽可能地恢复正常生活。一些报纸力求重塑公众良好心态、稳定人心,他们的栏目标题是"悬挂美国国旗"、"像平常那样给您的汽车加油"、"像平常那样从银行取钱"、"让您的钱仍然留在股市上"、"购物——尽量买东西"、"遵守机场和其他公共场所的新的安全措施,不要抱怨"等等。

四是进行杜绝谣言传播、实施健康舆论的心理导向工作。谣言传播具有突发性、扩散性、稀奇性、交叉性等特点,一般一次完整的谣言传播要经历形成期、高潮期和衰退期三个阶段。特别是网络时代"在线新闻传播"、手机短信传播等所具备的快速性、交叉性、海量性与互动性,使得人们获取信息十分便利,从而使得谣言传播也容易创造各种"奇迹"。美国的传播学者用"葡萄藤"来形容谣言的传播,因为"葡萄藤"传播呈现多向性与交叉性,其传播覆盖面将以几何级速度增长。面对危机爆发的复杂状态,政府如果在信息公开与公民知情权保护上"缺位"或"失灵",未能及时地采取有效的危机管理对策,那么针对某一主题的谣言还有可能反复、循环出现。例如在 1988 年初的上海甲肝疫情初期,有关部门处于保持稳定的考虑,不允许媒体报道。2 月 5 日,上海发现了第一例甲肝死亡病人,新闻媒介没有告诉市民,但谣言很快就在市民中传开

---

① 徐伟新主编:《国家和政府的危机管理》,江西人民出版社 2003 年版,第 36—40 页。

了。鼠疫、乙型脑炎大流行、霍乱……更传奇的是说这次上海的甲肝病人在
10年后即要死亡。其实,媒体越不公开,传言越厉害,人们对政府越不信任。
所以,政府要和新闻媒体一起保持信息通畅,维护公民的知情权,稳定公众心
理、疏导公众心理。

参考文献

1. Barnett. *The worst day ever：the Sept. 11 catastrophe raises many trou-bling questions.* Or/ms Today, 2001(11)

2. 翟晓敏,盛昭瀚,何建敏.应急研究综述与展望.系统工程理论与实践,1998
   (7)

3. 徐伟新主编.国家和政府的危机管理.南昌:江西人民出版社,2003

4. 薛澜,张强,钟开斌著.危机管理:转型期中国面临的挑战.北京:清华大学
   出版社,2003

5. 郭济主编.政府应急管理实务.北京:中共中央党校出版社,2004

6. 郭济.中央和大城市政府应急机制建设.北京:中国人民大学出版社,2005

7. 吴江.公共危机管理能力.北京:国家行政学院出版社,2005

8. 王茂涛.近年来国内公共危机管理研究综述.政治学研究,2005(4)

9. 王辑思,徐辉.中美危机行为比较分析.美国研究,2005(2)

10. 顾林生.东京大城市防灾应急管理体系及启示.防灾技术高等专科学校学
    报,2005(7)

11. 曹伟,周洋毅.国外大城市防灾应急管理体系研究及借鉴.城市防灾,2005
    (9)

12. 朱正威,吴霞.论政府危机管理中公共政策的应对框架与程式.中国行政
    管理,2006(12)

13. 肖鹏英.当代公共危机管理研究的现状及发展趋势.贵州社会科学,2006
    (1)

14. 包正友,苏燕.美国飓风给政府危机带来的思考.管理咨询,2006(7)

15. 邱美荣."危机管理与应急机制"国际学术研讨会综述.国外社会科学,
    2006(4)

16. 陈先才.美俄危机管理体制之比较.行政与法,2006(6)

17. 赵敬丹,邬海萍.美日政府危机管理制度对中国的启示.沈阳师范大学学
    报,2006(3)

18. 姚国章.典型国家突发公共事件应急管理体系及借鉴.南京审计学院学

报,2006(3)

19. 汪玉凯.公共危机与管理.北京:中国人事出版社,2006

20. 肖鹏军.公共危机管理导论.北京:中国人民大学出版社,2006

21. 孙多勇.突发事件与行为决策.北京:社会科学文献出版社,2007

22. http://news.tsinghua.edu.cn/new/news.php? id＝5572,清华大学教授薛澜指出非典带给中国四点重要启示,中新网,2003 年 5 月 23 日

23. 邓国胜:中国非政府组织发展的新环境,http://www.usc.cuhk.edu.hk/wk_wzdetails.asp? id＝1562。

第五章　公共危机管理体制

　　面对层出不穷、瞬变万千的公共危机事件，公共危机管理体制为各级各类公共危机管理机构的设置与职责权限的划分提供依据，为公共危机事件的有效应对提供了制度保证，其影响和作用具有全局性、长期性、稳定性与根本性。健全的公共危机管理系统包括决策指挥系统、综合协调系统、咨询辅助系统、执行系统和信息管理系统。为快速高效地处理危机，我国必须建立一个职能明确、权责分明、组织健全、运行灵活、统一高效的危机管理体制。

第一节　公共危机管理体制界定

　　公共危机管理体制作为一种制度化的系统或体系，是一个融合了公共危机管理组织目标、组织结构、职责分工、运行机制以及制度规范在内的有机整体。完善公共危机管理体制有助于整合各类社会资源，为公共危机管理活动提供组织保证，是政府各部门间高效协调和有序运作的前提和基础。

一、公共危机管理体制的涵义

　　公共危机管理体制的涵义有广义和狭义之分。广义的公共危机管理体制是指包括政府部门、非政府公共部门（NGO）、企业甚至公民个人在内的各类主体在公共危机应对和处理中所形成的关系模式。其中，政府部门由于其所具有的优势、权威和强制力，在公共危机管理中处于核心地位。狭义的公共危机管理体制是指国家和政府机关在进行公共危机管理中所采用或形成的关于机构设置、权责划分及运行机制等各种制度的总和。开展公共危机管理，一方面要划分各级各类公共危机管理机构的职责权限，另一方面还需颁布相应的法律法规，指导、协调各部门机构之间的关系，因此，公共危机管理体制通常是指由该国各级各类机关在实现公共危机管理职能中彼此相互关系而形成的整体。

二、公共危机管理体制的功能

公共危机管理体制涉及公众的生命财产安全与根本利益,对整个社会的安定有序具有重大的战略意义。具体而言,健全、科学的公共危机管理体制的功能主要体现在以下几个方面:

第一,健全的公共危机管理体制为公共危机管理活动提供组织保证。公共危机事件往往演变迅速,无论是产生的原因还是事件变化的影响因素都具有高度的不确定性,公共危机管理者时时需要面对各种信息不完备的情况。因此,公共危机管理活动不可能是领导者个人和某个单一部门所能完成的,而是许多机构分工合作的过程。只有建立一个合理的公共危机管理体制,协调各级各类机构,明确分工、相互协调,组成一个有机的公共危机管理系统,才能保证公共危机管理活动的正常进行。健全的公共危机管理体制通过法律、法规、条例和规章等形式规定了危机管理活动过程中所应遵循的基本行为规范,具有合法性、强制性、稳定性、全面性的特点。科学的公共危机管理体制,制约着各职能部门的行为,使他们在法制的框架进行活动,切实履行职责。如果公共危机管理体制不健全、权限不清、责任不明,就会造成部分单位在出现突发事件时,或者麻木不仁、没有措施,或者措施软弱、无力、无效,或者过度反应,影响群众心理和社会稳定。因此,必须通过建立科学的公共危机管理体制,明确各级各类公共危机管理机构的职权范围,层层建立行政责任制,为规范公共危机管理行为提供组织保证。

第二,健全的公共危机管理体制为政府各部门间的高效协调和有序运作提供了前提和基础。健全的公共危机管理体制要求在明确部门职责的基础上,建立有效的协同运作机制,各级政府及其所属部门能够切实履行职责,各守其位,各尽其职,协调一致,降低政府间的交易成本,提高政府在公共危机管理中的效率。尤其是在一些具有扩散趋势的危机发生时,政府间的协同合作关系对公共危机的处理至关重要。政府间的协同合作关系主要体现在横向和纵向两个层面,横向的协同合作关系是指发生在不相隶属的不同政府或政府组织部门之间的协同关系,纵向的协同合作关系是指有隶属关系的政府或部门之间的协作关系。我国在国家安全、社会安全、生产建设以及应对自然灾害等方面先后形成了许多危机处理机制。但这些危机处理机制大多是建立在职能分工基础之上的,各政府职能部门依据公共危机的类型分别对危机进行管理。这种条状管理与多级政府的块状负责相交织,使得公共危机管理体制呈现出条块分割的状态,缺乏统一、稳定的指挥和协调,难以形成有机的整体。美国在"9.11"事件发生后,依据《国家安全法》、《全国紧急状态法》和《反恐怖主义法》等法律法规,迅速启动"联邦响应计划"(Federal Response Plan,FRP),协调 28 个联邦机构以及美国红十字会的行动,正是通过其健全的公共危机管理体制、完备的危机应对计划、强有力的核心领导、清晰的职责分工以及高效的运作机制,使得灾难地区很快恢复社会秩序稳定。

第三,健全的公共危机管理体制有助于整合社会资源。公共危机往往涉及包括企业、个人和社会组织等在内的社会多元主体的利益。公共危机管理体制除了重视政府组织内部资源的合理配置之外,还非常重视对非政府组织以及社会公众力量的运用和发动。一般而言,社会公众往往是公共危机事件直接威胁的对象,同时,也经常是社会危机预警的发出者。在危机管理中,动员全社会各种力量是有效预防和控制危机的必要条件。如日本阪神大地震发生后,在警察、消防、医疗和物资救援等部门到位之前,震区的日本民众就积极开始了自救和互救的行动,大大降低了人员伤亡和物质损失。由于民间组织在提供深入、个性化服务,尤其是心理疏导、人际关系修复等方面具有先天优势和活力,因而,它们在救灾、救济过程中也可以发挥十分重要的作用。健全的公共危机管理体制合理界定了政府与社会组织、公民、企业及媒体等主体在公共危机管理中的合作关系,积极发动民间社会资源的作用,使各方在互信的基础上,相互沟通、彼此合作,共同预防和应对危机。

三、公共危机管理体制的内容

公共危机管理体制主要包含组织结构、职责分工与运行机制三大主要内容。其中,组织结构是公共危机管理体制的基础和载体;职责分工体现着政府进行危机管理活动的基本方向和主要作用;运行机制决定着危机管理的效率和效果。组织结构、职责分工、运行机制三位一体,推动着公共危机管理体制有序运转,从而实现政府公共危机管理的既定目标。

(一)组织结构

公共危机管理的组织结构是指政府内部各组成部分为实现公共危机管理目标而进行分工协作,在职能范围、责任、权力方面所形成的结构体系。它既包括政府实施公共危机管理的机构设置,也包括各级各类政府部门在职责履行中形成的各种关系,其最基本单位是具体的行政职位及承担该职位的人。结构决定功能,公共危机管理的各单元之间的排列组合方式,即各层级、各部门、各职位之间的相互关系的模式,规定和制约着公共危机管理职能的发挥。

组织机构是危机管理和处置中所依托的最基本要素,完善的危机管理组织体系有助于在危机情况下,有效调动和利用社会资源。

公共危机管理的组织结构包括横向结构和纵向结构。纵向结构即指组织内部的上下级指挥与服从体系。纵向的组织设置将同一性质职能的权限范围进行不同层次的分解,每个层次管辖的业务性质基本相同,但管理权限范围随着层次降低而缩小。横向结构是在水平分工的基础上形成的,指同一水平上的各个部门在公共危机管理的分工协作中所形成的关系体系。如一级政府的公共危机管理机构,依据其性质可以分解为外事、公安、司法行政、民政、教育、卫生等多个具体职能部门。在结构合理的公共危机管理体制中,如果纵向结构和横向结构有机地结合在一起,其整体功能则大于各个单元功能的简单总和。反之,则会由于机构设置不当、分工不明而导致行政无力或行政效率低下。总的来说,公共危机管理组织体系应以减少层次、提高效率和节约资源为目标,理顺政府各部门间的职能划分,一方面要全面覆盖公共安全的需求,另一方面要尽可能避免多重管理的现象发生,防止职能的过分重叠与交叉。

中国人民大学张成福教授认为,危机管理系统由 9 个系统组成:知识系统和信息系统、计划系统、预警系统、指挥系统、监测系统、行动系统、评估系统、复原系统、学习创新系统等。[1] 经济学家张曙光认为,危机管理系统包括组织决策和指挥系统、信息传输和处理系统、物质准备和调度系统、人员培训和技术储备系统。[2] 还有学者将危机管理系统分为 5 个子系统:指挥决策机构、职能组织体系、信息参谋咨询组织体系、综合协调部门和辅助部门。这些划分方法各有侧重。不同的公共危机管理组织体系设置反映不同的公共危机管理模式的类型选择,从而很大程度上决定了危机应急能力。一般而言,一个完整的公共危机管理组织体系是由决策指挥层、综合协调管理层、咨询辅助层、专业职能行动层等部分构成。(见图 5-1)

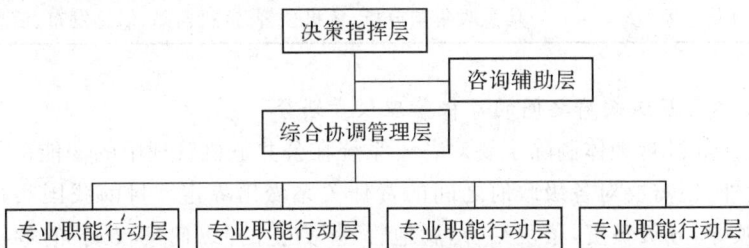

图 5-1　公共危机管理组织结构图

---

[1]　段文:《用科学的机制管理危机》,《21 世纪经济报道》,2003 年 5 月 11 日。

[2]　王擎:《"非典"不变经济增长态势　建议实施危机管理》,《中华工商时报》,2003 年 4 月 24 日。

（二）职责分工

公共危机管理的职责分工，即政府各部门在公共危机管理的过程中所承担的职能和责任的划分，它反映了政府公共危机管理活动的基本方向和主要作用。公共危机管理的职责分工体现在两个维度上：一是同一级政府内部的各危机管理子系统之间的职责分工；二是不同层级政府之间的责权划分。

1. 同级政府内部的各危机管理子系统之间的职责分工

合理设置子系统，科学设定各个子系统的职能是公共危机管理发挥系统作用的基础。只有各个子系统职责明确、相互协调、相互合作，才能够实现"1+1＞2"的管理效果。在公共危机管理中，需要对可能发生的问题进行预测，做出政府职责预案，并落实到相应的机构和人员。同时，需建立相应的责任追究制度，促使政府各部门切实履行职责，对于严重失职行为，追究主要责任人的责任。

公共危机管理的职责分工与组织机构的设置密切相关。从职能清晰、科学合理、便于理解和实践操作的角度出发，我们将公共危机管理系统划分为以下五个子系统：危机管理决策指挥系统、危机管理综合协调系统、危机管理咨询辅助系统、危机处理执行系统和危机管理信息系统。各个子系统的功能如表 5-1 所示：

表 5-1　公共危机管理系统的组成及职能

子系统	主要职责
危机管理决策指挥系统	危机决策、指挥
危机管理综合协调系统	综合协调
危机管理咨询辅助系统	提供各领域的技术支持及决策咨询
危机处理执行系统	执行落实有关决策、危机控制与解决、危机善后与复原
危机管理信息系统	信息收集与分析、危机预警、危机监测、信息发布、信息沟通

2. 不同层级政府之间的危机管理权责划分

公共危机管理体制除了要对各子系统在公共危机管理中的职能范围做出规定之外，还需要对各级政府之间的责任关系做出界定。目前我国实行的是"统一领导，分级负责，条块结合，属地管理"为主的"纵向集权式"的危机管理体制。我国根据突发事件发生的规模程度和影响范围，确定各级政府的应急管理职责：跨省区、跨部门或特别重大的突发事件，由国务院及有关部门进行直接管理，地方各级政府予以协助配合；其他局部性的或一般性的突发事件，由地方各级政府负责处理，国务院有关部门可予以指导、支持和帮助。这种管理模式以事发地政府的危机能力为依据形成国家危机管理分级责任机制,坚持"属地化原则",强化属地管理责任,同时注重中央政府的统一领导的责任。

(三)运行机制

各级各类政府部门在经过层层的职权划分、确定权责关系之后,还必须建立起有效的运行机制,使各组成单位相互配合,相互支持,协调一致地运转,形成一个有机整体。公共危机管理的运行机制包括危机预警机制、危机决策指挥机制、危机协调机制、信息发布和披露机制、物质保障机制、危机动员与参与机制、善后处理和恢复重建机制、调查评估机制等。

1.公共危机预警机制

公共危机预警是公共危机管理的首要阶段,也是危机管理的第一道防线。建立公共危机预警机制,首先要求政府对可能发生的公共危机事件进行科学分级,制定分级预案。根据公共危机事件类别、可能造成的危害程度、紧急程度和发展态势,一般将预警级别分为蓝色(一般)、黄色(较重)、橙色(严重)和红色(特别严重)四个级别。当危机发生时,各级政府根据突发公共事件的不同等级,启动相应预案,及时做出应急响应。对需要向社会发布预警的突发公共事件,应及时发布预警。公共危机预警机制可以帮助政府对可能发生的各种形式的危机事件事先有一个充分的估计,提前做好应急准备,选择一个最佳应对方案,以最大限度地减少危机所造成的损失。1989年8月,美国联邦与州政府的一个1000人的联合灾难处理队伍在旧金山演习测试一个地震应急计划。大约在6周之后,剧烈的洛玛普列塔大地震袭击了城市,震塌了房屋,引发了火灾,而很多生命都因为疏散工作以及紧急医疗救助的得力而得以保全。

2.危机决策指挥机制

危机发生后,决策指挥中心对危机进行综合评估,判断危机的性质和类型,提出是否启动应急预案的建议,并报上级主管部门批准。应急预案启动以后,危机发生地的应急指挥机构统一指挥有关地区和部门开展处置工作,或派出工作组赴现场进行指导。

3.危机协调机制

公共危机处理工作常常是跨部门、跨地域的,需要及时进行信息通报和资源调配,并且可能会影响到各级各类政府部门的许多正常的工作和业务流程。这种跨部门、跨区域的工作是任何一个部门性管理机构或个人都无法胜任的。因此,必须完善危机管理的协调机制,由相应的综合协调部门进行协调,主要是:组织协调有关方面负责人、专家和应急队伍参与应急救援;协调有关地区和部门提供应急保障,包括协调各方关系和调度各方救援资源等。通过综合协调部门的统一指挥与协调,保证各危机管理机构之间口径一致、步调协调、协作支持并迅速行动,从而有效贯彻危机管理决策系统的决策,在最短的时间内调度各种社会资源来解决危机,把灾害损失减少至最低。

4. 信息发布和披露机制

在处理危机过程中,公共管理部门及时向社会发布真实信息,以争取社会的理解、支持和配合。信息发布形式主要包括授权发布、散发新闻稿、组织报道、接受记者采访、举行新闻发布会等形式,通过主要新闻媒体、重点新闻网站或者有关政府网站发布信息。

5. 物质保障机制

物质保障包含资金和物资支持两个方面。财政资金保障的手段主要有两种:预备费和应急预算。预备费是最常规的应急手段,尤其对数额不大的突发性支出,一般动用预备费即可解决;应急预算在性质上属于预案,每年编制,滚动修改。物资保障机制是指公共危机管理部门有权紧急调集人员、储备的物资、交通工具以及相关设施,保障应急处理所需的必要物品。

6. 危机动员与参与机制

公共危机的有效应对需要公民的支持与配合。通过危机动员与参与机制的构建与完善,动员各类群团组织和民间社团,形成社会力量与国家力量之间协调互动的良性关系。公益捐赠是社会公众参与公共危机管理的一种重要形式。社会成员在公共危机发生的时候,捐赠款项和物资,能够解决许多困难群体的燃眉之急,对政府社会救助体系是一个有益的补充。

7. 善后处理和恢复重建机制

在应急救援结束或者相关危险因素消除后,应急结束,进入善后处理,对突发公共事件造成伤亡的人员及时进行医疗救助或按规定给予抚恤,对造成生产生活困难的群众进行妥善安置,对紧急调集、征用的人力物力按照规定给予补偿。按照有关规定及时下达救助资金和物资,民政部门负责管理社会救助资金和物资,监察、审计等部门担负监督职责,确保政府、社会救助资金和物资的公开、公正和合理使用。保险监管部门负责会同各保险企业快速介入,及时做好理赔工作。及时采取心理咨询、慰问等有效措施,努力消除突发公共事件给人们造成的精神创伤。恢复重建工作一般由事发地人民政府负责,充分发动社会各方面力量,积极开展生产自救。

8. 调查评估机制

危机消除后,有关部门要对特别重大、重大突发公共事件发生的起因、性质、影响、后果、责任和应急决策能力、应急保障能力、预警预防能力、现场处置能力、恢复重建能力等问题,进行调查评估,总结经验教训。

四、公共危机管理体制建设的原则

公共危机管理体制的建设绝非一朝一夕之事,而是一个长期渐进、不断完善的过程,在这个过程中必须遵循以下原则:

第一,以人为本、以防为主的原则。要把维护最广大人民群众的根本利益、人民群众的生命安全放在第一位,确立以人为本的观念,体现人文关怀的精神,把保护和挽救公民生命安全放在首位。要把危机的监测、预警、预防等作为政府危机管理的中心环节,以防为主,做好日常的检查与监督,完善整个预防体系,减少各种危机事件的发生。

第二,权责明确、依法行政的原则。必须明确各部门机构的职责权限,各职能部门应切实履行自身所承担的职能,分工负责、协同合作,做到谁主管谁负责,做到权责明晰。由于相关部门在紧急状态拥有较大的权力,缺乏有效监督则容易出现权力滥用的情况,因此,必须加强公共危机管理的法制建设,实行依法行政。

第三,指挥统一、运转协调的原则。以建立"统一指挥、反应灵敏、协调有序、运转高效"的公共危机管理机制为目标,注重领导体制和运行机制建设,坚持科学决策、统一领导、统一指挥,做到通力合作、运转协调,综合运用行政、法律、经济、舆论等调节手段,处理危机事件,保障社会安全,稳定社会秩序。

第四,资源整合、信息共享原则。加强各部门、各业务系统和业务流程的整合,保障资源储备系统,确保紧急状态时,物资资源、人力资源和财力资源等能被迅速和全方位整合。尤其是在信息资源方面,必须实现信息共享、透明与互联互通,提高政府部门之间、政府部门与公众之间信息沟通与应急协调的能力,使有限的资源发挥最大的效益。①

第五,坚持循序渐进的原则。公共危机管理体制的建设是一项长期的任务,不可能一蹴而就,应当区分轻重缓急,制定我国公共危机管理体制建设的近期、中期和长期目标与发展计划,特别是有关法律的制定和实施,要有一定的实践基础,不能一刀切,不能急于求成。

---

① 郭济:《中央和大城市政府应急机制建设》,中国人民大学出版社 2005 年版,第 316 页。

第二节　公共危机管理决策指挥机制

政策科学家叶海尔·德罗尔（Yehezkel Dror）在《逆境中的政策制定》一书中指出，"危机决策对许多国家具有极大的现实重要性，对所有国家则具有潜在的至关重要性。危机越是普遍或者致命，有效的危机应对就越显得关键。危机中做出的决策非常重要而且大多数不可逆转。"①决策指挥系统在公共危机管理中居于核心地位，体现着国家最高政治精英层的战略决策效能和危机应变能力。在公共危机的管理中，建立一个权威、高效的决策指挥系统具体重要意义。

一、公共危机管理决策指挥机构

公共危机管理决策指挥机构是指在危机管理中负责对重大问题进行决策，并领导与指挥本行政区域内公共危机处理工作的组织和部门。当危机发生以后，决策指挥机构能不能在最短的时间内做出反应和部署，是衡量一个国家和政府危机管理能力的主要因素。

就世界各国的普遍性情况而言，危机管理决策指挥中心一般由各级政府的核心成员组成：在中央政府，由国家元首、最高行政长官以及最高军事首长等组成；在地方政府，由地方政府首长、有关部门、当地驻军和人民武装部队的负责人组成。

目前西方各国都依据本国国情，建立了相应的公共危机决策机制，成立公共危机决策指挥机构。如：美国的国家安全最高决策机关是总统和国家安全委员会。美国国家安全委员会（NSC）是根据 1947 年美国《国家安全法》授权建立的内阁级机构，该委员会主要由总统、副总统、国务卿、国防部长、紧急应变局局长、中央情报局局长和总统安全事务助理等人组成。其职责是向总统提出有关国家的内政、外交和军事政策的综合意见，使各部门、各机构在国家安全事务方面更有效地协调。它是制定国家安全政策和计划的最高机构，也是总统与情报界的主要联系机构。

在 2001 年"9.11"事件发生后，美国政府的危机管理机构在第一时间自动

---

① 丁煌：《德罗尔的宏观政策分析思想》，《中国软科学》，1997 年第 1 期。

运作。其中,国家安全委员会从对事态的第一反应到反恐怖战略的制定,都发挥了"中枢神经"的作用。9月11日下午3点半,布什在飞回华盛顿途中在内布拉斯加州做短暂停留,通过卫星电视召集了国家安全委员会紧急会议,进行危机部署。此后,危机处理中所有重大决策都在国家安全委员会的框架下进行。国家安全委员会成为总统与内阁成员之间、内阁成员相互之间下达命令、汇报情况、传递信息的主要场所。

俄罗斯的国家安全最高决策机关是联邦安全会议,在国内外出现重大紧急情况时,俄罗斯总统通常会召开俄联邦安全会议的紧急会议,根据联邦安全会议的讨论结果,做出处理危机的相应决策。

在我国,国务院是全国重大突发事件预防和处置工作的最高行政领导机构,在国务院总理领导下,由国务院常务会议和国家相关突发公共事件应急指挥机构(以下简称"相关应急指挥机构")负责突发公共事件的应急管理工作;必要时,派出国务院工作组指导有关工作。其中,"相关应急指挥机构"往往为非常设指挥机构,在公共突发事件发生时视需要来启动,应急指挥机构主要通过会议形式来发挥对公共危机事务的决策指挥和总体协调功能。《国家专项应急预案》中对于"相关应急指挥机构"设置作了专门规定。

比如,根据《国家突发公共卫生事件应急预案》规定,在国务院统一领导下,卫生部负责组织、协调全国突发公共卫生事件应急处理工作,并根据突发公共卫生事件应急处理工作的实际需要,提出成立全国突发公共卫生事件应急指挥部。2003年,我国发生了"非典"疫情,国务院成立防治非典型肺炎指挥部,统一指挥、协调全国非典型肺炎的防治工作。副总理吴仪任总指挥,国务委员兼国务院秘书长华建敏任副总指挥。指挥部协调各方面力量,开展了有效的防治工作。

根据《国家突发重大动物疫情应急预案》规定,农业部在国务院统一领导下,负责组织、协调全国突发重大动物疫情应急处理工作。县级以上地方人民政府兽医行政管理部门在本级人民政府统一领导下,负责组织、协调本行政区域内突发重大动物疫情应急处理工作。国务院和县级以上地方人民政府根据本级人民政府兽医行政管理部门的建议和实际工作需要,决定是否成立全国和地方应急指挥部。2004年我国发生了高致病性禽流感疫情,国务院成立了全国防治高致病性禽流感总指挥部,国务院副总理回良玉任总指挥,国务委员兼国务院秘书长华建敏任副总指挥。指挥部由发改委、财政部、卫生部、农业部、质检总局、工商总局、科技部、商务部、海关总署等有关部门组成。指挥部办公室设在农业部,负责处理全国防治工作的具体事务。

根据《国家重大食品安全事故应急预案》规定,特别重大食品安全事故发生后,根据需要成立国家重大食品安全事故应急指挥部(以下简称"国家应急指挥部"),负责对全国重大食品安全事故应急处理工作的统一领导和指挥。国家应急指挥部办公室设在食品药品监管局。国家应急指挥部成员单位根据重大食品安全事故的性质和应急处理工作的需要确定。2008年9月"三鹿奶粉"事件发生后,国务院立即启动国家食品安全重大事故一级响应,成立由卫生部牵头、质检总局等有关部门和河北省人民政府参加的应急处置领导小组。

根据《国家地震应急预案》规定,发生特别重大地震灾害,经国务院批准,由平时领导和指挥调度防震减灾工作的国务院防震减灾工作联席会议,转为"国务院抗震救灾指挥部",统一领导、指挥和协调地震应急与救灾工作。国务院抗震救灾指挥部办公室设在中国地震局。2008年,"5.12"大地震发生当天,中国政府立即组织成立"抗震救灾总指挥部",由温家宝总理任总指挥,抗震救灾总指挥部分别设立了包括抢险救灾组、群众生活组、地震监测组、卫生防疫组、宣传组、生产恢复组、基础设施保障和灾后重建组、水利组和社会治安组在内的9个工作组。

二、公共危机决策模式

危机具有突发性、紧急性和影响的不确定性,要求决策者在高度紧张和压力下,在有限的时间、资源、人力等约束条件下,找到化解危机的正当途径,做出重大决策和反应。虽然危机管理预案已力求考虑到各种可能情况的发生,但社会问题的实际复杂度常常大大超出预先的设想,而决策者在危机事态中所拥有的时间是有限的,能否对危机事态迅速做出适当反应,是对决策者的最大考验。在危机决策中,决策者既要倾听不同专家的意见,以获得更多的政策备选方案,又要权衡得失、当机立断,尽快控制危机局面的蔓延与扩大,这就需要决策者要拥有坚强的决心、顽强的意志和非凡的决策与组织能力。公共危机决策分为以下几种模式:

（一）理性行为决策模式

该模式将国家作为单一的行为体,主要根据理性计算进行选择。根据这一模式,决策者设立明确的政治目标及其优先次序,选定实现目标的手段,并设想各种选择的结果。但是理性模式最明显的缺点是,决策往往不具备选择所需要的各种最佳条件,而且决策者也不可能总是能做出各种完全理性选择。于是,人们就寻求一种既能坚持理性决策方式又比较切实可行的方法——"有限理性法"。它有两种主要模式:"次佳决策模式"和"满意决策模式",两种模式不再坚持"最佳",前者采用"次佳"乃至"再次佳"的标准,后者则采用"满意"

的标准。

(二)组织过程决策模式

该模式认为决策是基于组织内标准作业程序的一种机械或半机械过程的产物,是各种组织间竞争和妥协的结果,是国家利益、部门利益和政治目标的平衡结果。国家决策者常为官僚机器所左右,而且政府没有相应的组织应对突发问题,决策部门缺乏多种选择,面临政府部门利益的激烈争斗,难以解决政策的执行问题等。

(三)政府政治决策模式

该模式认为决策是国家政府成员间讨价还价的产物。根据这一模式,关键者是总统、总理、高级行政和立法部门领导,当然,政府外成员(如利益集团)有时也起重要作用。该模式强调三点:其一是谁参与决策;其二是决策参与者同面临的问题之间的利害关系;其三是决策成员间如何调整相互关系。政府政治决策模式认为,决策参与者并不真正关心制定和执行最佳政策,而只关心其最佳政治利益和影响,而且常会导致政策的前后不一、目标不明乃至危险的结果。

(四)领袖和非理性行为体决策模式

该模式认为,在非常时期,常规模式不足以解释相关的决策,最高领导人不同的个性、偏向、天赋和思想都会导致不同的决策。该模式强调领导人、追随者、环境和目标四者的相互关系。但是,领导人的心理或身体健康问题、判断失误问题、缺乏制衡体制等因素都会导致决策的非理性行为。

(五)精英团队决策模式

该模式强调组成决策集团的精英人士具有自己的信念体系、过滤系统和固定形象,以此来观察世界和做出判断。但是,作为个人,他们又难免有程度不同的错觉,如一厢情愿、持有成见、非此即彼、相互对立,这些错觉都会造成决策失误。

(六)集体动力决策模式

在危机决策过程中,由于要在压力大和时间紧的形势下做出关系重大的决定,部分决策者为避免承担个人责任而不愿意或不敢提出不同的意见,往往采取随大流的做法。这种现象被称为"集体动力"现象或"随大流"现象。随大流式的决策至少有六大缺陷:小范围讨论限于少数的选择;对多数人认可的决定所可能存在的危险和缺点缺乏深入讨论;拒绝评估原先提出过的不甚引人注目的选择;不征求专家和外界的意见;只接受赞同意见并排斥不同意见;很少考虑如何执行的问题。

综上所述,前三种模式的重点在于体制上的分析,后三种模式则在于个人因素的分析。一些学者认为,在对危机管理进行实例研究时,不应拘泥于某一模式。显而易见,任何一种模式都无法完全解释复杂的决策问题,但将其有机地综合起来,则可以为我们提供一个探索危机决策本质和规律的窗口。[①]

三、公共危机决策的方法

(一)危机快速决策法

危机的突发性、破坏性和不确定性造成了高度的紧张和压力,为使组织在危机中得以生存,并将危机所造成的损失降到最低程度,决策者必须在有限的时间里迅速做出重大决策,此时,做出决定所需要的时间常常是以"小时"、"分"、"秒",而不是以星期、年、月来计算的,在这种情况下,"快速决策法"就有了用武之地。[②]

"快速决策法"最先是由卡尔·帕顿和大卫·沙维奇提出的。他们将"快速决策法"的过程分为六个步骤:认定及细化问题、建立评估标准、确认备选政策、评估备选政策、展示和区分备选政策,以及监督和评估政策实施。

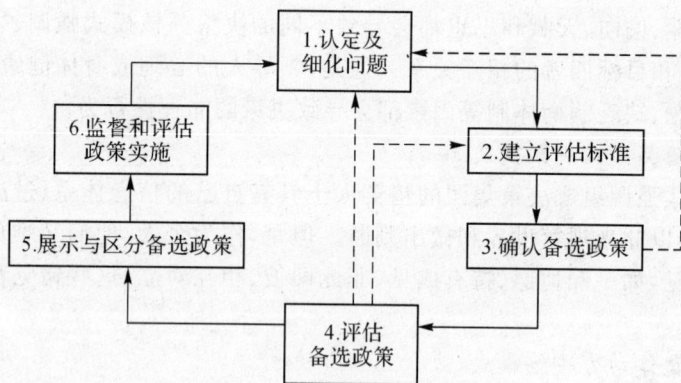

图 5-2 快速决策法的基本过程

资料来源:[美]卡尔·帕顿,大卫·沙维奇:《政策分析和规划的初步方法》,孙兰芝,胡启生等译,华夏出版社 2001 年版,第 43—53 页。

图 5-2 的每一步骤都能分成更小的部分(见表 5-2),这些方法不管是属于

---

① 肖鹏军:《公共危机管理导论》,中国人民大学出版社 2006 年版,第 167—168 页。
② 肖鹏军:《公共危机管理导论》,中国人民大学出版社 2006 年版,第 174 页。

定性方法还是定量方法,都具有比较强的可操作性,而且大都简单易行,对于决策者有重要的参考价值。

表 5-2　快速决策分析过程中各步骤的初步方法

分析过程中的步骤	初步方法
所有步骤	·甄别和搜集资料　·文献调查方法　·政策信息访谈 ·快速调查　·初步资料分析　·传播分析
步骤 1:认定及细化问题	·简单计算　·快速决策分析　·政治分析 ·产生有效的、可操作的规定　·问题报告、入门分析
步骤 2:建立评估标准	·技术可行性　·经济和财政可能性 ·政治可行性　·行政可操作性
步骤 3:确认备选方案	·研究分析　·非行为分析　·快速调查 ·文献述评　·理想与现实世界经验的比较 ·被动的搜集和分类　·分类的完善 ·类比、暗喻和群体生态法　·头脑风暴法 ·与理想模式的比较　·可行性操作 ·现有解决方案的修正
步骤 4:评估备选方案	·外推法　·理论预测　·直觉预测 ·折扣分析　·传感性分析　·快速决策分析 ·政治可行性分析　·实施分析　·脚本写作
步骤 5:展示区分备选方案	·成对比较　·满意　·排列顺序 ·非支配性备选方案法　·等价备选方案法 ·标准备选方案法　·矩阵展示系统　·脚本写作
步骤 6:监督评估政策实施	·前后对比　·有为与无为的实验对比 ·实际与预期的比较　·实验模型 ·半实验模型　·成本取向法

资料来源:[美]卡尔·帕顿,大卫·沙维奇:《政策分析和规划的初步方法》,孙兰芝、胡启生等译,华夏出版社 2001 年版,第 55 页。

（二）专家紧急咨询决策法

危机情景下,决策者并不具有有关决策状况的所有信息,他们处理信息的能力有限,而且危机情景下可能会使决策团体的内在群体压力升高,以致出现"群体盲思",从而影响危机决策的质量。为保证决策质量,危机决策者必须充分利用各种类型的"外脑",发挥智囊机构的作用。通过各领域专家组成的强大的专家咨询系统提供决策支持,有助于弥补因为对危机信息的错误分析及判断而导致的决策错误,使决策者做到反应迅速、充分协调、决策有据。危机咨询可分为技术咨询与管理咨询。

技术咨询。技术咨询是指专家咨询系统为危机决策者提供专业技术知识方面的支持。不同的危机管理涉及不同的专业技术知识。以突发卫生疾病事件处理为例,无论是信息分析与预警、危机处理预案的拟定,还是危机指挥决策、具体的危机处理执行等,都需要专业的疾病控制、诊断、治疗、疫苗开发方面的专家的介入。没有咨询辅助系统提供强有力的技术分析与支持工作,有效的危机处理将无从谈起。

管理咨询。管理咨询是指专家咨询系统为危机决策者提供决策支持,承担或参与整个危机管理系统的体制、机构设置和运行机制设计的研究论证,承担或参与危机预防措施、危机管理预案、危机发生后的决策与执行、危机评估及危机管理改进等方面的管理决策分析与设计。

一般而言,政府内部不需要建立专门的危机管理咨询机构,咨询功能可以以不同方式由各种专业技术机构和管理咨询组织承担。一旦危机爆发,需要选择一些专家或研究机构,组成危机管理咨询系统。这些咨询系统以完成某项明确任务为设立目的,一般都不是常设的。专家的选择,不仅要注意其权威性,还必须注意专家群体知识结构的完整性与合理性,注意不同观点的专家参加。咨询专家的工作特别强调其独立性,即要根据自己掌握的情况,运用自己的知识进行研究论证,得出自己的结论或判断,鼓励不同意见的争鸣。

根据咨询机构的性质可以将发挥决策"外脑"功能的咨询机构分为以下三类:一是行政性的政策研究与咨询机构,即在党政组织序列中,隶属于各级党委和政府及其下属部门的从事信息收集、政策研究的机关。如:我国的政府政策研究室、党委政策研究室。二是民间的政策研究与咨询机构,包括一些协会的研究组织、公司、大学的研究所等。三是半官方的政策研究与咨询机构,介于官方和民间之间的,以客观分析政策为目标的研究机构。

第三节　公共危机管理综合协调机制

公共危机事件往往是一个复杂的社会问题,它往往涉及政治、经济、社会生活等多个领域,或者可能涉及多个相对独立的行政区域甚至整个社会。公共危机管理通常不是一个政府部门或某一个地方政府就能够有效完成的,它需要各个部门、各级政府的共同努力,需要政府内部各种资源的协调与整合。建立一套合理的公共危机管理综合协调机制,有助于把各级各类机构组织起来,形成一个有机的公共危机管理系统,使各部门机构相互协调,保证公共危机管理活动高效有序地进行。一些国家成功的经验表明,危机管理的成败关键在于是否有一套高效、和谐的公共危机管理综合协调机制。

一、公共危机管理中的协调机制的类型

（一）等级协调机制

等级协调机制主要是指有隶属关系的政府或部门在危机管理和应对时的协同运作机制。等级协调机制的主要作用在于实现下情上达，保证上级政策得以贯彻执行。等级协调机制主要以明确的上下级间责任关系和行政命令为主要形式。

由于各种危机事件往往都始发于地方，因此，应对公共危机事件的关键之一就是要求中央、省、市、县、乡（镇）等各级政府之间信息畅通与协同配合。从国内的现实运作来看，在处理危机时，首先依据的是行政属地负责原则，由突发事件的发生地政府首先进行处理，涉及跨区域的危机事件，需报上一级政府指导解决。

从目前的实际情况来看，地方政府对中央政府的瞒报虚报现象仍比较突出。地方政府与中央政府在公共危机处理中出现的信息不对称现象，往往与现有的一些制度安排有关。虽然公共危机的应对以信息的充分沟通为必要条件，但在现有的政绩考核制度中，如果出现重大公共危机事件时，往往会被"一票否决"，地方政府在进行理性计算之后，就有可能倾向于选择地方自保，尽量不把事情"捅"到上面去，这就往往使得地方和中央丧失了合作的最佳时机。

比如，2008年7月14日9时左右，河北省张家口市蔚县李家洼煤矿新井发生特别重大炸药燃烧事故，造成35人死亡（其中1人为抢救人员）、1人受伤，蔚县和南留庄镇"少数领导干部有的组织，有的直接参与事故瞒报，企图掩盖事故真相。甚至还组织所谓的调查组，搞假调查，弄假材料，写假报告，以欺骗上级；在上级有关部门组织核查时，县、镇有关人员故意回避事故井，转移视线，提供虚假材料，企图贿赂核查人员，封锁消息"[①]。在"三鹿问题奶粉"事件中，石家庄市政府在2008年8月2日已经得到三鹿集团有关"问题奶粉"的报告，但在长达一个多月的时间里，没有将有关情况上报。而按照国家重大食品安全事故的应急预案，石家庄市政府是应该在两小时内向河北省政府报告的。同时，石家庄市药监部门和质检部门也未按照国家规定，在两小时内向河北省药监局和质检局报告。地方政府出于自身利益的考量而选择虚假治理，从而降低了危机处理的效率。

---

① 杜宇：《国务院对河北35人死亡矿难遭瞒报事故成立调查组》，新华网，2008年10月26日。

因此,有必要为地方政府的行为选择建立一套激励约束相容机制,即提供相应的正向激励和反向责罚机制。具体来说,首先要建立有效的行为鉴别机制,上级政府能够对下级政府的治理行为给予准确的识别,提高虚假治理的识别率和造假成本;更为重要的是,要切实加重虚假治理的惩罚性成本,以降低虚假治理的期望收益。当然,降低良好治理的成本也是关键路径,但这将是一个长期性的系统工程,有待于社会治理结构、政治经济体制建设的协调发展。与此同时,要认识到任何委托人希望的效用最大化都只能通过代理人的效用最大化行为实现,因此,要切实尊重地方权益,进行科学、合理的分权。①

(二)无等级协调机制

无等级协调机制指不相隶属的不同政府或政府组织部门、社会组织、企业、媒体等在危机管理和应对中的协同运作机制。无等级协调机制并不涉及等级关系,而主要涉及信息沟通等方面问题的协调机制,如内部信息传递机制、横向部门沟通机制以及公众沟通机制等。具体来说,无等级协调机制主要分为以下几种:

1.政府内部的无等级协调机制

危机协调机制的主要目的在于保证危机指挥中心决策的有效落实,保证在危机发生以后,危机处理决策能够得到各部门的有效配合,从而化解危机。政府内部的无等级协调机制主要作用在两个层面,一是各职能部门之间的协调,二是同级地方政府之间的协调。

在过去的公共危机管理体制建设中,各职能部门独自建立了许多应急系统,彼此互不关联,使得危机处理的效率和效果大打折扣。目前,这一情况逐步得到改善,我国许多城市在进行城市应急联动的尝试和努力。所谓"城市应急联动"就是政府协调指挥各个相关部门,向公众提供社会紧急救助服务的联合行动。具体而言,就是整个城市采用统一的报警号码,仅以一个统一的"城市应急联动中心",将公安、消防、交警、急救、防洪、防震、公共事业、民防等应急资源加以整合,以"统一接警、统一出警、资源共享、统一指挥、联合行动"为核心,实现跨部门、跨警区以及不同警种之间的统一指挥协调、统一应急和联合行动。

就目前我国的情况来看,地方政府间的区域协调机制仍存在不完善之处。公共危机管理作为一种公共物品,具有使用和消费上的非排他性的特点。地方政府合作治理公共危机时,也存在着社会困境。共同治理跨区域的公共危

① 薛澜、张强、钟开斌:《危机管理:转型期中国面临的挑战》,清华大学出版社2003年版,第119页。

机时,各地的治理成本都很高,有时甚至要以牺牲某地的经济利益为代价,而收益则是所有地方共享而不能由某地独享。但如果有一个地方不积极参与治理,结果则有可能导致所有地方的利益都受损。如在淮河治污过程中,处在上游的河南省就认为牺牲了当地经济的发展,为下游省份作出了贡献,但处在下游的江苏省则认为上游省份消极治理污水导致他们的努力付诸东流。在2005年松花江水污染事件中,11月13日吉林双苯厂发生爆炸,一直到11月18日污染愈来愈严重、污染带长达80公里,很快进入下游的黑龙江境内,吉林省无法独力隐瞒事件,被迫在11月18日,即事发后第5天,通知黑龙江省政府,此时留给黑龙江省的处理危机的时间十分紧张。这些事件均表明,由于政府间区域协调机制的不完善,削弱了公共危机管理应对能力。

　　2.与非政府组织的协调机制

　　非政府组织具有与民间社会结合紧密、公益性强等特点,在国家与社会之间、国家与个人之间、社会稳定转型的稳定和发展间起到良好的缓冲作用。在危机管理中,不管是在危机发生后的灾害救助阶段,还是在前期的危机预警、监控阶段,都应当大力发挥非政府组织的作用,积极吸纳非政府组织加入危机管理的行列。"5.12"地震发生后23小时,5月13日13:30,平时擅长心理辅导的民间组织"爱白成都青年同志中心"即通过QQ群向外发布救灾行动的简报,并迅速与20多个成都本土及国际NGO联合,建立"5.12民间救助服务小组"(15日再成立"5.12中心")。同时,近百家来自川、贵、湘地区的民间公益组织发出倡议,共同组成"民间团体震灾援助行动小组",团队协调,分头工作,并在成都设立了"NGO四川救灾联合办公室"。这些民间组织在灾后的灾民安置和家园重建中都发挥了重要作用。

　　3.与营利组织的协调机制

　　与营利组织的协调机制主要体现在两个方面:一方面,在危机应对中,政府有可能需要动用营利组织的资源,以保证政府危机管理活动的需要。这些资源一般包括某些特定的行业,比如:商业银行、保险公司、通讯公司、医药公司等。这些行业组织在危机管理中提供特定的技术设备和各种资源,承担特定的支持政府危机管理行为的职能,比如,保险公司在危机发生后要实施保险理赔,促使企业法人和公民迅速恢复正常生产、生活。[①]

　　另一方面,许多危机事件往往发生的地点就在营利组织所在区域,这时营利组织往往成为危机第一应急者,必须承担起应对突发事件的责任,在开展抢

　　① 薛澜、张强、钟开斌:《危机管理:转型期中国面临的挑战》,清华大学出版社2003年版,第140页。

险救灾的同时及时向相关政府部门通报灾情及灾害事故。尤其是营业场所为公众聚集场所的营利组织,必须训练成员的危机应对技能,使他们必须具备一定的危机预防能力,以及危机状态下的疏导公众、实施灾害救助的能力,保证万一组织内发生意外的危机事件时,人员能及时撤离和得到有效救护,减少各种灾害所带来的人员伤亡与财产损失。

在"三鹿问题奶粉"事件中,三鹿集团早在 2008 年 3 月份就知道产品出了问题,但直到 8 月 2 日下午才向石家庄市政府报告"问题奶粉"的有关情况,而在此前的五个月中,该公司一直对此事瞒而不报,并且在向石家庄市政府报告之前,三鹿集团曾采取种种办法,试图掩盖事件真相,比如给受害者补偿,退还产品,在媒体上大力宣传自己的产品质量等。再比如,我国的煤矿工业近几年频频发生特大、重大安全事故。不少未经政府有关部门核发"四证"的小煤矿,在不具备基本安全生产条件的情况下,冒险生产,造成特大事故。事发后,不把有关危机信息及时向政府部门通报,而是暗地里自作主张地采取和死者家属"私了"的解决办法。这些事件表明,如果企业在发生灾害以后,没有很好地组织抢救工作,或者隐瞒事故真相,将使得公共危机的处置工作陷于被动,使社会利益遭受进一步损害。因此,必须协调企业行为,重视企业在公共危机管理中的作用。

4. 与社会公众的协调机制

社会公众是往往是公共危机事件直接威胁的对象,同时,也常常是社会危机预警的发出者。建立与社会公众的协调机制,首先,政府要加强对公众需求的回应。政府只有通过行政组织及其行政人员对公共利益的忠诚才能赢得普遍的公众信任。重视公众的满意度,追求改进服务质量,使公众能够得到政府的最优服务,从而使政府取信于民。其次,政府应对公众采取信任的态度,重视信息的公开。公民不了解政府信息,官员便有可能进行暗箱操作;没有信息透明,官员便可能营私舞弊,公民便可能受到欺骗,也无法对政府进行监督,政府与公民的良好合作关系也随即丧失殆尽。政府应该适应开放社会和履行公共职能的要求,从封闭型的行政体制向公开、透明的行政体制转变,为塑造政府与公民的良好合作关系提供制度保障。再次,培养公民意识、公民精神,倡导公民对公共事务的参与意识。最后,还应加强对公众的危机训练。政府要通过社会宣传、员工培训、学校教育、社会演习等方式,最大可能地吸纳社会公众参与危机管理活动,增进社会整体的危机应对能力。

5. 与媒体的协调机制

媒体对突发公共危机进行及时、客观、全面的报道,有利于引起广大民众的关注,获得民众的配合,促进公共危机事件的解决。危机管理主体应当建立完善的危机沟通机制,主动寻求与媒体的合作,建立与媒体之间畅通的交流渠道。"5.12"汶川大地震发生后,正是由于媒体及时、客观、全面的报道,使得全国乃至全世界人民了解到了灾情的严重,体会到了灾区人民的痛苦,唤起了各界的踊跃捐款捐物,许多志愿者奔赴灾区。各界的爱心都汇聚到了地震受灾区,真正实现了"众志成城,抗震救灾",使得地震的损失降到了最低,灾后重建工作也得以顺利进行。正是由于政府通过媒体召开新闻发布会、及时辟谣,才避免了因为各种地震谣言所引起的社会恐慌,不至于造成更大的混乱。相比之下,在 2003 年"非典"刚刚出现时,媒体的反应则相对滞后。因此,公共危机发生后,政府应及时通过有关媒体公布危机信息,尽早、尽快地满足民众知情权,以减少流言的产生和降低流言造成的危害。

　　6.与国际资源的协调机制

　　随着全球一体化趋势的日益加强,危机事件的原因和结果往往会溢出一国国界,成为世界性的危机事件,具有世界性,比如沙尘暴、酸雨等危害各国的安全的自然灾害;恐怖袭击、偷渡、国际性贩毒、劫机等跨国界危机。这些危机的解决都需要世界各国以及非政府组织的通力合作。在一国发生重大灾难时,通过国际人道主义救援,输送大批灾区急需的医疗、食品、技术人员及其他重要物资,可以有效缓解灾害发生国的危机应对压力。在危机管理和应对中,通过全球合作,不但可以获得更多的国际支持和谅解,更加迅速有效消除危机,恢复社会秩序,还可以提高危机应对效率、降低成本,同时也对国际社会做出了应有的贡献。[①]

二、公共危机管理综合协调的主要内容

　　应对危机事件时,公共危机管理综合协调的主要职责一般包括以下内容:

　　一是协调好参加处置危机事件的人员和后勤工作,诸如消防、通信、救护、交通管理、物资供应等。二是负责传达上级的命令。三是组织收集掌握危机事件的发生原因、性质及其发展趋势的信息,并向上级报告。四是组织好抢险救灾人员的配合工作,如在参加行动的队伍中应配备熟悉地形、具有危机处理技术的专业技术人员等。五是建立信息中心,及时发布灾情,妥善处理好与新闻媒体的关系,做好和民众的公共沟通。六是组织好危机善后处理工作。七是指派人员向上级写出关于处置突发事件的各种报告材料。

---

　　① 刘长敏:《危机应对的全球视角——各国危机应对机制与实践比较研究》,中国政法大学出版社 2004 年版,第 86 页。

　　危机应对过程中,有力的综合协调体系对于推进各部门相互协调、相互合作、整合一切资源、做好应急处理工作有着决定性的意义。如"9.11"事件给美国造成了严重影响,但由于美国有一个联邦应急管理署,该机构集成了从中央到地方的救灾体系,建立了一个统合军、警、消防、医疗、民间救难组织等单位的一体化指挥调度体系,事件发生后即迅速动员一切资源,在第一事件内进行救护工作,有效地减轻了事件的损失。[①]

　　另外,在危机的国际性连锁反应增大的情况下,加强协调应急管理方面的国际交流与合作也十分必要。

三、公共危机管理综合协调机构的设置

　　为了将层级关系、功能结构不同的部门和机构有序整合,保证在危机状态下能够高效地协调各职能部门,以尽快控制危机局势,恢复社会秩序,除了建立指挥决策机构之外,还应该有一个专门的综合协调部门。公共危机管理综合协调部门是指为了将不同层级、不同功能和结构的部门机构有序整合,以使它们在危机状态下能够高效联系和协作而建立的一个常设的、权威的、具有独立地位的综合部门。

　　这样的综合协调部门往往属于超事业部型的组织,直接隶属于行政首脑,向其汇报工作,提出政策建议,并对其负责。由这样的危机管理综合协调部门作为危机管理的专门部门和核心协调部门,使其在整个危机应对中处于核心的领导地位,有利于保证各职能部门之间的高效协作,避免相互间的扯皮推诿现象。[②]

　　美国在国家层面上建立美国国家安全委员会的同时,还建立了常设性的危机管理综合协调部门——美国联邦紧急事务管理署(Federal Emergency Management Agency, FEMA)。美国联邦紧急事务管理署是由美国政府于1979年建立的、直接向总统报告的专门负责灾害应急的独立机构。FEMA融合了许多分散的与灾害相关的职责,吸收合并了联邦保险办公室、国家防火办公室、国家气象服务计划、联邦救灾办公室等机构,并且民防工作也从国防部的民防署转到了FEMA。FEMA主要由三部分构成:即减灾和备灾部分、应急救助部分以及恢复安置部分。现有工作人员2600名,另有5000多名灾害

　　① 吴江:《公共危机管理能力》,国家行政学院出版社2005年版,第104页。
　　② 薛澜、张强、钟开斌:《危机管理:转型期中国面临的挑战》,清华大学出版社2003年版,第115页。

预备人员,在紧急情况下参加救援工作。FEMA 的目标是通过全面的风险减灾管理计划、预案、反应和恢复等措施,控制自然灾害和技术危险,保护生命和防止财产损失,保护国家关键的基础设施免遭各种损害。FEMA 的任务是发挥领导作用和提供支持,减少生命和财产损失,保护国家免受各种灾害的威胁。FEMA 通过“社区防灾活动”向全国提供防灾、迅速反应和恢复等方面的支持,在避免灾害和减少灾害危险方面发挥领导作用。FEMA 希望通过采取各种灾害预防措施既节约联邦政府的恢复重建费用,也减少人民生命和财产损失。其主要职责包括:评估损失;提供灾害援助;将有关灾害损失信息告知公众;促进建筑设计和施工质量,尽量减少灾害损失;通过开展培训,提高防灾能力和减少损失;帮助社区制定防灾计划;采取措施减少未来的灾害。历届美国总统都非常重视该机构,克林顿总统就曾强调:“每一位美国人需要明白,当他们的安全、财产或生活受到威胁时,这个国家的所有资源将都可用来保护他们并帮助他们重建家园。”

英国政府于 2001 年 7 月在内阁办公室设立了国民紧急事务秘书处(CCS)。该秘书处为办理应急管理事务的常设机构,目前有 85 名编制,下设“三部一院”,即评估部、行动部、政策部和紧急事务规划学院。秘书处的宗旨是“通过协调政府内外各方,在危机的预见、预防、准备和解决方面提高英国应对突发挑战的能力”。其职能是:一是负责应急管理体系规划和物资、装备、演习等应急准备工作;二是对风险和危机进行评估,分析危机发生的几率和发展趋势,确保预防和控制灾难的规划和措施发挥效应;三是在危机发生后,确定“领导政府部门”名单以及是否启动最高核心决策机制(COBR),制定应对方案,协调各相关部门、机构的应急处置;四是对应对工作进行评估,从战略层面提出改进意见,协调推动应急管理立法工作;五是负责组织应急管理人才培训。

日本早在 1991 年,就成立了东京都防灾中心,针对随时可能发生地震等灾害,采取有效的应急行动。在发生大规模的灾害时,东京都防灾中心起着全市防灾行动指挥部的作用。该中心近年来引进了世界上最先进的指挥系统,能够迅速、准确地了解和掌握本市的受灾情况,保持与各防灾单位的情报联系。另外,该中心还设立了以知事(市长)为部长的“灾害对策本部”,要求警察、消防等防灾单位的首脑参加,并对救援与救护活动、消防活动、公共建筑应急对策、警卫与交通管制、人员避难场所、应急生活设施建设等方面对策的制定与实施,进行必要的审议、决策和指挥。该中心平时经常对工作人员进行训练,以形成一个万无一失、能够应付任何突发事件的体制。为了提高每个市民的防灾意识和自救能力,还组织市民参观“东京都防灾中心”,学习各种防灾救灾知识。

2006年,我国国务院办公厅设立了国务院应急管理办公室(国务院总值班室),履行值守应急、信息汇总和综合协调职责,发挥运转枢纽作用。国务院应急管理办公室是我国在国家层面上的危机管理综合协调部门。在我国的地方政府层面,往往是在办公厅(室)下设立应急管理办公室作为公共危机管理综合协调部门,其职责有:履行值守应急、信息汇总和综合协调职能,发挥运转枢纽作用,负责接受和办理向政府报送的紧急事项;承办政府应急管理的专题会议,督促落实有关决定事项;负责信息综合和指导辖区内突发公共事件的应急预案体系、应急信息平台建设;协调特别重大和重大突发公共事件的预防预警、应急处置、事件调查、事后评估和信息发布等。

第四节　公共危机执行机制

执行是实现危机决策的重要途径,任何一项决策都不能离开准确有效的执行,如果决策不能转变为实际行动,付诸实施,就会变成纸上谈兵。同时,任何一项管理决策的正确与否最终需要在执行中加以检验。行为规范、运转协调的执行机制是公共危机管理成功的重要保障。

一、公共危机执行机构的职能

公共危机执行机构,即公共危机应对中的执行机构,主要指政府系统内部那些拥有特殊的专业技能、业务范围以及特定资源、设备和能力,担负着紧急事务应对中的某些特殊任务的职能部门。公共危机执行系统的主要职责是:有效贯彻危机管理中枢指挥系统的决策,确保在危机发生以后,在危机管理综合协调部门的统一调度下,迅速组织和整合各种人力、物力和财力,从而有效化解危机。因此,公共危机执行系统也可以被称为"支援与保障系统"。一般来说,公共危机执行系统包含国家安全、公安、消防、医疗、卫生、通讯、交通、社会保障等部门。判断这个系统的有效性程度,关键就是能否高效贯彻危机中枢指挥系统的决策,在最短的时间内调动各种社会资源来解决危机。比如,在美国"9.11"事件发生后,危机执行系统就在大量的装备和物资的运送、各种实际的救助行动、灾后重建工作、接受国内外各种援助、救灾物资和款项的审计等方面发挥了相当大的作用。

公共危机执行系统的职能主要体现在以下两个方面:第一,危机控制与解决功能。在危机萌芽或发展阶段,公共危机执行系统的工作重点是找出危机发生的原因,按照危机管理指挥系统的决策,隔绝与"冷冻"危机,防止危机的扩大与恶化,避免发生一波未平一波又起的另一场危机,以达到消弭危机的目的。危机爆发后,公共危机执行系统需分头采取果断行动,力求最早、最快控制住危机,并尽量减少危机造成的损失,这是危机管理中最复杂、也是最具体化的行动。第二,危机善后与复原功能。在危机消除后,公共危机执行系统将充分调动各种社会资源,以恢复危机前的状态为首要目标,解决危机所产生的后续问题,如社会正常秩序的恢复,人员的安抚照顾、组织架构的重建、形象口碑的重塑以及经济救助等,尽快消除危机造成的损害,走出受创后的阴霾。

二、公共危机执行系统的构成

一般而言,公共危机执行系统的构成组织分为三类:专职的危机执行机构、临时的危机执行机构与专门职能机构中设立的危机执行机构。

(一)专职的危机执行机构

专职的危机执行系统是常设的,主要用于应对频发的、需要高度专业技能的危机处理。由于洪水、森林火灾等公共危机发生的频率较高,并都需要一定的专业知识和专门的能力,因此设立专门的危机执行系统是极为必要的。

例如,美国的国土安全部就是"9.11"以后专门为应对恐怖威胁而成立的。因为对于美国来说,"9.11"后恐怖威胁是切实的,恐怖袭击带来的后果是严重的,所以必须成立专职的执行机构来进行危机处理。该局主要机构包括"运输安全管理处"、"海关与边境保护处"、"移民和海关执法处"和"联邦执法训练中心"。国土安全部的主要职责是保卫国土安全及相关事务,使美国能够更加协调和有效地对付恐怖袭击威胁。该部主要负责四方面的工作:(1)加强空中和陆路交通的安全,防止恐怖分子进入美国境内;(2)提高美国应对和处理紧急情况的能力;(3)预防美国遭受生化和核恐怖袭击;(4)保卫美国关键的基础设施,汇总和分析来自联邦调查局、中央情报局等部门的情报。

2002年10月23—26日的莫斯科人质事件牵动了整个世界的神经,这是"9.11"后世界范围内最大规模的恐怖主义事件。在短短的60个小时内,700多名人质的安危、车臣问题的走向、普京的执政地位都吸引着世人的关注。莫斯科发生劫持人质事件后,俄罗斯危机处理机制的支持与保障系统紧急启动:(1)联邦安全局和内务部宣布实施应对突发事件的"雷雨"计划,要求所有官员立即到所在部门报到。(2)俄罗斯的"阿尔法"反恐小组和联邦安全局反组织犯罪局的人员立即赶往事发地点,占领有利位置,并进入临战状态。(3)俄罗斯的警察和军队封锁了通往事发现场的道路,紧急疏散文化宫附近楼房的居民和一家医院的病人;内务部长格雷兹洛夫也召开内务部紧急会议,研究如何解救被扣人质,同时向内务部所属内卫部队下达命令,要求内卫部队加强对重要设施和所有运输干线的警卫与监视,防止武装匪徒从车臣潜入俄其他地区及类似事件的发生。警方奉命更加严格地检查旅客的身份证和行李。与此同时,各重要基础设施的负责人也已接到通知,加强守卫,以防不测事件发生。车臣首府格罗兹尼也加强了对车臣政府大楼和重要设施的警卫。(4)"阿尔法"反恐小组临危受命,凭借平时的严格训练和近年来积累起来的实战经验,终以最小的代价将人质解救出来。① 尽管武力行动付出了血的代价,但危机在短短的 60 个小时内就得以解决,充分反映出俄罗斯的公共危机执行机制在实战当中发挥了应有的功效。

目前,我国在中央层级上直接履行有关危机管理职能的组织有:军队、外交部、国防部、公安部、国家安全部、劳动与社会保障部、民政部、国务院国家信访局、国务院国家安全生产监督管理局、国务院宗教事务局、国家民族事务委员会、国务院文化管理机构、国务院政府值班室以及地震、防洪抗旱指挥部等。表 5-3 反映了我国专职的公共危机执行机构的情况。

表 5-3　专职的公共危机执行机构

专业应急救援体系	国务院主管部门	管理层级	队伍、人员	职　责
公安救援体系	公安部	各行政层级	各级公安和武警部队	公安治安救援
消防救援体系	公安部	国家、省、地(市)、县 4 级	2600 个消防消防总队,47 个特勤消防大队和 279 个消防中队,共 12 万人	防火灭火、抢险救灾
地震救援体系	国家地震局	国家、省、重点市(县)3 级	国家紧急救援队,编制 230人,区域和地方级紧急救援队伍正在组建之中	灾害救援

---

①　冯玉军:《危机处理机制在俄人质危机期间的作用》[N],http://www.china.org.cn。

专业应急救援体系	国务院主管部门	管理层级	队伍、人员	职　责
洪水救援体系	水利部	国家、省、地(市)、县4级	19支部队被确定为抗洪抢险专业队伍	抗洪抢险救援
核事故救援体系	国防科工委	国家、地方和核电站3级	各级核应急指挥中心和核电厂	核事故处理救援
森林火灾救援体系	国家林业局	国家、省、地(市)、县4级	7个武警森林总队近2万人,各省市组建自己的森林防火队伍	森林火灾的扑救
海事救援体系	交通部	国家、省2级	11个沿海省级搜救中心,长江水上援救中心,3个海上救助局	海上搜救
矿山救援体系	国家安全生产监管局	国家、省、市(县)、矿山4级	区域、重点矿山和矿山救护队和医疗救护中心	矿山事故抢险救助
化学事故救援体系	国家安全生产监管局	国家、区域2级	国家化学事故应急救援指挥中心,8个区域抢救中心(挂靠国家安全生产监督局)	化学事故应急
医疗救援体系	卫生部	各行政层级	各级紧急救援中心和医疗救治机构	紧急医疗救助

资料来源:梁嘉琨:《我国生产安全应急救援体系研究》,见《城市灾害管理》,群言出版社2004年版,第173—177页。

(二)临时的危机执行机构

对于非频发的、危机应对相对程序化的危机,可以根据危机管理预案,在危机特征明显时或危机爆发后立即成立临时性的危机执行系统。因为从成本上讲,保留一个常设的危机执行系统过于昂贵。临时的危机执行系统的组成人员一般从日常业务系统中抽调。在危机发生时,这批抽调人员组成临时的危机执行系统,在一段时间内专门从事危机控制工作,其他人则继续从事正常的业务工作,这是一种非常明智的做法。[①]

2008年,"5.12"大地震发生后,"抗震救灾总指挥部"分别设立了包括抢险救灾组、群众生活组、地震监测组、卫生防疫组、宣传组、生产恢复组、基础设施保障和灾后重建组、水利组和社会治安组在内的9个工作组,担负抗震救灾

---

① 吴江:《公共危机管理能力》,国家行政学院出版社2005年版,第37页。

的各项支援与保障任务。

1. 抢险救灾组

负责清理灾区现场,搜索营救被困群众和受伤人员,发动基层干部群众开展自救互救,组织救援人员和物资的空运、空投工作。由总参谋部牵头,公安部、安全监管总局(国家安全生产应急救援指挥中心)、地震局、武警部队、成都军区参加。

2. 群众生活组

负责制订实施受灾群众救助工作方案以及相应的资金物资保障措施,搞好灾区生活必需品供应,指导有关地区做好因灾倒房群众的紧急安置,保障灾区群众基本生活,保障灾区市场供应,接受和安排国内捐赠、国际援助,处理涉外事务。由民政部牵头,外交部、发改委、财政部、住房城乡建设部、农业部、商务部、红十字会参加。

3. 地震监测组

负责地震监测和次生灾害防范,调集必要的技术力量和设备,密切监视震情发展,全力做好余震防御;加强对重大地质灾害隐患的监测预警,一旦发生险情及时组织疏散群众;加强河湖水质监测和危险化学品等污染物防控,切实保障核设施运行安全。由地震局牵头,科技部、国土资源部、环境保护部、气象局、国防科工局参加。

4. 卫生防疫组

负责医疗救助和卫生防疫,组织医疗救护队伍,调集医疗器械、药品,对受伤人员进行救治;检查、监测灾区饮用水源和食品,防范和控制各种传染病等疫病的暴发流行。由卫生部牵头,发改委、农业部、质检总局、食品药品监管局、总后勤部、武警部队参加。

5. 宣传组

负责灾情和抗震救灾信息新闻发布、宣传报道的组织工作,做好向国外和港澳台地区通报情况,及时准确发布灾情,加强舆情收集分析,正确引导国内外舆论。由中央宣传部牵头,外交部、广电总局、台办、新闻办、港澳办、地震局参加。

6. 生产恢复组

负责帮助群众抓紧开展生产自救,对受灾的工矿商贸和农业损毁情况进行核实,指导制订科学恢复生产方案,积极落实有关扶持资金、物资,开展恢复生产工作。由工业和信息化部牵头,发改委、财政部、商务部、人力资源社会保障部、农业部、国资委、安全监管总局、保监会、国防科工局参加。

7.基础设施保障和灾后重建组

负责铁路、公路、桥梁、隧道等交通设施,供电、供水、供气、通信等设施抢修维护;组织调集抢险救援装备,做好储备物资和医药调度,切实保障灾区抢险应急物资供应;协调运力,优先保证应急抢险救援人员和救灾物资的运输需要。负责组织研究拟定灾后重建规划,指导协调灾后重建工作。由发改委牵头,工业和信息化部、民政部、财政部、住房城乡建设部、交通运输部、铁道部、农业部、国资委、广电总局、安全监管总局、银监会、电监会、邮政局、民航局、国家电网公司参加。

8.水利组

负责灾区水库安全,河道受灾造成变形的治理,研究解决饮用水源安全等问题。由水利部牵头,发改委、财政部、国土资源部、环境保护部、住房城乡建设部、卫生部、农业部、地震局、气象局、电监会、总参作战部参加。

9.社会治安组

负责协助灾区加强治安管理和安全保卫工作,预防和打击各种违法犯罪活动,维护社会治安,维护道路交通秩序,加强对党政机关、要害部门、金融单位、储备仓库等重要场所的警戒,切实维护社会稳定。由公安部牵头,教育部、司法部、人民银行、银监会、证监会、旅游局、信访局、武警部队参加。

(三)专门职能机构中设立的危机处理执行机构

专门职能机构的常规职责在各自专业的法律法规中都有明确规定,但是当危机事件达到一定等级,职能部门便受到与危机处理有关的法律的约束,并自动地得到相应的授权,转换为危机管理机构。在我国,这种专门职能机构主要是常设的特定灾种管理部门,主要包括:公安、消防、医疗单位、工程技术人员和专家等。[①] 同时,在专门职能部门中还设立专门应对危机的常设危机管理科(室),在危机爆发时专门处置本专(行)业的紧急事务。

我国重大突发事件由国务院对口主管部门为主负责预防和处置工作,其他相关政府部门参与配合。国务院各应急部门为了应对职责范围内的重大突发事件,分别建立各自的应急指挥体系、应急救援体系和专业应急队伍,并形成了危机事件的预报预警机制、部际协调机制、急救援机制等危机管理机制。各类重大突发事件的对口主管部门情况如表5-4所示:

---

① 吴江:《公共危机管理能力》,国家行政学院出版社2005年版,第38页。

表 5-4   重大突发事件与国务院对口主管部门情况

名称	种类	主管部门
自然灾害	水旱灾害	水利部（国家防汛抗旱总指挥部）
	气象灾害	国家气象局/有关政府部门
	地震灾害	国家地震局（国务院抗震救灾指挥部）
	地质灾害	国土资源部/建设部/农业部
	草原森林灾害	国家林业局
事故灾难	交通运输事故	交通部/民航总局/铁道部/公安部
	生产事故	行业主管部门/企业总部
	公共设施事故	建设部/信息产业部/邮电部
	核与辐射事故	国防科工委
	生态环境污染	国家环保总局
公共卫生事件	传染病疫情	卫生部
	中毒事件	卫生部
	动物疫情	农业部
社会安全事件	治安事件	公安部
	恐怖事件	公安部
	经济安全事件	中国人民银行
	群体性事件	国家信访局/公安部/行业主管部门
	涉外事件	外交部

注：

（1）表中行业主管部门和企业总部是指：矿山、石油、冶金、有色、建材、地质；机械、轻工、纺织、烟草、电力、贸易、公路、水运、铁路、民航、建筑、水利、邮政、电信、林业、军工、旅游等部门。

（2）表中未列入应急综合管理部门，这些部门对各类突发事件都负有综合管理职责。例如，民政部负责各类自然灾害的救助救灾工作和综合减灾项目的实施（中国国际减灾委员会也设在民政部），属于综合减灾救灾部门；国家发改委负责对各类突发事件救援物资的统一调配和协调，负有综合协调管理职责；国家安全生产监督管理局对安全生产负有监督管理职责，属于综合管理部门。

第五节　公共危机信息管理机制

公共危机信息管理系统在危机管理体系中承担着非常重要的职能,如果说危机中枢指挥系统是人的大脑的话,那么危机信息管理系统就是神经系统,它的主要功能就是为决策者提供及时、准确的情报。

一、公共危机信息管理的内涵

危机信息的概念有广义和狭义之分,狭义的危机信息即为表征危机,即危机将出现的各种信息。广义的危机信息可以理解为危机潜伏、爆发、持续、解决等一系列过程中与危机管理相关的各种信息。在全球化和信息化时代下,危机信息收集的及时性、准确性与全面性,危机信息发布的透明度与明确性,以及对于危机信息的快速反应已经成为危机信息管理的基本要求,也是衡量一个国家及政府危机管理能力的重要标准。

公共危机信息管理是指通过一定的信息技术和手段,对公共危机信息进行收集、处理和利用,进而为公共危机决策提供方案的过程。危机管理的过程实质上是一个危机信息的采集、加工、传递、分析、利用、公开、反馈的过程。信息管理贯穿于公共危机管理整个过程。公共危机管理过程中的每个阶段都离不开信息资源管理的支持,及时、快速、准确、充分、可靠的信息提供是防范和化解危机的主要手段。

世界上大多数国家已经对危机信息管理形成广泛共识,陆续建立各自的危机信息管理体制,许多国际组织也制定了相关的危机信息管理措施。例如,美国的危机信息管理体制是构筑在整体治理能力的基础上,通过法制化的手段,将完备的危机信息应对计划、高效的核心协调机构、全面的危机信息应对网络和成熟的社会应对能力包容在体制中。美国的危机信息应急系统依据联邦应急法案,由联邦紧急事物管理局全面协调,一旦起用联邦紧急事务管理局管理,即意味着整个国家的危机信息反应系统开始发挥作用。大致可将公共危机信息产生的领域分为 12 个:交通、通信、公共设施及工程、消防、信息与规划、公众救护、资源支持、卫生和医疗服务、城市搜寻和救援、危险物品、食品、能源。每一个领域指派一个领导机构负责管理该领域的危机反应,各个机构各司其职,借助强大的信息管理系统相互沟通、交流以及协作。①

二、公共危机信息管理系统的功能结构

危机信息管理系统的功能结构是指危机信息管理系统内部各组成要素之间相对稳定的结构状态和作用方式。通常根据信息在危机信息管理系统中的流程,将公共危机信息管理系统分为信息收集子系统、信息加工子系统和信息发布子系统三个功能模块。

(一)公共危机信息收集子系统

公共危机信息收集子系统的任务是对有关危机风险源和危机征兆等信息进行收集和监控。建立公共危机信息收集子系统,需要安排专人或设立专门的机构从事公共危机原始信息的搜集工作;明确规定上下级之间纵向的信息通道,同时也要明确规定同级之间横向的信息通道。②

信息收集子系统在信息收集时也要注意信息传递的障碍,这些障碍可以分为人为的障碍和非人为的障碍。人为的障碍一般是由于所要传递的信息与信息传递者之间有利益上的相关性,传递者就根据自己的需要对信息进行加工处理(如增加、删除、篡改等),使信息在传递过程中失真,从而影响了信息收集的准确性。解决的办法是,通过选择合适的传递者和完善规章制度,来减少或消除信息与信息传递者之间的利益相关性。非人为的障碍一般是由于系统本身存在的缺陷或干扰所导致的,这就要求信息系统要设计得较为完善,并有很强的抗干扰能力。③

(二)公共危机信息加工子系统

只有经过处理的信息,才能传递给危机管理最高指挥机构。信息加工子系统的设置可以分两种方式:①分层次设置,即信息网络中的下级将分析处理后的信息向上级汇报;②集中设置,即将全部信息无损失地汇总并集中处理,然后有选择地向不同机构传送。两种方式各有利弊,在实践中,应根据信息量的大小、危机紧迫程度来合理选择信息加工子系统的设置方式。在危机发生的紧迫情况下,最初的原始信息只有经过整理、分析、识别和解释后才能更好地发挥信息利用的价值。公共危机信息加工子系统的功能主要包括以下

---

① 惠志斌,何小菁,吴建华:《试论国家综合性危机信息管理系统的建立》,《情报杂志》,2004年第8期。
② 王伟:《公共危机信息管理体系构建与运行机制研究》[博士学位论文],吉林大学2007年,第59页。
③ 肖鹏军:《公共危机管理导论》,中国人民大学出版社2006年版,第69页。

几点：

（1）危机信息整理与归类。由于收集到的信息总是分散而凌乱的，信息与危机之间往往缺乏显而易见的联系，因此就有必要对信息进行整理和归类。危机信息的整理与归类的过程就是把无序的信息流转化为有序信息流的过程。通过信息整理与归类可以控制危机信息的流速和流向，减少信息流的混乱程度，达到信息内容有序化、信息流向明确化、信息流速适度化、信息质量最优化的目的，以便于能够在适当的时机有针对性地传递给需要者。

（2）危机信息识别。在对信息进行整理和归类之后，还需要对危机信息进行识别，以排除干扰信息和虚假信息。信息传递过程中由于人为的因素或沟通过程存在"噪声"和沟通障碍，导致信息的部分或全部内容丧失真实性，形成虚假信息。虚假信息可能是某些人为了某种目的，故意发出的不真实信息，也可能是在信息传递过程中自然产生的。

（3）危机信息分析。对各部门、机构、单位和人民群众反映的信息进行及时有效的分析，将相关信息录入数据库，并从中提取有价值的信息，进行全面、准确的分析和总结，随时根据工作的需要，在最短的时间内，拿出相应的数据分析情况供领导参考。

（4）危机信息转化。由于危机发生后带来了大量专业信息（如 SARS、禽流感、三聚氰胺等），这些信息来自于公众所陌生的未知领域，与他们熟知的现实生活有相当的距离，为了更好地发挥信息的价值，就应该将一些专业信息转化或简化为直观的文字、图表，以保证普通民众能够准确地理解和接受，避免由于对信息理解和接受的偏差而导致对危机做出不适当的反应。同时，解释后的信息变得清晰、易于理解，也更方便政府管理者利用信息辅助决策。

（三）公共危机信息传递子系统

公共危机信息传递是指以信息资源提供者为起点，通过传输媒介或信息载体，将信息资源传递给公共危机的利益相关者的过程。信息传递是信息资源价值得以实现的重要条件。公共危机信息传递既包括政府系统内部的信息传递，也包括政府系统与外部公众之间的信息传递。公共危机具有时间紧迫的特殊性，任何延迟都有可能造成严重的后果，危及利益相关者的财产与生命安全和社会秩序的稳定。因此，危机信息资源的传递除了强调目的性、知识性、选择性等信息传递的一般特性外，还特别强调信息传递的时效性问题。

三、公共危机信息管理的运作机制

（一）公共危机爆发前的信息收集

危机前的信息管理有助于危机预防的开展，减少危机来临时的破坏程度。掌握全面、准确的信息对于危机预防和管理是至关重要的。通过多元化、全方位的信息收集网络，将真实的信息完整地收集、汇总起来，并加以分析、处理，去粗取精、去伪存真，并通过快捷、高效的信息网络将危机事件的信息和事态发展情况传送到危机指挥系统和相关部门，从而保证危机信息的时效性、准确性和全面性，为危机应对与处理提供可靠的信息基础。[①] 在公共危机搜集过程中，要重点把握以下五点基本原则：

第一，及时性原则。信息是有时效的，危机信息收集只有及时反映危机发展的最新情况，才能使信息的效用得到最大发挥，有利于危机管理与决策。《国家突发公共事件总体应急预案》规定，"各地区、各部门要针对各种可能发生的突发公共事件，完善预测预警机制，建立预测预警系统，开展风险分析，做到早发现、早报告、早处置"。同时要求对于"特别重大或者重大突发公共事件发生后，各地区、各部门要立即报告，最迟不得超过 4 小时"。及时搜集、传递公共危机信息，不仅可以有效地避免公共危机的爆发，而且可以有效地缓解危机造成的严重后果。

第二，可靠性原则。公共危机信息的搜集必须做到准确、真实、可靠。信息的可靠性以信息的真实性为基础。在危机信息搜集过程中，要保证危机信息来源、危机信息记录、数字资料准确无误。在突发公共事件中，信息杂乱无序，真假难辨，经过多级传递，信息易于扭曲，发生畸变。因此，危机信息管理者的任务就是运用先进的信息分析技术、方法和工具，识别、分析、判断所获信息真伪，保证提供信息的可靠性。

第三，针对性原则。危机信息瞬时多变、内容繁杂，危机决策对信息的需求总是针对特定的时间、特定的事件、危机发展的特定阶段、解决特定的问题。因此，对危机信息的收集要有目的、有重点，即对于危机信息收集必须在了解和研究危机管理者和决策者的信息需要基础上，明确信息收集的目的，保证信息的针对性和有用性。

第四，系统性原则。事物本身总是处于产生、发展、消亡的过程之中，其运动本身具有连续性。危机决策的制定和实施是一个完整的过程，危机信息收

---

① 吴江：《公共危机管理能力》，国家行政学院出版社 2005 年版，第 19 页。

集贯穿危机管理和危机生命周期的全过程,体现为空间上的完整性和时间上的连续性。只有在各个阶段上连续不断地收集危机信息,才能满足决策者在各个决策阶段对公共危机信息的需求。因此,在公共危机信息收集过程中,应注意其完整性、连续性和系统性,做到连续收集、连续反馈,使所收集的公共危机信息能够反映某一社会现象和经济现象的全貌。从横向角度,要把与本次危机事件有关的散布在各个领域的信息收集齐全;从纵向角度,要对在不同时期、不同阶段的发展变化情况进行跟踪收集。系统地收集信息是危机信息贮备和危机资源库建立的基础。

第五,计划性原则。要根据危机决策的需要,有针对性地、分步骤地收集信息。信息收集工作既要立足于现实需要,满足当前需求,又要有一定的超前性,考虑到未来的发展。[①]

（二）公共危机爆发时的危机预警

危机预警的目的在于有效预防和避免危机事件的发生。它通过对得到的信息进行鉴别、分类和分析,使其更条理、更突出地反映出危机的变化,对未来可能发生的危机类型及其危害程度做出估计,设计应对预案,并在必要时发出危机警报,启动危机处理程序,从而尽可能地避免人员伤亡,减轻损失。2007年7月27日晚,四川省荣县金花乡遭受大暴雨袭击,仅仅两小时的降雨量就达137毫米。就在当天下午,气象部门及时发布了暴雨天气警报,并明确提出西部荣县地区容易发生滑坡等地质灾害。27日晚,在雷雨交加的情况下,金花乡党委根据气象部门提供的预报和情报,启动了应急预案,抢在房屋倒塌、山体滑坡出现之前,把分散在各处的20户60位农民全部转移到安全地带。由于降雨强度大,全乡9个村、6500人受灾,房屋倒塌30间,房屋损坏200间,山体滑坡35处,农作物受灾4500亩,绝收1500亩,但无一人伤亡。[②]

此外,我国已进入改革发展的关键时期,经济体制变革、社会结构变动、利益格局调整、思想观念变化,这些空前的社会变革给我国发展进步带来巨大活力,也必然带来这样那样的矛盾和问题。有鉴于此,对中国社会稳定的总体态势和重大突发性危机事件做出及时的预测和预警,并提出应对策略,就显得尤为重要。

（三）公共危机应对中的信息监控

在确认危机发生后,对引起危机的各种因素和危机的表象进行严密的监

---

① 王伟:《公共危机信息管理体系构建与运行机制研究》[博士学位论文],吉林大学2007年,第59—60页。

② 舒三友:《大暴雨夜袭金花乡 预报及时无人伤亡》,《今日晚报》,2007年8月2日。

测,收集有关公共危机发展的信息,及时掌握公共危机变化的第一手材料,特别是监控掌握能够表示危机严重程度和进展状态的特征性信息,对危机的演化方向和变化趋势做出分析判断,以便使危机管理指挥决策机构能够及时掌握危机动向,调整对策,使危机处理决策有据可依。危机监视与预测是相辅相成的,它们是政府进行危机预控和处理危机的基础与依据。

西方一些发达国家在公共危机管理过程中,经过长期的发展和积累,形成了较为完备和发达的信息监控系统。如美国建立了包括国家应急行动中心、全国医院传染病监控报告系统、全国须申报疾病监控系统、全球新发传染病监测网、全国医疗工作者监控报告系统、食品传播疾病动态监控网络、水传播疾病爆发监控报告系统、医疗部门新发病菌抗药监控报告系统、莫名死亡和重要疾病监控报告系统、全国食品传播疾病监控分子图表网、全国电子疾病监控报告系统以及临床公共卫生沟通系统等在内的公共卫生监控信息系统。又如韩国在其国内设立了 12 个应急疾病监控信息中心,覆盖所有的行政区域,并充分运用有线、无线通信网,不断改善通信联络体系,保证疾病监控信息中心与各医院之间及参与应急医疗的主要人员之间的通信联络随时畅通,发现疫情爆发的规模,分析疫情的发展趋势,及时制定有效的预防措施,避免疫情扩散。①

(四)危机信息沟通

政府危机信息沟通主要在政府系统内部、政府与公众之间、政府与新闻传媒之间三个层面开展。

1. 政府系统内部的信息协调沟通

针对我国目前的政府内部信息条块分割严重的问题,政府有必要建立一个开放的、基于标准的信息交互平台,可以实现信息交换和资源共享,进行跨部门、跨行业、跨系统、跨地区的信息资源重组共享,以增强信息透明度,促进交流与合作,保证各级政府做出及时、准确的决策,高效组织反危机行动,减缓或降低危机发生概率,减少全社会损失。

2. 政府与公众之间的双向对等沟通

危机发生时,政府要本着公开透明的原则,整合各种信息载体,综合运用各种传播手段,向社会公众公开公共危机方面的信息。这样做一是保障公民的知情权;二是有利于树立权威的信源形象和设立权威的信息传播途径,减少流言和谣言传播及其负面影响,避免出现不利的舆论导向。与此同时,政府还要高度重视舆论和民意,通过各种渠道吸纳民意。

---

① 刘助仁:《危机管理:国际经验的审视与启示》,《四川行政学院学报》,2004 年第 1 期。

3．政府与新闻传媒之间的沟通

大众媒体是政府对外传达信息以及与公众进行沟通的重要载体，是政府和民众沟通的桥梁。危机发生时，政府可以运用大众新闻媒体，将信息传达给大众；媒体也可以向政府提供大量宝贵的信息和建议，它在某种程度上是政府和民众两者的共同"代言人"。因此，在危机应对过程中，政府需积极加强与新闻媒体间的沟通、协调和合作。

政府在与社会公众和媒体的信息沟通中，应遵循"3T 原则"，即主动沟通原则（Tell Your Own Tale）、全部沟通原则（Tell It All）、尽快沟通原则（Tell It Fast）。所谓主动沟通原则是指政府组织主动将危机有关信息对外披露，避免造成信息失真，阻止谣言的传播。全部沟通原则是指政府组织将自己知道的危机事实全部告诉公众，不隐瞒危机的相关信息。尽快沟通原则是指政府组织不仅要积极主动讲真话，对于重大突发公共事件，必须在第一时间以各种方式向社会发布，建立公共信息公开制度。公共信息公开制度可以让公众最大程度地了解危机真相，及时准备，有效预防。[1]

（五）公共危机结束后的信息管理

在公共危机响应结束后，信息管理工作进入到善后处理和灾后重建阶段。通过各方面的信息反馈，确保全部受灾人群安全地摆脱危机；收集灾难破坏方面的信息，做好灾害损失评估工作，得出全面、科学的损失信息汇总，提交上级部门和向社会公布；全面收集此次公共危机对于当地政治、经济、社会和环境等多方面的影响，制定灾后的长期重建规划；通过信息的发布和沟通，了解当地受灾人群的重建意向，获得公众的支持；开展重建项目，不断收集和反馈信息；在危机结束后，全面总结此次公共危机的经验教训，形成当地此类公共危机的案例库和知识库，支持此后的危机预警和防范工作。[2]

参考文献

1. Hupchick, Dennis P.. *Conflict and Chaos in Eastern Europe*. New York: Academic Pr,1971
2. Zimmermann, Ekkart. *Political Violence, Crises, and Revolution Theories and Research*. G. K. Hall &Co,1983

---

① 王伟：《公共危机信息管理体系构建与运行机制研究》[博士学位论文]，吉林大学 2007 年，第 80 页。

② 汪玉凯：《公共危机与管理》，中国人事出版社 2006 年版，第 81 页。

3. Regester Michael. *Crisis Management*：*How to Turn a Crisis into an Opportunity*. London：Hutchinson Business Press,1987

4. Ghartey, J. B.. *Crisis Accountability and Development in the Third World*. Vermont：Gower Publishing Company,1987

5. Bolderson, Helen. *Social Policy and Social Security in Australia*，*Britain and the USA*. Aldershot Hants：Avebury,1991

6. Fearn-Banks, Kathleen. *Crisis Communications*：*a casebook approach*. Lawrence Erlbaum Associates，Inc. 2002

7. Michel Henry Bouchet, Ephraim Clark and Bertrand Groslambert. *Country Risk Assessment*：*A Guide to Global Investment Strategy*. England：John Wiley & Sons, Ltd. 2003

8. ［美］菲克著，韩应宁译. 危机管理. 台北：经济与生活出版事业公司,1987

9. ［日］宫崎男著，余明村译. 危机就是转机. 台北：合森文化事业公司,1988

10. ［美］B. E. Gilliland, R. K. James 等著，肖水源等译. 危机干预策略. 北京：中国轻工业出版社,2000

11. ［美］罗伯特·希斯著，王成等译. 危机管理. 北京：中信出版社,2001

12. ［美］卡尔·帕顿，大卫·沙维奇著，孙兰芝，胡启生等译. 政策分析和规划的初步方法. 北京：华夏出版社,2001

13. ［美］诺曼·R. 奥古斯丁等著，北京新华信商业风险管理有限责任公司译. 危机管理. 北京：中国人民大学出版社,2001

14. 许文惠，张成福主编. 危机状态下的政府管理. 北京：人民出版社,1998

15. 北京太平洋国际战略研究所. 应对危机：美国国家安全决策机制. 北京：时事出版社,2001

16. 薛澜，张强，钟开斌. 危机管理：转型期中国面临的挑战. 北京：清华大学出版社,2003

17. 汪玉凯. 公共管理与非政府公共组织. 北京：中共中央党校出版社,2003

18. 迟福林主编. 警钟——中国：SARS 危机与制度变革. 北京：民主与建设出版社,2003

19. 吴江. 公共危机管理能力. 北京：国家行政学院出版社,2005

20. 郭济. 中央和大城市政府应急机制建设. 北京：中国人民大学出版社,2005

21. 赵成根. 国外大城市危机管理模式研究. 北京：北京大学出版社,2006

22. 肖鹏军. 公共危机管理导论. 北京：中国人民大学出版社,2006

23. 汪玉凯. 公共危机与管理. 北京：中国人事出版社,2006

24. 余潇枫. 非传统安全与公共危机治理/非传统安全与现实中国. 杭州：浙江

大学出版社,2007

25. 中国科学技术协会.中国城市承载力及其危机管理研究报告.北京:中国科学技术出版社,2008

26. 周晓丽.灾害性公共危机治理——基于体制机制和法制的视界.北京:社会科学文献出版社,2008

27. 许蔓舒.国际危机预警.北京:时事出版社,2008

28. 卢涛.危机管理.北京:人民出版社,2008

29. 斯亚平.公共危机管理体系研究.北京:知识产权出版社,2008

30. 陈福今,唐铁汉.中国的公共危机管理.北京:外文出版社,2008

31. 胡百精.中国危机管理报告(2007).北京:中国人民大学出版社,2008

32. 王伟.公共危机信息管理体系构建与运行机制研究[博士学位论文].吉林大学,2007

33. 吴强.社会危机与社会控制.中国研究,2002(2)

34. 唐钧.公共危机管理:国际动态与建设经验.新视野,2003(6)

35. 孙多勇,鲁洋.危机管理的理论发展与现实问题.江西社会科学,2004(4)

36. 李琪,董幼鸿.论公共服务型政府的建设与创新.中国行政管理,2004(11)

37. 曹现强,赵宁.危机管理中多元参与主体的权责机制分析.中国行政管理,2004(7)

38. 徐红,方雅静.政府危机管理.同济大学学报(社会科学版),2005(3)

39. 王德迅.国外公共危机管理机制纵横谈.求是,2005(20)

40. 杨安华.近年来我国公共危机管理研究述评.江海学刊,2005(1)

41. 刘萍萍,韩文秀等.发达国家危机管理机制与我国公共危机管理体系设计.西北农林科技大学学报(社会科学版),2005(4)

42. 郑涛.转型期我国面临的公共危机及政府对策.城市与减灾,2006(1)

43. 丛志杰,吕富媛.公共危机治理中的政策困境及其化解.内蒙古大学学报(人文社会科学版),2006(6)

44. 张红梅.协同应对公共危机管理中的公众参与.长白学刊,2007(6)

45. 陈秀峰.公共危机治理中的非政府组织参与.华中师范大学学报(人文社会科学版),2008(1)

46. 张立荣,何水.公共危机协同治理:理论分析与中国关怀——社会资本理论的视角.理论与改革,2008(2)

47. 张立荣,冷向明.协同治理与我国公共危机管理模式创新——基于协同理论的视角.华中师范大学学报(人文社会科学版),2008(2)

48. 陈晓剑,刘智,熊宇.基于危机信息的公共危机决策治理结构安排.科学学研究,2008(2)

49. 杜文.浅析转型时期我国的公共危机及危机管理机制建设.法制与社会,2008(9)
50. 黄文斌.非政府组织:公共危机管理中的坚实力量.法制与社会,2008(18)

第六章 公共危机的沟通管理与社会参与

带有突发性、不确定性的公共危机一旦暴发，往往带有自身的危害性和灾难性，有引起公众关注的社会性和媒体关注的新闻性，同时伴随着负面性和对政府形象的杀伤力。作为一种信息共享活动，沟通使信息传递和意见表达成为可能。因此，放弃沟通或者在危机过程中削弱沟通、沟通不善，往往容易引起更大的误解和误判，便不可能成功化解危机，甚至导致危机的升级。所以，以消除恐惧感、进行准确的信息发布和反馈、积极的社会心理引导，塑造良好政府形象，有助于弱化或消解危机为目的的沟通机制建设和沟通管理，是公共危机管理的基础性手段，甚至有学者认为危机管理的核心就是沟通管理。我们认为，沟通是终结公共危机裂变的有效方法。

公共危机的突发性、紧迫性、不确定性、扩散性等特性对政府的治理能力提出了挑战。以政府为中心的单一治理机制存在许多缺陷，要弥补这些不足就必须进行广大的社会动员和社会参与。

第一节 公共危机的沟通管理

沟通在新的信息时代已经显得比以往任何时候更为重要。随着全球化信息大浪中地理界限的模糊，良好的沟通能力在全世界范围内，无论是商业领域、政府部门还是科研机构，都开始不断地被强调其重要性。历史上看来，人类行为冲突升级在很多时候都是由于缺乏良好的沟通而引起误解所致。

沟通管理是公共危机管理的重要组成部分。良好有效的危机管理离不开完善的公共危机沟通机制建设。

一、公共危机的沟通管理

沟通管理被公认为是公共危机管理的重要组成部分,《公共危机管理》(人民出版社 2006 年版)、《公共危机管理》(浙江人民出版社 2008 年版)、《公共部门危机管理》(中国人民大学出版社 2006 年版)和《公共危机管理导论》(中国人民大学出版社 2006 年版)、《公共危机与管理》(中国人事出版社 2007 年版)等教材和专著都对媒体管理、沟通机制、信息管理、新闻发布机制等作了相关理论论述和实务指导,这些指称都属于沟通管理的范畴。信息透明的时代已经开始——在这样一个大背景下,结合我国在近几年多起重大公共危机事件中的沟通管理的成败得失,沟通管理的重要性和专门性正在越来越被强调,新闻学、传播学、公共关系学、公共危机管理等领域的学者做了专门且卓有成效的研究。如贺文发著《突发事件对外报道》(2007)、胡百精著《危机传播管理》(2005)、赵士林著《突发事件与媒体报道》(2006)等。

实践层面,当前我国在公共危机中的沟通存在许多问题。如缺乏独立的信息管理机构;危机公关意识不足;政府与公众之间的反馈机制不畅;缺乏政府公共危机专门建设等。特别是伴随着近年来公共危机事件的不断增多和公众对政府服务功能要求的提高,政府在公共危机管理中的沟通体制与国内、国际沟通环境不相适应的弊端不断暴露,构建和完善公共危机中的沟通机制已成为社会各界及公众关注的热点问题之一。我国政府是一个庞大的科层组织系统,分层分级,节节管辖。至于公共危机管理,其优点在于集中领导、层级节制;但同时,由于层级太多导致误时误事,如上下沟通不畅造成决策的专断草率,信息传递的滞后,信息量的衰减甚至失真等。这样的体制背景下,建立并不断完善公共危机管理的沟通机制更显得特别重要。完善的沟通机制能在公共危机应对中,创造良好的危机管理环境;能够有效地传递信息,帮助政府制定危机政策,在短时间内控制事态发展,并最终助于消解危机。

良好有效的危机管理依赖于完善的公共危机沟通机制建设。沟通机制建设包括新闻发布机制、信息反馈机制、网络舆情分析机制、沟通计划、实施步骤等,原则上要把握系统性、研究型、具体化、灵活性四个原则。系统性是指明确目标体系、明晰角色定位、规范操作流程,强调着眼全局、注重逻辑。研究型是建立专门的危机沟通团队,必要时请沟通专家全面介入,强调依靠专业力量和政府"外脑"的智慧。具体化是指制定细化的沟通方案,特别对那些关乎全局、影响进程的细节要具备可操作性。灵活性是指,由于危机本身的不确定性,所以机制建设不能过于僵化和教条,强调"前瞻性",要注重两个"灵活":一是对可能发生的重大意外提供预案；二是在遭遇意外时，能够即时采取针对性的策略和方法。

二、《应对法》中信息沟通的相关条款

公共危机中的信息发布和沟通有法可依，是我国公共危机管理的重大进步，也是信息沟通机制和实行的必要保障。2007 年 11 月 1 日起施行的《中华人民共和国突发事件应对法》（以下简称《应对法》），对突发事件（公共危机）的信息沟通系统及具体操作进行了明确的规定。2008 年 5 月 1 日施行的《中华人民共和国政府信息公开条例》，对政府信息公开的范围、方式和程序、监督和保障作了具体规定。我们在此进行罗列和解读①。

（一）建立统一的突发事件信息系统

突发事件来势凶猛，常使情势处在千钧一发的紧要关头，及时掌控与了解突发事件的真实信息，是正确、及时进行预测、预警，快速进行处置和救援的基本前提。所以，各级政府应当建立高效统一、安全可靠、反应迅速的信息平台。统一的信息系统不仅是监测和预警的综合信息中心，而且是突发事件处置和救援、恢复与重建的指挥联动系统。

统一的信息系统是一个多层次的、立体的信息系统，包含的主体有：国务院及其有关部门、县级以上地方各级人民政府及其有关部门、专业机构和监测网点。《应对法》对各个领域内、各个部门内的信息系统提出了互联互通的要求，以形成一个全国性的网络，实现跨部门、跨地区的信息交流与情报合作。

在对有关突发事件的信息进行汇集、储存的基础上，对收集的信息进行分析是信息系统中的关键环节，分析是连接监测和预警的桥梁，对突发事件的救援和处置具有重大意义。

信息传输连接信息系统内各主体的通道，包括下级人民政府向上级人民政府报送信息，上级人民政府向下级人民政府通报信息，专业机构、监测网点和信息报告员向所在地人民政府及其有关主管部门报告信息。各主体应当在系统中互通有无，形成信息交流与情报合作的机制。

（二）建立信息的收集与报告的有效途径

县级以上人民政府及其有关部门、专业机构应当通过多种途径收集突发事件信息。县级人民政府应当在居民委员会、村民委员会和有关单位建立专职或者兼职信息报告员制度。获悉突发事件信息的公民、法人或者其他组织，

---

① 部分参见李飞主编：《中华人民共和国突发事件应对法释义》，法律出版社 2007 年版。

应当立即向所在地人民政府、有关主管部门或者指定的专业机构报告。

（三）明确信息报告的责任主体和相应职责

地方各级人民政府应当按照国家有关规定向上级人民政府报送突发事件信息。县级以上人民政府有关主管部门应当向本级人民政府相关部门通报突发事件信息。

专业机构、监测网点和信息报告员应当及时向所在地人民政府及其有关主管部门报告突发事件信息。专业机构、监测网点和信息报告员是最早接触、收集到相关信息的，因此他们负有把这些信息传递给当地政府及其有关部门的义务，为政府分析、决策提供充分的原始资料和客观依据。

有关单位和人员报送、报告突发事件信息必须及时，不得迟报。迟报是指不按照规定的时限报告有关突发事件的信息。相关法律、法规都规定了有情况必须及时上报，各类突发事件应急预案还规定了相关的时限和上报方式。同时报送、报告的信息应当做到客观、真实，不得谎报、瞒报、漏报。真实准确的信息是政府做出决策的客观依据。有关突发事件的信息是否真实、准确，直接影响突发事件处置工作的成效。

县级以上地方各级人民政府应当及时汇总分析突发事件隐患和预警信息，必要时组织相关部门、专业技术人员、专家学者进行会商，对发生突发事件的可能性及其可能造成的影响进行评估；认为可能发生重大或者特别重大突发事件的，应当立即向上级人民政府报告，并向上级人民政府有关部门、当地驻军和可能受到危害的毗邻或者相关地区的人民政府通报。

（四）及时向社会发布与公众有关的信息

履行统一领导职责或者组织处置突发事件的人民政府，应当按照有关规定统一、准确、及时发布有关突发事件事态发展和应急处置工作的信息。

发布三级、四级警报，宣布进入预警期后，县级以上地方各级人民政府应当根据即将发生的突发事件的特点和可能造成的危害，定时向社会发布与公众有关的突发事件预测信息和分析评估结果，并对相关信息的报道工作进行管理，对舆论进行引导，防止虚假信息的传播。

警报发出后，要及时按照有关规定向社会发布可能受到突发事件危害的警告，宣传避免、减轻危害的常识，公布咨询电话。发布警报、宣传常识，是为了让人民群众了解应对要点，掌握必要的应对方法和技巧，提高各类人员的自救与互救能力，尽量避免、降低突发事件发生时带来的危险，减少损失。人民政府还应设立并公布专门的咨询电话，负责解答群众提出的与应对突发事件有关的问题。

发布一级、二级警报，宣布进入预警期后，县级以上地方各级人民政府还应当针对即将发生的突发事件的特点和可能造成的危害,及时向社会发布有关采取特定措施避免或者减轻危害的建议、劝告。这对于提高突发事件可能影响区域内的社会公众的公共安全意识和避灾风险意识,及时采取针对性、有效性的避险措施,减少损失,具有极其关键的作用。

（五）禁止任何单位和个人编造、传播虚假信息

虚假信息,是编造者利用人们急于想了解某事,或对某事的好奇心理,在一定的危机事件背景之下,捏造出不符合实际,或纯属无中生有的事件,编造的目的在于传播并引起一定的社会效应。

《应对法》禁止的编造、传播虚假信息的行为包括:一是编造有关突发事件事态发展或者应急处置工作的虚假信息的;二是传播有关突发事件事态发展或者应急处置工作的虚假信息的;三是行为人有既编造又传播虚假信息的行为。这些行为或可能会造成社会危害,或可能会引发局部的社会动荡,或可能会使人们对政府应对危机的能力和诚信产生怀疑。《应对法》规定的主体是指任何单位和个人。一切国家机关、社会团体、企业事业单位和所有公民,都不得编造、传播有关突发事件事态发展或者应急处置工作的虚假信息。

在传播媒介日益发达的当代,虚假信息一旦传播,则其传播的途径、速度、影响范围就会很多、很快、很广。《应对法》规定,编造并传播有关突发事件事态发展或者应急处置工作的虚假信息,或者明知是有关突发事件事态发展或者应急处置工作的虚假信息而进行传播的,责令改正,给予警告;造成严重后果的,依法暂停其业务活动或者吊销其执业许可证;负有直接责任的人员是国家工作人员的,还应当对其依法给予处分;构成违反治安管理行为的,由公安机关依法给予处罚。

（六）发挥新闻媒介的积极作用

突发事件本身涉及信息传播的信度与效度问题。大众传播负载着公共权力,一旦社会上出现风险信息,如何使风险信息的比例合理化,正确引导公众的反应显然是一个非常严肃的问题。因此,新闻媒介对信息传播发挥着重要的作用。电视、报纸、广播、互联网等大众传媒的信息传播活动,不仅普及到社会的每一个角落,而且渗透到人们生活的方方面面。在突发事件的应急处置工作中,新闻媒介的传播作用会对社会产生各个方面的影响。在应急处置中,如果新闻媒介发挥积极、正面的作用,可以与政府形成一种良好的互动,更好地配合应急处置工作;反之,则可能造成消极的影响。新闻媒介应当严格遵守有关法律、法规,在进行新闻报道时做到客观、公正。政府等机关部门应当通过新闻媒介起到舆论监督、警示教育、社会沟通、引导激励、信息传播的积极作用。

三、公共危机的沟通原则和核心

（一）公共危机沟通的原则

危机沟通的核心是信息的共享和不确定性的消除。[①] 我们根据这一核心确立危机沟通的原则和内容。

1. 保证正规渠道畅通

危机的影响范围越广，沟通渠道就越重要。人与人之间的信息传递往往存在着两种沟通方式：正式沟通和非正式沟通。正式沟通即政府利用公开的、为人们所熟知的渠道和方式向公众传递各种有利于组织协调运转、危机弱化或消解的信息。非正式沟通包括小道消息的传播、谣言的散布等。小道消息和谣言是在公众间私下传播，没有规则约束，随意性大，加之传递过程中的不断歪曲和误传，给社会带来的负面影响不容小觑。由于小道消息和谣言的产生与散布都是因人们对某一正在发生或已经发生的事情知晓的愿望和期待得不到满足或者焦虑得不到缓解而致，要使其消极作用减到最低，最根本的办法是要保证正规传播渠道的畅通，提高正式沟通的效率，及时公布事实真相，增加透明度，做好宣传和解释工作，加强正面引导，特别是要发挥大众媒体的重要作用。

2. 保持信息口径一致

信息口径一致在公共危机的沟通管理中具有"源头"式的地位。信息口径不一致会导致信息失真、谣言散布、人心混乱等。因此，政府及相关部门作为危机管理的主体，必须抢占舆论阵地，主动出击、主动沟通，要充分体现出组织主动负责的精神，任何被动的沟通都会造成公信力的缺失，甚至导致危机沟通的失效。要保持信息口径的一致就必须建立唯一信息源，避免"多头"、"多层"发布信息。同时，要成立专门的信息发布机构，并指派专门的危机事件发言人，负责为大众及媒体提供最新信息。选择的发言人应根据危机的本质及严重程度来确定。如果是重大危机，最好由政府相关官员担任主要发言人，且此人需要对媒体工作有一定的了解并具备良好的公关能力和公关经验；如果危机与科技等方面的专业性有关，则指派相关专家担任发言人较为合适，且此人也须先掌握全盘情况、熟悉危机处理准则、了解决策意见。若有多名发言人，则必须及时与管理层沟通，保证任何对外发表的言论口径一致。此外，还要设

---

① 胡百精著：《危机传播管理》，中国传媒大学出版社 2005 年，第 184 页。

立沟通智库,协助发言人把握全局。[①]

3. 真实地满足公众知情权

公民的知情权是其不可剥夺的权利,"新闻媒体是公众认知世界的桥梁,监督社会的公器"[②]。危机一旦发生,无论是民众还是新闻界,都有迫切的知情权诉求,因此需要立即成立危机新闻中心,告知真实信息和危机处理进展,"确切"、"权威"地满足公众知情权。如此,能够准确而迅速地传递相关信息,通过加强沟通促使公众与政府达成共识,从而营造良好、有序、信任、高效的沟通氛围。特别需要强调的是,在"网络社会开始崛起"这一大背景下,任何新闻不能以传统的思维进行"压制",只能"抢占"——也就是"抢占"舆论的先声夺人和主动优先,同时保证危机管理中心与新闻中心之间的通讯网络畅通。如果事件发生在禁区,新闻中心最好与事发地点保持适当距离;若是严重意外事件,应避免将新闻中心设在现场,以免场面混乱、扰乱正常的营救等。新闻中心成立之后要尽快告知媒体,并尽可能收集好所有与危机相关的资料和信息。

4. 把握好沟通的"质"、"量"、"度"

"适度"是危机沟通的难点。因为面对危机事件,并非提供全部信息就可以解决危机——只有假定所有人都是理性人的情况下,获得全部信息才能做出正确判断,因此以适当的方式提供信息显得尤为重要。"适度"难点还体现在:一是对事关公共利益的信息,是应当适当隐瞒,还是及时公开? 这是最难、也是最现实的选择。二是对事关公共利益的信息,由谁来公开? 公开信息的内容由谁把关? 谁发布? 所以,"适度"原则要求在沟通内容、沟通角度的选择方面、在沟通的"质"、"量"、"度"上谨慎把关。这一"把关"过程,不仅仅是对信息价值和信息要素的分析,也应该把政治、经济和意识形态等因素考虑在内。

奥尔伯特与波斯特曼在《流言的心理学》一书中提出了一个关于解决流言传播的基本法则,即把"流言的强度和流布量"设定为 R,流言主题对个人的"重要度"设定为 I,其"暧昧度"设定为 A,结果导出以下公式:[③]

$$R = I \cdot A$$

重要度是指事件对人们的影响力,通常与危机等紧急情况有关;暧昧度通常是指信息不足、意味不明。通过这个公式可以看出,在流言传播中,主题越重要,流言也就越容易传播。主题的信息越是暧昧,流言也越容易传播,而且重要度与暧昧度的影响方式不是"和"的形式,而是以乘积的方式出现。这一

---

① 参见肖鹏军主编:《公共危机管理导论》,中国人民大学出版社 2006 年版,第 219 页。

② 参见贺文发著:《突发事件与对外报道》,中国传媒大学出版社 2008 年版,第 55—56 页。

③ 转引自肖鹏军主编:《公共危机管理导论》,中国人民大学出版社 2006 年版,第 231—232 页。

基本法则,对解决危机中的沟通难点具有一定借鉴意义。

（二）公共危机沟通管理的核心问题

公共危机沟通管理的核心问题包括沟通内容的规划、沟通渠道的整合、沟通技巧的培养三个方面。沟通内容的规划包括沟通策略的采纳问题,策略实施的"度"的问题以及策略效果的把握问题。沟通渠道有新闻媒体、自办媒介（内部刊物和网络平台）、接待来访、热线电话、信函和传真、权威机构和人士等,要充分开发这些沟通渠道,并进行最佳整合和联动组合。沟通技巧方面,则要注意仪表姿态、做到主动倾听、清楚表达、善解人意等,讲究礼貌礼仪、注重情感交流、避免生僻用语等也是危机沟通的必备技巧。

如果是影响较大的危机发生了,就要安排专门的危机沟通人员。政府如果缺乏能够有效进行危机沟通的人员,危机沟通的方案和策略都形同虚设。因此,需要成立危机沟通小组,挑选合适人员,并接受如何接受记者采访、电话问询的训练。危机发言人的任务、应具备的知识和相应技能见表 6-1。

表 6-1　危机发言人的任务、应具备的知识和相应的技能

任　务	知　识	技　能
在镜头面前表现自然	理解准确传递信息的重要性	强的信息传递技能
有效回答问题	理解长时间停顿的危险性 掌握有效倾听的步骤 理解"无可奉告"的危险性 理解和记者争论的危险性	快速思考 有效倾听 用别的言语替代"无可奉告" 压力下保持冷静
清晰表述危机信息	理解和专业术语有关的问题 理解回应的必要性	能避免使用专业术语 组织回应
能处理复杂问题	理解复杂问题的特性	能确认复杂问题 能要求对方重复问题 有技巧地处理复杂问题 质疑不准确信息 解释有些问题不能回答 评价复合性问题的回答正确性 应对复合问题

资料来源:W. Timothy Coombs. *Ongoing Crisis Communication:Planning,Managing,and Responding*. London:SAGE Publications,Inc.,1999,65

四、危机各阶段的沟通方式和策略

英国公关界元老萨姆·布莱克教授指出,危机沟通需遵循以下原则:立即做出反应;向新闻界提供全部和准确的情况;尽最大可能安抚受害者及其家属①。英国危机公关专家罗杰斯特提出了著名的"三 T"原则,得到国际学界的认可和推崇:主动沟通(Tell your own tale)、全面充分沟通(Tell it all)、尽快沟通(Tell it fast)②。综合以上原则,我们把危机各阶段的主要沟通策略概括为:潜伏期——预案预警,事先制定好危机沟通应急计划,确定和培训危机沟通的专职人员;爆发期——快速反应,高效率和日夜工作是保证快速反应的前提,信息畅通,强调告知实情;恢复重建期—践行人道主义原则,安抚社会心理,提供心理援助,保护公众利益,注意维护和修缮政府形象。

（一）危机潜伏期的沟通渠道与策略

根据海恩法则,危机管理的一个基本前提就是认为危机是可以认识的,任何一个危机在爆发之前都会有各种各样的前期征兆。一个公共危机在全面爆发之前有特定的潜伏期,会呈现出某些外部表征,诸如大规模的群众上访、区域性的示威游行、小规模的暴力事件等。这就需要危机管理体系中的预警和检测系统在收集相关信息资源的基础上,多方面多角度地做出初步反应,最重要的是进行事前危机调查和危机预测,并做好危机预案。

危机调查要注意两个问题:一是弄清楚政府相关职能部门的职责和特征;二是列出可能发生的各种危机事件。对危机调查所取得的结果要进行分析,把所有可能发生的危机按轻重缓急加以归类和排序,并预测出危机可能造成的损害,从而为防治危机做好前期准备。但由于受继发性危机转折点的偶然性、突发性危机本身的不可预测性与决策者素质和决策水平的难以把握性三种因素的制约,在危机发生之前人们往往难以准确预测。所以,政府要进行脆弱度分析和审查,制度性地定期检查自身薄弱环节并了解最新情况,以使得问题在发展为危机之前得以发现、减轻和解决。这时候解决危机的成本最小。

媒体的反映和报道是公众重要的信息渠道和来源,通过媒体宣传和报道对大众进行危机意识的非正式教育,有助于全社会形成共有的危机意识,形成全民预防和监测危机发生的安全文化。更为重要的是,敏锐的媒体通过自身

---

① ［英］萨姆·布莱克著,陈志云等译校:《公共关系学新论》,复旦大学出版社 2000 年版,第 19 页。

② Regester. *Crisis Management: How to Turn a Crisis into an Opportunity*. London: Hutchinson Business,1989

理性判断发现危机前兆并向社会传递潜在危机的信息,从而使得社会各界尤其是政府部门能够及时采取对策以避免危机的爆发或减轻危机的危害。同时,由于互联网的舆情已经越来越成为重要的信息源和某种程度上的公众心理反应,所以各级危机管理部门要加快建立舆情预警体系并成立专门的舆情分析工作组,通过主动搜集媒体信息、跟踪网络舆情,掌握第一手信息,强化政府的政策评估与预测系统,改善政府政策的回应手段及措施,进而整合社会多方能力,提高社会整体抗逆水平。

(二)危机爆发期的沟通方式与策略

当危机爆发的时候,也是人们急切希望了解危机相关信息的时候,这时候人们首先希望从媒体获得相关信息。如果媒体能够及时提供有关危机事件的全面信息,人们就会消除对于突发危机的恐惧,形成对危机的正确认识并且采取相应的自我保护措施,这对于危急时刻的社会稳定是非常重要的。反之,如果人们不能及时获得有关危机的信息,各种谣言就会盛行,进而导致社会恐慌和不稳定。因此,一旦公共危机爆发,政府应该第一时间与媒体沟通,媒体就是整个事件的积极的告知者、定位者和引导者,其"新闻"和"意见"往往被融合在一起,媒体"告知"的不仅仅是事件本身,还有事件的意义、发展方向和人们应有的态度。

需要强调的是,在现代传播媒介系统日益多样化和个性化的今天,政府的主流媒体在危机时刻的沉默无疑是主动放弃自己的传播权,各种流言并不会因主流媒体"失语"就停止传播,反而流言会借助个人之间口耳相传、电话、手机短信、现代人际传播网络和互联网等途径迅速在社会中蔓延。人们在危机爆发时在信息不透明的情况下恐慌、听信流言和谣言甚至采取过激或者看似可笑的防卫措施,实际上是人们一种自我保护的本能反应,具有一定的合理性和必然性。如果在危机爆发时人们不能获得足够的信息,人们对于危机就不可能形成正确的认识,那么在这样的情况下人们可能因为恐慌而"病急乱投医"采取错误的行动来应对危机,同时对于政府应对和解决危机所采取的各种行动就可能因为不理解而不配合,从而增加处理危机的成本、加大解决危机的难度。当然,信息透明有时也会带来恐慌,但是这种恐慌本身对于危机的解决可能是一个有利的外部条件;恐慌的程度也会随着人们对危机了解的加深而得到缓解。

这一阶段沟通的要义是:首先,引导公众情绪,统一舆论基调。特别是要处理好政府、媒体、公众三者的关系,处理得好可能是"三赢",处理不好则将"三输"。像2001年"9.11"事件发生后,美国媒体表现出了史上少有的一致,"支持政府反恐"成为其基调,这极大地激起了美国公众的爱国情绪以及采取支持政府的价值立场,为政府反恐争取了良好的舆论氛围。其次,要设置舆论焦点,塑造政府形象。媒体具有"设置议程"的功能,其赋予各种"议程"不同程度的显著性的方式,影响着人们对周围"大事"及其重要性的判断。因此,媒体作为危机爆发期的主要沟通中介,政府要主动与其沟通并合作,从利于危机解决、利于政府形象塑造、利于政府公信力建立的角度,有意识地形成一定的舆论焦点,进而影响大众的观念、心理和行为,从而为助于危机解决创造良好的社会环境。再者,要稳定民心。保持社会正常运转是危机沟通应追求的最终目标。在稳定民心方面,除了渗透在媒体对事实的报道中,更多地要以专家、学者的释疑,采取让公众参与讨论的方式,给公众提供一个政策参与的视角,积极引导,凝聚人心,营造积极进取的社会心态。

这一阶段,要尽快建立和完善危机沟通方案,这是进行危机沟通的基本依据。沟通方案的内容应包括:(1)确定重点沟通对象。公众和媒体是危机沟通的两大重点对象,并以此为基础建立有效的危机沟通通道。(2)在第一时间争取舆论主动权。要掌握危机信息发布的主动权,以政府为第一信息源,向外界发布危机发生的情况、政府危机管理的措施和进展等。(3)确定信息沟通传播所需要的媒介,包括名称、地址、主要联系人及联系电话等。(4)确定媒介需要传播的外部其他重要公众。(5)备好有关背景材料,并不断根据最新材料和信息予以充实。(6)规范信息发布渠道和发布人,建立新闻办公室,作为新闻发布会和媒介索取新闻资料的场所;设立危机新闻中心,并接受媒体和公众的电话咨询,必要时保证24小时开通电话。(7)各个层级和层面的相关政府部门应确保具备足够数量的接受过专业培训的人员,以应对媒体和其他外部公众的咨询与申诉。(8)应有一名高级官员置身于危机控制中心,做到与危机新闻中心及时沟通,做到政府危机管理与新闻发布的"言行一致",确保信息可信度和权威性。(9)恰当处理与国外敌对媒体、国内"不配合"媒体的关系。在危机爆发后,有些地方政府往往采取与媒体不合作的态度,甚至滥用行政权力封杀媒体。事实上,无论危机管理者是否表态,媒体都会报道危机事件;即使境内媒体可以封杀,境外媒体也无法控制,且民众也可以通过网络传播相关信息。因此,危机管理者应采取积极的态度与媒体合作,尽快将事实真相和对事件的看法清楚地呈现给公众,才能掌握舆论主动权,并利于危机的解决。

此外,在危机爆发后的沟通策略中还需要特别注意以下问题:(1)面对危机,应考虑到最坏的可能,并及时有条不紊地采取行动。(2)在危机发生时,要以最快的速度启动危机控制中心,调配受过训练的相关人员,以实施危机沟通计划。(3)了解公众情绪,倾听公众意见,满足公众需求。(4)掌握舆论主导权,尽力以政府发布的消息为唯一的权威性来源。在危机发生而真相未查明前,可向媒体提供背景材料,介绍发生危机的初步情况、政府已经采取的措施以及与事件相关的资料等来占领舆论阵地,千万不能"压制"舆论和媒体。(5)统一信息传播的口径,对技术性、专业性较强的问题,避免使用行话或专业术语,要用清晰的大众语言向公众表达。在危机沟通传播中也应使用清晰、不产生歧义的语言,以避免出现猜忌和流言。(6)如果新闻报道与事实不符,应及时予以指出并要求机关媒体进行更正。(7)决不允许用猜测或不真实的信息来填补信息的空白。(8)坦诚地对待公众和媒介。(9)危机沟通人员要有稳重可靠的形象、一定的亲和力以及足够的心理承受能力。(10)对危机沟通过程要及时进行总结、吸取经验教训,最好建立专门的危机沟通案例库,作为之后或者以后类似事务沟通的借鉴。

(三)危机恢复重建期的沟通方式与策略

危机如果处理得当可以成为反败为胜的"转机",也可以成为获得另一种发展模式的"契机"①。所以,尽管从绝对意义上来说,危机对社会的负面影响远远大于其特殊的正面社会功能,甚至导致社会结构的解体(如大规模战争),但危机可能引发组织结构的改变、社会关系和价值观的重建,给组织和社会带来转型、再造的机会,恰当地应对危机事件和有效地宣传危机管理所取得的绩效,对社会结构的调整和校正都有着潜在的积极意义。作为社会变革和政治发展的一部分,危机对于一个理性的、有活力的政府而言,能够成为公共政策改进和完善的外部动力,调整公共政策的导向与价值选择。正如 L. 科塞所阐释的那样:作为社会安全阀机制和调整规范适应新环境的激发器,危机事件激发新的规范、规则和制度的建立,强化对社会生活的参与,使社会关系的调整成为可能。② 因此,危机事件解决后,作为危机管理主体的政府在尽快恢复社会结构和功能、重建社会秩序的同时,要有效地利用媒体发动全社会对危机事件进行冷静的理性思考,做多侧面、多层次的分析,挖掘危机事件的原因,寻求今后避免此类危机事件的发生及改进社会政策的办法和途径。

西方有学者把危机管理的基本步骤归纳为 5P,分别是:Perception(端正态度)、Prevention(防范发生)、Preparation(时刻准备)、Participation(积极参与)、Progression(危中找机)。危机进入消退期的时候,已经处于可控的范围内,社会生活也逐步走向正常。此阶段仍旧要进行沟通管理,主要目的便是对整个危机事件中暴露出来的各种问题以及在危机处理过程中获得的经验进行反思和总结,把危险转化为发展的机遇。借助媒体的反思是最具普遍意义

① 余潇枫著:《非传统安全与公共危机治理》,浙江大学出版社 2007 年版,第 22 页。
② 转引自肖鹏军主编:《公共危机管理导论》,中国人民大学出版社 2006 年版,第 223—224 页。

的反思方式,通过媒体表达的反思可以产生巨大的社会影响,并因此影响舆论,进而可能影响公共政策。媒体后期的反思功能实际上是为下一轮的预警功能服务的,关键是通过反思使得社会在以后面对类似问题时能够采取正确的应对措施;反思不够则会引发新的危机。

五、危机沟通管理中的媒体联动

(一)大众媒体依然是沟通管理的核心介质

大众媒体(这里专指报纸杂志、电视、广播等传统媒体)是传统的传播媒介,也是危机沟通的核心介质。随着政治传播学的兴起,大众媒体不再只是一种简单的舆论形态,而被认为是一种极为有效的政治因素,其作为公共空间的重要成员和社会公器,作为一个重要角色渗透于公共危机的发生、发展和解决过程中。同时,公共危机作为一个"特殊的新闻事件"进入媒体视线,媒体在报道中将面对市场利益和社会责任、自由报道和政府管制、媒体利益与公众利益、公众知情权和"必要信息保护"等众多两难困境。超越这些困境,实现媒体与政府的良性互动、建构良好的媒体管理,对于公共危机管理具有特殊意义。

1.大众媒体的地位及功能

首先,大众媒体是危机管理的"智库"。现代信息技术在给人类带来前所未有的信息爆炸的同时,也削弱了人类的理性分析和判断能力,从而破坏了一个有效的政府赖以生存的基础——公共智慧。大众媒体存在的价值,就在于为公众和政府决策提供可靠的、完整的信息基础。公共危机中,媒体可以通过信息传播来协助政府进行危机预防、应急和恢复;也可以通过发表评论,对危机的产生原因、过程、目前的状态等进行解释和反思;还可以通过民意调查来表达政府在危机管理过程中的得失,从而为政府进一步决策提供依据。美国前国务卿贝克(James Baker)指出,在太多的时候,电视已经成了何种事件构成危机的判官。这意味着媒体可以利用自己手中的信息界定权,有效地引导社会舆论,做好政府处理和解决公共危机的"外脑"。

第二,媒体是危机管理的"向心棒"。媒体通过激发人们的同情心增强社会凝聚力和认同度,从而帮助政府赢得社会支持。认同是社会凝聚力的基础,美国学者肯尼斯·博克(Kenneth Burke)把认同分为三种:同情认同(identification by sympathy)、对立认同(identification by antithesis)、误认同(identification by inaccuracy)。① 同情认同就是通过强调共同的感情与受众建立亲情关系,以缓解心理上孤立无援的情绪,公众在知晓公共危机后会与受难者、媒体达成认同,从而理解和支持政府的相关行动;对立认同则是一种通过分裂而达成凝聚的最迫切的形式,媒体对危机事件的报道使公众的目光聚焦到"外部的一致敌人",从而促进内部团结、形成巨大合力;而误认同则是"无意识的认同",潜在的受害者通过媒体的报道意识到其所受到的威胁,为了避免或减少危机对他们的影响,就会支持危机治理工作。这三种认同方式并无明显界限,无论何种认同都能增加社会凝聚力,获得公众对政府危机治理的支持。

　　第三,媒体是危机管理的"动员器"。动员的目的是制造舆论,在某个政治议程上获得社会其他成员的支持,而媒体说服公众的程度往往是动员成功与否的标志。若公共危机具有明显的肇事者,媒体可以作为舆论战场给危机事件的制造者以舆论震慑,压缩危机制造者的媒介生存空间。同时,媒体也具有强大的力量动员社会各界联合起来战胜危机。

　　综合以上所阐述的大众媒体的功能,对于媒体的报道功能所具有的扩散效应,我们可用图 6-1 进行概括。

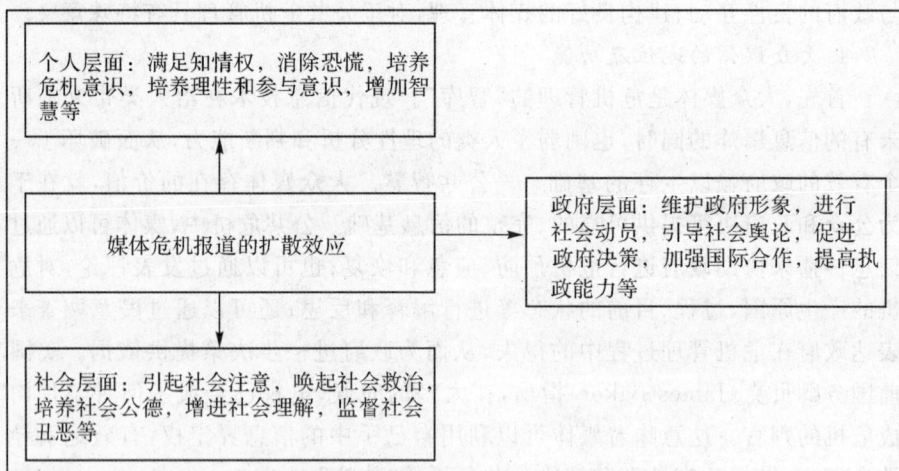

个人层面:满足知情权,消除恐慌,培养危机意识,培养理性和参与意识,增加智慧等

媒体危机报道的扩散效应

政府层面:维护政府形象,进行社会动员,引导社会舆论,促进政府决策,加强国际合作,提高执政能力等

社会层面:引起社会注意,唤起社会救治,培养社会公德,增进社会理解,监督社会丑恶等

图 6-1　媒体危机报道的扩散效应

　　所以,有效的媒体沟通可以发现危机征兆、满足信息需求、引导公众情绪、影响政府决策、塑造政府形象。

---

　　① 〔美〕肯尼斯·博克等著,常昌富、顾宝桐译:《当代西方修辞学:演讲与话语批评》,中国社会科学出版社 1998 年版,第 161 页。

2.大众媒体的双重特性

应该说,大众媒体的功能使得其在公共危机中承担了舆论导向和维护社会稳定的责任,成为公共危机中社会心理状态的指示器。但同时,大众媒体的传播使得危机的"恐惧"心理也在人群中快速地彼此感染,人与人之间的传播互动使该力量成倍增长,"心理传染"和群体感情的一致倾向容易立刻变成一个"既成事实"。因此,如果说与危机事件直接相关的一部分人生活在"现实危机"之中,那么与危机事件不直接相关的更多的人则生活在大众媒体构造的"拟态危机"中。"媒介实况"与"拟态危机"折射出大众媒体在功能上的"双重性"趋向,大众媒体在公共危机治理中具有"促成"与"促败"的双重功能。换言之,媒体既是"危机管理"不可缺少的积极力量,也可以成为"制造危机"和"升级危机"的"妙手"。理解大众媒体的这一"双重性",是进行有效的危机沟通管理、把握好沟通的"度"的必要前提。

媒体的"促成"作用主要体现在:通过其独有的功能和独立的责任,最大可能地进行社会动员、协调社会矛盾;通过评论等形式直接营造有利于危机解决的舆论氛围;在信息的选择、加工和刊载上贯彻危机沟通方案中的方针和意图,达到潜移默化的效果。另外,在发现危机征兆、满足信息需求、引导公众情绪、影响政府决策、塑造政府形象等方面媒体也都发挥着重要作用。因此,大众媒体在公共危机中不仅仅局限于社会守望者的传声、描述角色,更能以一个公共责任者、人文关怀者、危机协理者的面目在公众视野里出现。

公共危机因其"公共性"与"紧迫性"与大众传媒有着密切的联系,对大众媒体也具有特殊的价值和意义。公共危机的突发性、破坏性、震撼性,既符合"新闻事实"又具备"新闻价值",还具备"新闻效果"。在一些公共危机事件中,媒体为了达到其新闻目的,往往容易对危机事件进行赤裸裸地展示和宣传,广大受众在无意中被强行拉入"危险世界"、见证危机事件,从而使本来与己无关的、非常态的危机事件转化为身边的、共同的、经常的媒介事件,造成最大规模的社会心理震荡和群体性恐慌。2002年10月的"莫斯科人质危机"就是一个典型案例,一些记者不顾人质安危一味寻找"爆炸性新闻";一些电视媒体几乎是24小时跟踪事件进度,从人质被劫、谈判破裂到突袭营救的全程跟踪,表现出一种不受限制的自由。俄一名官员说:"这种做法的后果,就是会使恐怖分子提前觉察,从而导致更多人质的死亡。"①

所以,公共危机中大众媒体在本质上面临两难困境:一方面,危机爆发后媒体对消除公众的无端猜测和过度恐慌有着重要作用。因为如果媒体不介入

---

① 《美籍台长激怒普京被免职 直播俄人质危机泄机密》,《信息时报》,2003年1月23日。

或"失语",政府的公信力与权威性会立刻受到挑战,不同群体、组织与个体马上会按各自的愿望发出不同的信息和声音。但另一方面,媒体本身的特性及公共危机的特殊性会使得媒体与公共危机的"相遇"变得复杂。媒体往往容易按其自身的逻辑介入公共危机,通过有目标的运作来设置公共危机这一"议题"。"议题设置是一个过程,它既能影响人们思考些什么问题,也能影响人们怎样思考。"①换言之,媒体的正确引导,能稳定公众情绪,避免社会恐慌,统一价值观念,凝聚社会力量,缓解社会矛盾,重建社会秩序,从而共同战胜危机。媒体缺席或信息传输不当,则会误导民众,加剧恐惧,激化危机事态,造成连带危机或者危机后的新"危机"。在危机的特殊情境中,媒体有时候无法区分其传播活动是正面引导还是负面误导,这就需要政府危机管理部门与其进行有效而真诚的沟通。

3. 公共危机中媒体的自我管理

在媒体与受众的双重建构下,公共危机会从单一的危机事件,转而呈现多种表达和诉求;从单纯的内容传播,发展为复合式的系统;从局部的情绪变化,扩展为大范围群体观念和行为的改变。进一步说,情绪化的或者得不到媒体完整公正报道的公众将会不明智地迫使政府做出不明智的决策。所以,加强大众媒体在公共危机传播中的自我约束与自我管理、重视大众媒体的伦理建设,对防止和消解因不当报道造成的负面效应极其重要。大众媒体自我管理的第一准则是自觉遵守新闻操守和职业伦理,强化自身的权利和责任意识,自觉拒绝商业化运作。公共危机关乎国计民生,牵连甚广,任何马虎懈怠都有可能酿成无法弥补的后果。新闻媒体不仅是公众认知世界的桥梁,而且也是监督社会的公器,不仅是政府危机治理的助手,也是动员公众参与危机治理的公权代言者。因此,在公共危机中新闻媒体更应该将公众与社会的利益作为自身工作的出发点,主动引导整个社会在危机面前形成正向合力。

4. 公共危机中政府的媒体管理

媒体对危机事件及处理的影响,是通过持续性和规模化的报道形成与既定目标相一致的公众舆论来实现的。公众舆论通常被认为是一种代表大多数人的利益并占统治地位的观点,所以能有效地诱导公众向它靠拢。危机处理中媒体管理的关键是对舆论的形成过程进行有效的监控、引导和把握,使其朝着有利于组织的目标方向发展。政府作为危机管理的主体,强化公共危机中的媒体管理,明确公共危机中媒体管理的规制,提升媒体的应急能力和应对素

---

① M. E. McCombs and D. L. Shaw, The Evolution of Agenda-setting Research: Twenty-five Years in the Marketplace of Ideas, Journal of Communication 43,1993,pp.58—67.

质,实现非常规的有效决策和执行,是处理和解决公共危机的必然要求。

危机管理中选择媒体一般遵循以下原则:一是确定需求原则。首先确定组织的危机处理目标,然后研究不同媒体的编辑方针、读者定位、内容风格等,最后才选定目标公众喜欢和日常关注的媒体。其基本要点是,根据需求寻找有效的媒体来影响全部或某一专门领域的读者。二是熟悉与信任原则。媒体也存在着公信力问题,在危机事件的发生发展过程中,人们只接受他们所信任的媒体信息。因此,要根据媒体的公信力选择具有信誉的媒体、选择人们乐于接受的媒体。三是配合行动原则。媒体行动要与其他行动同步而且目标一致。

危机管理中的媒体制度建设方面,首先应尽快制定新闻规制条例、研究紧急状态下的新闻报道规定,在公共危机中进行必要的新闻约束和新闻管理。对具有特殊性的危机事件是否全部需要现场直播? 必要的现场直播怎样进行? 哪些内容不容许报道? 哪些内容应该报道? 等等都需做出具体而详细的规定,使传播活动有章可循、有规可循。其次要牢牢掌握主流媒体,充分利用主流媒体进行良性的舆论引导,疏导和纠正不利于危机处理的传播活动和言论。民众若无法从正当、权威的渠道获取信息,就会转而寻求别的信息来源,一些不负责任的消息则有可能造成舆论混乱。因此,要通过主流媒体建立"唯一信息源",掌握信息主动权,区分事实与谣言、实际情况与联想性猜测等。第三要在保障新闻自由的同时做好对新闻舆论的监督。新闻竞争的加大以及新闻报道方式的多样化,容易产生各种不规范的行为,所以必须强调对新闻媒体的舆论监督,使得新闻媒体的舆论尊重诸如个人隐私、商业秘密、国家安全等知情权的底线。

实际操作层面,主要是把握一个"度"的问题,不能管理过度造成"舆论控制";也不能放任舆论造成舆论无序和混乱。首先是争取媒体的支持。这是危机处理中的一条黄金规则。应摒弃对媒体"讳莫如深"、"置之不理"甚至"敌对"、"打压"的态度,要争取媒体支持,至少要赢得媒体的中立立场进而获得同情的态度,如果所有的媒体都对危机管理组织产生信赖,这种"巨大的影响"就是危机管理中最有力的武器。其次要及时进行新闻发布。危机管理组织机构与媒体往往因为"信息"公布上的不一致而导致紧张关系,而通过新闻发布制度,既可满足媒体对危机信息的渴求,又可以有效地实施必要的信息保护。当媒体把危机管理组织机构所公布的信息当作权威的和唯一的信息源发布时,媒体就自然成为了政府危机管理中有效而有力的协理者。再者要对媒体进行必要的监管和监督。监管并监督媒体的目的,不是对言论自由的控制和扼杀,而是防止媒体歪曲事实或者在报道危机时采取了具有负面影响的方式。危机中一旦媒体的报道出现了严重错误,这个错误就会根深蒂固地被重复传播到各地,并在公众脑海里形成图像,导致"危机的蔓延"。因此,危机沟通整个过程中,监管并监督媒体对事件的态度和报道的内容是危机管理中媒体运用的关键部分。《中华人民共和国应对法》第五十四条规定:任何单位和个人不得编造、传播有关突发事件事态发展或者应急处置工作的虚假信息。通报、报送、公布虚假信息,造成后果的,要追究其法律责任。

5.政府与媒体良性沟通关系的建立

以往我们考虑比较多的是大众媒体如何担当政府和民众之间的信息沟通者。实际上,媒体和政府之间的良性沟通也是应当考虑和重视的。在政治传播学中,媒体与政府之间有着重要的相关性,媒体能把公众、舆论、政党、商业活动及其他社会行为体都组合在一起,媒体环境已经从原先的单一的媒体环境变为现在的和以后的媒体"动力圈",体现的是政府、媒体、公众三者之间互相制约、平衡、影响与斗争的一个系统,一个各种力量互动的系统。回顾2007年的"黑砖窑事件"和2008年的"西藏骚乱事件",由于政府和媒体都未能及时组织对外报道,使得境外一些媒体大肆抢先曝光,甚至乘机恶意攻击,造成危机治理陷入某种被动局面。而2001年乌鲁木齐发生的废旧弹药爆炸事件则是成功沟通的典型:一军队运送准备销毁的废旧弹药的车队,傍晚七时左右在途经乌鲁木齐市区时发生意外爆炸,引起连锁爆炸,死176人,伤近百人。当时爆炸造成的震波相当于一次地震,临近国家地震部门都测到了。新华社于第二天清晨五时就发布了事故消息,公布了初步死伤数字,说明这是一次事故,没有"疆独"的政治背景。后来自治区党委书记王乐泉接见六个中央新闻单位在疆的记者时说,感谢媒体及时报道了乌鲁木齐发生事故的真相,先声夺人,之后世界各地的媒体关于这件事情的报道,基调与我们的报道差不多。因此,新闻媒体在何种程度上行使自己说话的权利,搭建与政府之间沟通的桥梁至关重要。

作为公共权力的一部分,媒体和政府有许多共同的目标和职责,媒体的传播效果直接影响着政府管理危机的能力和绩效,媒体是公共危机管理的重要"协理者"。公共危机中,媒体对政府的行为进行监督和制约;政府在对媒体有所约束的前提下又充分加以利用——这种良性的互动关系格外重要,它不但是政府和媒体关系成熟和理性的体现,也是整个社会成熟和理性的体现,更是妥善解决危机的润滑剂。当然,两者之间良性互动关系的建立,不但需要政府革新传统的管理和控制意识,还需要在立法上保证新闻媒体的权利,同时也需要新闻媒体具有高度的社会责任感和冷静、理性的洞察力。

传统的政府管理思想认为,在公共危机的情境下,公众知道得越多,就越有可能引发社会的不稳定。然而,2008年"西藏骚乱事件"等危机的处理却表明,公众知道得越多,公众的心理越趋平静,其行为也越趋于理性。现代媒体已经使得受众拥有对信息回应和交换的渠道,不再仅仅是新闻事件的观众,而且还可能是事件解决、政策形成的参与者。特别是在互联网日益发达的今天,大众传媒的"失语"往往会使得非正式渠道的信息传播"得势"。无论何种危机的发生,媒体的目的在于及时与公众沟通,并从公众的反馈信息中寻找最佳的、切中要害的有效传播手段和解决途径,充分发挥其在公共危机治理中的"协理"乃至"第二决策者"的积极作用。

(二)互联网逐步成为危机沟通的主流媒介

1.互联网成为治国理政新平台

据工业和信息化部的消息,截至2008年11月底,中国网民数量达到2.9亿,网民规模居世界第一位,为网络舆论的形成提供了庞大的参与人群。其中,人民网、新华网、央视国际三大重点新闻网站,以及新浪、搜狐、网易、腾讯四大商业门户网站,累计每天新闻更新超过2万条,日均新闻信息浏览量超过20亿次。① 可见,互联网正在成为我国社会舆论赖以生成的主要信息源,无论从信息量到观点数量,都无可争议地压倒了传统媒体。以2008年拉萨"3.14"事件和汶川"5.12"地震为标志,互联网已经成为社会舆论最重要的策源地,成为各阶层利益表达、情感宣泄、思想碰撞的舆论渠道。同时,由于中央和地方政府对网络舆情的高度重视、积极回应,互联网也成为政府治国理政、了解社情民意的新平台。

十六届六中全会通过的中共中央关于和谐社会建设的文件提出:要通过互联网,拓宽社情民意表达渠道,搭建快速广泛的沟通平台,政府建立社会舆情汇集和分析机制,引导社会热点、疏导公众情绪、搞好舆论监督。

国家主席胡锦涛已经先后视察东方网、中国军网、审定过人民网的"强国论坛"网友管理条例。2003年,胡锦涛主席在视察广东时,对一位参与"非典"防治工作的医生说:"你的建议非常好,我在网上已经看到了。"2004年11月,温家宝总理依据互联网信息,对建筑商拖欠农民工的工资问题作出批示,表明社会弱势群体的疾苦和呼声通过互联网得到政府高度重视。同时,越来越多的官员对网络舆情开始表现出清醒的认识,遇到网上议论声起,不是传统地急于封删堵,而是重在及早澄清事实、表明立场、引导舆论。比如湖南的宣传官员就提出了一个新观念——发生新闻是第一位的,发表新闻是第二位的;"堵

---

① 祝华新、单学刚、胡江春:《2008年中国互联网舆情分析报告》,http://yq.people.com.cn/htmlArt/Art163.htm

了一个记者的口,堵不了所有记者的口;堵了所有记者的口,堵不了互联网上网民的口"[1],要做好自己的工作,消除出现"负面报道"的源头,是唯一和最重要的。所以,随着网络的全面迅速普及,中央和地方都已经认识到,网络舆情是危机的重要"指示器"、"晴雨表",具有危机前的发现征兆、预报警示等功能。危机一旦爆发后,互联网就成了重要沟通平台,对其的正确关注、引导和管理成为重中之中。因此,处理公共危机时要改变对互联网"不理、不用、不管"的现象,尽早讲、持续讲、准确讲、反复讲,提高舆论引导水平,在多元中占主导,在多样中求共识,在多变中谋和谐。

同时,网络舆论中某些非理性的声音和恶意谣言、"人肉搜索"等行为的负面效应也必须警惕,甚至这些行为本身就会制造和引发公共危机,相关的网络管理机构、危机管理部门等必须要对其进行科学的引导和依法管理。

2. 要重视互联网舆情跟踪和分析

在互联网上,网民倾向于主动设置议题,自发地形成热点舆论。虽然中国互联网普及率(19.1%)低于全球平均水平(21.1%),但网络舆论的发达程度超过西方国家。比如西方的网络新闻反馈主要通过电子邮件,跟帖很少,形不成网民对新闻的意见聚焦。而在中国,民意往往借助互联网得以宣泄。2008年的统计数据表明,中国拥有130万个BBS论坛,规模为全球第一[2]。我国互联网虚拟空间(包括BBS、即时通讯、博客、个人空间等)的发达程度,与世界发达国家相比也毫不逊色,互联网逐步成为舆论"主流媒介"。同时,网上舆情还经常伴随网下的联动,比如传统媒体(报刊、电视台)的呼应,乃至现实行动,包括上访、群体性事件。舆情参与主体方面,2007年的统计数据表明,在中国网民中,拥有大专及以上学历的网民占4成还要多,达到7121万人;大专及以上学历居民中互联网普及率超过90%。[3] 在这一群体中,中国与发达国家互联网普及率水平已经持平。较高的学历成分使网民对社会政治关切度高,参与网络舆论的热情高,网上发言的质量也较高。有传统报纸的群工部编辑反映:网上BBS帖见解的深度普遍超过报纸的读者来信。舆情特征方面,网民规模庞大、群体文化的土壤和从众心理使得互联网舆情有较大的传染性,2007年的调查显示,多家BBS虽然受众和定位有较大区隔,但网友对社会敏感问题

---

[1] 王攀:《省委书记约见网友的意义》,新华网,2008 年 06 月 04 日 00:00:33,http://news.xinhuanet.com/comments/2008-06/04/content 8306917.htm

[2] 祝华新、单学刚、胡江春:《2008 年中国互联网舆情分析报告》,http://yq.people.com.cn/htmlArt/Art163.htm

[3] 祝华新、胡江春、孙文涛:《2007 中国互联网舆情分析报告》,2008 年 02 月 01 日 14:43 来源:人民网—《今传媒》

的关注点、价值取向呈现惊人的相似和趋同。

　　因此，及时跟踪并深入分析互联网舆情，是新形势下危机沟通的必然要求。当前，我国一些高校的宣传部门或学生管理部门设有校园舆情办公室，专门跟踪和分析校园 BBS 的舆情，这对及时把握学生思想动态、了解学生利益诉求、解决存在的问题、防范公共危机发生、维护校园稳定无疑具有实质性意义，这一做法也急需推广到政府的公共危机管理过程以及日常政务工作中。

　　政府公信力关系到经济和社会稳定，是公权力的合法性基础。近年来，党和政府加强执政能力建设，推行政务信息公开、官员问责制，为增强政府公信力做出了多方面的努力。但在一些地方、一些部门，在处理一些具体政务和突发事件时，往往采取遮遮掩掩甚至文过饰非的做法，引起网民的不满，有时候使得事态严重恶化，即使网络舆论最终得以平息，也是以消耗政府的公信力为沉重代价。比如 2007 年岁末的"周老虎"事件就是最新的一例。同年 12 月 20 日《人民日报》发表《峰回路转的不只是"虎照事件"》一文，指出各级政府"以包容的胸怀面对民间舆情，以积极的态度对待公众质疑，是民主政治建设的必然要求"；"正面回应并未消损政府形象，相反让公众体察了政府对民意的重视"。因此，网络舆情的跟踪分析，必须引起政府和相关部门的高度重视，网络舆情已经成为危机沟通的"拟态现场"，谁抢占并赢得了这一现场，谁就获得了危机沟通的先机和主动权。由于受一些思维惯性的影响，我国政府在正视民意舆情、进行政府危机公关方面起步较晚，虽则近几年来这方面的意识不断加强，个案处理的经验也越来越丰富，但仍旧需要进一步从技术层面、价值层面、机制层面、专业队伍建设层面等加强对网络舆情的关注和分析，这不光是危机管理应有之义，是消解当下可能爆发的公共危机的有效路径，也是政府管理、政府改革、公共管理的重要组成部分。

　　（三）手机等泛媒体将是危机沟通的新兴渠道

　　中国的网络言论得到开放，总体上的管理水平正在提升，政府对网络舆情的认识也变得更加客观、科学；新兴媒体与传统媒体相互影响，舆论力度明显增强；包括手机、个人博客、个人空间、即时聊天通讯等在内的"泛媒体"不断发展，作为新兴的沟通渠道将越来越在危机沟通中发挥出重要作用。

　　据 CNNIC 发布的调查，2006 年中国网民注册的博客空间 3375 万个，博客作者超过 1749 万人（一人可能拥有 1 个以上博客空间）。至 2008 年，博客用户规模达到 1.07 亿人，已经成为增幅最大的言论载体，自全民用手机接发短信后，全民上网写博客成了一个新的文化奇观。虽然博客在中国呈现出浓厚的娱乐化倾向，网民建博客的目的（可复选），83.5％为了"记述自己的心情"，但同时也有 60.2％为了"表达自己的观点"。阅读博客已经成为网民上网习惯的组成部分。经常阅读博客的活跃读者有 5471 万人。新浪网各频道中,Page View 数量第一的就是博客。在这浩浩荡荡的博客大军中,一个"新意见阶层"也正浮出水面,网络"意见领袖"的影响不容忽视。一些看似"自媒体"的博客经过网站的推荐、网友的转发、网民的追捧等等,往往也具有甚至超越大众媒体的影响力。比如 2008 年汶川地震后,从 5 月 12 日到 5 月 16 日,仅新浪网博客就发表博文 2310 万篇,表达了网友的震惊、悲恸和血浓于水的同胞情谊,单篇点击量达几十上百万次的博客为数不少。此外,即时聊天通讯工具等也越来越显示出其传播和沟通的速度和效力。比如汶川地震后,温家宝总理危难时刻对着军队喊"是人民养着你们,你们看着办!"这一掷地之声,最早便是一个记者通过腾讯 QQ 向其 QQ 好友发送的信息,最后成为全国人民皆知的、危难时刻最鼓舞人心、感动肺腑、信任政府和凝聚力量的宣言。

手机更是由于其可随身携带、普及面广、及时迅速等优势,在危机沟通中具备独有的渠道优势。汶川地震后,手机短信成为有关部门向公众告知情况的主要渠道,权威部门的震情最新消息最初多是通过手机短信发布的。[①] 与此同时,"手机报"纷纷开出抗震救灾专版,提倡互助互勉精神。如地震 5 月 12 日下午 14:28 分发生后,《重庆手机报》赶在 15 点 20 分,地震发生不到一小时的时间内,向 30 万用户发出了灾情信息,第一时间播报了地震信息,第一时间播报了预警快讯,并连续 14 期编发震灾特刊,7 天发送 9 期震灾快讯,还联合广西、宁夏、杭州、辽宁、天津、湖北、海南、江西、山西、广东 10 家全国各地手机报共同发起"抗震救灾,我心系汶川"爱心活动。同时,通过报网互动搭起爱心桥梁,从 5 月 14 日起,华龙网联合重庆移动、重庆市红十字会,为读者提供了短信捐款平台。[②]

总之,传统主流媒体具有强大的舆论引导力,新媒体具有明显的速度优势,泛媒体贯彻信息提供的多元参与,是信息提供和披露的有益补充。在危机沟通管理中,要进行多媒体联动,充分发挥主流媒体的作用,发挥新媒体和泛媒体各自的优势,既体现信息传播的速度和效度,也进行必要的舆论引导和良好社会氛围的营造。

六、危机中的新闻发布制度

新闻发布一直是危机沟通管理中重要的组成部分。公共危机发生后,在

---

① 李文竹:《迅速、全面、坦诚:从汶川地震看政府危机信息传播理念》,湖南社会学网,转引自 http://www.hnshx.com/Article Print.asp? ArticleID=3429
② 资料来源:张涛、吴艳婷:《手机报在抗震救灾中展现主流媒体责任感》,华龙网。

启动应急机制的同时,就要迅速启动新闻发布工作,在负责处理危机的指挥部下面设立专门的新闻发布机构或新闻发布中心,确定专人负责新闻发布工作。要把新闻发布工作作为处置公共危机的重要组成部分,在研究和决定处置公共危机的方案时应该包括新闻发布的内容。这样做的好处在于,一是在进行公共危机决策时,能有新闻发布工作方面的意见参与,并将涉及新闻发布工作的其他因素考虑进去,一并作出部署;二是负责新闻发布的人员,能及时了解第一线的实际情况,在开展新闻发布工作时,做到心中有数,趋利避害,使新闻发布工作更好地为处置公共危机事件服务;三是及时将了解到的社会舆论反馈给指挥部门,有针对性地开展工作。负责新闻发布的机构要迅速拟订新闻发布方案和发布内容,组织好新闻发布工作。此外,要根据危机事件的不同应急响应级别,确定相应的新闻发布方案。

(一)危机新闻发布的基本原则

危机新闻发布的目的是"于我有利",有利于事件的妥善处置,有利于保护民众的生命和财产安全,有利于国家和政府的形象。要做到这些,需要新闻发布机构和相关人员有较高的政策水平和新闻发布专业知识,并且不断地在实践中摸索和总结。危机新闻发布要坚持及时、准确、适度的原则,快速及时一定要以准确为前提,要认真细致地核对事实。为确保发布信息的准确,一些尚未弄清楚的情况、较为复杂的突发事件,可先发简短消息,再做后续报道,但千万不能因为没有弄清楚情况而不予以相关信息的披露。新闻发布要注意适度,讲究策略,认真策划,循序渐进,充分考虑到公众的心理接受能力,注意消除和化解公众的恐慌情绪,维护社会稳定。新闻发布要得到授权,发布的内容要按照程序报批,无新闻发布任务的政府相关部门和个人,为避免造成信息混乱,最好不要擅自就公共危机事件处置工作接受记者采访或发表谈话;负责新闻发布的部门,应该及时把新闻发布的内容和有关答问口径向参与处理危机事件的部门通报。新闻发布可由新闻发言人通过新闻发布会、吹风会发布,或者通过散发新闻通稿、接受记者采访、书面回答记者提问等多种方式进行。对采访媒体的选择要慎重,要选择具有公信力和威信的媒体。同时,接受采访和发布新闻要注意针对不同媒体(如电视、广播、报纸、互联网)各自不同特点来操作。

(二)建立中外记者采访管理机制

第一,危机新闻中心要及时受理中外记者的采访申请,采取符合国际惯例的、科学有效的管理方式。应主动向记者提供事件的相关信息,必要时迅速成立专门的新闻中心,并提供电话、传真、上网以及电视信号传输等服务,为记者的采访和新闻报送提供方便。要使记者有正式的渠道获得官方权威的信息,避免根据猜测和传闻去做报道。要使记者知道应该在哪里了解情况、找谁了解情况,而不必四处打探消息甚至妄加猜测。第二,要加强对记者采访的组织工作和现场管理工作。记者往往希望能亲赴第一现场进行采访,但有的情况下出于抢救工作及其他更复杂因素的考虑(比如恐怖分子制造的恐怖事件,如果营救计划被媒体曝光,也就在事实上对恐怖分子泄露了营救方的计划,进而带来营救的失败),记者不能进入现场,这就需要对记者说明原因,同时可以划定区域,让记者在划定的区域内开展采访工作。在不影响事故抢险和记者安全的情况下,则可尽量安排一些记者进入现场,并为其提供便利。尤其对摄影、摄像记者来说,能进入现场对其做好报道是很重要的。对记者的管理要避免简单生硬,要把管理工作与正面信息的提供与采访安排结合起来。

(三)建立境内外舆情跟踪和通报机制

危机新闻中心要密切关注境内外媒体的报道,汇编舆情简报,及时向上级部门和有关部门通报,并组织有针对性的舆论引导工作,澄清事实,解释疑惑,驳斥谣言。对于自然灾害、事故灾难、突发公共卫生事件等危及公共安全并对全局有重要影响的危机事件,应及时组织新闻发布;对于一些涉及重大的政治性、群体性、危害国家安全、损害国家国际形象的社会安全事件的新闻发布要十分谨慎,要做到统一授权、统一协调、统一发布。

(四)建立互联网信息安全管理机制

互联网作为特殊的新媒体,具有传播快、影响大、互动性强、管理困难的特点。一方面,要充分发挥和利用互联网的优势,及时传达政府危机管理的政策、举措以及各种正面信息,主动引导舆论;同时利用其信息汇聚的特点,作为了解搜集舆情的重要来源。另一方面,要警惕并及时删除各种歪曲事实、煽动矛盾、影响危机解决的有害信息,对境内外一些恶意攻击和持敌对态度的网站要及时采取应对措施。

第二节　公共危机的社会参与

在西方发达国家的公共危机管理实践中,政府和社会、公共部门和私人部门之间的良好合作,普通公民、工商企业组织、社会中介组织在危机管理中的高度参与,已经成为一个事实。我国的危机管理总体上呈现出"政治动员强、社会动员弱"的特点,注重组织化动员而缺乏社会化动员,往往突出以政府为单一主体的应对,强调的多是政府自身应对危机的责任与职能。现代公共危机的治理单靠政府一方的力量是不够的,需要进行复合治理,这就必须打破体制上的条块分割,建立危机治理的大平台以提高综合治理能力;必须培育和发展社会第三部门和公民自治组织,充分发挥其在危机治理中的作用;必须充分进行社会动员,发挥媒体等社会公器的作用及实现民众的自我响应。

一、公共危机的社会参与

我国公共危机管理采用的往往是政府单向度的、自上而下的、管制与命令为主导的方式,结果使得在应对危机的社会公共动员的及时、广泛上,在社会公共资源的整合调动上,以及在公共治理的法律保障等方面缺乏普遍的包容性,在应急管理的组织体系和制度构架上也缺乏高效的协调性。因此,有学者提出要从公共危机管理到公共危机治理的转型,提出了公共危机治理的结构公式:

危机治理＝政府管理＋传媒协理＋民众响应＋国际协助[①]

也就是说,公共危机的应对要从单一行为体转向多元行为体,强调媒体、民众、非政府组织、国际组织等社会多元主体共同参与,强调政治国家与公民社会的合作,政府与非政府组织的合作,公共机构与私人机构的合作,进而形成一个资源互补、权力分享、风险共担、彼此依赖的动态组织网络系统。

公共危机管理必须是一个全社会全方位参与的整合协同过程,加强社会型危机管理网络建设是当务之急。公共危机管理中的社会参与主体包括以大众媒体为标志的传媒系统、与民众相关的个体和社会组织、与国际社会相关的政府间组织、国际组织等。关于媒体我们在第一节已有论述,此处不再累述。广义上,危机管理中的社会参与包括应急文化的塑造、社区(基层)应急机制的建设、志愿者组织的应急功能和应急管理中的公私伙伴合作关系、类社会组织和普通公民的参与机制等几个方面。

二、危机管理的社会参与:民众

(一)民众参与的意义与机制建设

公共危机不仅是对政府能力的挑战,更是对社会整体能力的综合考验。在通常情况下,民众是突发性危机事件直接威胁的对象,也是直接的"受灾体"。此时,民众的生命和财产安全便成为政府危机管理最重要的内容,而民

---

① 余潇枫主编:《公共危机管理》,浙江人民出版社 2008 年版,第 6 页。

众自身的危机意识、危机预防能力和危机应对水平,便成为决定政府危机管理质量的重要因素。民众参与危机治理的重要性主要体现在以下三个方面。

第一,很多情况下,民众是公共危机预警的发出者。在地震、大火、洪涝灾害发生时,民众一般是现场的目击者;而在重大安全事故、群发事件等引起的公共危机中,民众又往往是事发现场的见证人或当事人。因此,民众能否及时向政府职能部门及时发出危机预警,在很大程度上决定了危机处理的效果和成败。

第二,民众是很多危机处理的直接参与者。危机发生后,在政府相关职能部门到达现场之前,民众有组织的自救行为往往能减少危机带来的损失。例如,1995年日本阪神大地震发生后,在警察、消防、医疗和物资救援等部门到位之前,震区民众就积极开始了自救和互救行动,大大降低了人员伤亡和物质损失。

第三,危机结束之后必然要进行反思,民众是最可靠的危机反馈者。民众可以以各类形式的反馈向政府反映此次危机处理的效果,他们能向政府提供最为客观和准确的危机反馈信息,有助于政府有关部门及时总结危机处理的经验和教训。

从各国危机管理的实践看,建设危机管理的民众参与机制的主要内容包括:形成危机应急文化(安全文化),发展社区应急机制,做好危机教育与动员,突显志愿者组织的应急功能,发挥国际组织的合作力量。

(二)民众参与的组织化建设

组织是人们通过特定社会关系和社会结合方式而形成的高于群体的社会共同体,是组成此种共同体的人们或单位所采取的社会生活方式。组织化则是人们结成组织、参加组织和开展组织活动的全过程,其具体表现在组织机构各项活动的开展上。通过各类社会组织与普通民众的积极参与来构成多元化的危机处理网络,是当今危机管理的世界性趋势。

在公共危机处理过程中,如何通过组织化建设来发挥民众的作用,是其中非常重要的一环。除了外交危机和军事危机等传统高政治领域内发生的少数危机外,民众在社会危机处理中起的是终生性的、决定性的作用。以大城市危机管理为例,有学者把政府和社会、公共部门和私人部门之间进行良好合作,从而实现危机管理中普通民众、社会组织、工商企业组织高度参与的治理系统称之为"全社会型危机管理系统"。

公共危机处理是对协调水平要求很高的社会行动,因此广泛的民众个体需要通过各类组织联合和凝聚起来,形成合力。因此,组织化是在危机处理中发挥民众作用的"血脉",组织化建设水平决定民众参与危机处理的规模和水平。对民众来讲,其发挥作用的程度如何,除了受其教育水平等因素影响之外,关键看组织化程度如何。具体地讲,在大规模公共危机中,民众个体发挥的作用是十分有限的,但民众可以通过参加政党、社团、社区组织或群众组织等方式组织起来,一旦被组织起来的民众、被组织化动员的民众,则可以发挥非常重要的作用。

　　社会经验告诉我们,没有受过组织化理性训练的人,言行的情绪性、非理性倾向十分明显,甚至容易对周围组织和个人构成威胁。例如,1998 年 5 月发生的印尼排华事件中,尽管事件发生的主要原因是当地政府对侨民的政策导向和国外反华势力的暗中支持,但同时与当地社会的组织化水平低、民众缺乏理性,容易受到外界蛊惑密切相关。映射到整个社会,如果整个社会缺乏组织和秩序,一旦突发性的天灾人祸降临,则会纷纷"作鸟兽散",进一步增加危机处理的难度并加重危机所带来的损失。相反,一个组织性强、运转有序的社会,即使面对大的灾难,也会做到从容而有效地应对。比如,2008 年我国汶川地震发生后,各地的企业家协会、慈善总会、各级红十字会、党的系统、共青团系统、学校系统以及其他众多社会组织,纷纷开展各类赈灾活动,这些活动都是在组织化的运行下才得以顺利有序的开展的,做到了繁而不混、忙而不乱。所以,提高社会的组织化水平,使个人行为受到组织纪律的约束并在集体生活中训练个人理性,是实现整个社会稳定的微观基础。

　　根据我国目前的现状,危机参与的组织化建设可依托社区、街道、村庄等居住地,也可依托党、团、工会及相关社团、群众组织,也可依托各类行业协会、专门社团等。

　　(三)提高民众参与危机处理的公民意识

　　民众是否具备公民意识是一个国家社会、政治、经济现代化的重要条件之一,也是国家文明程度、民主水平的标志之一。特别是伴随着中国庞大的经济规模以及社会、经济的转型,自然性危机正越来越多地与人为性危机(或社会问题)相交合而引发对社会安全以及人的安全的危害,它直接影响到经济、政治、文化、生态等众多安全领域和其他领域的诸多方面,将促成一种可称之为"复合型灾害"的灾害形成。在这样一个大背景下,民众的危机意识和公民意识显得尤为重要。从危机处理的角度来看,公民意识是发挥民众作用的"嵌入式软件",它直接决定了民众参与危机处理的效果。日本民众在危机意识和自我管理方面有许多值得我们学习的地方。例如,日本企业不仅防火、防震、防盗设施常备不懈,防止出现不良品、防止工作失误的意识更是警钟长鸣。以"山武·霍尼韦尔"公司为例,其建立了完善的风险防范体系,从社长到普通工人,凝聚着一种很强的企业精神,这种精神体现在该公司的宗旨里就是节省和自动化相结合,向用户提供具有高度可靠性、安全性、经济性、耐久性、舒适性的产品;这种精神也写进"劳资共同宣言"和职工的"基本行动"中;危机意识深深铭刻在每一位职工的心里,他们极度关心企业的兴亡盛衰,为企业在竞争中取胜不遗余力;他们把产品质量、服务质量作为个人荣辱、企业兴亡、国家兴亡的大问题来认识,防患于未然。又如,在1995年1月发生的日本阪神大地震救灾过程中,各县、市的民间团体自动将救灾物资运往灾区,临近县、市地方政府也积极提供公有土地建设临时住宅,也有国民将住宅拿出来接受灾民申请;民间医生、慈善团体、社会服务团体也携带食品、饮用水、毛毯等生活必需品从各地赶到;还有地方团体接纳孤儿;在各地灾区内居民也自己组织起来相互支援,进行夜间巡逻加强安全等。而日本政府更是将部分出租车作为"大规模灾害时警察协力车",以在紧急状态时进行调用。

我国自SARS以来,避免危机常态化已经成为整个社会良性运行的先行理念。但同时必须看到,转型期的中国已进入危机频发期,危机趋于常态化。社会学家乌尔里希·贝克的风险社会理论已经不再是危言耸听:发达不是风险的安全门,而是风险的催化剂。同时更需要正视的是:我们一路飙升的GDP中,不仅生产着风险,也分配着风险。这种风险具有全民性,无人可幸免。风险的全民性要求风险应对也必须具有全民性。近几年来,随着水资源危机、环境污染、矿难、突发群发事件、自然灾害、公共卫生事件等各类危机事件频发,民众的危机意识不断加强,政府和媒体也开始加强危机教育,民众在危机处理中表现出了较好的公民意识,但总体上还非常缺乏。以2008年初的南方冰雪之灾为例,广大民众对暴雪的到来总体上缺少必要的心理准备和物质准备,部分城市连化雪用的工业用盐也储备不足。没有预警,没有提醒,没有防备,面对突如其来的雪冻灾害,特别是缺雪少冰的南方地区,广大民众和社会机关部门均显得有点手忙脚乱。民众在危机意识、救灾知识、自救方式、营救能力等方面也仍然十分薄弱,即使想主动抗灾但也缺乏基本的"能力"训练。社会学家安东尼·吉登斯认为,使当代人们陷入安全困境的,并不是风险和威胁本身,更多的是制度对变化的反应迟钝。因此,当前中国在经济高速发展过程中,特别要依靠公共危机治理制度的全面建立来加强对社会风险的积极防范,尽快建立健全灾害的预警和应急体系、危机的治理体系是当务之急。危机应急和管理体系应该跳出目前的"强政府——弱社会"模式,而应将政府危机管理体系、民众的危机自治体系、媒体危机报道体系等一并纳入其中。特别是要在中小学加强危机文化教育、在大学生军训中加入反恐教育和反恐演习的内容。

有学者提出了民众参与危机处理的"以人为本公共危机应对策略体系"①
（见图 6-2）。

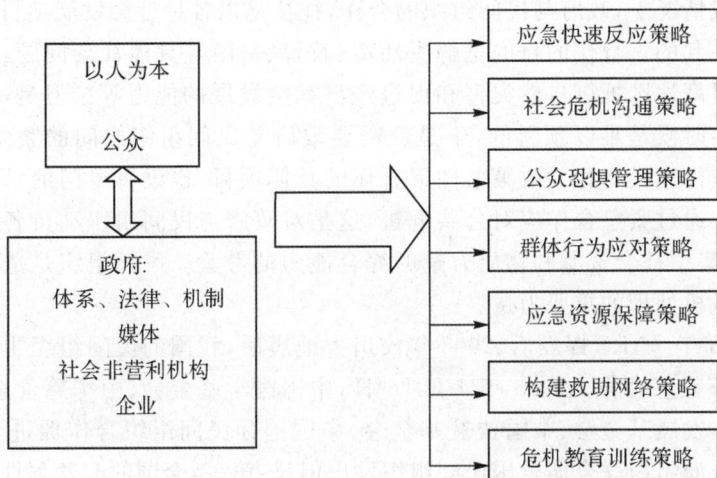

图 6-2　以人为本公共危机应对策略体系

从图 6-2 可见，无论是何种危机应对策略，都需要民众的积极参与。民众
参与危机处理的公民意识很大程度上决定着公共危机治理的效果。

三、危机管理的社会参与：民间组织

（一）民间组织的作用与参与途径

一个国家的社会组织程度和动员能力，是现代化程度的最重要标志之一。
而一个有机的现代社会，民间的组织与国家的组织具有同等的重要性。民间
组织不仅是某种教育或者观念灌输的产物，更是公民能自由在这个国家找到
一种社会纽带与国家、与社会、与其他人稳定联系，并与之共生的产物。民间
组织作为社会的组织体系，具有多方面的社会功能：推动政策制定的公正性，
协调弱势群体及一般大众，落实及促进社会公共利益，监督政府公共政策的实
施；整合民间社会资源，倡导社会改革运动，推动公益事业；推动民众参与，唤
醒公民意识及塑造公民文化，促进社会整合等。基于此，现代民间组织在争取
来自政府的各种支持、积极吸引政府参加项目的同时，往往也参加政府的有关
项目活动，参与社会决策，为政府提供政策性公共服务，监督和评估政府行为。

---

① 孙多勇著：《突发事件与行为决策》，社会科学文献出版社 2007 年版，第 350 页。

现代民间组织一般都有一系列的组织保障,以实现其既定的角色和功能;同时,在现代社会中,民间组织也越来越具有社会影响力。

一般情况下,政府与民间组织的合作,往往是以各种社会发展项目为纽带联系在一起的。合作的目的是解决环境、教育、贫困等具体社会问题,或者是着眼于提高地区抵御自然灾害和促进经济社会发展的能力等。但是,公共危机在很多时候是难以预料的,于是就需要政府与民间组织之间的紧急合作。紧急合作往往没有相关政策条件下合作的具体项目,也没有专门的常设机构和经费。通过紧急合作应对公共危机,这是对政府与民间组织动员各类组织和民众、集中社会资源和物质力量的综合能力的考验。民间组织是危机状态下进行危机处理的重要力量。

2003年SARS爆发后、2008年汶川大地震后,我国的民间组织主动与政府进行了紧急合作。2003年4月26日,中国医学基金会、中华慈善总会、中国青少年发展基金会、中国扶贫基金会、中国国际民间组织合作促进会等10多家非政府组织联合向全国民间组织发出倡议:第一,全国的非营利性组织积极行动起来,协助各级政府开展防治SARS的宣传,增强民众战胜疫情的信心和社会责任意识,形成万众一心抗击SARS的社会环境。第二,向社会各界发出联合募捐倡议,动员社会各界捐钱捐物。第三,架起一座沟通的桥梁,形成医护人员和社会各界信息交流的网络,及时了解第一线的需求,努力整合社会资源,支援一线,服务社会。第四,充分发挥非政府组织的优势,寻求国际支持,积极为个人、家庭提供预防SARS的知识,介绍有效方法。第五,关心和帮助因SARS而形成的需要救助的弱势群体。第六,发起实施"非营利组织抗击'非典'联合行动"。这些民间组织在紧急状态下采取的一系列倡议及行动,为战胜SARS贡献了重要的力量。而2008年汶川大地震,更有众多的民间组织、志愿者、义工积极参与其中,其反应速度和应急能力令人刮目相看,同时也在很大程度上弥补了政府行为的不足。有文章评论认为,一直不太被重视的民间组织,以一种"非常态"方式登台亮相,是中国公民责任感的集中展示,并显现其能量。但是,中国的民间组织,还远未发育成熟。其在展现公民意识和社会责任意识的象征意义,也许大于它们在日常社会生活中的实际影响。由于目前法律身份上的问题,普通公民组成的团体,即使互联网发达如今天,他们要互相知晓都极为困难。这一缺陷,在汶川地震时表现得特别明显。即使是那些自己有严密分工、作风扎实的团队,也多半处于盲人瞎马的状态,他们不但无法与其他地区的志愿者团队协调联系,甚至与同城的志愿者都无法协同。因为全国各地的义工组织或志愿者组织,基本都处于缺乏有效稳定联系渠道和沟通平台的状态。同时,我国民间组织自身内部的管理水平也需要提高,需要进一步向国际一流的非政府组织、民间组织学习其内部管理和运作机制。

(二)民间组织的参与框架建设

从长期来看,为了更加有效地应对公共危机事件,应不断加强各种民间组织的广泛参与,并逐步完善相关组织和功能的建设。根据我国目前的实际,应对公共危机的社会力量主要来自以下几个领域。一是工、青、妇等群众性组织。要利用这些组织比较广泛的社会联系和社会动员能力,协助各级政府投身于危机处理的整个过程。二是城镇社区和村民组织。这类组织是各种社会体系的末梢和终端,它们以地域为纽带,可以将纳入其内的民众有效地团结起来,通过招募基层志愿者等行动参与危机的处理。三是各类相关专业组织和民间社团,他们可以为危机事件的处理提供技术支持和人才支持。四是民间基金会。民间基金会可以吸收各类社会捐助,为危机事件的处理积聚民间资金、提供物质支持。同时,在跨国性的公共危机中,需要扩大政府、民间组织与众多国际性专业、专门组织以及国际志愿者组织的合作。

四、危机管理的社会参与:志愿者组织

志愿精神是一种以关爱、互助为思想内核的价值取向,体现了和谐社会的核心价值观,是促进社会和谐的精神力量。志愿者是危机应急响应的生力军。在现代社会危机的应对中,除了红十字会等组织,新的志愿者组织形式不断出现,成为危机管理应急响应的重要生力军。例如,以色列国民自卫队是以色列最大的民间志愿者组织,建于 20 世纪 70 年代,主要是为了协助警察反恐怖犯罪与维护国家安全。还有如日本在 1995 年阪神大地震后建立起来的“防灾市民组织”、美国在“9.11”以后建立和执行的“市民梯队联邦计划”以及新加坡的“民防志愿者队伍”等。在新加坡,有 5 万多人加入了民防志愿者队伍,每个区域有其自己对口的民防志愿者小组,所有活动由一名民防执行委员协调。在接受基本的民防技术培训后,民防志愿者根据他们所在的地区编成若干小组。民防执行委员协助招募当地居民成为民防志愿者,并根据紧急预案对有关志愿者进行培训。培训的主要内容有:引导当地居民经常参观民防组织总部,传授包括撤退、营救、急救和灭火等知识;具体的有如何把居民撤退到防空掩体或求援中心,如何利用身边器械或使用担架,如何急救和灭火等。通过公共安全和保障计划,民防执行委员还帮助建立一个民防志愿者网络,以处理有关紧急事务。一旦国家发生灾难或战争,民防志愿者就可转为一个全职民防职员

和国家公务员。① 随着各国志愿者组织的不断增加和志愿者行动在危机治理、应急响应中作用的发挥,参与危机救援工作越来越成为新时期志愿者组织的一项具有标志性的重要工作。

与后发现代化国家的许多社会事业一样,志愿行动在我国也是由政府启动的。但是志愿行动持续化发展的基础和载体就是社会大众的参与,这就必须依赖于心理基础、文化动因和制度保障三个方面所构成的动力源,并强调它的制度化和日常化。首先,在全社会塑造一种"志愿文化"是至关重要的。其次,要加速志愿行动的制度化发展进程,需要完成三个基本任务:第一,政府要适应市场经济建设和公民社会发展的要求,尽快建立完善关于志愿组织审批和管理等方面的制度;第二,志愿组织自身的运行机制、管理制度等也有待于不断地规范化、专业化;第三,当前显得特别重要的是,既在社会管理制度层面上,也在志愿组织运行层面上,建立起一种对志愿者的激励机制,这是志愿行动持续发展和不断扩大的一个重要保障。再者,志愿行动持续发展的根基在于日常化。② 我国大规模正规化的志愿行动都是由政府启动的(如各类抗震救灾活动),这也是我国志愿行动的一个特色,但同时,志愿行动持续发展的根基无疑在于它的日常化。只有志愿精神深入人心、日常服务训练有素,组织内部顺畅运行,志愿者组织才能不断地在危机管理中发挥越来越重要的作用。

五、危机应对中的合作力量:国际组织

危机的原因和结果往往是世界性的。随着全球化和信息技术的发展,对现有的各国独立的政府危机管理职能提出了严峻的挑战。因此,加强全球合作、利用国际力量应对各种全球危机也就显得极为必要。当前各国政府面对的很多危机,其起因和后果往往都具有国际性,如区域冲突和战争,偷渡、国际性的贩毒及劫机等跨越国界的危机以及如沙尘暴、酸雨等威胁各国安全的自然灾害,这些危机事件的有效应对都需要各国的合作。实际上2001年的"9.11"恐怖袭击事件中,美国政府也正是在其他国家的合作下,才迅速确认恐怖分子并立即开展了搜索恐怖分子的行动。另一方面,在一国发生重大灾难的时候,通过国际人道主义救援,输送大批灾区急需的医疗、食品、技术人员以及其他重要物资,可以有效地缓解灾害发生国的应对压力。特别是在一些国家

① 参见王汉栋编译:《新加坡民防部队和民防志愿者》。http://www.weather.org.cn/jzb/duicheyj/huiji1/xinjiapo.htm

② 丁元竹等主编:《中国志愿服务研究》,北京大学出版社2007年版,第89—91页。

应对重大的洪灾、地震、火灾等过程中,国际性的应急救援力量的作用表现得更为突出和重要。因此,在危机的应对过程中,通过全球合作,能收到明显的效果。一方面,各国间可以获得更多的理解和谅解,有效消除危机,恢复社会秩序,重建世界文明;另一方面,通过各国的协同努力,可以提高危机救治效率、降低救治成本。危机管理中可合作的国际组织主要有以下几个。

（一）联合国

在当今国际社会中,具有一定历史和权威的联合国应该在国际危机中扮演并发挥重要作用,全球危机应对合作可以在联合国的框架内展开。联合国作为一个全球性国际组织,成立时间较早,致力于全球和平与安全、经济与社会发展,获得绝大多数国家的认可,它的决策在全球范围内具有较强的权威性。而其他区域组织,或者不具备全球性,或者难以获得绝大多数国家的承认。联合国及其下属机构（如世界粮食计划署、联合国国际原子能总署、粮食及农业组织、联合国开发计划署、联合国难民事务高级专员办事处、人道主义事务协调厅等）曾经在各种危机处理中发挥过积极作用。联合国将 1990—1999 年定为"国际减灾十年",并成立了"联合国国际减灾委员会",有效地加强了全球范围内开展防灾救灾的对外交流与合作,推动了世界各国的防灾救灾行动的开展;联合国粮农组织目前实施了几项紧急情况和早期恢复计划,目前在 65 个国家和地区开展了 210 个紧急项目,加强了对自然灾害和人为紧急情况作出的反应,有效地缓解了这些危机对各国民众生计的威胁。2001 年"9.11"事件发生后,美国也是通过联合国与全球绝大多数国家共同开展反对恐怖主义的行动。

联合国与其他国际组织保持着牢固的伙伴关系,其危机应对模式已经开始形成并趋于完善。比如联合国维持和平行动、联合国救援行动、贝雷帽行动等均开展得卓有成效。其他国际组织也已经适应联合国的各种危机应对模式,积极参与联合国的各种危机救援行动。如国际红十字会、世界银行、世界卫生组织、国际农业开发基金等国际组织的救援行动,往往与联合国的救援行动紧密配合。

（二）环境保护组织

国际上著名的环保组织有"国际绿色和平组织"、"善待动物组织"、"热带雨林行动网络"等。这些组织的主要观点是:随着全球工业化和城市化进程的推进,特别是随着美国模式的全球化的进展,很多国家在很大程度上忽视了生态环境的保护。同时,唯利是图的跨国公司为了追求利润而破坏生态环境并对自然资源进行掠夺性开发。因此,它们倡议可持续发展,主张全球贸易谈判应包括环保条款,反对跨国公司向环保标准低的第三世界国家转移,并提出了

"安全食品第一"、"健康第一"、"地球第一"等口号。更为重要的是,环境保护组织积极干预和帮助抢救了一些国家发生的生态灾难。

这些环保组织有的已经在中国开展了活动。例如,国际绿色和平组织是国际性的非政府环保组织,1971 年在荷兰注册成立,目前已分布于 20 多个国家和地区。1997 年,它们在中国香港设立了中国办事处,近年来在华取得的主要成就包括:成功争取台湾地区停止输出核废料,促使香港特区政府对转基因食品实行标签制度等。2003 年,该组织首次在中国内地开展活动,与哈尔滨工业大学合作举办了旨在呼吁公众拯救世界原始森林并保护各大洲森林中栖身的豹、大象、狼、羚羊、熊、老虎和猩猩等野生动物的活动。

(三)劳工组织

发达国家工人认为市场经济的发展和全球化降低了他们的生活质量,削弱了工会的作用。发展中国家的工人因受到跨国公司裁员的影响而大量失业。劳工参与反全球化的目标主要是反对资本主义剥削、反对血汗工厂及降低劳动保障条件。他们要求提高工作待遇,制定全球最低工资,组织全球工会。要求在多边贸易谈判中包括劳动权利和社会保障条款等。国际劳工组织的介入,对平息一些国家、特别是部分发展中国家由于侵犯工人权益、镇压独立工会运动而引起的工潮起到了抑制作用,有效地化解了这些国家由于劳资对立、贫富差距等问题引起的社会危机。

(四)人权组织

"全球交流(Global Exchange)"、"直接行动网络(Direct Action Network)"、"激进的根(Radical Roots)"及"全球贸易观察(Global Trade Watch)",都是非常活跃的人权组织。这些人权组织反对剥夺劳动权利、反对雇佣童工、反对与独裁国家或违反人权的政府进行交易等。它们为保护少数民族权利、土著权利而呼吁。人权组织提出,世界银行和国际货币基金组织的贷款不能违背现存的国际人权条约和社会福利。人权组织的介入,特别是世界银行等机构发放援助贷款时加入"人权条款"的做法尽管干预了部分国家的内政,但是对部分国家政府不当的种族、民族和宗教政策也起到了一定的纠正作用,对缓解和解决这些国家由于种族、民族和宗教等因素引起的社会危机起到了积极的作用。

六、危机教育与安全文化的形成

(一)安全意识的培养与安全文化的形成

安全文化诞生并完善于 20 世纪 80 年代末,从 90 年代起越来越受到关注及发展。危机教育作为危机管理中的一种软对策和软措施,是危机管理的有机组成部分。政府在平时有责任推行危机教育,提高公众参与公共危机防范和处理的责任感。加强危机教育,能够提高社会成熟度,有利于提升政府的危机处理效果。

看似抽象的安全文化概念,若正式形成了,则能转化为有实用价值的"指标"。20世纪90年代联合国开展了"全世界减灾十年"活动,每年"国际减灾日"主题不一样,但倡导的"预防为主"的安全减灾文化始终如一,即要在全球开展以"预防为主"的防灾减灾工作。日本政府将每年的9月1日定为国民"防灾日",全国都要举行有首相和相关大臣参加的防灾演习,通过全民的防灾训练,提高防灾意识和防灾能力。这些文化一旦形成,就能在最广的范围和最深的程度上凝聚和动员民众。所以,通过危机教育、安全文化建设等途径形成全民安全文化,是有效进行公共危机管理的内生力量。英国心理学家詹姆斯·利森教授提出了构成安全文化要素的七个项目:安全为第一位的管理者、不忘害怕的态度、立足情报的文化、报告文化、正义的文化、柔软的文化、学习的文化[①]。

培养公众良好的危机意识,形成稳固的安全文化,提高应对危机的各种能力,是进行公共危机管理的基础工作,是战胜危机的必要条件,同时也是一项长期、全面、系统的工作。在危机面前,社会成熟度表现为:不惧怕危机,努力寻找有效的办法应对危机,团结一致克服危机。要达到这样的成熟度,政府必须通过多种方式使公民增强危机意识,使大众了解各种危机发生的过程,掌握自我保护方法,增加危机应对能力,提高危机处理技能。日本政府专门组织编写有关危机教育的教材,一些政府官员还亲自著书,传播自己的危机管理经验。这些经验值得我国借鉴。

(二)危机教育的功能、方法措施、内容

1. 公共危机教育的功能

首先,危机教育能从最大限度上进行社会动员,有助于动员所有的社会力量共同理解和应对公共危机,形成与政府立场一致的全民参与行为并利于危机的解决。其次,公共危机教育为危机处理提供精神支持,作为经济工作和其他一切工作的生命线,教育工作可以发挥其独有的渗透力、号召力和战斗力。第三,危机教育能够唤醒民众和社会组织的社会责任,激发其积极参与危机处理的责任感和自觉性。受过危机教育的公众,能在国家发生重大突发事件时,

---

① 参见金磊编著:《城市灾害防御与综合危机管理——安全奥运论》,清华大学出版社2003年版,第112—113页。

及时了解事件、杜绝谣言,同时又能积极配合各种组织机构和政府机构,承担起自己能够承担的责任和工作,将灾害和突发事件所带来的损失降低到最低点。第四,危机教育具有社会监督功能。危机教育能监督政府及领导者及时、透明、有效地处理危机事件。如果政府或某些组织及少数领导人抛弃公众利益、掩盖真相时,及时受到公众的监督和纠正,可以防止少数人或少数集团的利益侵犯公众利益和国家利益。第五,危机教育能够培养全民忧患意识,普及安全文化,减少和防范各类危机。

2. 公共危机教育的方法与措施

政府和社会应着力提升公众的现代公民意识。从根本上来讲,现代化的最终完成必然表现为人的现代化。因此,呼唤公民意识、提高公民素质,应该成为政府、媒体和社会的共同责任。培养公民意识,不但要看公民教育的内容是否被学习掌握了,还要看公众意识是否已经融入公民的社会生活之中。公众良好的公共危机意识需要良好的教育与培训,需要政府的高度重视,需要科学有效的方法,需要设置专门机构来进行。根据不同的需要,公共危机的教育对象应分为不同的层次、用不同的方法来进行,主要包括以下三类:一是公共危机的管理人才和专业人才。要依托高等学校等资源,培养专门的、高层次的公共危机管理的理论人才和实务人才。二是公务员、企事业单位管理人员。要加强对这一部分人员的危机意识教育,提高他们应对危机的管理能力,使之成为危机应对的中坚力量。三是社会公众。要长期、持久地开展面向大众进行危机防范意识、危机科学意识的教育,要从中小学开始普及,提高每个公民应对危机的能力。

教育机构设置上,在政府设置的公共危机管理部门中,应专门设立公共危机的教育宣传机构,来统管危机管理中的宣传、教育、培训工作,在这一机构下再设立专门的职能部门。如:专门的公共危机教育培训部;专设的公共危机管理学习与研究机构;专门的危机舆论宣传管理部门;专设的民情民意调查分析研究部门等。或者依托高校建立相关的培训基地和研究基地。实施过程中要注意以下几个结合:①要在培训对象上注意普及性与针对性相结合。既要对所有公民进行普及培训,又要对部分公民进行强化培训,以弥补专业应急救援力量的不足。②要在培训内容上注意多样性与重点性相结合。既要对所有可能发生的战时、平时的危机进行预防、防护的培训,又要对经常发生的危机的预防、防护进行重点培训,增强培训的可操作性。③要在培训形式上注意学校培训与非学校培训相结合。既要建立专门的民防学院,通过模拟的危机现场进行职业化、正规化的培训,并以此作为培训的重点;又要通过讲座、专业人员演示等非学校培训形式来弥补学校培训的不足。④要在培训阶段上注意长期性与时效性相结合。危机培训是一个长期的过程,但要根据一段时间发生的危机类型进行及时的培训,切不可因为培训的长期性而忽视培训的时效性。

教育方式上,可以:①纪念危机事件发生日来警示公众。将发生危机事件的日期作为纪念日,并在这一天举行各种纪念活动,以警示人们吸取前车之鉴。②建立危机事件纪念馆。通过纪念馆的建设,通过直观、形象、生动的纪念物,使危机事件带来的惨痛损失铭刻于人们心中。③跟踪监测危机事件后果并发布监测报告。通过对危机后果连续的、长期的监测,将危机事件造成的所有已经产生和即将产生的危害后果都向公众公开,以提醒公众的注意。④定期发放防空警报信号。定期发放战时防空袭警报,以教育公民、提高全民国防意识。⑤组织开展演练,提高整体应对能力。通过演练,能够提高机关队伍的快速反应能力,提高指挥员的组织指挥能力和指挥机关人员的组织协调能力;能够使演练队伍的技能与素质得到巩固,协同趋于密切;能够提高各种保障能力;能够培养参与者的良好作风、提高人员的心理素质;能够熟悉、修正、完善应急预案。总之,能从整体上提高队伍的应对能力。

教育的对象上,可分为对专业人员的培训和对普通公民的培训两种。如瑞典民防学院的培训就主要是针对专业人员的培训,包括从事民防工作的专业人员、消防队员和大型公司的安全防护人员。新加坡的民防志愿者培训则是典型的对普通公民的培训,凡年满14周岁的新加坡公民,都可参加民防志愿者队伍,其主要任务是引导当地居民经常参观民防组织总部,传授包括撤退、营救、急救和灭火等知识。按照培训性质来分,有强化培训与普及培训两种。如法国国立民防学院对业余消防人员的培训就是典型的强化培训。这些业余消防人员平时在各自的工作岗位上,遇到紧急事件由当地的指挥中心应急召唤,作为救援力量参与应急救援。我国对中学生开展的民防知识培训是典型的普及培训,是通过民防知识尤其是防核(核事故及放射性事故)、防化(化学事故)、防生(生物武器)知识的教育培训,普及防护的常识与技能。

3. 危机教育的主要内容

对公众开展的危机意识教育主要应包括:危机的关注意识、危机的防范意识、危机的道德意识、危机的科学意识、危机的心理承受意识等。

首先要提高对危机的关注意识。公众是否接受了良好的危机意识教育,对危机的认识和关注程度如何,可以反映出一个国家政府管理的水平,反映出一个国家的国民素质,也反映出一个社会的发展水平。发达国家都非常重视对公众进行危机意识教育,这对危机的应对起到了积极作用。危机关注意识教育包括:①全社会对危机要有忧患意识。让公众提高对危机的认识程度,时刻警惕各种危机的发生。大到社会性的危机,小到个人生活中的危机,时刻都要有提防意识。②公众对危机要有关注意识。提高公众对各种危机的关心,帮助他们寻找原因、总结经验、吸取教训,及时让公众了解组织及各国政府发布的各种有关危机的信息、政策法规、应对措施等。③政府对危机要有高度的重视意识。政府是应对危机的核心,要时刻关注危机,防患于未然。

其次要提升危机的防范意识。应对危机,重在防范。要及时、充分地掌握各种可能发生的危机信息,积极地做好防范,掌握各种防范技能,制定应对的预案。危机防范意识教育包括:①求生的意识与技能。让公众增强自信,培养强烈的求生欲望,掌握各种求生技巧。②求助的意识与方法。使公众学会积极寻求援助,摆脱困境,掌握求助的基本方法和途径。③自救的意识与技能。让公众学会在各种恶劣的条件下进行自救。④互救的意识与技能。要培养公众互救的意识,提高社会凝聚力。

再者要提高应对危机的道德意识。危机是对一个国家公民素质的考验,也是对每个人道德水准的检验。在应对危机中,道德的作用、道德的力量是不可轻视的,往往决定着一个社会应对危机的成败。危机的道德意识教育包括:①应对危机的职业道德。从事危机管理的一线工作人员,应该具有良好的职业道德,要敢于面对困难、面对危险,要有不怕牺牲的奉献精神。②应对危机的社会公德。应对危机需要依靠整个社会的力量及合作。社会道德非常重要,只有整个社会树立起共同的价值观,才能团结一致克服困难。

同时要加强应对危机的科学意识。应对危机必须要有科学的知识、科学的方法。应对危机的科学意识教育包括:①科学的态度和认识。让公众了解危机中的科学知识,了解危机发生的原因、规律,以防止各种封建迷信、谣言扰乱公众视听,从而增强公众信心,用科学战胜危机。②科学的方法和技能。在应对危机的过程中,让公众掌握科学的方法、技能是非常重要的,这对整个危机的管理过程和控制有着重要作用。

此外要提高应对危机的心理承受力。当危机爆发时,公众的心理素质、心理承受能力具有无可估量的重要性,它关系到社会的稳定和对危机的控制。应对危机的心理承受力教育包括:①危机心理承受能力的培养。在平时的危机教育中要加强对公众应对危机的心理承受能力的培养,特别是心理抗打击力、抗受挫力的培养,使公众面对危机临危不乱、沉着应对。②积极疏导,减少危机带来的压力。当危机爆发时,政府要积极疏导,减轻公众心理压力,恢复社会的信心,积极治疗心理精神的创伤,鼓励民众鼓足勇气面对困难。

最后要培养应对危机的生存能力。这里的生存能力是指个人在突发事件出现时或紧急状态下保护自己并尽可能对别人施助的能力。我国大量已有的突发事件显示,我国公民的生存能力状况不容乐观。在我国,各类组织,特别是那些位于公众聚集场所的组织,大都缺乏危机应对技能训练,不能具备一定的危机防范能力,以及危机状态下的疏导公众、实施灾害救助的能力。此外,社会层面缺乏突发事件情况下的法律救援和心理救助制度,民众应对危机情况的心理承受能力和实际应对能力较差。这一切都亟待在制度化的前提下,通过开展生存教育和危机处理协同训练来解决。

参考文献

1. Regester. *Crisis Management : How to Turn a Crisis into an Opportunity.* London : Hutchinson Business,1989

2.〔英〕萨姆·布莱克著,陈志云等译校.公共关系学新论.上海:复旦大学出版社,2000

3.〔美〕肯尼斯·博克等著,常昌富,顾宝桐译.当代西方修辞学:演讲与话语批评.北京:中国社会科学出版社,1998

4.〔英〕迈克尔·里杰斯特著,陈向阳,陈宁译.危机公关.上海:复旦大学出版社,1995

5.〔英〕安东尼·吉登斯.第三条道路.北京:北京大学出版社,三联书店,2000

6.沃尔特·李普曼著,阎克文,江红译.公共舆论.上海:上海人民出版社,2002

7.〔法〕加布里埃尔·塔尔德著,〔美〕特里·N.克拉克编,何道宽译.传播与社会影响.北京:中国人民大学出版社,2005

8.〔英〕曼威·柯斯特著,夏铸九,王志弘等校译.网络社会之崛起.台北:唐山出版社,2000

9.徐伟新主编.国家和政府的危机管理.南昌:江西人民出版社,2003

10.薛澜,张强,钟开斌著.危机管理:转型期中国面临的挑战.清华大学出版社,2003

11.赵士林著.突发事件与媒体报道.上海:复旦大学出版社,2005

12.李希光,周庆安主编.软力量与全国传播.北京:清华大学出版社,2005

13.胡百精著.危机传播管理.北京:中国传媒大学出版社,2005

14.蔡英文著.政治实践与公共空间.北京:新星出版社,2006

15.肖鹏军主编.公共危机管理导论.北京:中国人民大学出版社,2006

16.丁元竹等主编.中国志愿服务研究.北京:北京大学出版社,2007

17.李飞主编.中华人民共和国突发事件应对法释义.北京:法律出版社,2007

18. 余潇枫著. 非传统安全与公共危机治理. 杭州:浙江大学出版社,2007

19. 孙多勇著. 突发事件与行为决策. 北京:社会科学文献出版社,2007

20. 余潇枫主编. 公共危机管理. 杭州:浙江人民出版社,2008

21. 贺文发著. 突发事件与对外报道. 北京:中国传媒大学出版社,2008

第七章　公共危机管理系统设计与政策仿真

当今世界,公共危机日益威胁到人们的生命安全、经济安全甚至民族安全。公共危机管理已经成为一个重大课题提到议程上来。政府必须如何在尽可能短的时间内控制事态、降低损失;如何做好与民众的沟通,维护政府的公信力。政府有责任也有必要建立完整的公共危机管理机制和相应组织结构,研究公共危机活动的特点及手段,进而采取有效的预防和应急措施,模拟演习,制定应对公共危机预案等。本章以此作为研究内容,依托开发的地理信息系统平台,采用面向对象方法,综合设计了一个具备应对公共危机功能的模块,作为政府及其他机构针对公共危机事件采取应急措施的科学指导和参考。

第一节　公共危机管理系统设计

按照软件开发中的软件工程方法,根据可行性研究、需求分析、总体设计等步骤设计公共危机管理模块。在本部分将会对公共危机管理模块做出较为全面和详细的需求分析,明确系统任务、数据流图和简明算法,接着将细化流图,分析功能模块,设计数据库,从而完成总体设计。

一、公共危机管理应急系统设计的必要性

中国公安大学教授李健和尖锐地指出,中国在应对包括灾难、恐怖事件在内的重大突发事件上存在四大"软肋",其中之一就是缺乏政府各部门间在应急应变方面的协调机制,同时处置不同的事件应由相应的部门来指挥,不一定所有事件的处置工作都要由行政一把手指挥。因此设计一个应对公共危机的管理应急系统,建立应对公共危机的信息数据库和预案库,可以在第一时间内

明确各部门职责,同时利用已有的模型和方法为政府应对公共危机事件的统筹决策提供帮助。

目前国内关于应对公共危机的实例大致可分为两类:一类是预案型的,即为各种公共危机事件的发生制定了预案,在遭遇到重大事件或公共卫生突发事件时,有具体的处理步骤、上报制度和医疗救护指导措施。例如,广东省制定了生物性反恐应急处理方案,结合原有的食物、化学、核电应急能力,加上随时待命的省反恐怖应急协调小组,已建立起公共卫生突发事件和应对公共危机应急网络。另一类是关于一两个方面的应急系统,如针对毒气扩散的预测系统,针对海上船舶石油泄漏的信息管理系统。其特点是专业性强而应用面窄,只能处理单一的紧急事件,并且大多数尚未结合到地理信息系统(GIS)。这些实例的缺点在于:(1)停留在预案和处理方案的阶段,对于信息的动态掌握和实时处理不够;(2)未能把各种情况统一起来,系统地有组织的处理所有常见的公共危机事件,由于各自开发的系统在数据结构、数据库设计和编程方法上都存在很大差异,各不兼容,因而不适宜作为应对公共危机的专业模块。形势要求我们吸收以上两类系统的优点,开发一个功能齐全,应用面广泛,跨平台的应对公共危机模块。

二、公共危机管理需求分析

(一)重大公共危机事件的影响及政府的责任

政府必须面对这些问题。政府有责任也有必要建立完整的应对公共危机突发事件机制和相应组织结构,研究公共危机突发事件的特点及手段,进而采取有效的预防和应急措施,模拟演习,制定应对公共危机突发事件预案等。

重大公共危机事件的特点:(1)突发性。重大公共危机的发生时间、地点,以及后果难以预知。(2)危害性。重大公共危机突发事件导致社会混乱、秩序失衡,造成巨大的经济损失和人员伤亡。(3)影响巨大。严重影响经济发展。

针对以上特点,应对公共危机策略应是预防和救治的相结合。要做到严密防范,降低公共危机事件发生的可能性,防患于未然。例如在印尼巴厘岛惨案发生后,新加坡政府的一位政要指出,新加坡采取了有效的应对重大公共危机事件措施,使恐怖分子不能在新加坡得手。同时又要事先设计好应急的方案,以防万一,在重大公共危机事件发生后的最短时间内解决问题。平时要多做模拟演习,获取更多的经验。也要注重借鉴其他地区应对重大公共危机突发事件的经验与措施。

（二）安全有效的预防机制

（1）培养应对公共危机的意识。在和平稳定时期，人们往往缺乏危险意识，所以通过模拟公共危机情势，不断完善公共危机的预防和监控系统，能够使政府和公众培养危机意识，就像不断进行的消防演习一样，通过演练各种可能在实战中碰到的问题培养消防人员的消防意识，能够使消防人员时刻做好防火的心理和物质准备。

（2）组建应对公共危机机构和应急队伍。为了有利于平时的监控和演练，以及危急时的快速反应，应该明确一个平时和战时都能有效发挥作用的队伍和机构，并做到权责分明，有章可循。从而使公共危机机构和应急队伍具有更多的灵活性、创新精神，产生更高的士气、更强的责任感、更高的效率。

（3）建立一个具备预防和监控功能，应急反应功能和模拟培训演习功能的平台。

（三）预防策略

预防策略主要有三个方面：重点防护、综合防护和情报收集。

（1）重点防护。针对城市重要目标多而人力、物力资源有限的特点，应准确评估和把握目标的防护价值，科学合理地将各类目标区分为不同的等级，并在此基础上，精心设计预防方案。例如，某些国家为防空袭，保护重要目标，有一个"五环"理论，即目标重要程度和空袭危险程度按以下顺序递减排列：领导机构——生产设施——基础设施——民心——野战部队。

现在，随着经济的发展，重要经济目标的防护显得越来越重要。重要经济目标的防护直接关系到人民的生命财产和国家经济命脉的安全，因此必须加强保护。然而对于重大公共危机突发事件来说，有时候象征意义远大于实际破坏程度，因此一些标志性建筑或人口稠密区等也需要加强防护。

总的来说，需要对各个重要目标按其等级的不同设以权值，再根据城市的空间数据，例如交通图等，设置一个最优的预防方案，布置警力和各种资源，可以在最短时间内对可能发生的各目标的重大公共危机突发事件快速反应。

（2）综合防护。把各种措施、各种手段、各种力量，统筹考虑，综合运用，才能有效完成对重要目标的防护任务。要求在对重要经济目标的防护准备中，系统地研究对付各种破坏手段的措施，努力提高综合防护能力。

（3）情报收集。在预防过程中，要做好情报收集工作。情报收集的任务是针对通过监视站、卫星和各种手段得到的信息，统筹规划出一个最优的预防方案和应急方案。尽可能早地发现问题，随时进入状态。

（四）快速全面的应急方案

政府要在很短的时间里实现对现场局势的勘察和控制，并采取相关的配套措施,如交通管制,疏散群众。同时,要科学合理地进行总体局势分析,了解重大公共危机突发事件所造成的危机程度,并采取不同的预案。

应急方案任务是利用已有的有用数据,进行应急动员,规划出一个应急方案,调动各种资源,预测重大公共危机突发事件产生的后果及影响,决定下一步的计划。为了在应对公共危机突发事件的斗争中积累经验,应当建立一个知识库,便于以后类似事件发生的处理。

三、公共危机管理地理信息系统技术的应用

地理信息系统(Geographical Information System,GIS)是以空间数据库为基础,借助计算机软硬件支持,对空间数据进行采集、管理、传输、分析、模拟和显示,并采用地理模型分析方法,适时提供多种空间和动态的地理信息,为用户提供一种新的决策支持方式的计算机系统。

建立城市地理信息系统,并将其与数学模型结合在一起,充分利用城市的人口、社会经济、地理空间数据等,为该地区提供决策支持,是目前 GIS 技术的一个发展方向,已经越来越受到人们的重视,并日益成为政府信息化建设的重要部分。其核心思想是用数字化的手段来处理整个地区的自然和社会活动诸方面的问题,最大限度地利用资源,并使人们方便地获取信息。例如,2002年中国首家区县级地理信息系统—青岛市人口地理信息系统以及后来的北京市门头沟区统计数据仓库暨地理信息系统中,运筹学、数理统计和数据挖掘得到了很好的应用,为政府决策提供了科学有效的依据。

从近几年的国内外相关文献调研可以看出,计算机应急系统的建设正成为城市地理信息系统建设的重要内容之一。如广西南宁市的城市应急联动指挥信息系统,结合现代化的数据管理和处理手段,使得基础的理论和方法发挥了良好的社会效应和实际功效,为政府处理突发事件提供了便捷有效的智力支持。但是大多数的应急系统都是针对一两种突发事件而建立的,如地震、台风、医疗急救等。在现代化的城市管理中,由于整个城市系统的复杂性,仅仅依靠这些分散的系统是无法准确可靠地处理突发事件的;各个部门之间还存在着条块分割和信息壁垒,无法达成真正的信息共享,从而无法准确快速地交流信息,对决策造成不便。同时,存在一些城市基础信息库的重复建设问题,这造成了巨大的浪费。

为适应公共危机管理的需求,作者设计了一个城市应急反应子系统,设计了处理公共危机事件的程序,包括数据的采集、动态仿真和预警、应急措施和预案等。其中 GIS 和模型技术在事件的评估和预测以及决策方案的最优化

中发挥了关键的作用。

四、公共危机管理系统设计

(一)系统的设计原则

系统的设计原则主要有实用性原则、科学性原则、标准化原则、可扩充性原则和安全性原则。

实用性原则：界面友好、操作简便、查询快捷、应用方便。

标准化原则：充分利用已有的相关国标、地方标准、行业标准，建立统一的数据编码与规范，实现数据格式报表标准化。在信息的收集、处理、汇总和传递过程中建立统一的数据接口，保证各层次之间形成高效规范的体系，确保对信息的高效收集和利用。

科学性原则：系统的结构具有科学性，系统要采用集中式管理和分布式管理相结合的方式，以分布式管理为主，并充分利用城市政务信息网开发的信息资源，尽量避免重复投资。

可扩充性原则：用户的具体需求是不断变化，不断发展的，本系统的设计留有很强的可扩充性。

安全性原则：系统信息的传输是基于 Intranet 之上的，为保证系统不被未授权的外来用户查看、修改，系统要具有良好的保密性，使之满足自身管理的实际需求。

(二)预防和监控功能

通过各种手段和途径预防公共危机事件的发生；建设并定期更新系统数据库、模型库和知识库；组织应急指挥部、应急队伍、应急设备和物资；运用各种科技手段，收集情报和信息并进行分类。

(三)应急反应功能

报告与接受公共危机事件的信息；初始评估并通知所有应急成员和协调单位；预测后果和影响；制定对策，实施预案；实施监视和监测；动态掌握和分析，决定新的步骤。

(四)模拟培训演习

应急指挥机构应定期或不定期地组织指挥人员、管理人员、应急队伍及其他相关人员参与培训和演习，使他们掌握应急反应的知识和技术，积累实际工作经验，同时也为检验和修订预案提供依据。

(五)系统数据分析

(1)静态数据。城市空间数据，如交通图，城市各部分的地理信息等；各重要目标的分布图；应急指挥部、应急队伍的分布和数量，包括：警力分布、医疗力量分布、消防力量分布等；应急设备、物质的数量及分布；应急后勤支援能力数据库；国内外公共危机事件案例数据库。

（2）动态输入数据。公共危机事件的性质，包括：劫持、化学袭击、爆炸及围追堵截恐怖分子；发生地点及其周围地理信息；人员伤亡情况；物质毁损情况。

（3）动态输出数据。本次公共危机事件紧急程度分析，决定采取哪种预案；交通管制的范围及状况；群众疏散工作；各种应急资源的调配和动向。

（六）预案的制定

针对不同的危机程度，有不同的应急方案，其内容应该包括：规定各相关部门的工作和职责；稳定人心，稳定物价；如何应对媒体传播等。

第二节　公共危机管理预案编制与应急系统模型

与已有的应急管理系统不同，作者在应急预案的设计中，将把公共危机事件的发展态势和处理措施有机结合以达到动态处理的目的。同时运用运筹学等理论方法为公共危机事件的预防提供科学参考，根据不同目标的不同重要程度布局公共危机的管理力量和物质，从而形成主动、有效、最优的公共危机管理方案。

一、公共危机管理预案编制研究

（一）预案的重要性

预案管理是危机管理信息系统中的重要功能，如何快速危机生产、集结物资并运送到指定地点是危机是否成功的关键，这就是预案管理要完成的工作。

预案的制作要科学合理，对相同的问题可以提供不同的解决方案，通过专家科学的分析和评价，根据事件的形势或发展方向，选择具体的预案。

（二）计算机系统中动态预案的生成

城市公共安全应急计算机系统充分利用 GIS、GPS 技术，将反映城市动态的主要数据结合起来，利用数学模型技术、数据挖掘方法，对紧急事件的状态进行评估、预测、预警，为迅速地实现应急动员和决策提供强力保障。在硬件设计和统一的网络平台之上，作者设计的城市应急系统包括以下三大部分（图

7-1)：

　　1.统一接处警处理

　　统一接处警处理负责对来自不同网络（如电话、手机、互联网、车载 GPS 等）和报警形式的报警信息，进行接警和处警，供各联动单位（交通、医疗、工商等）对来自指挥中心的案情进行处理和反馈。

　　2.城市基础信息系统

　　城市基础信息系统包括综合数据库、基础 GIS 平台、三维公共场所仿真等三个部分。

　　综合数据库：包括基础信息（如人口、社会经济数据和应急资源数据等）、接处警信息（如录入信息）、利用分析预警模块进行分析、挖掘后得出的信息（如毒气扩散范围等信息）。

　　基础 GIS 平台：利用城市的基础地理信息（如交通、林业）、人口数据（如人口年龄结构、性别比等）、宏观社会经济数据、基本单位数据构建的地理信息系统平台。该平台包含了城市的主要基础信息，利用 GIS 技术的空间分析和可视化功能，可以方便地分析任何区域的宏观社会经济数据、人口分布和人口密度以及医疗卫生、警力、道路交通等的分布状况。

　　三维公共场所仿真：实现城市某个区域的三维仿真，有利于台风、洪水等与地形密切相关的灾害的评估和预测。

　　3.城市危机预警及处理系统

　　城市危机预警及处理系统包括查询和分析处理系统、危机预警系统、预案库与知识库、车辆监督调控系统等部分。

　　查询和分析处理系统：查询系统，为指挥人员提供各类综合或者专业数据的查询。如人口信息、车辆信息、犯罪记录、出入境记录、公共预案信息以及水、电、气、医疗的专业信息等。分析处理系统，在数据查询的基础上，对突发事件发生后采取的各种应急资源的调配路线、警力和医疗力量的配置以及交通管制和人员疏散路线等，利用数学模型进行分析处理，提出合理的方案，形成动态预案并发布。

　　危机预警系统：预警系统对各类接警信息（毒气、疫情、火灾等）、社会信息（如社会经济指数、人口指标）等在物理、化学、经济学模型的基础上进行综合分析，对各种警情进行分析预测，据此启动不同的预案。针对不同的突发事件，采用不同的数学模型进行分析、挖掘和预测，使系统具有很好的扩展性。

　　预案库、知识库：预案的保存、更新、删除、接受、发布等功能；以及各种数学模型的保存和更新。

　　车辆监督调控系统：充分利用 GIS、GPS 技术，在基础地理信息图层上实时显示车辆的方位和运动,加以监督;同时通过与车辆的通讯联系实现调度功能。

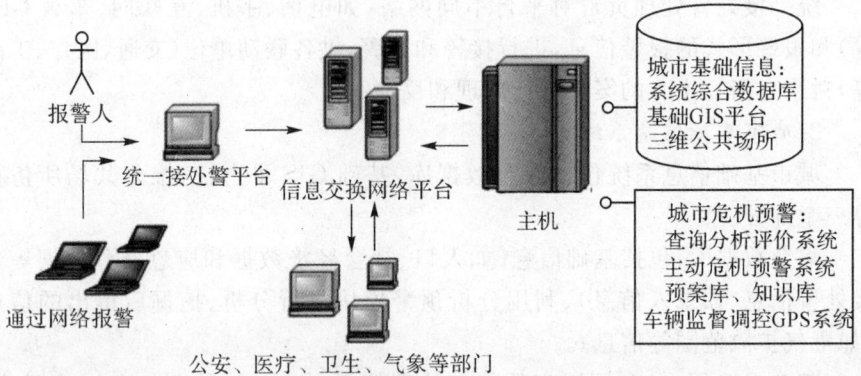

图 7-1   城市公共安全应急系统简明框架

在上述框架下,如何针对某些特定的灾害和恐怖事件,采取必要的措施和控制模式,是研究的重要内容之一。应急系统也是一种决策支持系统,而各种不同的紧急事件,其控制模式、处理程序(决策过程)都是不尽相同的,必须在应急系统中体现其特点和差异。下面将以两种典型的紧急事件来探讨该问题。

(三)预案实例

城市应急计算机系统实例:毒气扩散

1. 处置流程

在人口密度大的区域释放毒害气体,是常见的恐怖手段,包括化工厂的毒气泄漏、地震次生毒气等,都属于性质接近的事件,需要统一防范。对于此类事件,系统处理流程如下:

(1)接警,记录事件发生地点、时间和报警人。

(2)调动专业处置预案,明确各部门责任,统一指挥。

(3)处警,将警报发送至相关单位。

(4)接受到报警信息后,在电子地图上精确定位事件发生的地点,明确毒气的种类和泄漏量的估计数据。并打开人口信息、交通道路、基本单位等相关图层。

(5)启用危机预警系统,调用模型库中的毒气扩散模型,预测毒气在一段时间内的扩散范围和浓度,并反映在电子地图的各个图层上。

(6)启动查询和分析处理系统,展开交通管制,求解人员疏散的最优路径和医疗、警力等应急资源的快速调送路线。

（7）根据系统分析预测结果，制作并发布动态预案，及时开展救援活动。

在泄漏未得到有效控制之前，要动态地了解毒气不同浓度的扩散范围，并预测未来时段的毒气扩散情况。在城市 GIS 中，毒气浓度分布的背景条件可以是所有的图层界面。模拟结果给出各种危害性区域的同时，利用 GIS 的叠置分析功能，分析各区域内的人员和基本单位的数量与分布，进而根据其道路和人员状况，确定救灾条件、避难疏散和应急抢险的路线。

2. 高斯模式及其在 GIS 系统中的应用

毒气泄漏或扩散的仿真作为城市公共安全系统的一部分，受到硬件和软件条件的限制，要求数据量不能太大。本系统中采用较为简单的高斯模式，因为它被广泛使用，并具有诸多优点。采用高斯烟团模型，则某时刻下三维坐标为 (x,y,z) 的点的毒气浓度为：[①]

$$C(x,y,z,t) = \frac{Q}{(2\pi)^{3/2}\sigma_z\sigma_y\sigma_x}\exp\left\{-\frac{1}{2}\left[\frac{(x-ut)^2}{\sigma_x^2} + \frac{y^2}{\sigma_y^2} + \frac{z^2}{\sigma_z^2}\right]\right\}$$

$\sigma_y = \sigma_x = ax^b, \sigma_z = cx^d, \sigma_x, \sigma_y, \sigma_z$ 分别为纵向、横向、垂直向的扩散参数；Q 为单位时间排出量，u 为风速；$a、b、c、d$ 为大气稳定度参数，其取值根据不同的大气稳定度而定（略）。

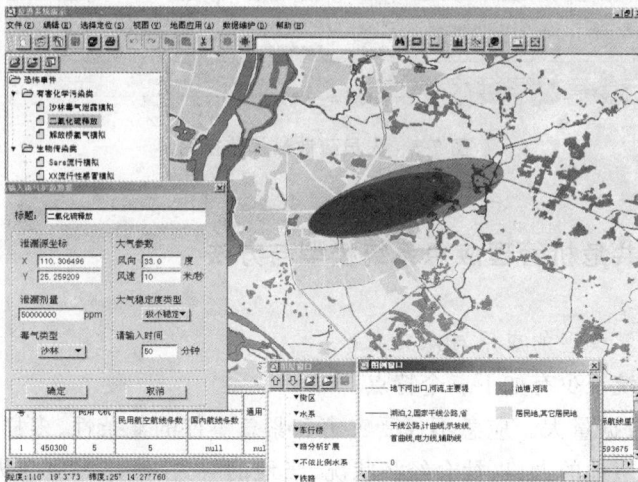

图 7-2　毒气扩散范围图

烟羽模式是在烟团模式的基础上得到的（略）。据此作者可以进行以地表面为主的二维数值分析与仿真，也可进行三维空间的模拟与仿真。现假设经

---

① 国家环境保护总局监督管理司编：《中国环境影响评价》，化学工业出版社 2000 年版。

度 110.306490、纬度 25.259209 点为毒气扩散源,毒气种类为沙林,气象条件为风向 33.0 度,风速 10 米/秒,大气稳定度为极不稳定;在系统中录入上述信息,调用毒气扩散处理模块,求出 50 分钟后使人致死、使人受到严重损害、使人受到轻度损害的三种不同浓度的覆盖范围,见图 7-2。

利用 GIS 的叠置分析功能,还可以得到不同覆盖区域内的人口信息和交通状况,以及相关的处置方案,如人员疏散最优路径图。如图 7-3 所示,毒气泄漏后,按粗色箭头所指方向疏散人员即为最优路径。

图 7-3   人员疏散最优路径图

二、公共危机管理应急系统模型与方法

(一)数学模型的应用与意义

应急系统至少有如下三个特点:

第一,数据量大。应急不仅受灾害和紧急事件的复杂性、多样性的影响,还与灾害发生地的人口、社会经济状况、当地的警力、医疗等应急人员和物资量有密切关系。

第二,覆盖面广。应急涉及卫生、公安、交通、城管等各众多部门,覆盖气象、地质等领域;在应急中,需要做出关于人员疏散、交通管制、物资调度和通讯指挥等影响整个城市的决策和行动。

第三,属于多学科交叉研究。为了指导应急决策,所采用的方法多而复杂:需要评估灾害程度、预测灾害发展趋势和态势;需要采用信息论、决策论、动态规划等方法来统一指挥。

基于应急系统的特点,在理论研究的基础上必须应用数学模型,运用计算机技术来解决。应急计算机系统以应急为中心任务,采用数字化手段,方便、快捷、可视化地处理各种灾害和紧急事件。

(二)公共危机管理应急系统模型与方法实例——地区突发性传染病

1. 处置模式

城市必须正视各种传染性疾病的威胁和困扰。2003年的 SARS 事件就是一个生动的例子。由于疾病的传播具有空间相关的特性,因此 GIS 以其独特的空间数据存储、可视化以及空间分析功能,在公共卫生领域获得了广泛应用[①]。

同时,必须将 GIS 与模型技术、数据挖掘技术等结合起来,才能全面有效地处理公共卫生的系列问题。例如,将相关模型和方法,如疾病传播的统计和预测模型,集成到地理信息系统之中。必须构建一个具有应急指挥、疫情收集、疫情控制、疫情分析和发布等功能的应急系统,将获得的各种疫情相关数据如人口、病源、疫情、医疗结构和力量等数据,结合城市电子地图,以专题图的方式进行可视化展现;在此基础上,迅速收集疫情信息,追踪扩散情况,科学分析其变化趋势,并及时向公众发布信息。

城市公共安全应急系统设计框架正可以服务于上述工作内容和模式。疫情发生后,系统处置流程如下:

(1)实时信息收集统计。各级医疗卫生机构及时通过统一网络平台向控制中心报告突发性疫情信息,并通过控制中心向相关部门发布信息;通过与人口、交通、商业、医疗等图层的叠加,建立专题图,反映传染病的空间分布状况。

(2)发布专业预案,确定各部门职责;展开传染源追踪,调查确诊和疑似病人近期的活动场所、途径的地点及时间,标识在专题图上,为可能要采取的隔离措施做准备。

(3)定时通过网络向公众发布疫情信息。

(4)启动危机预警系统,调用模型库中传染性疾病预测模型,采用多种不同方法对疾病的发展态势做定量和定性研究。

(5)通过查询和分析处理系统查询当前疫情的发展情况,包括确诊病人数、疑似病人数等;查询本市医疗机构的基本数据,包括病床床位、医护人员数量等;利用运筹学模型,制定病员救治和人群隔离方案。

———————

① 林涛、姜庆五:《地理信息系统与遥感遥测技术在公共卫生领域的应用》,《中华预防医学杂志》,2002 年第 6 期。

(6)根据系统运行结果制定动态预案,并发布到各相关部门。

为了更好地发掘出疫情的传播和发展规律和趋势,系统中采用多种模型对疾病控制进行定量预警和模拟仿真。例如采用时间序列、指数曲线预测模型、灰色模型等。应用多种方法来对突发性传染病进行分析,力图提供全面客观的参考。北京大学林国基等应用小世界网络模型对北京地区 SARS 的发展过程进行了预测,其中针对性地引入疫情信息透明度、病人隔离时间等参数,很有现实意义。为此,我们也将其纳入模型库,以此为例介绍本系统的应用。

2.小世界网络模型及其应用

(1) 小世界网络模型

20 世纪 50 年代,心理学家斯坦利·米尔格对人类社会的网络结构进行定量分析。试验结果认为,任意两个人都可平均通过 6 个熟人联系起来,这就是"小世界效应"。传统的流行病传播模型建立在把社会中人与人的关系看成规则网络的基础上,基于小世界效应的思想,则此模型已经不能如实反应传染病传播的实际情况。[①] 在 1998 年提出的小世界网络模型(W—S 模型)在疾病传播研究上有广泛应用。其本质是具备一定随机性的一维规则点阵。构建方法是:在环状一维点阵中用"断键重连"的方法,按顺序浏览每条边,以较小的概率 p(0.01 左右)将边的另一端移到一个随机位置上。由于 p 很小,网络仍大致维持规则结构。但是由于随机边的存在,使得两点之间的平均距离随着 p 的增大下降很快。所以 W—S 模型具备规则网络的高集团化性和随机网络的"小世界效应"。(见图 7-4)

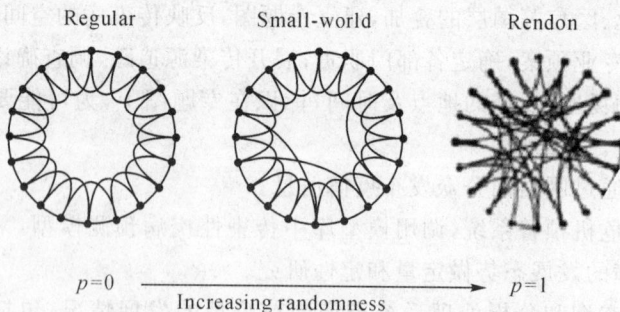

图 7-4　三种网络中概率 p 的变化趋势

① 林国基,贾珣,欧阳颀:《用小世界网络模型研究 SARS 病毒的传播》,《北京大学学报(医学版)》,2003 年增刊。

(2)模型的应用

把某个地区中的人视为网络节点,人与人之间密切接触联系则可以视为节点间的连接边。设该地区人口总数为 $N,p=0.01,K$ 作为每个点平均相连的边数。

当某地区发生某种传染性很强的急性传染病后,需要预测该地区的一段时间后的传染病发展的态势。包括:没有被传染的自由状态人数;被传染后暂时没有发病的潜伏状态人数;被传染后已经发病,而没有被隔离的传染状态人数;隔离状态人数,包括隔离治疗中的人数和隔离观察中的人数;治疗状态人数;当前或要预测的某个时刻被感染的总人数。

利用本系统,通过构造一个小世界网络,可以从当前状态,预测某段时间(单位:天)后的状态。在预测过程中,基本假设有以下变量:

网络容量 N,即总人口数;

接触人数 K:每位居民日均接触人数;

构造参数 p:小世界网络的构造参数,例如取 0.01 左右;

传染率 P_i:假设在不同的人是标准差为 D_i 的高斯分布;

透明度 G:进行自我隔离的人占总人口的比例,反映公共卫生信息机制的完善程度;

潜伏期 Q,假设在不同的人中为标准差为 Dq 的高斯分布;

传染期 T,服从标准差为 D_t 的高斯分布;

治疗期 C_u,服从标准差为 Dcu 的高斯分布;

隔离期 C:病人被隔离的天数,假设其服从标准差为 Dc 的高斯分布;

天数 n。

在网络中引入病源,可以模拟出一定时期内总的患病人数 N_t 和当天仍患病的人数 N_i。在该模型中,参数 K 反映人们之间联系的密切程度,T 反映发现、隔离传染源的速度。政府部门应采取得力措施重点控制这两个参数。

现假设在一个人口为 $N=30$ 万的地区,传染率为 $P_i=0.05$,传染期 $T=10$ 天,潜伏期 $Q=6$ 天,治疗期为 5 天,隔离期为 1 天,疾病态势仿真如图 7-5示,前 30 天,每人平均日接触人数 $K=23$,透明度 $G=0.1$,则其发病人数迅速上升;而第 31 天调整参数为 $K=1$,透明度 $G=1$,则可看出发病人数呈急速下降趋势。据此,作者可以参考该模型,来预测城市未来时段内的疾病态势的变化,还可以通过研究某些参数的变化对疾病传染情况的影响程度,为决策提供参考意见。

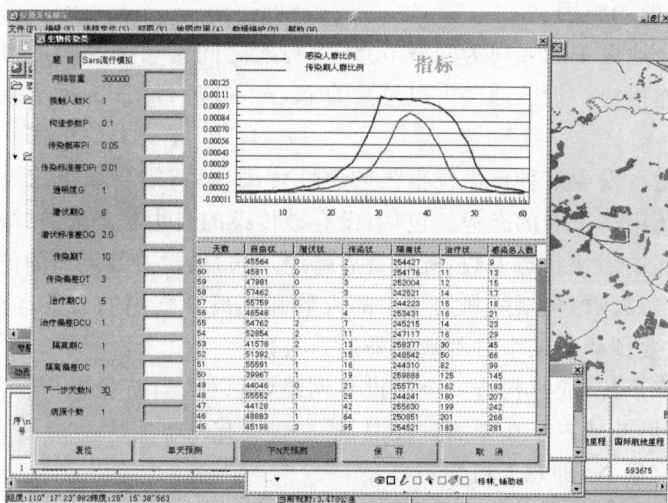

图 7-5　传染病传播状况图

第三节　公共危机管理政策仿真应用

　　在充满风险与危机的现代社会,重大公共危机事件不仅仅表现在上一节所列举的毒气事件、地区性传染病这些突发性公共危机事件,还存在着诸多常态危机,比如人口的容量、人口的老龄化,对这些常态危机已成为国家、社会和学者关注与研究的重点之一。本节将会列举厦门市适度人口容量和中国农村社会养老保险制度发展的风险因素分析及政策仿真这两个不同的案例并进行简述。

一、人口安全管理政策仿真应用案例分析:厦门人口分布与社会经济发展

　　由于厦门的人口分布呈现出其独特性:岛外地域面积远远大于岛内,但人口比重却恰恰相反。用哲学的观点来看,普遍性蕴含于特殊性之中,因此,在讨论人口分布引发的人口安全问题时,作者拟将厦门作为案例进行分析,以期明晰人口分布安全与当地经济发展的必然关联。

(一)厦门人口分布概况

2003年5月经国务院批准,同意厦门市调整部分行政区划,行政区划调整后,厦门市辖思明、湖里、集美、海沧、同安和翔安6个区。各区人口、面积情况如图7-6。

1.厦门市人口分布总述

根据第四次、第五次人口普查资料及2005年人口概况公报,厦门全市户籍人口从1990年的111.85万增长到2005年的153.22万,常住人口从117万增长到225万。在厦门市的人口增长中,自然增长占有一定的比重,虽然人口的自然增长率有所降低,但由于人口基数大,人口再生产惯性形成的客观效应,人口迁移增长是新时期厦门人口增长的主要因素。人口数量的增长与人口密度空间分布的变动是密不可分的。从人口密度空间分布的变动来看,由于厦门市各地区自然环境条件的差异,特别是城市内部各地社会经济发展水平的差异以及城市规划等政策行为的影响不同,在一定程度上引起了人口增长的差异及人口分布的变动。

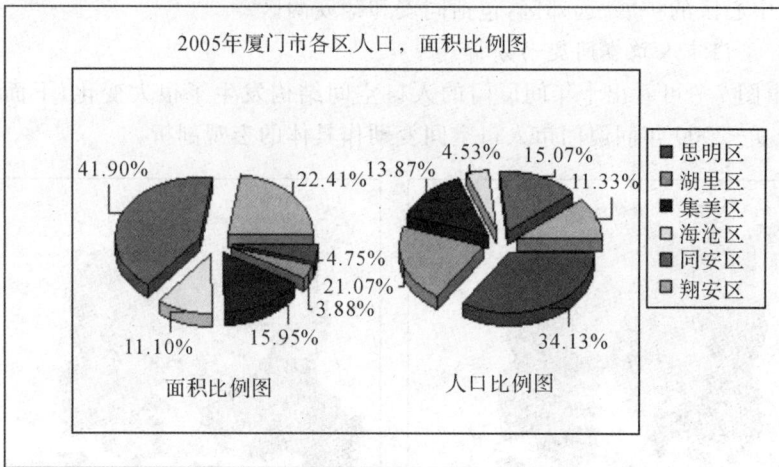

图7-6　2005年厦门市各区人口、面积比例图

从常住人口的绝对数量来看,人口的主要增长位于思明区与湖里区,其中思明区从1990年的36.64万人增长到2005年的76.8万人,人口总量增长了一倍多,而湖里区更是从7.62万人增长到了47.4万人,人口增长达到6.22倍,可以看出岛内人口增长非常迅速。从人口密度来看,厦门市岛内人口密度增长迅速,远远高于岛外和全市平均水平。

地理学者汉森(M. Hansen)认为,城市发展并非均衡地发生在地理空间上,一般存在着集中——扩散——聚集——扩散——聚集的五个过程。在国外,由于工业革命的推动,城市人口的"扩散"过程在 20 世纪 50 年代就已经大规模开始了,这种现象被西方学者称为"郊区化"。

所谓的郊区化就是指当代大城市因人口和各种职能迅速向郊区扩散转移,从而使郊区变成为具有市区各种职能的城市化地域过程。一个城市的郊区化一般是以人口的郊区化为先导和指示。对人口郊区化问题的研究国外学者概括出许多不同的发展模式并从理论上作出了诠注。国内学者对我国人口郊区化问题的研究始于 20 世纪 80 年代,他们分别对北京、广州、上海、沈阳、大连和杭州等东部发达城市进行了深入研究并得出许多非常有用的结论,利用第四、第五次人口普查的人口统计资料,从人口的空间变动及人口的郊区化两个方面结合来研究厦门市人口空间变动规律及郊区化特点。

厦门市在地域上大致可以划分为中心城区、近郊区和远郊区三个部分。中心城区,包括思明和湖里两区(即岛内),是厦门海湾型城市的核心区;近郊区,包括海沧和集美两个区,它们通过海沧大桥和集美大桥直接和中心区相连,是中心区的扩展;远郊区,包括同安和翔安两区。

2.厦门市人口空间变动分析

由图 7-7 可看出十年间厦门的人口空间结构发生了很大变化,下面作者对 1990—2000 年间厦门市人口空间变动作具体的宏观剖析。

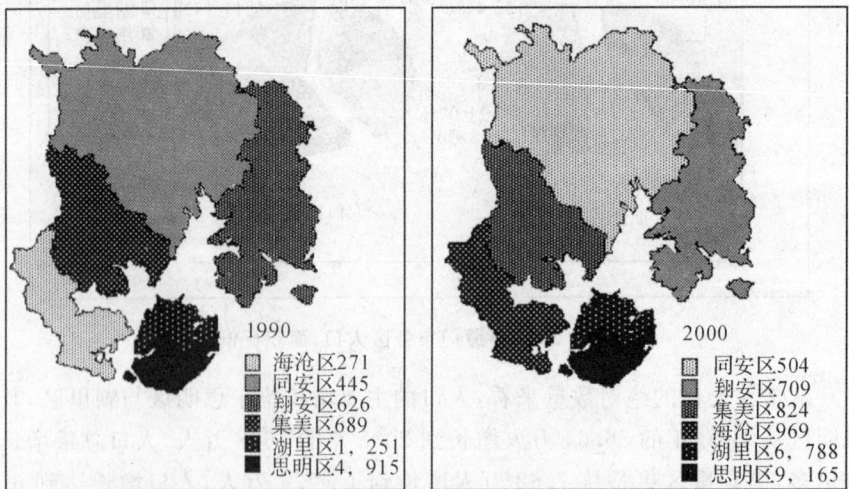

图 7-7　1990 年和 2000 年厦门市人口空间结构示意图

首先看分区的人口增长情况,在 1990 年至 2000 年间,就人口年均增长率而言,位于中心区的思明区(6.43%),湖里区(18.43%)和近郊区的海沧区

(13.60％)较高,它们均高于市区平均值(5.73％),其余各区都小于平均值。

再从中心区、近郊区、远郊区的地域层次来看,1990—2000 年间中心区的人口增长了 147.75％,年均增长 9.50％,增长速度很快,近郊区增长了70.71％,年均增长率 5.49％,而增长最慢的是远郊区,五年间增长了13.16％,年均增长率 1.24％,这期间各层次的地域密度均有所增长。

可以看出,在 1990—2000 年间,人口总数在这一时期飞速增长,厦门市人口出现了向中心区聚集的现象,由于思明区与湖里区的人口飞速增长,一下子将岛内的人口密度提升到很高的阶段(8096 人/km²)。近郊区的海沧虽也有较大增长,但对总的人口分布影响不大,远郊区增长速度缓慢。表明此时段厦门人口聚集力量优于人口扩散力量,人口不断向中心聚集。

由图 7-8 可知,在近五年间,厦门市的人口空间结构仍出现变动。那么,2000—2005 年间厦门市人口空间变动的原因何在呢?

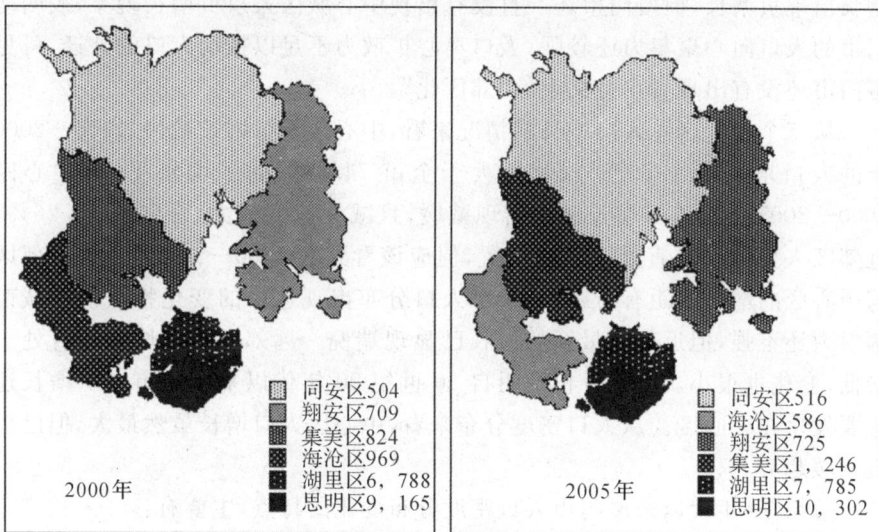

图 7-8　2000 年和 2005 年厦门市的人口空间结构

2003 年,厦门市行政区域进行划分,各区范围有了较大变化,进行适当处理后,仍可进行比较,与 1990—2000 年期间相比,2000—2005 年间厦门市各区增长率的变化明显减小,人口增长速度大幅度下降,近郊区的集美区增长速度最快,年均增长率为 8.64％,其余各区都小于 3％,此阶段海沧区甚至出现了负增长(-9.58％)。再从中心区、近郊区、远郊区的地域层次来看,中心区人口增长速度下降最快,从 150.39％ 变化到 13.26％,年均增长率则由20.15％变为 2.52％,近郊区虽然人口增长速度也有下降,从 61.91％变化到

10.41%,年均增长率由 10.12% 变为 2.00%,但与中心区的增长差距明显变小,远郊区依然是增长最缓慢的区域。

2000—2005 年间,各区人口增长速度变化范围从 −39.56% 到 51.32%,与 1990—2000 年(13.16%~442.63%)相比有所缩小,年均增长速度也大幅度下降,说明人口增长开始变缓。由于岛内的人口密度已经过高,提升幅度有限,中心区的人口密度增长幅度下降最大,此时近郊区与中心区的差距变小,说明近郊区对中心区的人口分散作用已有一定体现。厦门市的人口空间增长出现两个明显的阶段,首先是人口向中心城区聚集阶段,最后是人口向近郊和远郊扩散阶段,与此对应的人口增长的地域分布出现了有规律的"一边特别大,一边小"和"一边大,中间逐步变大,一边小"演变,由此而引发的厦门市郊区化出现有规律的圈层扩展现象,其人口郊区化的强度较弱(北京、上海、大连和杭州在 20 世纪 90 年代初就出现明显的郊区化现象,它们的中心区的人口增长出现负增长,但厦门市还一直没有出现中心城区人口负增长现象,表明厦门市的人口向心聚集力还较强,人口离心扩散力不足以推动人口的外迁,可见厦门市还没有出现真正意义上的"郊区化"。

从三个密度区总人口增长的情况来看,中心区人口增长最快,1990—2000年的人口增长为 147.75%,远远大于全市 74.59% 的平均水平;市中心区 2000—2005 年的人口增长速度出现减缓,且减缓速度最大,降到了 13.26%。近郊区人口增长一直处于居中位置,但应该看到在 2000—2005 年间,近郊区与中心区的增长差距有所减少,城市人口分布出现这样的变化特点说明城市辐射力还不强,但近郊最新的增长已显现端倪。远郊区人口增长一直处于最低,变化也很小。以上分析说明自 20 世纪 90 年代以来厦门市人口增长还主要发生在中心区。从人口密度分布来看,中心区人口增长虽然最大,但已出现减缓趋势。

总结 90 年代以来厦门市人口密度分布变化的特点,主要有:

第一,市中心区人口密度显著上升,但进入新世纪后增长速度明显减缓。

第二,人口聚集和分散相互作用的力量还将是主导厦门市郊区化进程的主要力量,郊区化的出现及其强度的加大是不可避免的,在最近 5~8 年中心区和郊区人口同增长的现象还会继续。

第三,近郊区人口增加次之,并显现出强大的后劲趋势,城市人口分布还未出现明显的郊区化特点。因为中心区人口密度并未出现降低,说明市区人口还没大量外迁,无法分担中心城区核心部分的人口密度,需要增大了外缘地区的人口密度,这将有利于城市功能分布和城市土地利用结构的合理化。

第四,中心城区人口增长的速度将会继续减慢,估计这种正增长可能会持续 5~8 年。估计厦门市出现真正意义的中心区人口负增长的"郊区化"还需一定时间和一定条件。

第五,近郊区的人口将持续加快增长,其中集美区的人口增长速度将继续加快。

3. 厦门市人口分布重心分析

人口分布重心来源于物理学的重心概念,指假设某地域内每个居民的重量都相等时,在该地域全部空间平面上力矩达到平衡的一点。不同时间段人口重心的变迁可以反映人口分布变化的过程,其迁移方向代表人口分布的伸展方向。基于此,分析人口重心变化情况对了解和研究人口分布演变的过程、发展方向、人口分布的动态特征具有重要的意义。

作者分别选取了 1990 年、2000 年、2005 年三个样本的数据,并计算它们的人口分布重心,得出结论可知,厦门市人口分布重心由西向东移,由南向北移动,并且始终在思明区内。人口重心移动共 2.74 公里,平均每年移动 0.1827 公里。人口重心的移动速度不是很大,但从"人口重心始终落在思明区内",可以看出由于岛外人口密度的增加较之岛内而言还相当缓慢,因此如果这样的增长持续下去,厦门人口重心将始终无法向岛外延伸。

(二)厦门市人口分布的实证研究

1. 厦门市适度人口分布测算(基于 P-S 方法)

为了对厦门市的适度人口分布进行一个合理、科学的测算,作者运用上文所述的可能—满意法,利用系统工程的科学算法,对其进行一个推算。在着手进行分析和预测之前,课题组在对厦门市近年来的经济发展、社会生活及相关的人口政策进行全面研究和分析的基础上,建立一个集经济、社会生活、人口密度、生态环境与资源的指标体系,此体系共有指标 18 个,利用指标间与人口密度的关系,构建出 9 组可能—满意度的组合。如指标 GDP 与人均 GDP,都与人口密度指标有关,通过两者与人口密度的关系,形成一个可能—满意度曲线的组合。其指标体系包含经济、社会生活、生态环境、资源四大类,当然每一类别下均有若干细化的子类,具体分析情况如下:

(1)经济

经济发展速度、发展潜力以及一个城市的经济规模大小,对一个城市的其他各方面都起决定性作用,它的快速发展将带动人才的大量引进,自发地调整社会生活秩序中的各种组成结构。人口数量的机械增加主要的动力是经济的快速发展所带来大量的就业机会与创业空间,因此要想使人口的总量、人口的素质大大提高,首当其冲的是规划好厦门的经济发展速度,大量引进各种资金来源,协调各产业结构的发展平衡态势,协调区与区经济发展的不平衡与人口规划的不平衡性,使经济得以全面快速地发展。

[经济水平]

厦门是我国的一个经济特区,经济发展速度及其建设都备受全国人民的关注,其优美舒适的生活环境受到许多城市居民的羡慕,美丽温馨的感觉给岛内的旅游业带来很大的契机。然而作为经济特区,它的发展速度还是比较慢的,结构发展结构与地区的不平衡,人口分布的极度不均,对经济发展造成许多的负面作用。在2003年,厦门市的GDP是759.69亿元,是深圳的26.56%,如此小的经济总量,在全国几个大城市中也是位列尾翼,这对厦门的发展是极为不利的。要想将厦门建设成为海湾型的新型城市,经济的高速发展是重中之重。

在未来的2020年前,根据人口的发展规律和正确的人口政策导向,随着全国经济的平衡发展,到时厦门的人口发展将逐渐趋于平衡并达到一个相对稳定的状态。根据目前厦门市经济的发展速度,以及建设新型城市所要求的目标,作者对经济发展做一个上下限的估计,以较高的经济发展速度来预测厦门在2020年全市的GDP最高值为10959亿元,这个可能度为0;最低值为3981亿元,这个可能度为1;也就是说,在未来的2020年,厦门市的全年GDP就当在3981亿到10959亿元之间。

厦门市在2003年的人均GDP为53586元,相对来说还是较高的。以上述同样的方法,通过对其经济发展速率的确定,以及厦门市人均GDP的发展速率一般低于经济总量发展的规律。

[劳动力需求]

经济的发展,总是建立在劳动力和劳动生产率的不断提高之上的,要达到和实现所期望的经济总量,那就需要相当的劳动力,需要社会拥有与之相匹配的劳动力源。作者从全市的经济发展对社会劳动力的需求出发,先分析经济的快速发展对社会劳动力的需求量是多少,而后从全社会可能要提供的劳动力人数来描述其人口分布的可能满意度。

按厦门市2000年全年的GDP总量和2000年全社会劳动者数[①]来计算,厦门2000年全社会劳动者人数为1038161人,社会劳动生产率为48342元;在2001年上升为52454元。按照一个较高的发展速度和一个较低的发展速度,预计厦门在2020年时劳动生产率在24万元到37万元之间。根据厦门在2020年时所预计的经济总量范围,在2020年社会需求劳动者数在162万到457万之间。当低于162万时,将造成劳动力的不足,定义这个劳动力总数满

---

① 《厦门经济特区年鉴—2002》,中国统计出版社2003年版,第238页。

足经济发展的可能度为 0;当劳动者数高于 457 万,完全能满足经济的发展需要,定义这个可能度为 1。

劳动力的供给是由总人口中适龄劳动人口提供的,它在全社会的人口中占一定的比例。从 2000 年的人口普查资料中可以看出,15 岁到 59 岁的人口总数占总人口的 77.43%。随着经济的发展,对外来人口的吸引,厦门的劳动力人口比例将有所上涨,因为随着经济发展,大量迁移的人口大都为适龄的劳动人口,外来人口的进入也将使厦门的劳动力人口比例有所变化。通过对深圳人口结构的研究分析,预计厦门在 2020 年劳动力人口比例为 79.91% 时满意度为 1;在 73.61% 时满意度为 0。

(2)社会生活

[就业]

就业是社会生活的一个主要部分,一个区域就业水平的高与低,在一定程度上代表着该区域经济发展的形势,它也主要决定着一个区域人口流动的主要导向,就业容量的大小,在一定程度上决定了这区域的人口总容量,就业形势的低下必然导致人口的外流,相反,良好的经济态势、就业环境必然吸引大量人才的流入。就业率的高低也随着一个区域经济的发展不断变化,也会决定原有人口的流动方向,较高的就业率对稳定当地人口起着较大的作用。一定的社会经济总量在一定的劳动生产率的情况下,它所需求的就业人数也是一定的。科技的发展,良好的经济布局及规划,将使经济得以快速的发展,但同样也使社会劳动生产率得到很大的提高。就业的机会受到这两者因素的主要影响,就业的机会仍然会随着经济的发展而不断的充足。

一个区域对就业率也是容许在一定范围内变化的,但在正常稳定的经济环境下不可能造成过低的就业率,当一个区域的就业率过低时,必然会造成人口的外流。因此定义就业率在 98% 时最高满意度值 1;在 89% 时最低满意度值 0。

[交通]

交通运输的便利与否直接关系到一个都市的建设与发展,纵观厦门全市的交通情况,近年来在不断地改善,但从整体来看,厦门市的交通现状还是不符合一个经济特区发展需要的。以下从两个方面来讨论交通的情况。

第一,从交通容量上来说,全市公共交通在 2003 年全年完成客流总量 4.3914 亿人次,每日 120.3123 万人次/天。厦门市的公交建设是在不断地、而且高速地发展,单从运营线路网长度来看,在 2001 年是 439 公里,比 2000

年增长 29 公里①,公共交通的能力也将随之呈指数上升。预计在 2020 年,厦门最低的公共交通容量每天在 445 万人次,最高可能度为 1;最高交通容量在每天 1040 万人次,最低可能度为 0;人均出行次数每人的最低满意度为 1.5次,最高可能度为 3.0 次。

第二,从公路长度上来说,厦门的公路网密度为 40.71 公里/百平方公里,在 2020 年,厦门市的最低公路网密度将达到 120.85 公里/百平方公里,总长度为 1928 公里;最高可能为 150.3 公里/百平方公里,总长度为 2399 公里。

2003 年末,厦门市人均道路长度约为 4.58 公里/万人;远远低于发达国家的水平,如英国在 2001 年时每万人拥有公路为 63.25 公里、德国为 28.02公里、日本为 91.58 公里②。当然对于一个城市来说,道路建设与一个国家的发展水平有关。但从如此大的差距中,作者也可看出交通设施的差距。作者认为 2003 年深圳的交通是处于一个中等的水平,对其取满意度,以 2003 年水平的两倍为满意度 1,万人拥有公路长为 6.29 公里;以 2003 年水平的 2/3 为满意度 0,万人拥有公路长为 3.093 公里。

(3)教育

从 2000 年第五次人口普查的数据来看,厦门市在人才引进的方面还是远远不足。数据显示,厦门市在 2000 年时拥有大专以上文凭的总人数为171789 人,每万人拥有大学生数为 877 人。这对一个要求经济快速发展的区域来说是远远不足的。而且厦门经济的不平衡又使得人才分布出现严重的区域不平衡,岛内外人才的分布比人口分布的不平衡更为严重,如何在其他各区创造良好的人才应用环境也是人口规划的一大课题之一。

根据国内外经济发展与高素质人才的比例,上海在 2000 年时拥有大学文凭以上学历人数占总人数的 11.36%。预计厦门在达到相对应的经济目标时,在 2020 年预计拥有大学生数最多为 68 万人,可能度为 0;最少为 32 万人,可能度为 1。

随着教育力度的不断深入,高等教育的普及,未来的人民接受高等教育的机会越来越大,占适龄教育人口的比重也将越来越高,在目前,美国接受高等教育的人口占总人口的将近 30%。以此作为厦门市未来接受高等教育程度的最高满意程度,即拥有大学生的比例,最高满意度为 30%,最低满意度为 11.36%。

(4)环境生态

[绿地面积及绿化率]

---

① 《厦门经济特区年鉴—2002》,中国统计出版社 2003 年版,第 239 页。
② 《国际统计年鉴—2003 年》,中国统计出版社 2004 年版,第 271 页。

　　2003 年全市绿化覆盖面积为 40.08 平方公里,公共绿地面积为 11.1798 平方公里[1],全市人均绿地为 7.87 平方米[2]。按前几年的绿化建设速度,预计厦门在 2020 年绿地面积最大可能度为 66.51 平方公里,最低可能度为 40.65 平方公里。

　　人均绿地面积,达到 40 平方米满意度为 1,达到 16 平方米满意度为 0。

[垃圾]

　　由于垃圾处理设施建设跟不上城市发展的需要,大量未经无害化处理的生活垃圾对周围的水体、土壤、气候造成了严重污染,同时也形成了安全隐患。据统计,在 2003 年底,全市日产垃圾量为 1507 吨,人均日产垃圾为 1.06 千克。随着人口总量的增加,生活垃圾的产生量也迅速增加,大量的垃圾对厦门市环境治理带来了难题。社会的进步和文化的发展,市民素质的不断提高,环保意识的不断加强,对环境保护和环境治理会带来一定的有利因素。但是人口总量的增加,必不可少的垃圾产生量也将加大,有关专家认为城市生活垃圾按 6% 的速度发展。作者以 2003 年 6% 的速度为依据,在以后的几年内按递减的增长速度计算,到 2020 年,厦门市的生活垃圾日产生量最少为 3130 吨,可能度为 1;按整个发展期间 6% 的速度推算,日产生量为 4057 吨,可能度为 0。

　　人均日产垃圾量为 1.2 公斤,作者以人均日产垃圾量 1 公斤时的满意度为 1;人均日产垃圾量 2.7 公斤满意度为 0。

(5)资源

[用水]

　　厦门市在 2002 年日自来水供水量达到 58.39 万吨,2003 年日供水 56.30 万吨,而厦门自来水综合生产能力为日生产 100 万吨。根据城市发展规划和不断加强的对各种环境的综合整治力度,预计厦门市在 2020 年时日供水量最大可能度达到 100 万吨,最小可能度为 200 万吨。人均用水每日的最低满意度为 0.4 立方米,最高满意度为 0.7 立方米。

[用能]

　　在 2002 年,全市的用电总量为 688310 万千瓦时,人均用电 4855.5 千瓦时,达到中等发达国家水平;随着社会经济的发展和人民生活水平的提高,全社会对用电的需求也将大大提高,预计在 2020 年,深圳市最小可能的供电能力为 3224774 万千瓦时,最大可能度为 1 时的供电能力 2379286 万千瓦时;在

---

①　数据来自:《厦门经济特区年鉴——2004》,中国统计出版社 2005 年版,第 251 页。
②　由总人口与全市公共绿地面积计算得出。

未来的 2020 年,人均用电量以现在发达国家的年人均用电量为最低满意度,为 8304 千瓦时;最高满意度为 12456 千瓦时。

[用地]

2003 年厦门统计资料显示,建成区面积为 103.99 平方公里,占厦门市总面积的 6.51%;随着厦门的城市建设和发展,建成区的面积也将在不断地扩大,预计在 2020 年厦门市建成区的面积占厦门市总面积的 31.4%可能度最大,面积为 501.4 平方公里,最小可能度为建成区面积占总面积的 52%,为 830.1 平方公里;人均用地面积满意度为 1 时,是 100 平方米,满意度为 0 时为 41.76 平方米。

2.厦门市适度人口分布测算的结果及其分析

(1)测算结果

通过辅助决策系统对所有可能满意度曲线的计算,系统得出 11 条可能满意度曲线,它们相互交叉,呈现不同的特征,所有的曲线如图 7-9 所示。

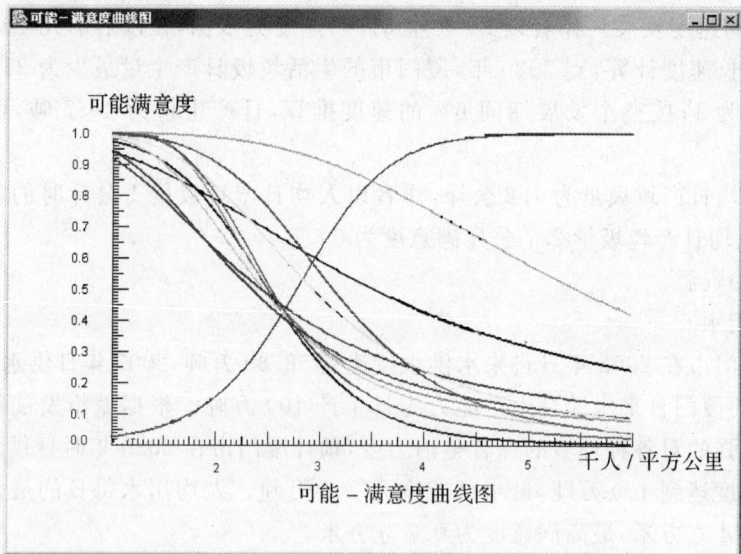

图 7-9　厦门市人口密度的可能—满意度曲线

从上述的(初始值从低到高排列分别为:劳动力需求、教育、经济、绿化、就业、垃圾、交通容量、道路长度、用能、用水、用地)11 条可能—满意度曲线中可以简单地分析各因素对人口密度的影响大小。

经济水平对人口密度的可容性较大,从它的曲线中可以看出,整个曲线随着人口密度的增加下降幅度较小,相对可能满意度较高,但从另外一角度看,这也是由于厦门经济发展与人口容量较小的原因所致,相对较小的基数,在进行可能－满意度分析时,所拟定的参数也较小。

经济的发展,也决定了厦门市对劳动力的巨大需求,也在一定程度上决定了厦门的人口密度。

从上述分析中可得出如下基本结论:

绿化对厦门的人口密度是有比较大影响的,从全市的绿化面积和人均拥有绿地来看,厦门还是较低的;经济发展的速度太慢,全市经济总量与国内的其他大中城市相比还相差较远;区与区之间的发展也不平衡;人才引进的不够,从 2000 年五普的数据来看,全市每万人拥有大学生数为 877 人,这对一个经济特区来说总量偏低。

(2)基本结论

经过系统分析可得出,总体说来厦门市的适度人口密度应该在 2349～2756 人之间,这样在各子系统的可能满意度均能达到中等水平。由于岛内外经济、文化发展程度不一,因而人口适宜密度也会有所差异。岛内外人口密度可能满意度曲线如图 7-10、图 7-11 所示:

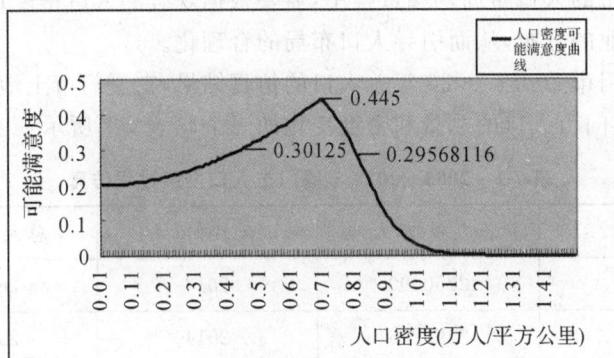

图 7-10 厦门市岛内人口密度可能满意度曲线

由图 7-10 知,厦门市岛内人口密度比较满意的范围为 4526～8087 人/平方公里。可能满意度的值从 0.3 到 0.445 属于比较满意的阶段,最高满意值为 0.445 在人口密度为 7000 人/平方公里的时候取到。

同样,作者可以得到岛外的比较满意的人口密度的范围为 1751～2308 人/平方公里。可能满意度范围为 0.25～0.39(如图 7-10 所示)。可能满意度的最大值为 0.39,当岛内的人口密度为 2200 人/平方公里时取得。

当岛内和岛外的人口密度同时达到可能满意度最高点的时候,厦门市整体人口为 409 万人,这个总人口数是在厦门市的综合条件下最佳的人口总数。

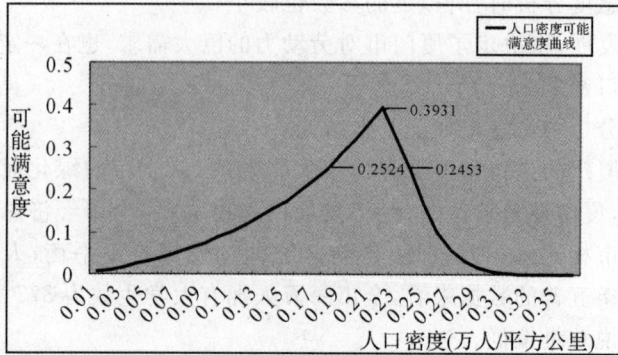

图 7-11   厦门市岛外人口密度可能满意度曲线

3. 厦门市 2007—2020 年人口布局及其仿真

厦门市人口布局指的是人口在厦门市各区内的分布状况,从目前的分布来看,厦门市人口布局表现为岛内人口密度过高,而岛外人口密度不平衡的特征。在厦门市的人口布局调整过程中,需要根据现有的人口密度情况,合理地规划部分企业的分布,从而引导人口布局的合理化。

根据厦门市 2005—2020 年总人口的仿真结果,在厦门市土地面积不增长的前提下,厦门市人口的总量和密度变化如表 7-1、表 7-2 所示:

表 7-1   2005—2020 年厦门市人口发展过程仿真

年份	总人口数(人)	年份	总人口数(人)
2005	2250000	2013	2828223
2006	2295226	2014	2958452
2007	2331225	2015	3089163
2008	2368103	2016	3220358
2009	2403863	2017	3352037
2010	2440411	2018	3484204
2011	2569205	2019	3616860
2012	2698475	2020	3750000

表 7-2　厦门市 2005—2020 年人口密度变化情况

年份	人口密度(人/平方公里)	年份	人口密度(人/平方公里)
2005	1434	2013	1802
2006	1463	2014	1885
2007	1486	2015	1968
2008	1509	2016	2052
2009	1532	2017	2136
2010	1555	2018	2220
2011	1637	2019	2305
2012	1720	2020	2390

（三）基于实证分析结果对厦门市人口状况提出的若干方案

1. 第一方案

由于岛内人口密度已较高,假定在未来的人口增长过程中,人口主要流向岛外,岛内的人口主要是进行结构的转换,即高素质人口的迁入与低素质人口的迁出同步进行。另外,假定岛内外各区新增人口均匀分布,即当该区人口密度达到全市平均水平时,新增人口就向其他区分配,根据上述规则,可计算出在 2006—2020 年间厦门市各区人口密度规划,如表 7-3:

表 7-3　2005—2020 年厦门市各区人口密度规划(单位:人/平方公里)

年份	思明区	湖里区	集美区	海沧区	同安区	翔安区
2005	10302	7785	1246	586	516	725
2006	10302	7785	1281	621	550	760
2007	10302	7785	1313	652	582	791
2008	10302	7785	1338	677	607	816
2009	10302	7785	1363	703	633	842
2010	10302	7785	1388	728	658	867
2011	10302	7785	1414	753	683	893
2012	10302	7785	1504	843	773	982
2013	10302	7785	1594	933	863	1073
2014	10302	7785	1684	1024	954	1163

续表

年份	思明区	湖里区	集美区	海沧区	同安区	翔安区
2015	10302	7785	1775	1115	1044	1254
2016	10302	7785	1866	1206	1136	1345
2017	10302	7785	1958	1297	1227	1437
2018	10302	7785	2050	1389	1319	1528
2019	10302	7785	2142	1481	1411	1621
2020	10302	7785	2234	1574	1504	1713

　　按照以上方案分析可知,厦门市在未来15年人口发展中人口发展布局与数量增长是同步的,岛内的思明区与湖里区人口密度过高,按照仿真方案,岛内人口基本保持现状,其他地方容纳新增的大量人口,但是岛内人口如果不外迁的话,岛内外人口密度依然悬殊太大,岛外对岛内的人口拉动力依然不强,造成岛内人口依然过高。

　　2.第二方案

　　按照厦门市现阶段各区的人口分布增长情况,作者假设在厦门市的中心区依然保持着增长趋势,这样的增长趋势在2010年终止。2010年是人口增长的制高点,之后中心区的人口开始出现下降趋势,中心区转移出的人口以平均的方式分配到其他各个区,因此得到的仿真如下:

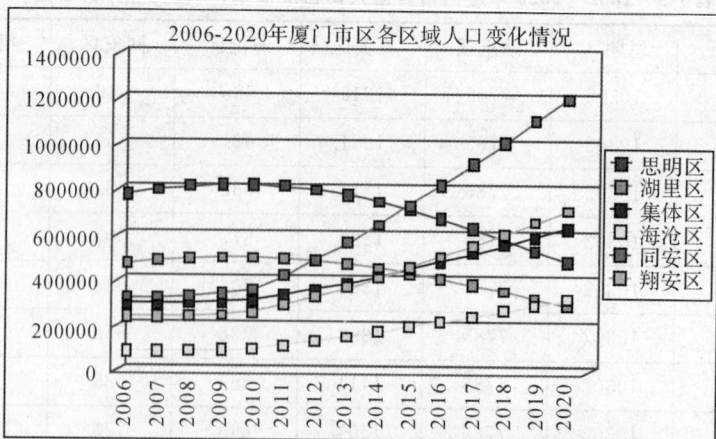

图7-12　2006—2020年厦门市各区域人口变化情况

　　由系统仿真,可以测算出,岛内外的人口总数变化情况与人口密度变化情况如下：

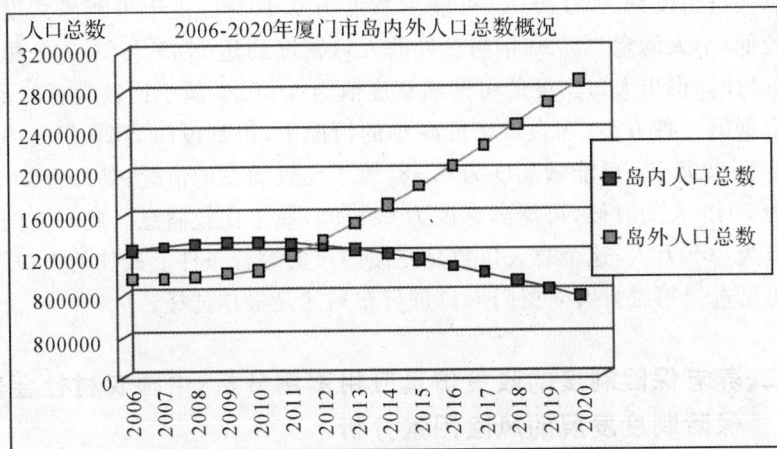

图 7-13　2006—2020 年厦门市岛内外人口总数概况

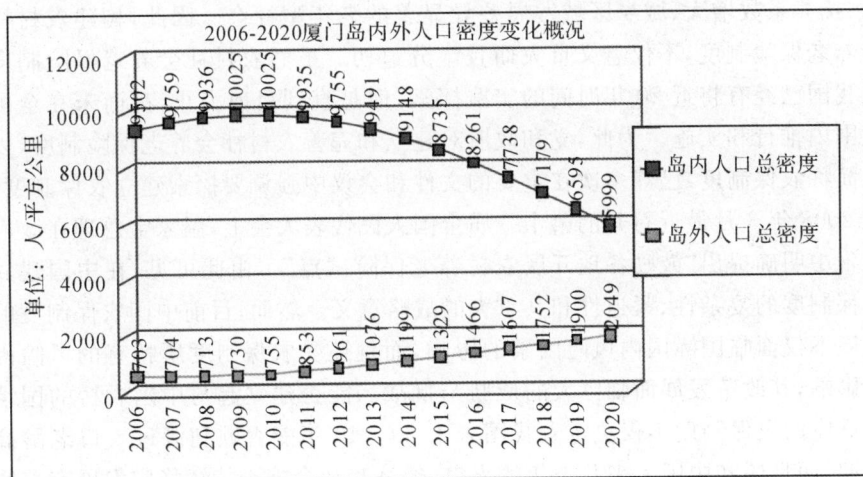

图 7-14　2006—2020 年厦门市岛内外人口密度变化概况

　　通过以上仿真的结果，按照厦门市中心思明与湖里区现在的增长趋势继续增长，以及按照城市郊区化的理论，在 2010 年厦门市的中心区开始出现人口减少的趋势，这样从仿真结果可以看到，岛外对岛内的人口分摊有了很大的提高，岛内人口的密度有了明显的下降。

　　3. 结论

　　根据可能满意度方法，作者预测了岛内到 2020 年几个人口密度方案的可能满意度,根据第一种方案,在人口密度不变的情况下,得到厦门在 2020 年岛内的总人口密度约为 9170 人,可能满意度为 0.1036。由于可能满意度的数值比较低,不太满意。2020 年当岛外的人口密度到达 1749 人/平方公里的时候,可以计算得出人口密度的可能满意度值为 0.2524,属于比较满意的范围。

根据第二种方案,在人口密度减小的情况下,得到厦门 2020 年岛内总人口密度为 5999 人,可能满意度为 0.38,属于比较满意的情况;岛外在 2020 年人口为 2049 人的时候,可能满意度为 0.3195,属于比较满意。此时厦门市整体人口为 409 万人,这个总人口数是在厦门市的综合条件下最佳的人口总数。

可见选择第二方案对厦门人口进行布局才是最佳选择。

二、养老保险制度的政策仿真应用案例分析:中国农村社会养老保险制度发展的风险因素分析

中国目前已经进入了一个人口规模大、农村人口占多数、人口年龄结构失衡、抚养系数增大、城乡区域发展差异显著的老年型社会。因此,构建农村社会养老保险制度,不仅意义重大而且十分迫切。虽然农村社会养老保险制度在我国已经有将近 20 年时间的实践探索,但是直到目前为止,都尚未在全国范围内推行和实施。为此,党和政府对建立和完善农村社会养老保险制度(以下简称农保制度)已经多次在重要的文件和会议中强调要探索建立农保制度。在 2008 年 3 月最近召开的第十一届全国人民代表大会上,温家宝总理在政府报告中明确提出"鼓励各地开展农村养老保险试点"。由此可见,在中国建立农保制度的复杂性、紧迫性和其重大的战略意义。然而,目前中国农保制度的发展不仅面临国际国内风险因素的影响,而且还受农保制度所特有的风险因素影响,其改革发展面临巨大的威胁与挑战。能否建立起与中国农村的国情相适应的农保制度不仅决定着我国未来 30~40 年能否顺利渡过人口老龄高峰期,而且还和中国未来几十年的人口、经济和社会能否持续稳定发展有着紧密的联系。

(一)中国农村社会养老保险制度面临的国内外风险因素分析

中国农村具有人口基数大、老龄化程度深和"未富先老"的一系列特征,农村养老问题是直接关系到中国的经济能否持续发展的重要内容,而建立起来的农保制度也必须是一个长期的、可持续发展的制度安排。然而,从中国目前的经济、人口和社会发展形势来看,面临国内外诸多的风险因素影响,抵抗风险应是农保制度可持续性发展的内在要求。

1. 影响中国农村社会养老保险制度发展的人口因素分析——人口老龄化风险因素分析

影响中国农保制度发展的人口因素主要表现在人口的老龄化程度和人的预期余命上。

在上个世纪末,我国就已经进入了老龄化社会,根据 2000 年的全国第五次人口普查数据和 2005 年的全国 1%人口抽样调查数据,中国人口和乡村人口的老龄化程度在逐渐加深,乡村人口的老龄化程度更是超过了全国和城镇。而且经过 5 年的时间,中国乡村人口的预期余命已经有了大幅度的提高,0 岁组的预期余命总的增加了 3 岁左右,其他各年龄组的预期余命也提高了 0.92～1.49 岁左右。尤其是女性的预期余命都比男性要长。这就意味着中国农村人口整体的老龄化已经更进一步深度发展。

表 7-4 全国和乡村 60 岁以上老人所占比例对比

年份	全 国			乡 村		
	合计	男	女	合计	男	女
2000	10.46%	9.9%	11.06%	11.92%	10.31%	11.56%
2005	13.01%	12.59%	13.44%	13.73%	13.34%	14.13%

数据来源:以上数据是根据 2000 年全国第五次人口普查数据和 2005 年的全国 1%人口抽样调查数据[国家统计局].www.stats.gov.cn 整理而成。

表 7-5 2000 年和 2005 年乡村生命表各年龄组预期余命对比 单位:岁

年份	0 岁组			45 岁组		
	混合	男	女	混合	男	女
2000	71.46	69.83	73.21	31.95	30.26	33.79
2005	74.64	72.07	76.86	33.54	31.75	35.47
年份	60 岁组			75 岁组		
	混合	男	女	混合	男	女
2000	19.24	17.85	20.68	9.76	8.91	10.46
2005	20.73	19.38	22.14	10.68	9.83	11.39

数据来源:以上数据是根据 2000 年全国第五次人口普查数据和 2005 年的全国 1%人口抽样调查数据预测得出。

但是到 2020 年,也就是党的十六届六中全会提出的基本建立覆盖城乡居民的社会保障体系的战略目标之时,农村的老龄化程度会如何呢? 延续到

2050 年又有什么样的变化呢？而且我国农村经历了 1950—1958 年及 1962—1973 年的两次生育高峰期,出生人群的养老问题尤其值得关注。

　　作者应用数理人口学方法,对 2008—2050 年的农村人口进行了预测。考虑到年龄结构的变化,选择了 2005 年的乡村生命表作为预测农村人口数的基础。在预测过程中,由于在 2005 年和 2000 年都没有以户籍来分的农村户口的分年龄分性别的人口数据,因此考虑到在乡村地区生活的绝大多数人口属于农村户籍的因素,于是就沿用 2005 年的乡村生命表和根据第二次全国农业普查的最新数据整理而成的 2006 年农业户口人数来预测 2008 年到 2050 年的农村人口数。其中 2006 年的农村户籍人口中已经把待定人口也划分到其中,这样就可以依据此最大化的人数进行预测要覆盖的人口数,使得农保制度设计具有最大化的风险承担能力。

　　应用浙江大学"社会保障政策仿真与人口数据挖掘"课题组所开发的"人口与社会保障精算与仿真软件"(ZDPSS 1.0),得到以下 60 岁以上年龄段的预测人口数(见图 7-15)。

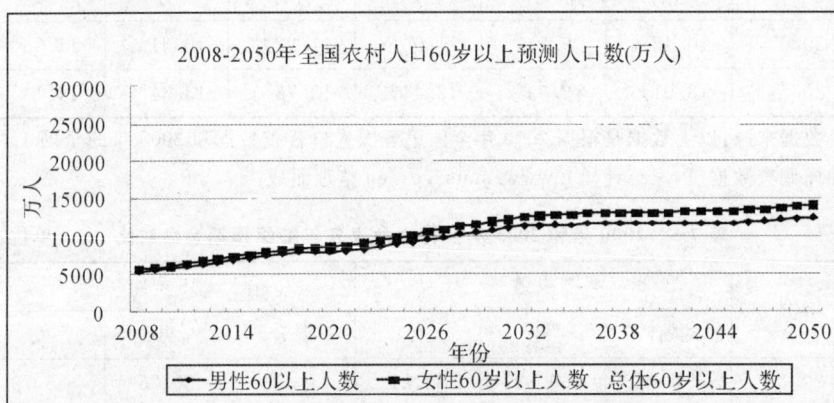

图 7-15　2008—2050 年全国农村人口 60 岁以上预测人口数(万人)

　　60 岁作为老龄化的开端和作者制度设计中的领取农村养老保险的年龄起点,从 2008 年开始,人数几乎一直保持持续上升的趋势,在 2030 年攀上一个人口高峰,突破 2.5 亿人口之后,稳定了将近 10 年以后,继续上升。这一方面意味着中国农村老龄人口的快速发展,另一方面意味着在 2020 年实现全覆盖之后,农村领取养老金的人数会逐渐增多,会给农村养老保险基金带来巨大的压力。

2.影响中国农村社会养老保险制度的宏观经济因素分析——国内外风险因素分析

影响中国农保制度发展的宏观经济因素主要表现在农村的收入水平、名义利率、通货膨胀率以及中国的财政收入增长等,而这些都依赖于中国经济的稳定持续增长。

面对复杂多变的国际经济发展局势,尤其是正处于震荡中的世界金融形势、日趋紧张的国际能源和资源供应,以及国内受到的自然灾害、人为事故等冲击,我国国内经济的发展也受到影响,存在着众多不确定和不稳定因素。从影响我国养老保险制度发展的角度看,主要表现在以下几个方面:

(1)国际风险因素

第一,国际能源风险因素。能源的生产和消费对一国的经济和社会实现持续、健康、协调、快速发展起着至关重要的作用。而社会保障的水平依赖着一国的经济发展,社会、经济等各方面条件的变动都有可能对其产生巨大的影响,因此能源的综合平衡问题间接也影响着社会保障的供给水平。虽然我国是一个人均能源资源十分短缺的国家,但是改革开放二十多年以来,我国能源需求的增长比世界任何其他国家都要快。中国在 2007 年再一次占据了全球能源消费增长的一半,而且预期还会继续增长。[①] 综合来看,目前的国际能源问题对中国经济的影响主要集中在国际能源短缺和持续走高的世界能源价格对我国经济增长产生的负面影响。中国目前处于工业化的中期阶段,经济增长已表现出对能源的高消费和较强依赖的特点。[②] 石油是基础性的战略资源,高油价导致中国外汇支出增加,与石油相关行业的企业成本增加,居民消费支出增加,从而抑制了中国的经济活力。

第二,国际生态风险因素。社会保障制度由于其长期性、刚性需求的特性,如何保持养老保障制度的可持续性是一个亟须考虑的问题。而养老保障制度的可持续化依靠的是经济的可持续化发展,经济的可持续发展又必须以生态的可持续性为基础。目前的世界经济发展已经进入了一个新的历史时期,然而由于盲目发展经济,忽略了人和自然的和谐关系,生态环境恶化甚至生态危机已经成为世界各国面临的严峻问题。全球的气候已经发生了显著的变化,极端天气出现的次数增多,厄尔尼诺现象也频繁发生,臭氧层破坏严重。虽然各个国家的国情不同,但是都认识到资源和环境等生态问题是现代经济

①　BP 公司:《BP 世界能源统计》. www. bp. com/statisticalreview,2008.

②　周建:《经济转型期中国能源需求的长期均衡及短期波动:1978—2005》,《南开经济研究》,2007 年第 3 期。

发展的最基本的制约因素。改革开放以来,我国长期走的是以高消耗、高污染、低效率型的粗放式经济增长道路。我国目前还处于工业化中期阶段,工业整体效率不高,能源密集性行业比重仍较大,用能设备落后的问题仍然存在,导致总体能耗高、效率低、污染重。[①] 虽然 GDP 的增长已经连续几年保持在10%左右,而单位 GDP 能耗也几乎一直在逐年增加。这使得中国被要求和国际上的发达国家一样承担相同的减排义务,对中国的经济发展的持续发展提出了更进一步的高要求。但也不能受国际生态压力就盲目跃进,否则只能造成中国的经济发展水平降低,最终降低改善生态系统的能力,而社会保障制度最终也可能因为经济的原因而中断。

第三,汇率风险因素。美国自从"9.11"事件、伊拉克战争和企业财务丑闻等事件之后,美元的地位下跌,欧元的地位得到巩固,同时日元、英镑等其他主要货币相对升值。相对应美元的持续贬值,从 2005 年 7 月 21 日人民币汇率机制改革以来,人民币一直在稳定持续地升值,随着两者的汇率从持续多年的8.27 到跌破 7。到 2008 年 7 月的 6.8 左右,中国的宏观经济受此影响在发生着急剧的变化。我们主要从汇率对我国宏观经济的负面影响来看对我国的风险性因素:人民币升值可能导致实际 GDP 的下降、美元贬值降低了我国的实际外汇储备水平、人民币升值可能导致对外贸易格局恶化、美元贬值和人民币升值会吸引大量的国外投机资本的流入。这对中国的经济安全和金融安全都构成了很大的风险。社会保障基金是社会保障体系中非常重要的一块内容,必须维持社会保障基金的安全性和长期的保值增值能力。一旦中国的金融安全被破坏,那就意味着中国的社会保障基金的安全也无法保证,给维持社会保障水平增加了不确定性因素。

(2)国内风险因素

第一,GDP 增长率下降风险。从世界 GDP 数据来看,经济能够连续保持5 年以上两位数高增长的国家和地区还是非常罕见的,中国经济发展也不能脱离世界性的规律。中国在 1992 年到 1996 年曾经保持过连续 5 年的两位数增长,属于一个经济周期中的向上周期,年均增长 12.4%,而此轮经济周期从2003 年到 2007 年又是第二次连续五年的两位数增长,年均增长 12.8%,但要长时间维持如此高速增长是不能长时间持续的,可能会在出现 2007 年峰值之后有个逐步回落的过程。根据国家统计局公布的 2008 年最新的前三季度国民经济发展公告,前三季度国内生产总值 201631 亿元,按可比价格计算,同比

---

① 蒋金荷:《提高能源效率与经济结构调整的策略分析》,《数量经济技术经济研究》,2004 年第10 期。

增长 9.9%,比上年同期回落 2.3 个百分点。GDP 增长率下降可能会直接影响到我国的财政收入增长率下降、财政支出金额下降、政府对社会保障的财政补贴水平下降,而且国民收入水平增长也可能下降等,从而影响到养老保险制度的持续进行。因此,在制度设计时,应该对我国可能面临的经济发展风险有充分的估计,使养老保险制度能够在风险最大化的情况下仍能持续运作,发挥解决我国日益严峻的养老问题的作用。

　　第二,消费物价指数上升风险。我国国内的居民消费价格可能会继续上升。2008 年前三季度,居民消费价格上涨 7.0%,涨幅比上年同期高 2.9 个百分点。其中,城市上涨 6.7%,农村上涨 7.7%[①]。而且从下图我国 1990—2007 年的居民消费价格涨跌幅度可以看出,2007 年居民消费价格指数已经创最近十年以来的新高。因此,在养老金额的领取时,就应该充分考虑这个因素,对领取金额进行适当的调整,国家应该对由于通货膨胀率而导致的实际养老保险领取金额减少进行财政补贴,使养老金真正能起到保障基本生活需要的作用。

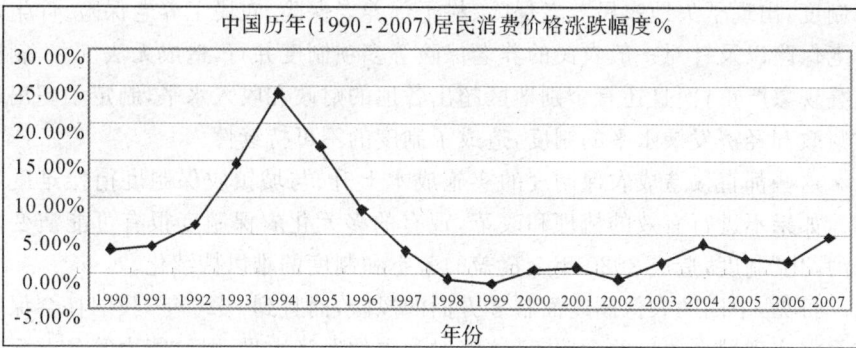

图 7-16　中国历年(1990—2007 年)居民消费价格涨跌幅度

　　数据来源:以上数据是根据国家统计局网上公布的历年国民经济和社会发展统计公报整理得出的。

　　3.影响中国农村社会养老保险制度的基金和制度建设因素分析

　　(1)基金风险因素

　　农保基金是农村养老保险事业得以顺利推进的重要保证,基金的管理和

---

① 　国家统计局:《前三季度国民经济保持平稳较快发展》[EB/OL].(2008-10-20) http://www.stats.gov.cn/tjfx/jdfx/t20081020_402510735.htm

运营质量直接关系到这项事业的成败。但随着我国宏观经济形势的变化和经济制度环境的改变,农保基金的管理和保值增值面临巨大挑战,出现了许多亟待解决的突出问题表现在问题一:基金安全性难以保证,监管不力,风险大,流失严重。问题二:保险基金投资渠道单一,保值增值能力差。

但是,随着宏观经济形势的变化,国家多次调整金融政策,利息收入大幅度减少,加上通货膨胀等因素的影响,基金保值增值非常困难,甚至不能保证经办机构的经费,原来的保值增值方案设计在新的经济形势下难以发挥作用。农保基金长期缺乏合理的增值空间,导致的后果是:①基金规模小、回报率低,农保起不了农民老有所养和稳定社会的作用;②为寻求基金的保值增值,追求较高收益率,某些地方的经办机构违规运作基金,从而加大了基金的运营风险,不利于金融环境的稳定和农村社会养老保险工作的开展。

(2)农村社会养老保险发展的“多元化”和“大跃进”风险因素

中国许多地区开始积极探索建立与农村经济发展水平相适应,与其他保障措施相配套的新型农保制度,但由于没有统一的指导性文件,各地在制度上和标准上都不统一,造成农村社会养老保险“多元化”和“大跃进”现象严重。表现在管理执行部门多处,职责不清;针对不同群体建立了多种不同的社会保障制度,出现了失地农民养老保险、村干部养老保险、农民工养老保险、计生户养老保险以及针对一般农民的养老保险等多项制度并行,造成无法统一,制度重叠现象严重;而且还有个别地区超出各地的财政和收入水平,制定了超出地方财政和经济发展水平的制度,造成了制度的不可持续性。

这些都直接造成农保制度的实施成本上升、与城镇农保制度衔接难度增加。如果不进行有效的梳理和改革,现有的多元化农保制度很有可能演变成“碎片化”制度,造成 2020 年全覆盖的落空和制度的难以持续化。

可见,中国的农保制度面临多方面的风险,而且到 2020 年,我国社会保障体系将实现城乡居民的全覆盖,这将对我国的经济水平、财政能力等各方面都提出更高的要求。因此,应该充分考虑足够的风险情况,为 2020 年社会保障制度全覆盖的实现做好基本的经济基础保障,并且建立新型农保制度。

(二)基于“有限财政”理念下的中国新型农村社会养老保险制度设计和创新

基于以上的风险因素分析,中国农保制度的建立和其能否可持续发展受到诸多的挑战。因此关于我国新型农保制度的构想,作者认为杨翠迎和米红提出的"有限财政"的政府责任理念①,是在比较好的结合了中国的人口发展规模、财力和农民的缴费能力的情况下提出的对政府责任的定位。同时,从制度可持续发展的角度,作者认为现在不仅是覆盖到 2020 年问题,也不仅是单独考虑农村地区养老保险制度的问题,而应该是从时间上考虑的更长,应该把城镇和农村结合起来考虑的问题。米红教授提出的从覆盖到衔接的"三步走"的社会保障理论框架,应该是比较好的设计了到 2050 年为止,如何从目前城乡二元的分割体系走向未来和谐的社会保障体系的制度框架。他认为建立一个适合中国国情的社会保障制度要体现"广覆盖、分层次、有差别、可持续"的特征,而且其核心应体现在新型农村社会保障制度的建立上。②以此平稳地实现 2020 年全覆盖的目标,最终在 2050 年实现和谐的社会保障体系的蓝图。

1."有限财政"责任涵义

所谓"有限财政"就是指政府对农保所提供的保险费补贴和承担的养老金支付风险是在特定人群与特定时段内的一种限额限时责任,它是基于我国农村人口结构、人口发展阶段和人口变动特征以及未来我国城乡经济发展的区域特征和中央财政转移支付能力的发展预测分析等因素,在科学的精算和预测方法下进行测算的,确保政府的财政责任在有限的时段内安全地、无风险地渡过人口未来的养老金领取高峰期。"有限财政"责任理论的提出与研究,既考虑到了目前政府财政资金不足、农村居民的缴费能力较低的现实情况,又以我国农村 1950—1958 年及 1962—1973 年的两次生育高峰期出生人群的养老问题为着重研究对象。"有限财政"并不与财政对养老待遇终身享受承担基金支付的兜底作用相违背。③

2.基于"有限财政"理念的中国农村养老保险制度创新和优越性

基于"有限财政"理念的中国农村养老保险制度创新可以从以下几方面来理解:

第一,农村养老保险属于缴费型社会保险,政府必须承担责任,但是政府责任是有限的,是适度的,对将来发生的风险必须是可以掌控的。主要体现在应该充分考虑到政府财力有限、农村人口规模大、未来经济发展的不确定性因素等风险,保证政府对农保制度的财政投入应该是在政府财政能力可承受的

---

① 杨翠迎、米红:《农村社会养老保险:基于有限财政责任理念的制度安排及政策构想》,《西北农林科技大学学报》,2007 年第 3 期。

② 米红、王丽郦:《从覆盖到衔接:论中国和谐社会保障体系"三步走"战略》.中国第二届社会保障论坛(2007)一等奖,2007。

③ 杨翠迎、米红:《农村社会养老保险:基于有限财政责任理念的制度安排及政策构想》,《西北农林科技大学学报》,2007 年第 3 期。

范围之内的;制度设计中,政府的财政补贴主要分成三部分。一是在缴费期间的进口补贴,进口补贴是政府按比例对 45～59 岁农民进行补贴,计入统筹账户,目的是用来增加农民参保的积极性。如根据已有调查,如果政府进行适当的补贴,农民的参保意愿大幅度提高。二是针对 60 岁以上农民在领取期的出口补贴,出口补贴用于补齐个人账户积累额度的能够领取期间与平均预期寿命应领期限之间的差额,考虑到预期寿命已经延长,并且用来提前化解部分财政风险,由国家进行补贴。三是用来弥补通货膨胀等因素而造成的财政缺口补贴,一方面是弥补制度设计中每年领取额是相等的的制度缺陷,根据物价指数进行浮动,另一方面,如果有部分地区发生突发性事件,如 2007 年底发生的雪灾、2008 年发生的汶川大地震,造成部分农民不能按时缴纳参保费用,就可以由政府进行财政补贴。

第二,政府承担的责任应该是分群体的,保证能让新型农保制度中数量最大、最有影响的人安然渡过养老期。由于我国农村在 1950—1958 年及 1962—1973 年经历了两次生育高峰,作者认为应该重点解决这些人群的养老问题。同时综合对我国不同农村区域社会经济条件和人口特征的分析,作者提出以未来 45 岁以上农村人口作为新型农保度的主要参保对象,到 60 岁开始领取。之所以选择 45 岁以上人员为重点推进群体的原因如下:首先,养老保险制度建设不同于医疗保险,其是对农民收入的未来保障,有较长的制度执行期限。且 45 岁以上群体的参保意愿强于低年龄段的群体。其次,所有群体的均衡推进模式会对财政造成较大压力。分年龄、分群体的非均衡推进模式可以一定程度上转移财政支付压力,后置给付。而且,对于 45 岁以上的计划生育户群体(根据本课题组对不同农村区域人口结构的研究,其计划生育户约占农村总人口的 40%～70%),中央财政有政策补贴,可与中央配套制度相结合变"到期补助"为"即期投入",更能减轻地方财政压力。因此,作者认为以 45 岁以上计划生育户为主要参保对象,结合回乡农民工群体、被征地农民群体、村干部群体等这些已经有不同的财政补贴的群体,可以逐步建立新型农保制度,并为到 2020 年动态覆盖城乡居民的社会保障制度体系奠定坚实的基础。

根据预测,两次生育高峰人口到 2008 年正好是 35～46 岁和 50～58 岁,如果实行新农保,可以先覆盖第一批生育高峰人群,而第二批生育高峰人群将在未来 15 年逐步覆盖;到 2020 年时,第一批生育高峰人群已经都进入到领取期,而第二批高峰人群已经全都进入到新农保制度内;到 2050 年,第一批生育高峰人群的养老已经基本结束,而第二批高峰人群也即将全部度过养老时期。至此,数量最大、最有影响的人基本安然度过了养老期。

第三,政府的责任是分时间段的,财政的投入预算也是要保证在两次生育高峰带来的养老人群的养老金的无风险支付。

基于"有限财政"理念的中国农村养老保险制度,主要有以下优越性:其一,制度可持续性强。由于国家对参保农民进行补贴,农民的参保意愿会因此加强,从而参保人数会增加,退保人数下降,最终增强了农保制度的可持续。其二,有限的缴费水平在农民可承受的能力之内。对 45 岁进入的参保人,同样,根据测算,我们一般实施上一年的农村人均纯收入的 8% 为标准,从比例上看,应该在农民的可承受能力之内。其三,保障水平能够满足基本生活需要。由于采取个人缴费和国家补贴相结合的形式,有个人账户和统筹账户,虽然保障水平是有限的,但是根据设定的标准,如低保线上浮 30%,或农村人均纯收入的 20%~30%,应该可以满足基本生活需要。之所以选择以上领取标准,是因为新型农保制度是一项后发制度,在此之前已经有农村低保、新型农村合作医疗、被征地农民养老保险等项制度相继出台。因此,本课题组在以往为北京、天津、宁夏、青岛、嘉兴等地新型农村养老保险制度设计的过程中,基于大量的问卷调查、数据挖掘和聚类等定量和定性的研究,分别就该问题从农村人均纯收入和农村最低生活保障线两个指标进行了深入的分析,并综合不同农村地区个人缴费意愿和政府有限财政责任、基金风险控制等因素的综合研究,作者认为 60 岁以上农村老人的待遇领取标准应以农村最低生活保障线的 130% 或农村人均纯收入的 20%~30% 是最适宜的。其四,既体现了政府的责任,财政压力又在政府可承受的范围内。由于政府的责任是分人群和分时间段的,财政的投入预算主要也是要保证在两次生育高峰带来的养老人群的养老金的无风险支付,所以这种限额限时的有限财政投入比起完全财政投入对政府的压力应该小很多,经过预测在政府可承受的范围内。

综合来看,"有限财政"是广覆盖、分层次、有差别、可持续的养老保险制度的阶段性体现,着重的就是针对现行农村养老保险制度的面临的问题和缺陷,在中国人口老龄化的趋势下,能够无风险的建立、实施和推行,并在 2020 年实现城乡覆盖,并最终实现社会养老保险制度的城乡统一。

(三)中国新型农村社会养老保险制度的政策仿真分析

根据新型农保制度的构想,和"有限财政"责任下的农保制度设计和创新,鉴于具体的政策创新应体现在有限的缴费水平、有限的财政投入和可持续的保障水平的量化分析上,因此,作者充分考虑农保制度建立的条件,把中国未来的人口发展和经济发展、社会发展相融合,用数理人口学、精算学、经济学等多学科方法,对参保覆盖率、缴费水平、保障水平和财政投入等制度参数的特征及其变化进行了模式识别和政策仿真分析。

1. 参保覆盖率的预测

根据在有限财政理念下的制度创新和政策仿真,作者认为针对 45 岁以上群体的新型农保制度是能够达成 2020 年城乡全覆盖的目标的。

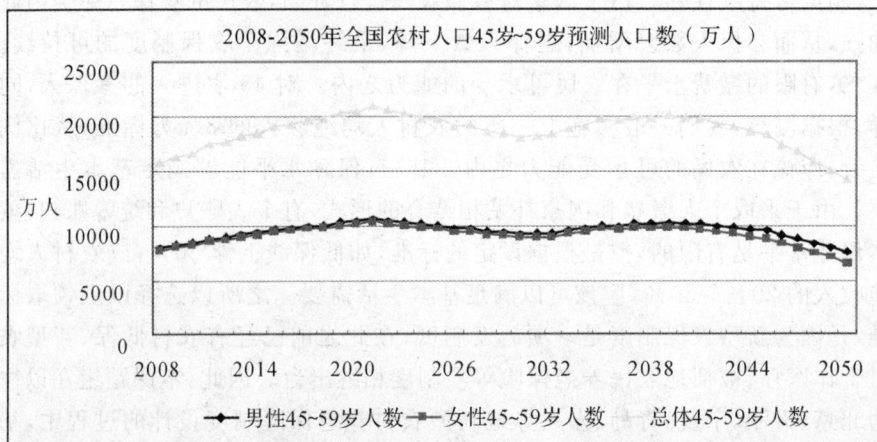

2008-2050年全国农村人口45岁~59岁预测人口数（万人）

图 7-17   2008—2050 年全国农村人口 45～59 岁预测人口数(万人)

由于 45～59 岁是"有限财政"理念下的主要参保人口,所以在此基础上的这个年龄段的人口数量预测就十分有意义。从图 7-17 可看出,有两个高峰期,分别在 2020—2022 年,和 2038—2040 年两个时间段。而假设如果能在 2020 年前实现这部分群体的全覆盖,就能在这部分群体的高峰期到来之前全面解决参保的问题。

根据浙江大学课题组的嘉兴地区的调研和宁夏地区的调研数据①可以得知,参保意愿与参保人年龄成正比,越接近领取年龄 60 岁,参保意愿越强。作者根据调研得来的参保意愿数据,仿真测算出 2008—2050 年每年的 45～59 岁的制度覆盖率水平。从图 7-18 可以看出,从 2008 年到 2014 年,参保覆盖率快速上升,之后的上升趋势比较缓慢,到 2020 年参保覆盖率基本已经增加到 90％左右,应该说是能够实现 2020 年覆盖的设想,但是同时也应该看到,提前实行覆盖还是有一定困难的;2020 年以后参保覆盖率基本比较平稳,其中 2030—2040 年由于需缴费人口数量的激增,使得参保覆盖率有所下降,但是也都在 85％以上,应该说直到 2050 年基本能达成全覆盖的制度设想。

---

① 关于嘉兴调研和宁夏调研的调研属于国家和省级正式立项的课题,已经结题。具体的调研内容请咨询浙江大学公共管理学院。

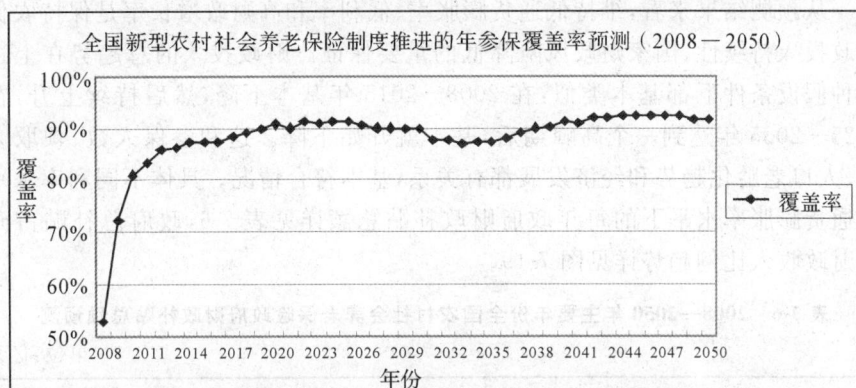

图 7-18　全国新型农村社会养老保险制度推进的年参保覆盖率预测（2008—2050）

2. 有限的缴费水平、可持续的保障水平和有限的财政投入仿真分析

（1）有限的缴费水平仿真

"有限财政责任"充分考虑到农村居民的缴费能力，作者根据一般地区的实施标准，并且经过综合测算，45 岁进入的参保人以制度实施上一年的农村人均纯收入的 8％为标准，进入年龄大于 45 岁的则相应提高缴费标准。如 2008 年制度实施时，缴费标准为 2007 年农村人均纯收入的 8％。当然，各个省市由于经济发展水平不同，农村人均纯收入也会不同，可以根据各个地区每年公布的标准执行。

（2）可持续的保障水平仿真

根据前述年领取标准，作者仿真了高于低保线 30％的水平。在确定低保标准方面，除了少数东部发达地区，一般地方都是围绕国家每年公布的贫困标准，国家 2008 年公布的贫困标准是年人均收入 785 元。如果从 2008 年开始实行，2008 年的养老金为 1020.5 元（785×1.3＝1020.5）。

（3）有限的财政投入仿真分析

有限财政理念下的农村社会养老保险制度中政府财政投入主要包括对 45～59 岁人口的进口补贴、60 岁以上人口的出口补贴和缺口补贴三部分。由于财政补贴水平直接和利率水平、通货膨胀率水平、财政增长率相关，因此作者出于最大化风险的考虑，综合了各种社会经济风险后的最坏条件，假设了不同情况下的政府财政投入：利率水平在 2.5％和 5％；通货膨胀率为 5％，这是 1990 年以来的平均水平；财政增长率假设两种情况，第一种情况是 2008—2015 年的增长率为 15％，2016—2025 年的增长率为 12％，2026—2050 年为 9％，第二种情况是以低水平的 9％增长率进行增长。

从预测结果来看,维持低通货膨胀率、低利率和高财政增长率是保持农保财政投入持续性、国家财政风险降低的重要保证。财政投入的总趋势在上述各种假设条件下都基本类似:在2008—2015年基本下降,然后持续上升,在2025—2035年达到一个高峰期后,基本就开始下降。这和参保人数、领取人数、人口老龄化趋势和经济发展都有关系,基本符合情况。具体不同利率水平和通货膨胀率水平下的每年政府财政补贴总额详见表7-6,政府总补贴占到的财政收入比例趋势详见图7-19。

表7-6 2008—2050年主要年份全国农村社会养老保险政府财政补贴总额预测

单位:亿元

年份	政府财政补贴总额	
	利率2.5%通货膨胀率5%	利率5%通货膨胀率5%
2008	456.75	531.35
2009	510.86	558.24
2010	540.34	551.62
2015	937.62	779.51
2020	1761.13	1471.57
2025	3229.64	2781.80
2030	5541.34	4918.59
2035	7998.53	7347.93
2040	10846.88	10180.36
2045	14332.95	13663.73
2050	19766.77	19081.10

数据来源:本课题组仿真结果。

从政府财政总补贴占全国中央财政收入的比例来看,如果维持高财政增长率的情况下,占到的比例就低,即使在高峰期也基本在0.8%以下;但是财政增长如果仅仅和GDP增长持平,比例就略高,高峰期会在1.3%~1.5%之间。但是即使在高通货膨胀的水平下,财政投入规模也基本在可承受的范围之内;然后财政负担大约在2030年之后就开始减轻,在农村人口老龄化高峰到来之前,提前化解了财政风险。

再看基金的运营情况:在5%的利率下,基金单年结余在2025年左右出现负增长;而在2.5%利率下,基金单年结余要到2035年左右才出现负增长。

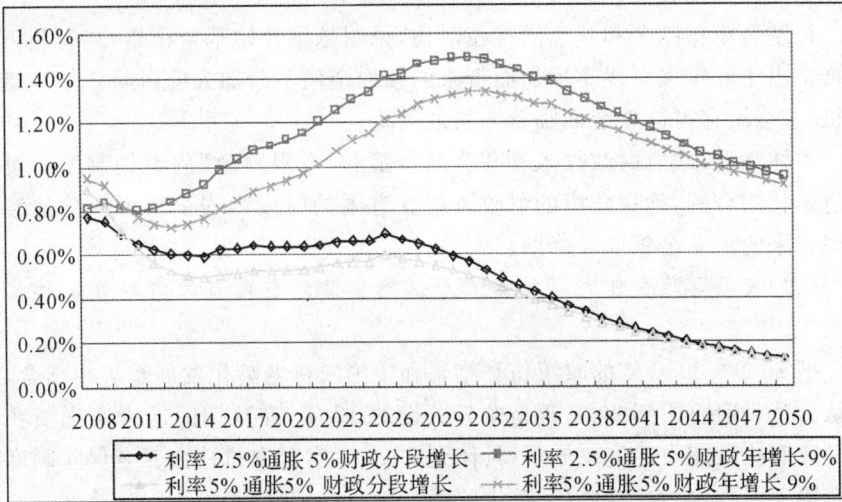

图 7-19　在通货膨胀率 5％情况下，分别以利率 2.5％和 5％，以财政分段增长和 9％年增长率进行预测的政府总补贴占到的财政收入比例（2008—2050）

因为每年的领取数额总是保持一定的，但在利率更高的情况下个人缴费、政府进口补贴与政府出口补贴的额度都会相应降低。所以在更高的利率水平下，单年结余更早出现负数。

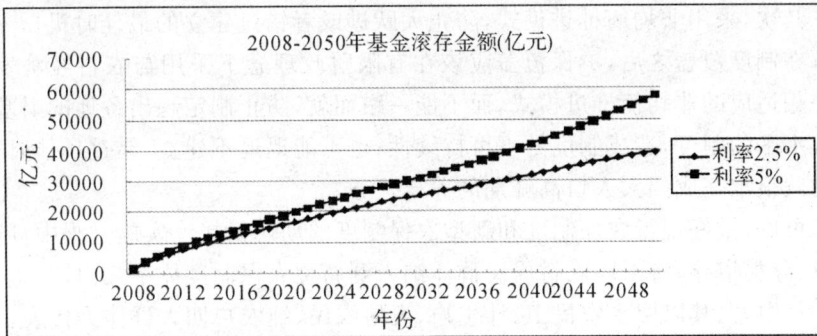

图 7-20　不同利率水平下 2008—2050 基金滚存金额（亿元）

　　而基金滚存趋势情况则相反。从图 7-20 可以看出，在高利率下的基金滚存金额明显比低利率下的基金滚存金额要多，而且两者差额有明显扩大的趋势。这是因为每年基金的滚存结余可以在安全性得到保障的情况下，以购买国债等投资形式进行积累。很明显，在比较高的利率下，增值收益也就越大。但是，即使在利率比较低的情况下，农保基金不仅能无风险地支付养老金，而且积累的滚存基金额有上升的趋势。

把基金单年结余和基金滚存相对比,说明越早开始基金积累,越有利于基金抵抗由于老年人口逐年增加而带来的领取金额不断加大的风险。一旦错过时机,基金滚存可能就会面临负增长的风险。

整体来看,政府财政投入和基金结余是和"有限财政"的责任制度的设计初衷是相吻合的,确保政府的财政责任在有限的时段内安全地无风险地渡过人口未来的养老金领取高峰期。

(四)有限财政责任农村社会养老保险制度动态覆盖的路径分析和推进政策

把 2008—2050 年的政策仿真结果和中国农村老龄化发展趋势相结合,作者认为从目前阶段到 2020 年是尤其关键的 12 年,在这期间能否实现城乡覆盖是政府执政能力的重要体现,具体到 2020 年实现农村社会养老保险制度的动态覆盖路径,主要提出以下推进政策:

首先,实行制度覆盖,防止重叠的多元化农保制度加剧。

中央应尽早出台一个全国性农保制度方案,为全国农村社会保障打下一个统一的社会保障基础。要求较发达地区努力使制度统一,既要考虑到各地区各类人群的差异性,也要将整个制度看成是一个统一的整体,统一规划。否则,如果在未来 2 年内,"全国性的新型农村社会养老保险指导意见"不能尽快出台,"多元化"必将导致"碎片化"。

其次,采用非均衡推进模式,防止大跃进或者错过建立的最佳时机。

在制度覆盖之后,参保覆盖应该在有限财政理念下采用与农村经济发展水平相适应的非均衡推进模式,而不能一蹴而就,防止制定超出各地的财政和收入水平的制度,造成制度的不可持续性;也不能迟迟不建立,错过最佳时机,否则就很难完成两大人口高峰期的养老任务。

再次,做好现行农保制度和新型农保制度的动态衔接。实施过程中,应当分级、分类指导,将不同农村居民群体纳入到新型农保制度体系之内。

其中,尤其以回乡农民工、计生户、失地农民、纯农户四大群体为代表。例如:在农民工的社会养老保险方面,必须建立方便转移的弹性政策,一部分人与完善后的城保接轨,一部分则转移到新型农保制度之内;其次,在计生户养老保险方面,制定有利于农村独生子女和双女户家庭参保的优惠政策,落实计划生育政府专项补贴资金,引导和鼓励独生子女和双女户家庭父母参保。

应当认清我国新型农保制度探索与建立的历史地位,既重视与其他养老保险措施的配套与衔接,又要坚定其新型农保制度不可替代的作用。

参考文献

1. A. Barnett. *The worst day ever: the Sept. 11 catastrophe raises many troubling questions*. Or/ms Today, 2001 (11)

2. BP 公司. BP 世界能源统计[R]. www. bp. com/statisticalreview, 2008-01-01

3. [美]卡尔·帕顿,大卫·沙维奇著,孙兰芝,胡启生等译. 政策分析和规划的初步方法. 北京:华夏出版社,2001

4. 穆怀中. 社会保障适度水平研究. 经济研究,1997(2)

5. 杨翠迎,庹国柱. 建立农民社会养老年金保险计划的经济社会条件的实证分析. 中国农村观察,1997(5)

6. 刘思华. 对可持续发展经济的理论思考. 经济研究,1997(3)

7. 郭秀亮,范作雄. 浅探构建中国农村社会保障体系. 东南学术,1997(1)

8. 翟晓敏,盛昭瀚,何建敏. 应急研究综述与展望. 系统工程理论与实践,1998(7)

9. 梁鸿. 改革视野中的农村社会保障. 市场与人口分析,1999(5)

10. 国家环境保护总局监督管理司编. 中国环境影响评价. 北京:化学工业出版社,2000

11. 何文炯. 农村社会养老保险:进与退. 浙江大学学报(人文社会科学版),2001(3)

12. 林涛,姜庆五. 地理信息系统与遥感遥测技术在公共卫生领域的应用. 中华预防医学杂志,2002(6)

13. 郑功成. 中国社会保障制度变迁与评估. 北京:中国人民大学出版社,2002

14. 韩文丽. 当代中国人口社会养老保障制度的风险分析与道路选择[博士学位论文]. 西南财经大学,2002

15. 刘芳. 社会保障制度的国际比较研究. 宁夏党校学报,2002(2)

16. 薛澜,张强,钟开斌. 危机管理:转型期中国面临的挑战. 北京:清华大学出版社,2003

17. 林国基,贾珣,欧阳颀. 用小世界网络模型研究 SARS 病毒的传播. 北京大学学报(医学版),2003(增刊)

18. 黄惠青,何巧白. 现行农村社会养老保险制度评析. 观察思考,2003(10)

19. 王金安. 人口老龄化与我国农村社会养老保险制度缺陷分析. 数量经济技术经济研究,2003(7)

20. 吴妙琢,郭小燕.对建立和完善农村养老保险制度的思考.北京市计划劳动管理干部学院学报,2003(4)

21. 吴泽民,宿鲁,段德辉.疾病控制预警系统模式探讨.中国公共卫生,2003(10)

22. 钟凯文,黄建民.基于 GIS/GSM 的疾病防疫应急指挥决策系统的设计与实现.测绘科学,2004(1)

23. 林伯强.电力短缺短期措施与长期战略.经济研究,2004(3)

24. 卢海元.粮食换保障:建立农村社会养老保险制度的新探索.工作研究与建议,2004(17)

25. 蒋金荷.提高能源效率与经济结构调整的策略分析.数量经济技术经济研究,2004(10)

26. 杨翠迎,何文炯.社会保障水平与经济发展的适应性关系研究.公共管理学报,2004,1(1)

27. 米红,邱婷婷.农村社会养老保险基金长期平衡的精算预测与分析——基于北京市大兴区案例分析.厦门大学国家农村社会保险研究中心研究报告,2004 年 11 月

28. 米红.农村社会养老保险制度创新.北京:经济管理出版社,2004

29. 米红,周仲高.人口流动影响下的农村社会养老保险方案重构与仿真研究——基于福建省的案例分析.中国人口科学,2005(5)

30. 郭济.中央和大城市政府应急机制建设.北京:中国人民大学出版社,2005

31. 吴江.公共危机管理能力.北京:国家行政学院出版社,2005

32. 陈姣娥.论政府在农村社会养老保险制度中的责任.兰州学刊,2006(2)

33. 宫晓霞.发达国家农村社会养老保险制度及其启示.中央财经大学学报,2006(6)

34. 汪玉凯.公共危机与管理.北京:中国人事出版社,2006

35. 肖鹏军.公共危机管理导论.北京:中国人民大学出版社,2006

36. 胡豹,卫新.国外农村社会养老保障的实践比较与启示.商业研究,2006(7)

37. 魏巍贤.人民币升值的宏观经济影响评价.经济研究,2006(4)

38. 沈年耀.农村社会养老保险制度的外部环境因素分析.襄樊学院学报,2006(6)

39. 石宏伟.我国农村社会养老保险制度的现状分析和理性思考.安徽农业科学,2006

40. 米红等.嘉兴农村社会养老保险报告.厦门大学国家农村社会保险研究中心研究报告,2006

41. 米红. 农村社会养老保险的模式、识别方法技术与政策仿真. 北京：华龄出版社, 2006

42. 米红, 王丽郦. 从覆盖到衔接：论中国和谐社会保障体系"三步走"战略. 中国第二届社会保障论坛, 2007

43. 米红. 农村社会养老保障制度、方法与制度设计. 杭州：浙江大学出版社, 2007

44. 杨翠迎, 米红. 农村社会养老保险：基于有限财政责任理念的制度安排及政策构想. 西北农林科技大学学报, 2007 (3)

45. 王黎明. 建立健全我国农村社会养老保险制度必要性和可行性分析. 农村社保, 2007(6)

46. 戴卫东. 中国农村社会养老保险制度研究述评. 中国农村观察, 2007(1)

47. 王伟. 公共危机信息管理体系构建与运行机制研究[博士学位论文]. 吉林大学, 2007

48. 孙稳存. 能源冲击对中国宏观经济的影响. 经济理论与经济管理, 2007 (2)

49. 焦克源, 周燕. 西部农村建立社会养老保险制度的困境与路径探析——以甘肃省为例. 开发研究, 2007(6)

50. 刘晓清. 发达国家农村社会养老保险制度及启示. 浙江经济, 2007(16)

51. 周建. 经济转型期中国能源需求的长期均衡及短期波动：1978—2005. 南开经济研究, 2007(3)

52. 张子琦, 张之蔚. 日元汇率走势及其对中国经济的影响分析. 价格月刊, 2007(1)

53. 孙黎, 李俊江, 范思琦. 浅析国际矿产资源经济贸易发展趋势及转型. 黄金, 2007(11)

54. 赵进文, 范继涛. 经济增长与能源消费内在依从关系的实证研究. 经济研究, 2007(8)

55. 王洪. 完善我国农村社会养老保险制度的路径分析. 经济工作, 2008(2)

56. 米红, 项洁雯. "有限财政"下的农保制度及仿真研究. 中国社会保障, 2008(10)

57. 项洁雯, 米红, 童素娟, 方锐帆. 中国农村养老保险制度发展的风险因素分析及政策仿真研究——基于农村人口老龄化的预测与养老保险制度创新研究, 中国第三届社会保障论坛文集, 2008

第八章 公共危机管理绩效评估

　　伴随着经济全球化的发展,世界各国之间经济摩擦、气候反常变化、环境污染、食品卫生、传染病等危机日益频繁,成为影响世界各国安全的重要问题。同时,我国正处于改革开放和现代化建设的关键时期,也是各种矛盾的多发期,需要政府能够迅速解决各种危机,为经济发展和社会建设提供良好的社会环境。因此,如何提高政府应对危机的能力和水平,避免和减轻危机造成的国家财产损失和人员伤亡,提升政府在社会公众心中的形象,有效地进行公共危机管理已成为摆在我国政府面前的紧迫而亟需解决的问题。本章借鉴美国"马尔科姆·波多里奇国家质量奖"的企业标准和美国公共危机管理评估标准,通过对国内外政府绩效评估体系的分析,研究公共危机管理绩效评估的特点、方法以及实践过程中存在的不足;通过归纳分析和科学研究,结合中国的危机管理与政府绩效评估实践,构建具有中国特色的公共危机管理绩效评估体系,并对评估主体、评估流程、评估内容、评估指标设计和计算方法等进行探索与研究。

第一节 公共危机管理与政府绩效评估

　　国家的发展需要一个相对稳定的社会基础,做好危机管理工作,预防和处理好公共危机事件,创造一个安定和谐的社会环境,是政府重要的工作内容和不可推卸的社会责任。随着经济和社会的发展,当今社会由于意识形态差异、贫富差距拉大等原因,各种社会矛盾逐渐凸显,同时环境破坏导致全球气候变暖,极端自然天气频频出现,恐怖袭击、传染病、洪水、雪灾等公共危机事件越来越威胁到全球人类的生存和生活,也考验着各国政府的公共危机处理能力。

一、政府绩效评估的理论与实践

（一）政府绩效评估的内涵

"绩效"（performance）概念最初用以表达经济方面的指标、定义，主要通过可测量的、可量化的、可计算的、可比较的结果指标（例如利润）来衡量。随着经济社会和企业管理发展的需求，绩效的含义逐渐拓展和延伸，不仅描述资源的运用、人力行为的物理性的产出结果，还包含了组织是否能够有效使用、高效运营和安全保障资源的含义。绩效的概念扩展到与组织运营和功能的有效性相关的描述，在更广泛的意义上还包括组织的可持续发展能力。

通过和其他一些相近的概念，如效率、产出、结果等概念进行比较分析，可以更系统、深入地理解"绩效"概念。效率、产出、结果等概念在一般意义上多侧重于反映工作成果的数字，定量化特性显著，然而在组织工作有效性、客户满意度、员工成就感等一些定性问题上，很难通过数字来衡量，通常使用等级量表数量化。绩效则突破了量化结果的范畴，更加关注员工本人或机构的工作效率、工作状态、服务质量以及可持续发展能力。

所谓绩效是指组织立足于长远发展，以提高个人绩效和组织绩效为基本目标，为个人积极性的提高和创造性的发挥提供空间，并以组织服务对象的满意度为衡量指标的一种新的衡量。

政府绩效是评判政府治理水平和运作效率的重要依据，是以经济绩效、社会绩效、政治绩效、文化绩效为主要内容的复合概念。①经济绩效。经济绩效表现在经济规模、经济结构、经济质量和经济持续发展上，国民经济不仅仅要在量上扩张，而且在结构合理的前提下要有质的提升，良好的经济绩效还包括经济可持续发展的能力与潜力、政府推进经济与社会协调发展的宏观经济政策。②社会绩效。社会绩效是在经济发展基础上的社会全面进步，是社会的稳定与发展。多以安全与卫生、公平与正义、福利与贫困、稳定与动乱等指标进行衡量。③政治绩效。在市场经济条件下，政治绩效核心是制度安排和制度创新。完善的制度体系能够有效指导和规范政府工作的开展。政府制度安排的能力越强，政治绩效就越容易体现。④文化绩效。文化绩效主要指精英文化与大众文化的互补与渗透，以及文化的繁荣与整合。因此，政府绩效不单纯是一个政绩层面的概念，还包括政府成本、政府效率、政治稳定、社会进步、公众满意的含义在内[①]。

---

① 胡税根：《公共部门绩效管理：迎接绩效革命的挑战》，浙江大学出版社 2005 年版，第 283 页。

关于政府绩效评估,目前国内外尚无一致公认的界定和确定的内涵。对绩效评估的研究广泛分布于管理学、组织行为学、人力资源管理学等学科中,学者们基于各自学科角度对绩效评估予以不同的理解和界定。到目前为止,在各种进行绩效评估的组织中,并没有一个对此一致的定义,相互间的定义在核心范畴和核心理念上有共同之处。"绩效评估是一个适用于为评价政府活动、增强为进展和结果负责的一切有系统的努力的术语"[1]。"绩效评估是评价达到预定目标的过程,包括以下信息:资源转化为物品和服务(输出)的效率,输出的质量(提供给顾客的效果,顾客满意程度)和结果(与所期望目的相比,项目活动的后果),政府在对项目目标特定贡献方面动作的有效性"[2]。"绩效评估指政府体系的产出产品在多大程度上满足社会公众需要"[3]。

综上所述,对政府绩效评估没有一个普遍公认的定义,但是政府绩效评估的作用、效果、目标分析可以找到共同的特征。从绩效评估的类型上分,根据不同的角度,依据不同的标准,可将多样化的绩效评估分为不同的种类:从评估机构的地位看,可分为内部评估和外部评估;从评估的对象上看,可分为个人绩效评估和组织绩效评估;从评估的目标来看,可分为管理与改进型评估、责任与控制型评估和节约开支型评估。

因此,在我国,政府部门绩效评估是指以一定的时段为界限,对政府部门的工作效率、效益、能力、服务质量和公众满意程度等方面的分析与评估,对其管理过程中投入和产出所反映的绩效进行评定和划分等级,以期改善政府行为绩效和增强控制的活动。

(二)常用的绩效评估方法与指标体系设计

在政府绩效指标体系的研究方面,国内外学者和政府都做出了积极的探索和实践。

1997 年,美国公共生产力研究出版的《地方政府绩效评估简要指南》提出了四大主题标准:生产力、效率、效果、质量和及时性[4]。美国国家公共生产力研究中心主任、美国行政学协会现任会长马克·霍哲教授认为,一个良好的评估程序应该包括七个步骤,包括:①鉴别要评估的项目;②陈述目标并界定所期望的结果;③选择衡量标准或指标;④设置业绩和结果(完成目标)的标准;

---

① Sheldon Silver, Marty Luster. Reinventing Government Series: Performance Measurement and Budgeting[M]. 1995:18.

② Benchmarking Study Report. Serving the American Public: Best Practices in Performance Management[M],1997:37.

③ 胡宁生:《中国政府形象战略》,中共中央党校出版社 1998 年版。

④ Prtricia. W. Ingraham,2000.

⑤监督结果;⑥业绩报告;⑦使用结果和业绩信息等。

美国联邦政府部门绩效评估工具不是简单地使用绩效标准和指标对部门绩效结果进行评估,它是建立一套完善的绩效评估制度,主要由三个部分构成:结果导向的战略规划、年度绩效计划与绩效目标、年度绩效与责任报告。以联邦社会保障部为例,其年度绩效计划中主要有两种绩效标准,即产出标准和结果标准。其中,产出标准分解为 9 个绩效指标,结果标准分解为 34 个绩效指标。这些绩效指标与具体的绩效目标结合起来,并以明确的数字表现出来。如战略目标 A 被分解为三个战略分目标,其中战略分目标 I 又被分解为 10 个年度绩效目标,并使用了产出标准和结果标准进行评估,其中产出标准又被分解为 3 个具体指标,结果标准被分解为 7 个具体指标,并且每个指标都用数字明确表示出来。跨部门绩效评估使用"三色"等价评估体系,所谓"三色",是指针对总统管理日志中的每一项改革行动分别制定评估其成功、进步或失败的标准,其中,"绿"代表成功、"黄"代表取得了一定程度的进步、"红"代表失败;然后再把成功、进步或失败标准分解为具体的绩效指标。

我国学者和政府有关机构在绩效评估方法和指标体系设计中也借鉴西方理论和经验,进行了深入的探索和研究。如人事部《中国政府绩效评估研究》课题组在总结国内外相关指标体系设计思想和方法技术的基础上,经过深入调查并组织有关专家论证分析,提出了一套适用于我国地方政府绩效评估的指标体系。该体系共分 3 层,有职能指标、影响指标和潜力指标等 3 个一级指标,11 个二级指标和 33 个三级指标构成。

(1)职能指标。该指标是主体评价的工具。职能指标是政府在其职能范围内所表现出的绩效水平,它有直接性和主体性,如社会保障、社会稳定等,问题是政府应解决的基本问题,这方面出了问题政府部门要负直接主要责任。自从党的十五大以来,尤其是十六大和十六届三中全会对政府职能的定位,政府的职能指标可分解为经济调节、市场监管、社会管理、公共服务和国有资产管理 5 项内容。

(2)影响指标。该指标主要体现、反映效果的好坏。影响指标是用来测量政府管理活动对整个社会经济发展成效的影响和贡献,它具有间接性和根本性。影响指标反映的是社会经济发展的最终成果,按照全面发展的思路,应包括经济、社会和人口与环境等内容。

(3)潜力指标。该指标测量潜在发展动力。潜力指标反映的是政府内部的管理水平,它是履行职能的基础,也是政府绩效持续发展的保证,包括人力资源状况、廉洁状况和行政效率 3 个方面。

（三）国外政府绩效评估的实践

公共部门的政府绩效评估在国外很多国家已经有几十年实践和探索的历史，其实践中的一些成功模式和经验值得我国借鉴。

1. 美国

美国的专门立法机构国会牵头负责政府绩效的评价，其主要实施机构为联邦会计总署以及各个委员会，总统、管理和预算办公室与地方相应机关、公众这些不同的机构和人员为评估主体。

凤凰城的政府绩效评估特点是开放式参与①。评估主体不仅包括部门内部员工、部门管理者、议会（民选官员）等官方参与，还包含了大量的公众、社会团体和学术组织的参与，如国际县/市管理协会（IC2MA）、政府会计标准委员会（Governmental Accounting Standards Board，GASB）、亚利桑那州立大学的政策研究所、政府会计标准委员会等非政府组织都从技术和专业层面为政府绩效评估提供支持。公众广泛参与绩效评估是该市取得评估成功的重要因素。

美国弗吉尼亚州费尔法克斯县绩效考评工作主要是由县政府的管理与预算局（Department of management & Budget）负责的②。从 1998 年开始，管理与预算局编辑下发《绩效考评手册》（Fairfax County Measures Up：A Manual for Performance Measurement），成立由多部门人员组成的绩效考评工作队（Performance Measurement Team），在全县范围内开展普遍、严格的考评活动。根据 2004 年《绩效考评手册》第八版介绍，绩效考评工作队由来自 12 个部门的 13 名成员组成，其中一人为协调员（coordinator）。

该地区结合本地实际情况，绩效评估主体构成单一，主要由县政府的管理与预算局负责，下设多个工作队可以深入到全县部门和市民当中去，发挥了统一指挥的优势。

2. 英国

英国政府的绩效评估是在其进行行政改革的背景下逐步深入开展的。其起因是当时英国国内面临了严重的政府财政赤字和低下的政府行政效率，引起社会公众对政府行政能力的强烈不满，对政府的不信任危机日益加剧，据有关调查显示，1979 年英国公民对政府管理的满意度仅达 35%，不满意的达

① 陈国权、王柳：《基于结果导向的地方政府绩效评估——美国凤凰城的经验和启示？》，《浙江学刊》，2006 年第 2 期。

② ［美］吴量福：《运作、决策、信息与应急管理——美国地方政府管理实例研究》，天津人民出版社 2004 年版。

54%(黄文菊,2004)。这是英国对国内公共部门进行绩效评估的直接内在原因,因此英国绩效评估突出的关注了政府工作的经济性、效率性、效益性。

在1979年至今的近三十年里,英国政府的绩效评估经历了一系列的变革和演进,针对不同的评估内容和手段选择了不同的评估主体和方法。在英国推行绩效评估的早期,由于其背景是严重的预算危机和低效的政府行政工作,早期的绩效评估以预算管理和改革低效政府为主,雷纳评审小组(评审小组由政府部门的高级公务员、学术界和顾问公司的专家组成)、部长信息系统(融合目标管理和绩效评估等现代管理方法和技术于一体的信息收集和处理系统)等都是在这样的目的下组织形成的。随着行政改革的深入,英国绩效评估的范围也逐渐扩大,绩效评估已经不只局限于对财政管理和政府工作效率的提高,其着眼点开始放在提高整个政府部门的竞争力协作力上,引入管理者个人责任机制,采用更广阔的视角,自上而下地由首相出面继续推行绩效评估。

3.新西兰

新西兰的政府绩效评估有两个特点:第一,建立了一种受托责任机制。以《国家部门法》作为制度保障,规定了首席执行官对部长的受托责任,成立专门机构和设立专门人员,订立评估协议对政府绩效进行评估,由国家服务委员会决定对有关工作人员予以继续任命或者罢免,明确评估主体的责任,确定整个评估流程。第二,建立了一种"面向产出和结果"的绩效预算制度。通过绩效预算和多年期滚动预算和建立各种量化产出指标与成果指标来评估预算的绩效。强调公共机构不仅应就其公共资源的使用承担责任,同时也应就这些资源所产生的结果(即产出和成果)承担责任。通过对各部门提交的"产出"及"产出"的开支、需要完成的财务绩效指标的收集、管理,进行内部绩效评估,国会审计署作为政府外部的评估机构,可以有选择地对年度财务报告及预算执行情况进行绩效审计,审计结果直接向国会报告①。强调了政府公共资源的使用效率和效果。

4.澳大利亚

澳大利亚的政府服务绩效评估是在专门机构——筹划指导委员会(Steering Committee for the Review of Government Service Provision)的指导和监督下,由各类评估工作小组(working groups)具体操作实施的。筹划指导委员会由来自澳大利联邦政府、州和地区政府中央机构一些高级官员组成,由生产力委员会主席兼任书记。各类绩效评估工作小组都由各地区权力机关分别任命一名代表组成,这些代表通常是相关部门的高级职员。例如,学

---

① 聂常虹:《新西兰政府绩效考评的理论与实践》,《预算管理会计会刊》,2005年第5期

校教育和职业教育培训评估工作组是由各地在教育和培训机关工作的官员组成。澳大利亚政府服务评估工作是由筹划指导委员会、各类评估工作小组、专家调查小组和关联实践小组之间相互协作完成的[①]。

5.韩国

韩国金大中政府成立了一个由总统直接过问的经营诊断委员会，并使它的工作贯穿于行政改革的整个过程。经营诊断委员会成员来自研究机构和大学的政治学、行政学、法学、经济学的专家。经营诊断委员会分成若干小组，在各部门设立办公机构，开发绩效测定指标，围绕行政改革进行调查诊断工作。这种以第三方为评估主体的绩效评估活动，与政府自我评估的传统做法存在着明显的区别。一方面，有利于提高政府绩效评估结果的客观性、公正性和可接受性；另一方面，有利于树立以顾客为导向的服务型政府的价值理念。

韩国政府的绩效审计由监察院负责，属于政府内部绩效评估；政策评估分三个组成部分，分别由不同的专门部门来进行评估操作，是一种外部性的综合评估。政策评估主要是在总理办公室的协助下由政策评估者来实施，政策评估者是政策分析和评估委员会的成员[②]。

各国的政府绩效评估实践在评估主体、内容、方法等层面都各具特色，其中评估主体层面，一些国家和地区已经将学术组织和公众纳入评估主体当中，发挥其特有的作用。先加以简单总结（如表 8-1）。

表 8-1　国外政府绩效评估主体及特色

国家和地区	主　　体	特　色
美国	国会（联邦会计总署以及各个委员会）、总统、管理和预算办公室与地方相应机关、公众	凤凰城：参与式的绩效评估方式
英国	雷纳评审小组（政府部门的高级公务员、学术界和顾问公司的专家） 部长信息系统（部长）	评估内容广泛，评估主体选择与评估内容相适应
新西兰	国家服务委员会牵头，责任大臣配合，结果直接向内阁和内阁支出控制委员会报告 来自政府外部的评估，主要是由国会相关委员会和由直属国会的审计署来进行绩效评估。审计结果直接向国会报告	建立了一种受托责任机制 审计署参与绩效评估

①　范柏乃、余有贤：《澳大利亚的政府服务绩效评估及对我国的启示》，《行政与法》，2005 年第 11 期。

②　王伟：《制度评估——韩国的实践及其启示》，《地方政府管理》，2001 年第 6 期。

续表

国家和地区	主体	特色
澳大利亚	筹划指导委员会(来自澳大利联邦政府、州和地区政府中央机构一些高级官员,生产力委员会主席兼任书记),各类评估工作小组(各地区权力机关分别任命一个代表,通常是相关部门的高级职员),专家调查小组和关联实践小组配合与参与	专门机构
韩国	经营诊断委员会、监察院、政策分析和评估委员会、公共行政研究所	第三方学术组织作为评估主体

二、公共危机管理绩效评估的意义

(一)公共危机管理绩效评估的意义

西方社会对危机和危机管理理论研究较早。在遭受"9.11"袭击之后,美国联邦政府及其所属部门、州政府都迅速有序地采取了一系列的应对措施和预案,协同合作,为降低危机造成的伤害起到了重要作用。世界各国也纷纷成立专门的研究机构,结合社会学、心理学、管理学等相关理论,完善危机管理理论体系。

我国政府在"非典"疫情后加大了对公共危机管理的关注和投入,专家学者、政府官员、社会工作者和公众纷纷开始从各个层面研究探讨如何科学、有效地进行危机管理,范围涉及应急预案的制定、自然灾害管理、生产安全事故灾难管理、突发公共卫生事件管理、突发社会安全事件管理、经济安全管理、涉外危机管理等。2008年春节前夕,我国南方大部分地区遭受了百年未遇的雪冻灾害,由于我国气象预报难以做到较长时间范围内的准确预测,这次突发的雪冻灾给我国人民生活和政府工作带来了严峻的考验,灾后评估直接经济损失达1111亿元。如何提高我国政府的危机管理能力继"非典"之后再次为政府和学界所关注。

对政府的危机管理水平进行评估,是危机管理的重要组成部分。通过科学有效的评估活动,可以有力推动危机管理工作的开展,提高资源投入的效益,及时发现和暴露存在的隐患和问题,指导政府有的放矢的开展工作,提高政府的公共危机管理水平。

公共危机管理绩效评估是指对公共危机管理组织运行过程、运行内容以及运行结果进行绩效评估的活动。对政府的危机管理工作而言,绩效评估不是仅仅停留在危机事后的总结分析层面的事后评估,不是单纯的责任追究和贡献奖励,而是综合借鉴和运用国内外学者和政府在绩效评估方面较为成熟的研究成果,针对公共危机管理工作的内容和特点,确定特定的评估主体,选择有效的评估方法,设计评估流程和指标体系,构建科学合理的评估体系,对危机管理事前、事中、事后的整个过程进行绩效评估,确保引起相关人员对危机管理各个层面工作足够的重视,达到激励、促进政府工作的目的,同时提高政府人员和社会公众在危机管理方面的关注和投入,争取做到防患于未然,最大限度地减轻可能发生的人员伤亡和财产损失,树立政府在公众心中的威信。

尽管危机管理的评估工作已开始为政府官员和相关专家学者所重视,并在一些层面进行了研究和实践,但这一领域仍然是公共危机管理理论与实践中的薄弱环节和亟待加强的领域,可供借鉴的理论与实践的研究成果还很少,我们试图通过对危机管理、绩效评估的研究,初步构建一个符合我国国情的公共危机管理绩效评估体系。

（二）公共危机管理与绩效评估的关系

公共危机管理与政府绩效评估的关系即为:公共危机管理是政府绩效评估的一部分内容;绩效评估是提高公共危机管理水平的工具。

我们所研究的政府绩效评估,是一个与传统意义上的效率评估有联系又有区别的概念,它包含了政府效率的含义,但是又具有比效率更广泛的内涵。政府绩效评估具有符合公共危机管理需要的特点:

一是政府绩效评估是关注公众意见的评估。传统的行政管理中,效率是其工作的核心内容之一,其关注点在于政府如何管好自身的内部机制,它主要通过组织、领导、人事、体制等基本主题来体现,而绩效评估不仅注重公共管理的内部机制,它更关注公共部门与社会、公民的关系,要以社会、公民的满意作为最终的评估标准,公民满意也正是政府绩效评估一个重要的价值取向。公共危机管理工作是一个与社会公众利益紧密相关的工作,公众对公共危机管理工作的好坏也最有发言权。因此绩效评估符合了公共危机管理"以人为本"的价值导向需求。

二是政府绩效评估是关注服务质量的评估。它不仅要求数量指标,而且更重视质量水平,要求公共部门提升服务水平,保证服务质量,关注差错率、合格率、优秀率、服务便利程度、反应速度、公民满意度等具体指标。公共危机管理工作是一个涉及面广、持续时间长、难以以数量性指标衡量的工作,其工作质量水平的高低又成为关系人民生命财产安全的关键性内容,因此政府绩效评估符合了公共危机管理的质量导向需求。

三、公共危机管理绩效评估的内涵与评估方法

（一）公共危机管理绩效评估的内涵

公共危机管理绩效评估是对公共危机管理组织运行过程、运行内容以及运行结果进行绩效评估的活动，是公共危机管理的重要组成部分。科学、合理的绩效评估体系对政府绩效评估具有非常重要的作用，绩效评估作为政府绩效评估体系的核心内容，近年来已在我国多个省市地区进行了多种形式的有益的探索，但在公共危机管理绩效方面的研究及尝试尚未普及和深入。这一方面是由于危机管理领域近几年才逐渐引起政府和学者关注，另一方面是由于公共危机管理及其绩效评估是一个涉及领域广，学科交叉多的课题，其理论构成来源既包括公共危机管理的知识、理论和实践，也吸纳了绩效评估的理论与实践的经验和思想，这样的理论和实践探索目前在国内外尚处于起步阶段。

国内外学者在危机管理评估方面，存在两种观点：

一是将危机管理评估作为危机事后管理的一项内容。罗伯特·希斯认为[1]，作为危机事后管理重要方面的危机管理评估过程，可以通过以下方式进行：将危机情境分为危机事前、初始、冲击和恢复阶段，包括八个评估部分，每部分再分为结构、系统、过程和人四个评估方面，从而对危机处理过程进行一个事后较为完善的评估。国家行政学院教授李习彬认为对危机管理的评估要全面、客观，实事求是地评估危机管理的所有环节和影响危机管理效果的所有因素。评估内容应包括预警体系、决策执行、机构设置、结果评估等几方面的内容[2]。我国学者何海燕等提出应在五项方面对危机管理进行评估[3]，即：(1)对危机处理过程中各项实施对策的评估；(2)对危机管理计划的评估；(3)对危机管理中传播工作的评估；(4)是对危机管理绩效的评估；(5)对危机预警的评估。

二是将危机管理评估作为一项长期持续的工作，对将危机管理准备工作也纳入到评估范畴中来。如我国学者吴江教授认为[4]，公共危机管理评估应当涉及危机管理的全部内容，应从危机管理基础工作和危机事件两大方面进行评估。李经中提出，采用特定年份的危机指数评估政府提供公共安全的能

---

① ［美］罗伯特·希斯著，王成等译：《危机管理》，中信出版社 2001 年版。
② 李习彬：《改进和完善我国政府危机管理的几条建议》，《中国行政管理》，2003 年第 11 期。
③ 何海燕主编：《危机管理概论》，首都经济贸易大学出版社 2006 年版，第 24—25 页。
④ 吴江主编：《公共危机管理能力》，国家行政学院出版社 2005 年版，第 18 页。

力,通过评估结果与若干年的平均值的比较,衡量危机指数的高低和政府提供公共安全水平的高低①。

我们认为危机管理评估是指组织对其危机管理过程及其成效的调查,评估和总结,并将其工作分为三个环节,即调查、评估、总结。

(二)公共危机管理绩效评估的特点

公共领域的危机管理是一项需要以政府为主体,讲求效率和效果并重,追求公众利益与经济利益并重或者高于经济利益的,必要时牺牲经济利益以服务公众利益的工作,这是一项需要长期投入进行研究、落实的工作,是一项短期内较难见到成效但长远来看意义深远的工作,公共危机管理的这种公益性、全面性、长期性,在对政府危机管理工作提出更高要求的同时,也使得将绩效评估引入危机管理工作成为大势所趋。

第一,评估目标的公益性。绩效评估不同于以往简单的效率评价,它不是片面地追求高投入产出比,而是将公共服务水平、服务质量、服务满意度等结合经济效益和效率,视不同的情况和不同的管理目标,设置不同的评价标准,通过评价激励公共组织端正危机管理的认识,防微杜渐,以公共利益为出发点,避免出现危机管理预防工作中的短视现象。

第二,评估内容的全面性。对政府的危机管理进行绩效评估,就要求不仅仅是作为事后评价,只在危机发生后,针对危机发生原因或处理措施等某一项内容进行评价,片面的评价容易流于责任追究的表面,成为“走过场”的工作,危机管理的参与人员多对于这样的评价工作持推脱、应付的态度,起不到评价的作用。而危机管理的绩效评估,针对危机管理的事前、事中、事后工作绩效进行全面评估,评价内容涉及预案制定、部门协调、措施执行、灾后重建等广泛的危机管理内容,引导有关部门和人员将危机管理提上常备不懈的工作日程中来,使评价后的政府变追究责任为主动承担责任,积极推动危机预案和应急体系建设,提高公共危机管理能力。

第三,评估历程的长期性。由危机的时间周期我们可以看到,在危机的潜伏期已经存在一些警示信息可供捕捉,在这一时期如果危机预警体系有效,就可以将危机扼杀在摇篮中,极大地降低危机爆发后造成的损失和影响,同时也能够大大节约危机处理成本。这就要求公共危机管理既要建设有效的应急管理体系,又重视危机的日常防范体系建设。将日常管理绩效评估和应急管理绩效评估结合的绩效评估体系,不只针对某一次危机管理的情况进行评价,还通过长期的对日常危机管理的绩效评估,起到激励政府关注长期危机管理工

① 李经中:《政府危机管理》,中国城市出版社 2003 年版,第 42—43 页。

作的开展,避免"头痛医头,脚痛医脚"的管理问题。

公共危机管理绩效评估既包括危机管理的事后评价,同时也是一项贯穿危机管理始终,涉及危机管理各个环节和影响因素的长期的工作。有的学者认为,危机管理的绩效评估系统主要是针对公共危机管理的能力、一定时期之内的危机管理绩效、存在问题的考核考评,以期进行改进。危机管理的绩效评估系统就是对不同的部门、不同的地区以及不同的人员在危机管理中的行为与成绩进行评估。

(三)公共危机管理绩效评估的方法

对公共危机管理进行绩效评估,需要借鉴绩效评估较为成熟的方法理论,如上文提到的:3E评估法(后扩展为4E)、标杆管理法、平衡计分卡法、全面质量评估法、360度绩效评估法等。

1.4E评估法

现行的绩效评估多以4E作为评估标准:

(1)经济性(economic)。经济性指标是指组织按法定程序的投入和产出的情况。能否以最低的投入或成本,按照一定的组织模式和生产流程生产和提供既定数量和质量的产品和服务是组织追求的目标。经济性指标就是衡量一个组织运营效率高低和是不是实现目标和宗旨的重要指标。

(2)效率(efficiency)。效率指标是指组织为实现目标和得到既定的产出,各种资源要素的投入与相应的有效的产出之间的比例关系。组织的目标是在一定的组织架构和生产运营流程的基础上,以最少的资源要素投入获得更多的目标性产出,能否以一定资源投入获得最大的目标收益是组织追求目标和效率指标反映的内涵。效率指标是衡量一个组织是不是高效组织的重要标准。

(3)效果(effectiveness)。效果指标关注的是通过组织管理、控制、实施后,组织服务质量是否得到有效改善,组织产品使用者是否满意。效果指标是衡量一个组织是不是一个责任组织的重要标准。

(4)公平(equity)。绩效的公平指标侧重的是组织管理的工作过程而不是结果,评估的是工作程序的合法性和公正性。公平指标是衡量一个组织是不是善治组织的重要标准。当前,随着危机管理理念和社会经济发展,更加关注社会成果分配的公平性,关注人性、人权、人的发展,危机管理绩效评估中的公平性也更加关注结果的公平性。

2.平衡计分卡

平衡计分卡作为一种绩效评估系统,最早由哈佛大学会计学教授罗伯特·卡普兰和波士顿公司的管理咨询师大卫·诺顿所开发。这种计分卡囊括了整个组织各方面的活动,包括顾客、内部业务流程、员工活动和股东利益。此后,平衡计分卡被广泛应用于各种组织机构。《哈佛商业评论》称平衡计分卡是"过去80年来最具影响力的十大管理理念"之一。

平衡计分卡以信息为基础,系统考虑企业业绩驱动的因素,是多维度均衡评价的企业业绩的一种新型的评价系统[1]。同时,它将企业战略目标与企业业绩驱动因素相结合,动态实施企业战略,是具有战略管理功能的管理系统。

一些学者采用平衡计分卡法对公共危机管理绩效评估进行了指标体系设计。如赵海燕、姚辉(2007)设计的公共卫生危机管理绩效评估体系,采用平衡计分卡法设计了四个维度,即民众维、财务效率维、内部管理与控制维、创新和学习维,分别针对公共卫生危机管理的不同方面指导评估。河海大学谭川也利用这一工具针对公共危机管理设计了评估体系,其一级指标设置为:公众角度、资源环境角度、内部流程角度、学习和成长角度。

3.层次分析法

在绩效评估研究中,除以上提到的方法外,还有一些方法也在逐渐被学者运用,从定量和定性结合角度提高绩效评估的科学性和合理性。层次分析法就是其中之一。

层次分析法作为一种定量化的数学工具和决策方法,在绩效指标评价体系研究中被引入作为一种权重排序工具,对绩效管理进行定量化研究。如周庆行、唐峰[2]构建的指标体系包括一级指标危机决策环境(包括二级指标法律法规规范程度、资源时间可利用程度、地区文化特质与教育程度)、危机决策主体(包括二级指标主体知识和技能结构、协调机构制度化、决策智囊团机构设置、社会公众参与度)、危机决策程序(包括二级指标危机事件识别与预测、危机决策议程规范化、危机决策形成)、危机决策创新(包括二级指标知识基础设施应用状况、信息技术的利用状况、决策方法创新程度)、危机决策效果(包括二级指标公众生命财产损失挽回、经济社会发展影响度、政府形象、政府国际声誉),在指标权重分配方面,采用层次分析法,通过构造了指标体系递阶层次结构,建立各层次两两比较矩阵,确立各指标权重,并最后进行一致性检验。王耀刚等人在《广义公共卫生管理体系及其层次分析法评价》中,也采用了层次分析法,建立了包括三大类一级指标和15项二级指标的广义公共卫生管理

---

[1] 保罗·R.尼文:《政府及非营利组织平衡计分卡》,中国财政经济出版社2004年版,第13页。
[2] 周庆行、唐峰:《公共危机决策绩效评估指标权重研究——基于层次分析法》,《理论与改革》,2005年第6期。

体系层次结构模型①。

四、国内外公共危机管理绩效评估的实践

（一）国外公共危机管理绩效评估的实践

公共危机管理效评估方面的实践还比较少，多局限在某一领域或某一部门方面的评估，美国在这方面的实践相对而言更为成熟，近年来进行了覆盖全国的全面的公共危机管理绩效评估体系建设。

由于我国与美国同为幅员辽阔、危机种类较多的国家，其绩效评估体系对我国的实践可以说是有一定的参考和借鉴价值的。美国的公共危机管理绩效评估由联邦紧急事务管理局牵头进行。制度层面出台了针对公共危机管理工作评估的名为 State Capability Assessment for Readiness(CAR)的报告，对国家层次的危机管理工作做出评估，详细规定了评估的内容、指标体系、权重分配、结果分析等方面。

在评估内容上，囊括了政府的 13 个紧急事务管理职能，包括：法律、危险识别和评估、风险管理、物资管理、计划、指挥控制协调、通信和预警、行动程序、后勤装备、训练、演习、公众教育信息、资金管理等方面。每个紧急事务管理职能又分成若干个属性，每个属性再细分成为若干个特征。

在评估流程上，采用各州通过这样的内容设计，结合当地情况在属性或者更细化到特征的层次对自身进行评估的办法，联邦紧急管理局再通过对各州反馈的结果进行分析研究，使评估起到提高国家和地方的公共危机管理绩效水平的目的。

在评分标准方面，规定每个属性或特征的分数有三个等级：

3 分表示"始终能够满足属性或特征"；

2 分表示"通常情况下能满足属性或特征"；

1 分表示"需要继续努力才能满足属性或特征"；

"N/A"表示"不适用于该州的实际情况和应急管理机构或程序"。

在权重设置方面，所有属性和特征的权重都是相等的，每个属性的得分为下一级所有特征得分之和除以特征个数。这样的权重设置简化了评估工作的流程，便于相关人员理解和操作。

在评估结果解释上，规定 CAR 各属性得分如果为 2.5～3.0(3 级)，表示

---

① 王耀刚、汪波、孔繁学等：《广义公共卫生管理体系及其层次分析法评价》，《中国公共卫生》，2004 年第 7 期。

该州的公共危机管理机构能够始终满足这个属性；得分为 1.5～2.5（2 级）表示基本满足；得分为 1.0～1.5（1 级）表示需要继续努力才能满足要求。

在利用这套评估体系评估整个国家危机管理工作时，联邦紧急事务管理局通过分析各州在每一个属性的得分情况来判断全国在哪些方面存在问题、需要改进，在哪些方面基本具备进行一般危机管理的能力，哪些方面具备可以信赖的过硬的危机管理水平。除去那些选择"N/A"项的州，分别统计和计算得分为 1 级、2 级、3 级水平的州在所有州中的比例，规定 50％以上的州选择 3 级时，认为在这一方面国内整体水平较高；如果 50％以上的州选择了 1 级，则表示在这一领域公共危机管理工作仍需改进①。

（二）国内公共危机管理绩效评估的实践

我国目前在公共危机管理绩效评估方面实践还比较少，缺少国家级的对全面的公共危机管理绩效评估工作进行界定和指导的制度保证，更多的是在事故责任认定层面的规定。如 2003 年出台的《突发公共卫生实事件应急条例》中第五章"法律责任"部分，规定了政府部门和相关人员在突发事件中的法律责任和处罚办法；2002 年出台的《中华人民共和国安全生产法》第四章"安全生产的监督管理"部分，对安全生产的监督、检查、审批等工作和相应责任进行了规定；1989 年的《特别重大事故调查程序暂行规定》也是针对已发生的危机进行调查和对责任人进行处理。这些我国现有的国家层面与评估工作相关的法律法规基本上以罚为主，以事后责任追究为主，缺少以日常预警、预防为目的和以公众为导向的评估工作的内容。

经过"非典"的考验，广东地区在面对禽流感威胁中开始将公众满意度引入危机管理评价工作，广东省省情调查研究中心社情民意调查研究所联合广州市社情民意研究中心，对广州 1025 名不同年龄、职业和收入水平的市民进行了快速抽样调查②。调查结果显示，有 79％的市民不同程度地关注禽流感疫情，50％以上的受访市民会产生害怕情绪，65％的市民表示采取了相应的防范措施，66.1％的人表示会"减少食用禽类产品"。调查还显示，大多数受访市民对政府处理禽流感疫情工作表示满意。其中"及时向社会公布疫情"获得的评价最高，市民满意度达 82％，对"禽类及其产品的检疫工作"的评价则相对较低，满意度为 56％。

这一以公众为公共危机管理工作评估主体的调查显示，政府在危机信息披露和应对知识普及方面工作绩效明显，市民对禽流感虽有一定害怕心理，但

①　迟娜娜：《城市灾害应急能力评价指标体系研究》［硕士学位论文］，首都经贸大学，2006 年。
②　胡百精：《中国危机管理报告》，中国人民大学出版社 2007 年版。

没有形成恐慌,同时也反映了公众对政府在正面解决危机方面的工作表现不够认可。这样的危机管理绩效评估一方面肯定了广州市政府的工作,从社会层面对政府工作进行了激励,一方面也对广州当地的禽流感疫情防治工作的开展具有很好的指导作用,从长远来看,也可以成为完善我国危机管理绩效评估体系的有益经验。

第二节　我国构建公共危机管理绩效评估体系的必要性

政府绩效是一个综合性的概念,包括经济指标、社会发展指标、文化建设指标等内容。评估政府各方面工作的绩效是衡量现代政府治理能力的一个重要指标。现阶段,应对公共危机是政府在全球化时代面临的重大挑战。尤其在 2008 年,雪灾、地震灾害、全球金融风暴、毒奶粉事件等公共危机事件频发,一方面对政府的治理能力提出了严峻的挑战,另一方面也亟需政府建立一套公共危机管理绩效评估体系,使公共危机管理从非常规化管理走向常规化制度性管理。

一、我国公共危机管理工作存在的主要问题

我国政府已经开始关注和重视公共危机管理工作,进行了一些法律法规的建设和危机管理知识的普及,但同其他国家,尤其是美国、日本等国相比,我国的危机管理能力和水平还亟待提高。

以处理疾病能力为例,据 2003 年总部设在香港的政治及经济风险咨询机构对以亚洲地区为主的世界各国危机处理能力的分析结果显示(见表 8-2),与美国相比,我国的疾病处理能力还存在巨大差距,即使与表中其他 12 个亚洲国家和地区相比,也仅仅居于第十位,与中国在国际和亚洲地区的经济、政治大国地位极不相称。

表 8-2　亚洲地区及美英处理疾病能力对比

排名	国家(地区)	得分	排名	国家(地区)	得分
1	新加坡	2.33	7	菲律宾	6.60
2	日本	4.00	8	韩国	7.00
3	中国香港	4.21	9	越南	7.38
4	中国台湾	5.25	10	中国	7.50
5	泰国	5.25	11	印度	8.00
6	马来西亚	5.33	12	印尼	9.14
			非亚洲国家		
美	0.86			英	2.08

注:0 代表最好,10 代表最差。

资料来源:政治及经济风险咨询机构 2003。

　　2008 年初我国中东部地区特大雨雪冰冻灾害天气造成的交通、能源等多个领域危机,也暴露出我国在危机管理水平上还与国外发达国家存在很大差距,具体表现在以下几个方面:第一,南方应对严寒天气准备不足。我国的南方往年普遍降雪量少于北方,气温偏高,冰冻雪灾百年一遇。因此,考虑到成本问题,在应急预案制定、抗雪冻灾设备准备、电网架设、建筑物设计等方面缺少对雪冻灾害的考虑;缺少大型除冰设备;融雪剂和盐储备难以应付大量的需求;电网架设设计时为节约成本没有考虑到冰冻的巨大拉力,导致电网在遭遇冰冻时出现险情;交通工具缺少防滑设备,在冰面行驶时交通事故频发;许多居民生活小区为水箱供水或水管置露在外,寒冷天气下导致水管冰冻甚至冻裂,造成居民用水紧张。第二,交通资源配置有待改善。运输压力集中在几条特定线路是我国春运的一个特点,经过多年春运压力的考验,在遭遇雪灾的情况下,交通体系还是出现混乱无序的局面。同时由于过于依赖电力运输,在局部电网故障的情况下,出现整条运输线较长时间瘫痪的局面,可见我国的交通大动脉对外来突发袭击应对能力还很不足。第三,防灾、救灾技术比较落后。我国气象部门由于预报技术与国外发达国家相比还非常落后,难以做到提前十天以上对灾害进行预见和分析,对此次雪灾强度、范围、持续时间没有做到及时准确预报,导致各地在应急救灾方面准备不足,一度出现混乱局面,在自然灾害预警方面,我国相应的科学技术还有待提高。第四,重治轻防,临时投入大。过分依赖临时决策,多是在危机发生以后进行临时组织和资源调动,日常程序性危机管理工作和预警工作做得不够,导致解决问题成本最低的萌芽期被错过,问题发生初期也难以得到迅速抑制,待问题发展为需要中央政府出面领导解决的问题时已经造成了恶劣影响和巨大损失。这一方面是因为缺少完备的制度体系,对地方政府在危机管理中的约束力度不强,地方政府缺少行动的指导依据,同时各部门危机中职责界定不清,部门利益导致部门间协调性不够,问题发生后互相推诿形成内耗;另一方面是由于地方政府出于个人利益考虑隐报瞒报地方危机,自身又缺乏解决危机的能力,导致危机事前管理缺位。此次雪冻灾害对南方造成如此强大的破坏力的一个原因就在于南方缺少对严寒天气的应急预案,雪冻来临时基本的除雪除冰设备都准备不足,电力设施和建筑物设计初期也没有考虑恶劣天气的影响,以至于在雪冻灾害中险情频发。事前管理缺位直接影响了事中管理的效率,导致 1998 年洪水、2003 年"非典"、2008 年雪冻灾等这样的严重危机爆发时,国家往往需要通过倾尽全力,用大量的投入解决危机,加上危机本身造成的人民生命和经济财产损失,使得每次严重危机爆发都给国家造成巨大的损失。第五,社会组织作用没有充分发挥。民众作为危机的当事者,对危机的萌芽和损失有最直接的感受,我国虽然有良好的民众基础,但民众处理问题的能力和积极性没有被开发、培养和应用到危机管理之中。与政府应急工作相比,社会组织具有反应快、救助及时的特点,政府在危机管理工作中要培养与社会组织的合作,对社会组织进行培训,组织危机救助演习等,训练有素的社会组织往往能够在危机发生时迅速出现在危机现场,发挥各自领域优势进行救助。作为危机的承受者,社会民众对危机管理有最直接的感触和参与欲望。通过对民众危机预防与处理知识的普及、危机管理技能的培训以及信息沟通机制的建设,可以降低危机对人民生命和生活的影响,减轻政府处理危机的压力,同时成为危机预警体系的重要组成部分。第六,技术领域投入不足。科学技术对危机管理的绩效具有极大的影响力,在危机预警、危机处理、危机信息沟通方面,科学技术都起到至关重要的作用。2008 年初气象机构没有能够及时对雪灾进行预报,在雪灾发生后又没有能够对雪灾的强度、覆盖范围、持续时间等做出及时预警,导致雪灾对国家的冲击突如其来,对南方各省造成了重大损失。我国气象数值天气预报模式与世界先进水平差距还比较大,超过 10 年;同时由于气候特殊,预报员缺少相关经验,对灾害估计不足。

通过与国外公共危机管理实践的对比和借鉴,总体来说我国的危机管理在以下几个方面还有待提高:第一,重视日常危机管理体系的建设。我国的危机管理体系侧重于应急管理,多在危机爆发后成立临时机构解决问题,存在一定的管理滞后性,不利于及早发现问题,解决问题,最大限度地降低危机的损害。第二,重视制度保障体系的完善。我国的危机管理法律法规制定还处于起步阶段,对危机管理涉及的多个层面还没有形成完善的制度保障体系,预警制度、资源保障制度、组织协同制度等有待更细致的研究和建设。第三,重视公民危机意识和应对能力的培养。我国危机管理主要依靠政府部门的指挥和协调,对公民危机意识和危机处理能力的培养还比较欠缺,这一方面是由于我国长期的和平稳定的局面使人民对危机缺少防范意识,另一方面是由于国家在公民教育方面投入和重视不足。第四,重视危机管理评估机制的建立。我国的危机管理评估目前还停留在灾后总结阶段,需要将危机管理评估建设成为一个渗透到危机事前、事中、事后各个阶段的评估机制,促使政府及时发现问题、解决问题,提高危机管理能力和水平。第五,重视评价结果的有效应用。在公共危机绩效评估领域,除了要建立科学的绩效标准以外,重视评估结果运用是推进公共危机管理绩效评估工作的关键环节。在评估结果运用方面,一是要将评估结果公开,确保公众有效监督;二是将评估结果与公务员个人晋升、培训等诸多环节相挂钩,使其成为真正的评估手段;三是要注重对组织机构和有关部门的整体评估,建立一定的排序竞争机制,促进组织应对公共危机管理的能力。

二、我国推进公共危机管理绩效评估工作的必要性

有效的公共危机管理绩效评估是评判公共危机管理决策、计划、组织、管理工作水平,评价政府有关部门工作业绩的重要标准。既是对政府已有危机管理意识、能力和业绩的评估,又是制定未来公共危机管理政策、计划、制约危机管理成效的重要条件。陶学荣、金进喜、周鹏等学者指出,"以绩效为基础,建立全面的危机管理",是成功构建危机管理机制的有效途径。这既是有效激励的依据,也是公共危机管理系统整体改进的依据。

我国公共危机管理的评估工作多以事后责任调查为主,由于部分政府部门和人员对公共管理和绩效评估缺乏正确系统的认识,在工作中片面追求利润和所谓的"政绩",对潜在的公共危机缺乏警惕性,没有注意日常危机管理投入的重要性,导致危机发生时产生巨大损失,危机结束后互相推诿责任,使得危机管理的评估常常流于形式,绩效评估对危机管理的积极作用没有充分发挥。

有效的绩效评估对政府的危机管理工作而言,其作用可以表现在以下几个方面:第一,它能推动危机管理制度的完善。制度层面的绩效评估可以引起政府和学界对制度建设的重视,促使形成不同层级、结构合理、从国家一级贯彻到县乡及基层单位层面的完善的危机管理制度体系。而完善的制度体系可

以有力规范推动各级政府的行为,避免出现无法可依、有法难依的情况,防止权力的失衡和滥用,促使各级政府和部门互相协调、通力合作。第二,它能提高组织对危机的应急能力和恢复力。由于危机管理绩效评估具有长期性的特点,通过对危机管理日常化的评估,促进危机管理的常备不懈,利用定期组织培训和演习提高组织对危机的认识和应急能力,灾后重建的恢复能力方面也可以通过评估的推动得到提升,防止同类危机再次发生。第三,它能激发与发挥社会组织与公众的力量。危机管理绩效评估具有公益性的特点,注重社会参与和评估。社会组织和公众作为危机第一线的接触者和发生后的受害者,其危机意识、危机常识、危机处理和逃生能力对降低危机影响有重要的作用,同时作为危机的承受者,社会民众对危机管理有最直接的感触和参与欲望。在灾害面前人民群众的互助的精神,还可以形成全民参与的局面,避免了危机可能引发的社会治安动荡,为政府有序开展救灾抗灾工作创造了良好和谐的社会环境,减轻了政府处理危机的压力,因此,对公众的管理是危机管理体系的重要组成部分。绩效评估能够通过公众满意度等方面的评估,推动危机管理工作在社会层面的开展,激发群众参与的积极性,普及全民危机管理意识。

第三节　公共危机管理绩效评估体系的构建

公共危机管理绩效评估体系的构建需要整合公共危机管理和政府绩效评估的相关理论,并从公共危机管理绩效评估的特点、目的、主体、流程、内容和相应指标体系设计入手,构建一个符合我国国情的公共危机管理的绩效评估体系。

一、公共危机管理绩效评估主体的选择

我国政府有关部门如卫生部门、农业部门、公安部门、消防部门等在应对一定类型的危机过程中已总结了一定的经验,建立了相应的社会突发事件的危机管理体系,但是与西方发达国家相比,在大量对社会日常生产生活可能产生威胁的领域还没有建立完善的预警管理制度。进行危机管理绩效评估,不仅仅是政府自身的工作,还需要社会力量的介入。因此,公共危机管理绩效评估的主体应有以下几类:

（一）政府机构

危机管理不同于一般事件，往往具有涉及范围广，波及面大的特点，政府部门在危机管理中发挥着主导的管理作用，对管理工作情况也最熟悉。因此进行危机管理绩效评估的第一主体必然是政府机构。在危机预警工作和危机发生及事后处理工作中，一般社会公众是难以全面了解政府工作的绩效情况的，对于信息的预报、收集、处理、决策的正确与否、资源调配和运送的效率与效果等情况，政府机构是最有能力进行调查和评价的。因此要充分发挥政府在危机管理绩效评估工作中的作用，形成完整的评价工作流程，指派专人和或专门机构负责，在日常工作中及时调查发现政府在危机管理工作中的漏洞和问题，形成一支秉公执法、求真务实的公共危机管理绩效调查评价队伍。

（二）社会组织

社会组织包括各种卫生组织、宗教团体、企业行会、基金会等民间组织，这些组织是维持社会运行、服务社会生活的各领域的有效载体，多由民间相关领域公民组成。由于社会公共危机往往发生在基层，社会组织接近危机发生第一线，对危机的萌芽和冲击有更敏锐和深切的感受，对危机的发展速度、管理方式有自己的认识，第一手信息较为及时。西方国家的一些发达的社会组织往往积极参与到与政府的合作中，成为公共危机管理的重要力量。因此，社会组织可以作为公共危机管理绩效评估的主体之一，起到完善危机管理体系，发挥社会组织功能，监督政府部门运作的作用。

（三）专业机构

专业机构包括由专家学者组成的团体或个人。将专业机构列为评价主体，有两方面的考虑。第一是大量危机事件都与专业领域的技术有关，如自然灾害、公共卫生事件、金融危机、食品安全等领域的危机管理，需要采取相应技术进行危机的预警和处理，因此相应技术的积累、研发、应用和危机处理中的技术方案设计等就成为危机管理绩效评估内容的重要组成部分。邀请专业机构加入评价主体，可以提高评价的科学性和合理性，推动政府关注在技术救灾方面的投入。第二是由于学术研究机构本身不是政府单位的直接利益相关者，也没有与某些政府部门直接的利益冲突，因而可以从更客观的角度对政府单位进行全面评价，可以在一定的科学规范下，严格、科学的运用理论和模型对政府公共危机管理绩效做出较为客观的评价。

二、公共危机管理绩效评估流程的设计

绩效管理目标就是组织或者个人力求"打破现状，实现突破"螺旋上升，挑

战组织和个人更高前景目标的过程。因此,公共危机管理也就是通过绩效评估的环节,实现公共危机管理能力的不断提升。

政府或有关部门,通过政府前期危机管理运作情况与发展愿景、内外环境的分析与预测,制定公共危机管理的目标(MBO)、发展战略、各种预算、规范公共危机管理中相关部门的绩效活动,追踪校验并定期汇总分析与综合评估。同时,在公共危机管理的绩效评估中需要持续不间断运用"头脑风暴法"、"脑力激荡术"、"期望与过程激励"等强化手段以及正确使用目标控制与纠正偏差措施,绩效管理是一个过程与结果并重的动态管理。

(一)"PDCA"的循环绩效评估流程

公共危机管理绩效评估系统的"PDCA"循环涵盖了前馈控制、同期控制、反馈控制三个环节。在系统中,政府及其相关部门不是处于简单的被管理和被监控的位置,而是被充分调动积极性,参与到绩效管理系统的建立与运行。绩效评估系统强调政府及其部门明确目标、及时发现问题、分析原因、解决问题、不断改进。"PDCA"循环流程图如下:

P阶段:进行绩效管理的准备、计划及系统设计。如重新评价公共危机管理的方针政策、社会价值与理念、现有政府组织结构、各部门危机管理中的职责说明书;评估政府一切与危机管理有关的制度的合理性;调查政府部门及其职员对绩效管理的认识度与态度;分析政府工作环境与状况;并对有关问题做调查问卷,整理意见。

D阶段:系统实施。根据具体实施情况,保持持续绩效沟通,掌握进度、纠正偏差、解决一切困难、并保持必要的强化手段;另外作为公共危机管理部门应收集危机管理的质量、成本、社会舆论、部门应对能力及工作态度、生产流程与目标完成关系、制约目标达成的原因、社会意见反馈等数据,并就完成情况、成绩优劣的KPI证据、谈话记录、奖惩情况等做好建档汇总分析。

C阶段:绩效评估与控制、诊断纠正绩效管理目标与计划偏差。运用绩效评估表格对原定绩效目标达成情况逐项对照评价,共同找出影响绩效达成的原因、存在的问题,解决的方法,并形成书面材料为A阶段提供依据。

在进行绩效诊断时,应做到:使用"头脑风暴法"穷尽所有问题之后,再针对每一个问题提出一个为什么,然后找出可能原因,再对每一个可能原因问为什么,如此反复最终找到问题主要原因。要充分探讨危机管理的目标是否理解?是否授予了足够权利?过去业绩如何?问题是新发生的吗?部门应对危机的技术与装备如何?采取过什么补救措施?培训能解决问题吗?

A阶段:汇总整理及综合评估,提高绩效措施。利用各部门汇总资料,洞悉各部门隐藏的深层问题、对D阶段未解决问题做出分析,制定纠正措施;通过调查汇总情况及时改进组织系统。做出书面及图表分析报告,呈报政府高层,并能作为政府培训危机管理知识的内容。

同理,以"PDCA"循环方式开展危机管理绩效评估的检讨。P——公共危机管理部门督导其他部门、社会组织与群众一道分析讨论问题,制订方案、解决方法、解决的时间期限及标准;D——被管理者执行方案,解决问题;C——公共危机管理部门督导在具体时间就执行中问题解决程度验证,确定状况;A——双方总结解决问题情况,提取经验,未解决的问题进入新一期循环解决。

(二)专家组评估或者专家头脑风暴法

当前,各级政府非常注重专家的建议与评价,非常重视社会舆论对公共危机管理能力的评价。聘请专家组对公共危机管理的政策、组织、技术、资源保障、社会效益以及预警系统进行多角度的专家评估。专家评估基本流程如图 8-1。

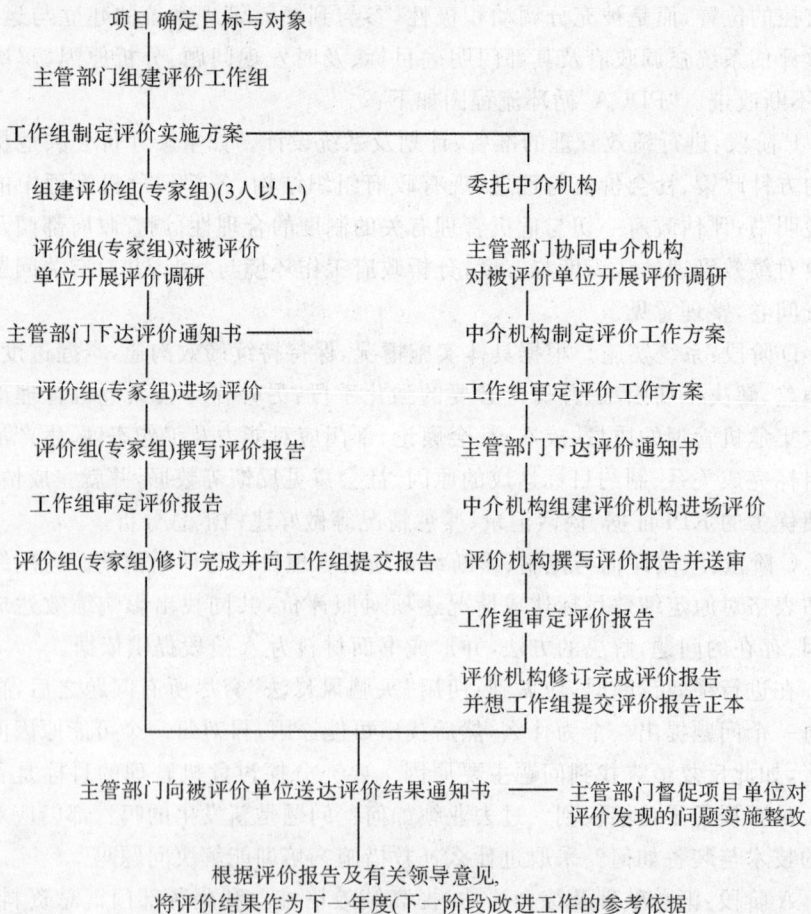

项目 确定目标与对象

主管部门组建评价工作组

工作组制定评价实施方案

组建评价组(专家组)(3人以上)   委托中介机构

评价组(专家组)对被评价   主管部门协同中介机构
单位开展评价调研   对被评价单位开展评价调研

主管部门下达评价通知书   中介机构制定评价工作方案

评价组(专家组)进场评价   工作组审定评价工作方案

评价组(专家组)撰写评价报告   主管部门下达评价通知书

工作组审定评价报告   中介机构组建评价机构进场评价

评价组(专家组)修订完成并向工作组提交报告   评价机构撰写评价报告并送审

工作组审定评价报告

评价机构修订完成评价报告
并想工作组提交评价报告正本

主管部门向被评价单位送达评价结果通知书 —— 主管部门督促项目单位对
评价发现的问题实施整改

根据评价报告及有关领导意见,
将评价结果作为下一年度(下一阶段)改进工作的参考依据

图 8-1 公共危机管理绩效评估流程图

三、公共危机管理绩评估内容的确定

对公共危机管理工作绩效的评估,应包括危机管理的整个过程和涉及的各个部门的评价,同时由于绩效不等同于效率,对公共管理绩效的评价,应在效益与效率、定量与定性方面有所兼顾,强调公共服务的特殊性,在服务质量、意识、水平方面有所侧重,对危机管理方面的法律法规、机构建设和运行、科研技术水平与投入、资金投入情况、公民危机意识和知识普及教育、培训与演练、预警体系建设等多个方面都要进行详细的绩效规定和评价,具体来说,评价内容可以包括以下几个方面。

第一,制度层面。包括制度的完备性、协调性、体系性、制度约束范围、约束强度等方面。完备性,包括两个方面的含义,一是至今人类已经认识到的人类面临的危机对象,是否已从制度层面进行界定和规定,制度层面对危机管理的覆盖程度,二是面临危机的组织被制度约束的范围,这既包括对危机对象的约束,也包括对应对危机的组织的约束;协调性指的是制度之间协调性,是指不同层次的制度对应对危机的组织、程序、方案、技术的一致性;体系性方面,指的是从组织层次看,是否可形成由国家、省级、市级、县级、单位或者基层组织各个层面的规定、法律、法规、部门规章、制度、规范等组成的完善的制度体系;制度约束强度是从法律层面来讲,一般法律覆盖范围越大约束力越强,覆盖范围是全国的,约束力最强;制度约束强度包括制度的强制性、控制性、指导性、建议性等;可操作性指法律法规、规章制度等的规定是否合乎实际操作需要,在实际执行的过程中是否方便切实有效的遵循和指导危机管理工作。

第二,组织层面。危机管理的主体既包括日常成立的应急救灾机构,也包括遇到突发事件时组织的临时机构,对组织层面的评价,应针对这两种组织以及组织体系的协调性进行评价。对负责日常危机管理的正式组织体系的评价,考察的是组织是否有明确完善的职责分工和工作内容界定,针对危机的不同类型有相应的部门和人员负责应对和处理;对临时组织体系的评价包括组织内成员分工的合理性,成员的专业背景等。在危机发生时必须有相关领域的专家作为临时危机管理组织的智库,协助指导政府及时采取正确有效措施处理危机;组织体系的协调性针对的是各部门在危机管理过程中是否能够互相信息共享,交流商讨,协助合作。在2008年雪灾中由于京广线湖南段电网损毁,导致火车无法通行,而在这样的情况下广州火车站仍然继续出售这一线路的火车票,大量购票旅客滞留广州火车站,这样铁路部门内部缺乏协调的做

法引起公众的强烈不满。

第三,技术层面。在对技术层面的评价中,可以侧重评价技术研发体系、技术研发专家、技术研发投入、技术积累情况和技术应用情况。将技术层面作为评价内容的一个重要部分,可以起到拉动基础技术研发,加大必要科研投入的作用,从而在技术的支持下使危机管理科学化、高效化。

第四,资源保障层面。评估粮食、外汇、资金预算等应对各种危机必需的资源在日常是否有充足的储备和资源管理机制。充足的储备是应对危机的物质保障,而合理的资源管理机制可以保证资源在危机发生时有效规范调配运送,并通过日常的管理防止出现资源贬值、过期、浪费等情况;评估资源分配和流向是否合理正确,能否发挥资源的最大效用,达到资源优化配置的效果;评估实际工作中资源的运用绩效,如资金投入和人力资源投入产生的成本—效益评估等。

第五,社会层面。政府在社会层面的危机管理工作主要包括公众危机意识和公众危机处理技能的教育和培训情况;政府相关机构与社会组织在危机管理方面的合作与演习情况;信息渠道是否畅通;公众满意度等。通过在社会层面的工作,使政府处理危机的同时,社会团结合力,形成强大的凝聚力和战斗力,争取将危机消灭在萌芽状态,减少危机带来的损失。

四、公共危机管理绩效评估指标体系设计

依据以上评估内容,可以设计出由五个维度为一级指标,共十九个二级指标的公共危机管理的绩效评估指标体系,从而结合我国国情进行绩效评估。指标体系如图 8-2。

指标体系设计是绩效评估的关键,通过指标的设计可以强调评价对象在危机管理绩效上的重要性,起到抓住重点、弥补漏洞、有的放矢地开展危机管理工作的目的。结合危机管理工作实践和专家学者的研究基础与前文评估体系构建中的评估内容,初步设计评估指标体系(见表 8-3)。

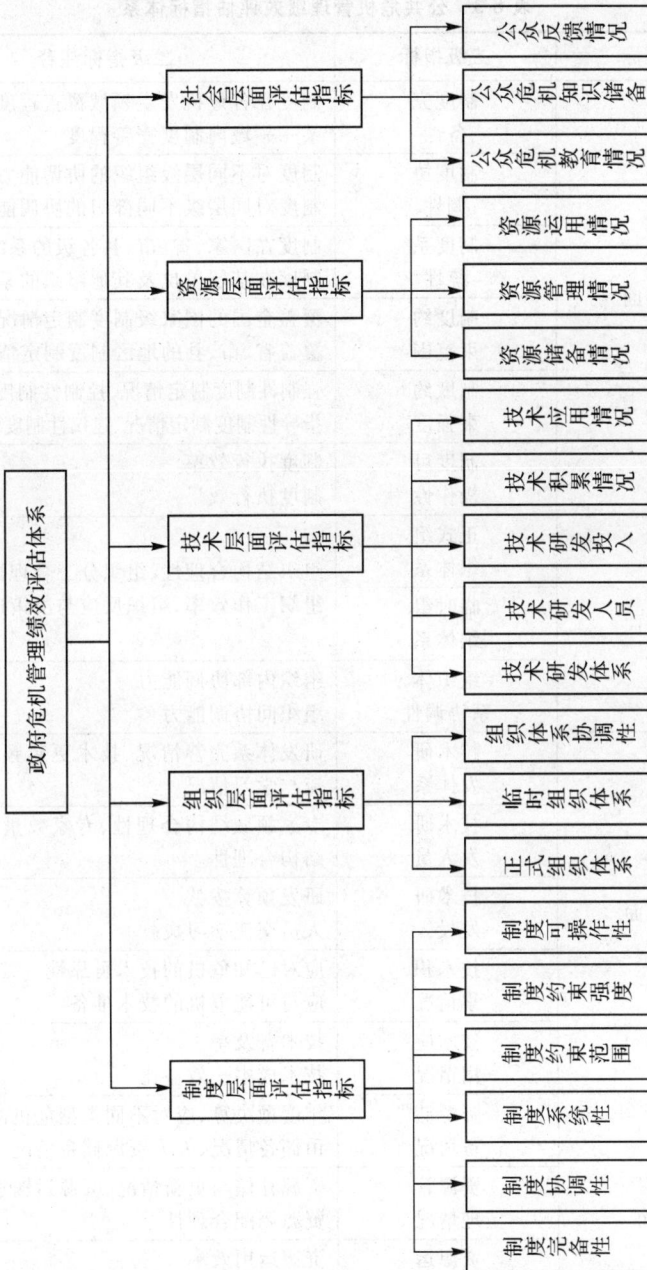

图 8-2 公共危机管理绩效评估指标体系

表 8-3 公共危机管理绩效评估指标体系

一级指标	二级指标	二级指标注释
制度层面	制度完备性	制度在各危机发生领域覆盖程度 某一领域内制度完善程度
	制度协调性	制度对不同层级组织的协调能力 制度对同层级不同部门的协调能力
	制度系统性	制度在国家、省、市、县各级的系统性 制度在基层单位及其他组织的系统性
	制度约束范围	覆盖全国的国家级制度制定情况 覆盖省、市、县的地区制度制定情况
	制度约束强度	强制性制度制定情况、控制性制度制定情况、指导性制度制定情况、建议性制度制定情况
	制度可操作性	制度执行效率 制度执行效果
组织层面	正式组织体系	组织结构合理性、组织分工合理性、组织工作效率、组织反应与决策速度
	临时组织体系	
	组织体系协调性	组织内部协调能力 组织间协调能力
技术层面	技术研发体系	研发体系完善情况、技术更新频率、技术交流与学习情况
	技术研发人员	专家领域结构合理性、专家数量、专家年龄结构合理性
	技术研发投入	研发预算拨款 人员交流学习拨款
	技术积累情况	应对已知危机的技术可靠性 应对可能危机的技术准备
	技术应用情况	技术普及率 技术成本—效益比
资源保障层面	资源储备情况	年度预决算、应对不同类型危机的物资与货币储备情况、人力资源储备情况
	资源管理情况	资源存储与更新情况、资源运输速度、资源调配合理性
	资源运用情况	资源运用效率 资源运用效果

一级指标	二级指标	二级指标注释
社会层面	公众危机教育情况	与公众有关的危机知识普及、公众危机处理技能培训、危机信息定期发布情况
	公众危机知识储备	公众危机知识储备
	公众反馈情况	公众参与危机管理情况 公众对公共危机管理工作满意度

五、公共危机管理绩效评估体系构建

由于政府危机领域是一个涉及面广、评估工作复杂的领域,我们借鉴美国"马尔科姆·波多里奇国家质量奖(Malcolm Baldrige National Quality)"的企业标准和美国公共危机管理评估标准,结合我国政府组织体制、绩效考核各种探索和危机管理实践,构建简易、科学、有效的评估指标体系。

(一)评估标准与权重设计

参照美国国家质量奖的企业标准,结合公共危机管理绩效评估的特点,按照前节提出的公共危机管理绩效评估指标体系,提出如下量化评估方法。

为比较准确和客观地反映每个政府部门在一段期限内危机管理工作的优劣程度以及存在哪些问题,明确改进方向和改进方案,公共危机管理绩效评估按照定性的评估标准和档次进行评估。从我国政府工作各种评估、评议、考核的情况来看,大体分为三至七个不同档次,多数部门分为五个档次。我们采用具有普遍性和代表性五个档次的分档法(见表 8-4)。

表 8-4 公共危机管理绩效评估"五档分类法"

档次	评估标准	社会评判	分值
A	能高效处理突发危机,能科学预防危机发生,制度完善,组织协调,资源保障有效,科技投入与研发体系完善,危机知识与教育程度高	工作出色	100%
B	能高效处理突发危机,较能科学预防危机发生,制度较完善,组织协调性良好,资源保障有效,科技投入与研发体系较完善,危机知识与教育程度较高	工作比较出色,须进一步提高危机预防能力	90%
C	适应危机管理,较能高效处理突发危机,但科学预防危机发生能力不强;在危机管理的事中、事后阶段,已经形成了较为完善的制度,能形成良好的危机临时应对组织和体系,调动大量资源;对公众危机知识的普及程度不高,但能在危机中,立刻形成危机应对知识的有效传播	适应危机管理,需要提高危机预防能力,需要提高公众危机知识教育	75%
D	在了解适应危机管理,缺乏科学预防危机发生能力。在危机管理的事中、事后阶段,能被动筹集危机管理需要的资源,形成一定的临时应对机构。形成零星的危机管理与预案,能形成临时应对机构;对公众危机知识的普及程度不高	危机管理事中事后,偶有失误。需要提高危机预防能力,需要提高公众危机知识教育	60%
E	不能令人满意。在危机管理的事中、事后阶段,不能筹集危机管理所需的资源,不能形成有效的临时应对机构,没有制定危机管理预案;没有公众危机知识培训教育体系	工作不能被接受	50%

　　按照前面设计的公共危机管理绩效评估体系,此处采用千分制,即五个一级指标满分之和为 1000 分,分值设计如下(见表 8-5):

表 8-5　五档分类分值表

一级指标		二级指标	
指标	（权重,分值）	名称	（权重,分值）
制度层面	(0.2,200)	制度完备性	(0.15,30)
		制度协调性	(0.15,30)
		制度体系性	(0.15,30)
		制度约束范围	(0.15,30)
		制度约束强度	(0.15,30)
		制度可操作性	(0.25,50)
组织层面	(0.3,300)	正式组织体系	(0.30,90)
		临时组织体系	(0.40,120)
		组织体系协调性	(0.30,90)
技术层面	(0.1,100)	技术研发体系	(0.15,15)
		技术研发人员	(0.15,15)
		技术研发投入	(0.15,15)
		技术积累情况	(0.15,15)
		技术应用情况	(0.40,40)
资源保障层面	(0.1,100)	资源储备情况	(0.30,30)
		资源管理情况	(0.30,30)
		资源运用情况	(0.40,40)
社会层面	(0.3,300)	公众危机教育情况	(0.30,90)
		公众危机知识储备	(0.20,60)
		公众反馈情况	(0.50,150)

这个评估框架分值设计侧重于三个基本要点:战略与行动计划(strategy and action plans)、系统(system)和信息与分析(information and analysis)。战略与行动计划是以制度建设与组织为中心,来自于公共危机管理的短期和长期的战略策划、制度建设与组织保障,指导着全面社会的资源配置并推动整个社会措施的整合,分值确定或者说权重以"制度建设"作为权重较大(20%)的指标提出。危机管理系统是评估危机管理的重点,也是关系到危机制度建

设的落实与效果,危机管理绩效的评估应侧重于危机管理的组织管理与社会大众的反应。因此,危机管理绩效评估要落实到组织以及如何调动社会大众资源和提升社会大众的应对危机的能力,所以本书提出的评估体系,组织层面和社会层面权重分别达到了30％的这样高度。强调了重视政府在组织方面和社会公众方面工作的重要性。资源保障与技术层面,作为辅助危机管理的层面,主要涉及危机管理中"物"的因素,因此所占权重相对低于制度、组织和社会层面,仅赋予10％的权重。信息与分析对于政府对危机有效管理及提高相应绩效为基础的绩效评估系统是十分重要,可作为公共危机管理绩效评估系统的基础,也应当是公共危机管理的基础。

通过公共危机管理绩效评估,达到以下目标:(1)进一步明确公共危机管理的使命目标(mission objectives)与被评估的内容之间的联系,不仅意味着政府应对危机最低要求是什么,而且意味着政府最低要求要做些什么;(2)特别重视公共危机管理能力的提高、资源成本效率的提高、危机管理计划的实施等;(3)通过公共危机管理绩效评估,要具体化并不断修正公共危机管理的制度、组织、资源保障、技术研发投入、社会资源开发与调度等计划与方案;(4)公共危机管理绩效评估须以案例为基础,以标准为导向,逐步构建符合公共危机管理目标和全面的绩效要求的体系;(5)对于如何利用和如何不利用评估的结果有着明确的指导原则;(6)对绩效评估系统本身要不断评估,以利评估促进政府绩效工作。

公共危机管理及其绩效评估,首先需要非常复杂的交叉学科知识,既涉及公共危机管理的知识、理论和实践,也是涉及绩效评估的理论与实践。其次,公共危机管理涉及政府面临的各种危机及其应对措施,而且每种危机、危机管理、危机管理目标与评估都有显著的不同和特点。再次,公共危机管理及其绩效评估的实践是个非常复杂的活动,相对来讲,某个行业或者某个领域的危机管理及其绩效评估体系建设应当说取得了一定成效,但是绩效评估的实践工作分散在各种组织考核、评议、检查中,完整的、系统的、科学的、有很好实践效果的危机管理绩效评估体系的案例较为鲜见。今后在公共危机管理绩效评估价值导向、公共危机管理成本效益分析、公共危机管理公众利益与个人利益的均衡、公共危机管理绩效评估通用性与专用性、公共危机管理绩效评估专案研究及公共危机管理绩效评估结果的应用方面还有待于做进一步的研究。

参考文献

1. Overview in Francis G. Caro (ed.), Readings in Evaluation Research. New York: Russell Sage Foundation,1971

2. R. T. Curred. Handbook of Political Conflict: Theories and Research. Colier& Macmillan Publisher Co,1981

3. John Mercer. OMBps Program Assessment Rating Tool[DB/OL]. http: //www. John- mercer. Com John Oakland. Total Quality Management. Oxford, Butterworth Heinemann,1993

4. Vitre Abonnement, Public Management: OECD ountry Profiles[A]. OECD,1993

5. The Measurement of Scientific and Technological Activities Manual on the Measurement of Human Resources Devoted to S&T, CANBERRA MANUAL, Paris,1995

6. Sheldon Silver,Marty Luster. Reinventing Government Series: Performance Measurement and Budgeting. 1995

7. Peter Aucoin. The New Public: Canada In Comparative Perspective[A]. Irpp,1995

8. Evan Febrile et al. The New Public Management In Action. Oxford University Press,1996

9. Wamsley. G. L,J. F. Wolf. Refounding Democratic Public Adiministration : Modern Paradoxes, Postmodern Challenges. Thousands Oaks : Sage Publications,1996

10. Francis G. Caro. Evaluation Research: An Graham C. Scott,Government Reform in New Zealand,IMF. Washington,DC,1996

11. Benchmarking Study Report. Serving the American Public: Best Practices in Performance Management,1997

12. Evert Vedung. Public Policy and Program Education, New Brunswick and London. Transaction Publishers,1997

13. D. Hughes. Public Management and Administration: An Introduction. Macmillan Press LTD. ,ST. Martin's Press Inc. ,1998

14. Sylvia Horton,David Farnham. Public Administration in Britain. Great Britain : Macmillan Press LTD,1999

15. W. Timothy Coombs. On going Crisis Communication-Planning. Managing,and Responding. New York：Sage Publications,Inc,1999

16. Christopher Pollitt，Geert Bouckaert. Public Management Reform：A Comparative Analysis. Oxford University Press,2000

17. Department of Management&Budget，Fairfax County，Virginia，the USA. Fairfax

18. Efficiency Unit. Step-by-step Guide to Performance Measurement. January 2000

19. Policy Committee，Council for Science and Technology Policy. "Report of the Discussion Group on the Strategic Promotion of Nanotechnology：A Mid-Term Report for Strategic Promotion". 2000

20. Social Security Administration. Performance and Accountability Report. 2004

21. County Measures up：A Manual for Performance Measurement. Kennedy School of Government，Harvard University,2004

22. ［美］菲克. 危机管理. 台北:经济与生活出版事业公司,1987

23. ［美］R. J. 斯蒂尔曼. 公共行政学. 北京:中国社会科学出版社,1989

24. ［美］R. S. 威廉姆斯. 里根的联邦主义. 美国大学出版社,1989

25. 蒋立峰. 日本政治概论. 北京:东方出版社,1995

26. ［美］戴维·奥斯本,特德·盖布勒. 改革政府:企业精神如何改革着政府公营部门. 上海:上海译文出版社,1996

27. 许文惠,张成福. 危机状态下的政府管理. 北京:中国人民大学出版社,1997

28. 薛凯. 改革政府:新西兰的经验. 中国行政管理,1998(2)

29. ［日］增岛俊之. 日本的行政改革. 天津:天津社会科学院出版社,1998

30. 胡宁生. 中国政府形象战略. 北京:中共中央党校出版社,1998

31. 周志忍. 当代国外行政体制改革比较研究. 北京:国家行政学院出版社,1999

32. ［美］戴维·奥斯本. 摒弃官僚制:政府再造的五项战略. 北京:中国人民大学出版社,2001

33. ［美］罗伯特·希斯著,王成等译. 危机管理. 北京:中信出版社,2001

34. ［美］诺曼·R. 奥古斯丁. 危机管理. 北京:中国人民大学出版社,2001

35. 翟庆国. 澳大利亚国企改革实践及对中国国企的启示. 财政问题研究,2001(7)

36. 于勤.危机管理及其相关概念探析.商业研究,2001(4)

37. 王伟.制度评估——韩国的实践及其启示.地方政府管理,2001(6)

38. 魏娜.张璋主编.公共管理中的方法与技术.北京:中国人民大学出版社,2001

39. [美]帕特里夏·基利.公共部门标杆管理.北京:中国人民大学出版社,2002

40. 朱德武.危机管理——面对突发事件的决策.广州:广东经济出版社,2002

41. 叶婧.政府危机管理问题探讨.新疆财经学院学报,2002(4)

42. [美]阿里·哈拉契米主编.政府业绩与质量测评——问题与经验.广州:中山大学出版社,2003

43. 贺正楚.论企业危机管理系统的构建.系统工程,2003(3)

44. 蔡立辉.西方国家政府绩效评估的理念及其启示.清华大学学报,2003(1)

45. 张成福.公共危机管理:全面整合的模式与中国的战略选择.中国行政管理,2003(7)

46. 中国现代国际关系研究所危机管理与对策研究中心.国际危机管理概论.北京:时事出版社,2003

47. 肖金明.反思 SARS 危机:政府再造、法制建设和道德重建.中国行政管理,2003(7)

48. 薛澜,钟开斌,张强.美国危机管理体系的结构.世界经济与政治论坛,2003(5)

49. 薛澜.朱琴.危机管理的国际借鉴:以美国突发公共卫生应对体系为例.中国行政管理,2003(8)

50. 冯惠玲.公共危机启示录——对 SARS 的多维审视.北京:中国人民大学出版社,2003

51. 胡税根.危机处理计划的制定与实施.浙江金融,2003(13)

52. 李经中.政府危机管理.北京:中国城市出版社,2003

53. 李习彬.改进和完善我国政府危机管理的几条建议.中国行政管理,2003(11)

54. 薛澜,张强,钟开斌.危机管理:转型期中国面临的挑战.北京:清华大学出版社,2003

55. 卢丽芹.我国危机管理能力研究[硕士学位论文],华东师范大学,2004

56. [英]保罗·R.尼文.政府及非营利组织平衡计分卡.北京:中国财政经济出版社,2004

57. 马玉超,徐海霞.平衡计分卡的利弊分析与应用研究.沈阳师范大学学报（社会科学版）,2004（3）

58. 吴量福.运作·决策·信息与应急管理.天津:天津人民出版社,2004

59. 阎耀军.社会稳定的计量及预警控制管理系统的构建.社会学研究,2004（3）

60. 应松年.突发公共事件应急处理法律制度研究.北京:国家行政学院出版社,2004

61. 王耀刚,汪波,孔繁学等.广义公共卫生管理体系及其层次分析法评价.中国公共卫生,2004(7)

62. 袁丽.建立符合我国国情的灾害应急管理体系.城市减灾,2004（4）

63. 卓越.公共部门绩效评估.北京:中国人民大学出版社,2004

64. 赵进,董洪年,耿浩.360度考评法及其应用.人才开发,2004（5）

65. 王德迅.日本危机管理研究.世界政治与经济,2004（3）

66. 王茂涛.政府危机管理.合肥:合肥工业大学出版社,2005

67. 周庆行,唐峰.公共危机决策绩效评估指标权重研究——基于层次分析法.理论与改革,2005(6)

68. 吴江主编.公共危机管理能力.北京:国家行政学院出版社,2005

69. 马琳.我国危机管理研究述评.公共管理学报,2005(2)

70. 聂常虹.新西兰政府绩效考评的理论与实践.预算管理会计会刊,2005（5）

71. 陈国权,王柳.基于和谐社会构建的政府绩效评估.公共管理学报,2005（4）

72. 胡税根.公共部门绩效管理:迎接效能革命的挑战.杭州:浙江大学出版社,2005

73. 范柏乃,余有贤.澳大利亚的政府服务绩效评估及对我国的启示.行政与法,2005(11)

74. 高小平,侯丽岩.危机管理方法论初探.中国行政管理,2005(3)

75. 陈国权,王柳.基于结果导向的地方政府绩效评估.浙江学刊,2006(2)

76. 迟娜娜.城市灾害应急能力评价指标体系研究[硕士学位论文],首都经贸大学,2006

77. 何海燕主编.危机管理概论.北京:首都经济贸易大学出版社,2006

78. 胡百精主编.中国危机管理报告.广州:南方日报出版社,2006

79. 黄顺康.公共危机预警机制研究.西南师范大学学报,2006(3)

80. 张强,韩莹莹.当代美国联邦政府绩效评估的层级体系分析.社会科学研

究,2006（1）

81. 张小明.公共危机预警机制设计与指标体系构建.中国行政管理,2006
（7）

82. 王宏强.论政治发展中的危机和危机管理.中共福建省委党校学报,2006
（6）

83. 国家减灾委.民政部发布近期全国雪灾情况通报.救灾救济司.

84. http://jzs.mca.gov.cn/article/gzdt/200801/20080100010490.shtml

85. 国家突发公共事件总体应急预案[EB/OL].

86. http://tech.hr.com.cn/articles_detail.php? itemid=42283,2007.3

87. 姜秀敏.论公共危机管理中的政府能力建设.行政与法,2007（2）

88. 谭川.我国政府危机管理绩效的评测研究[硕士学位论文],河海大
学,2007

第九章　国外公共危机管理

公共危机管理是公共管理的重要组成部分,政府是公共危机管理的责任人。公共危机管理的研究越来越受到各国政府和社会的广泛关注,特别是"9.11"事件以后,如何应对国际恐怖势力的威胁,已经成为世界上许多国家政府必须面临的挑战。发达国家不论在危机管理的理念还是在具体的操作实践上,有很多值得我们国家学习和借鉴的方面。本章阐述了当代国外危机管理发展的阶段、特点和管理模式,分别介绍国外典型国家应对公共危机管理中的突出特点与经验以及对当今中国公共危机管理的启示。

第一节　国外公共危机管理发展历程

公共危机管理是每个国家和社会都必须面临的问题,目前世界已经进入了一个危机事件高频率发生期,如何有效地减少危机给社会公众带来的损失,各国都加强了对公共危机管理的研究。随着全球化的日趋形成和社会不稳定因素的增多,当代社会的发展具有较大的不稳定性和潜在的风险性,公共危机管理已经成为全球各国政府的关注焦点。危机理论是西方政治学研究的传统课题,最初主要分析政治危机,包括政权与政府的变更、政治冲突和战争等。

一、当代国外公共危机管理的发展阶段

公共危机管理研究起源于企业管理理论,回顾西方公共危机管理理论与现实发展的实践,把它作为一门学科来专门研究有将近一百多年的发展历史,主要分为三个时期:

(一)20 世纪初———20 世纪 60 年代:起步萌芽时期

从 20 世纪初开始,危机理论逐渐向管理理论渗透,危机管理理论因此得

以形成。[①] 危机管理的理论与方法起源于西方欧美发达国家。20世纪初至60年代是西方危机管理阶段的起步萌芽时期,危机管理理论则产生于经济管理、公共事务管理、政治学、外交决策理论等多个学科,是危机理论与管理理论交叉影响的产物,其中又以危机理论的影响为主。[②]

(二)20世纪60年代——80年代:蓬勃兴旺时期

20世纪60—80年代,西方危机管理的研究出现了一次高潮,研究领域从政治领域向经济、社会领域扩展,从自然灾害领域向公共危机管理领域扩展,危机管理成为一门学科,形成了企业危机管理和公共危机管理两个既独立发展又相互融合的学科分支,代表人物有罗森塔尔(Rosenthal)、罗伯特·吉尔(Robert Girr)、科塞(Cose)等,大量的研究著作出版。[③] 究其原因,主客观方面促使危机研究开始蓬勃兴旺起来。客观上,世界上很多国家经历来自内部和外部的一系列种族矛盾、国际冲突、恐怖袭击以及自然灾害等危机事件的冲击,给社会稳定和人民生活带来了极大的威胁,从而刺激和推动了这些国家公共危机管理研究的发展和危机管理体制的建立,从政府到民间都建立起越来越健全的危机管理体制[④],并形成了一套行之有效的应对危机的管理措施。主观上,从20世纪60年代以来,美国的社会科学尤其是政治学方面的研究方法和方向发生了一系列深刻的变化。学者们不再从哲学或历史的角度入手,更多地采用了"科学"的方法。在这期间,西方危机管理的研究达到了一个高峰,研究领域从政治领域向经济、社会领域扩展,从自然灾害领域向公共危机管理领域扩展,危机管理成为一门学科,形成了企业危机管理和公共危机管理两个独立发展又相互融合的学科分支,危机研究成为政治学、经济学、社会学、管理学直面的重要课题。

全球各国政府根据自己的国情,纷纷谋求进一步建立有效健全的危机管理体系以保障本国的安全和利益。特别是发达国家都纷纷组建了较为健全的危机管理系统,并制定了一系列相应的法律规范作为危机管理的法律操作平台。国际上公共危机管理领域最具影响力的理论著作主要有:[美]罗森塔尔的《危机管理:应对灾害、暴乱与恐怖主义》、[美]劳伦斯·巴顿的《组织危机管理》、[澳]罗伯特·希斯所著的《危机管理》及[美]威廉·L.沃的《应对危机四

①　杨安华:《近年来我国公共危机管理研究综述》,《江海学刊》,2005年第1期。
②　皮伟兵:《危机制胜:企业危机管理新思路》,湖南师范大学出版社2005年版,第57页。
③　孙多勇、鲁洋:《危机管理的理论发展与现实问题》,《江西社会科学》,2004年第4期。
④　Eric K. Stern and Dan Hansen Crisis Management In a Transitional Society: The Latvian Experience [R]. 2000(CRISM A RT:A publication of the Crisis Management Europe Research Program, Volume 12)

伏的生活:突发事件管理导论》等。美国"9.11"事件后,公共部门的危机管理在国际范围内引起极大关注,国际上对公共危机管理的主要注意力很快集中到反恐怖主义的国家安全领域。[①]

(三)20 世纪 90 年代——至今:新的发展时期

近年来,危机管理已成为研究的热点。随着改革政府的浪潮在全球的扩散,新公共管理、全面质量管理等理念在政府的引入,绩效导向的科学管理深入到政府治理的实践中。在此方面,以倡导"全国绩效评估"(NPR)运动的美国为典型。20 世纪 90 年代中期以来,由于后冷战时期危机的频发与形式的翻新,危机研究取得了新的发展。学术界在危机现象进行充分理性分析的基础上,试图解决一系列重要的理论与实践问题。在过去的十年里,由于两极体制的瓦解而引致转型国家社会危机丛生,大规模社会冲突、政权更迭、民族冲突、宗教战争此起彼伏,学术界的研究兴趣遂转向转型国家研究。诸如转型国家面临的社会危机困境,社会政治转型与政权合法性危机,危机管理主体的法律授权,危机与政治腐败的关系,民族、宗教冲突与社会危机的爆发,经济全球化与转型国家社会危机发生率的关系等一系列课题的研究迅速展开。同时,研究方向除继续开展传统的基础理论研究外,更侧重于危机管理体制与机制建设、危机控制途径与方法、危机控制过程中的信息化管理、危机管理模型的设计等,涉及管理学科的操作与技术层面的研究。

二、当代国外公共危机管理研究的对象层次

在当代危机理论研究中,立体分层研究方法体现了这一研究领域的多元化、全面化的发展趋势。分层研究采用了多学科的理论与方法,研究通常在三个层次上展开[②]:

(一)个体或微观层次研究

运用社会心理学的成果与方法,对参与政治冲突的个体成员及其集团或社会阶层,尤其是社会冲突组织与领导者的价值观与行为进行分析。公共危机的职能通常包括五大块内容:①提升国家危机管理的能力——确立危机管理的政策和战略,领导全民的预防学习活动,增进抗危机能力;②降低生命和财产的损失——提供完备信息,确保国家最薄弱的环节已受到周全保护,减少损失,调动所有力量,确保所有可调用力量的到位,按计划处理灾难,进行良好

---

①　杨安华:《近年来我国公共危机管理研究综述》,《江海学刊》,2005 年第 1 期。

②　肖鹏英:《当代公共危机管理研究的现状及发展趋势》,《贵州社会科学》,2006 年第 4 期。

的风险管理决策,制定并执行全面的培训和教育计划;③将痛苦和破坏降到最低点——快速有效的回应,在管理灾难方面职责分明,提供及时有效的协助,支付相应的保险,灾后修复时尽量减少损失;④筹备恐怖活动后的危机处理——由中央支持地方政府建立管理能力,强化地方政府的回应恐怖活动的能力,在统一的信息平台共享信息;⑤成立国家门户网站,提供信息服务——建设单一、便利的危机管理信息门户网站,运用知识管理服务于危机管理的信息,建设全国的沟通和预警系统。①

（二）一国或国内危机研究

这是当代危机理论研究的主体领域。根据发生的范围,危机又被划分为局部性和国家性(制度性)两种类型,学术界主要以后者作为主要对象。这一层次研究主要试图解决的问题包括:社会成员疏离政府从而导致冲突与危机爆发的原因、条件、时机;国家使用政治强制力的合法性以及实施强制力的方法与程度控制;社会危机对一国社会的冲击与危害(后果)以及社会的整合与重建;现代国家体制下社会危机管理体制与机制的建立等重大问题。在这一层面的研究中,政治学、历史学、社会学、经济学及系统分析等多种学科的知识与方法得到广泛运用,政治发展、经济增长、社会变迁(转型)与社会危机发生的关系,使得研究具有明显的动态研究特征。这一层面的研究,对于一国政府建立完善危机管理体制与机制,防范危机的发生,以及面临危机决策与政策的选择,具有很强的现实意义,研究成果通常具有较强的可操作性。

（三）国际危机研究

相对于个体而言,国际危机研究又称为宏观研究。这是危机研究开始的领域,即研究国家间的利益冲突,导致国家间的对峙或战争状态的原因,决定国际体系危机程度的条件与因素,解决或化解国家冲突的途径与方法。从国际趋势来看,公共危机管理必将与全球经济政治文化的发展与冲突并存,联合国已经提出了"与危机共存"的意识。就国际上的前沿动态而言,公共危机管理的改革需要与政治意愿、机构设置、决策系统、信息建设、全民意识、知识产出、科技进步、社区参与等因素协调、整合,任重而道远。②

三、当代国外公共危机管理研究的发展趋势

随着社会的进步和各领域的逐渐完善,与公共危机管理相关联的领域越

---

① 唐钧:《公共危机管理:国际动态与建设经验》,《新视野》2003 年第 6 期。
② 唐钧:《公共危机管理:国际趋势与前沿动态》,《理论与改革》,2003 年第 6 期。

来越多,国外公共危机的研究呈现以下发展趋势:

第一,研究组织机构形式多样化。研究机构并不是单一的官方渠道,而是官民结合,优势互补,成果互动。根据这些研究机构的性质可以将它们分成三类:一是行政性的决策信息资讯机构,它们隶属于各级政府及其下属机关,是专门从事信息的收集、整理和政策研究的官方机构;二是半官方的政策研究资讯机构,它们是独立的、介于官方与民间的、以客观分析政策为目标的研究机构;三是民间的政策研究、咨询机构,包括一些协会的研究组织、公司及大学的研究所等。

第二,研究内容的灵活多向性。这些研究机构的研究领域十分宽泛,既有对于公共危机的预测和预警机制的建立,又有对于现有的应急管理机构的绩效评估;既有对应急管理的战略规划的远景设计,又有对专门相关情报的定量分析以及对于具体危机解决意见的建议。在研究中,还特别重视将国内情况和国外情况相结合,短、中、长期研究相结合,定性研究和定量研究相结合。所以,能够在方方面面为政府的决策提供良好的服务。例如,在"9.11"事件,"危机管理"与"后果管理"被另一个词所涵盖:"事件管理"(incident management),试图创设一种对国内危机事件的统一和综合性的管理方式。①

第三,研究方法的综合交叉性。正如罗森塔尔(Rosenthal)和皮内泊格(Pijnenburg)认为,"危机是指具有严重威胁、不确定性和有危机感的情境"②。由于当今的应急管理涉及的领域广,专业性强,即使是某个领域的专家,也不可能一个人就包揽所有的应急管理研究任务,所以,许多的研究机构都是汇集了各方面优秀人才的一个现代的智囊团。正是由于各方面的优秀人才的合力,才保障了它们可以在相对客观和公正的立场上,利用自己的专业技术为政府的危机管理活动出谋划策。

第四,研究运作的市场化。由于市场经济的观念深入人心,机制也比较健全,西方国家的这些著名的思想库的运作基本上都是靠市场的力量,优胜劣汰。即使是政府或军方的资金,也是通过招投标的方式进行运作。这样做有两大好处:一是逼着思想库拿出优秀的产品,其研究成果要确实对政府或企业的应急管理有用,否则就没有生计;二是可以吸引优秀的人才,只有市场机制才能最大限度地调动人才的积极性。事实证明,这种市场化的运作方式使应急管理的决策咨询业发展迅速,不断壮大,取得了经济效益和社会效益的良性循环。

---

① 邱美荣:《"危机管理与应急机制"国际学术研讨会综述》,《国外社会科学》,2006 年第 6 期。
② [美]罗伯特·希斯著,王成等译:《危机管理》,中信出版社 2001 年版,第 19 页。

　　第五,研究协作的全球化。因为全球化的进程日新月异,所以优秀的咨询机构都是将自己的眼光突破民族国家的限制,放眼全球,从全球一体的角度来进行危机的预测与预防。就拿对当今世界各国国家安全影响颇大的国际金融风险来说,国际货币基金组织和世界银行、联合国非洲经济委员会、斯坦福研究院、兰德公司、加拿大社会发展院、俄罗斯经济研究所、韩国产业研究院、法国及印度有关机构,都在集中精力对其进行专门性的预测研究,对于可能到来的经济危机进行预测并提出对策性意见。例如,有的学者就成功地预测了东南亚金融危机的发生。日本建立在应对地震灾害的基础上的城市危机管理研究已经走出了国门,进而发展到对于世界各主要城市的研究,其科研水平居世界前列。美国的疾病预防监测中心不仅在亚特兰大总部有一支庞大的研究队伍,在美国几乎每个城市都有相应的分支机构,还在世界主要大城市建有实验室,对世界上的各种疾病和城市危机进行有效研究。这使得该中心得以在最短的时间内对世界各地发生的流行性疾病进行先期研究,提出预防方案,从而将保卫国家公共卫生安全的战线推进到了国外。该中心现在已经成为足以应付任何生物恐怖袭击或某种新型疾病爆发的一个世界级的行动中心。

第二节　国外公共危机管理特点

　　危机发生的原因复杂多样,类型不同,其发展也往往呈现不同的生命周期,表现出随环境变化而不同的危机态势,因此,危机本身也是不断发展变化的。"危机管理是权变的管理。"①不同时代的危机有其不同的特点,危机管理方式也随之有所不同。尽管各国国情不同,也存在地域和意识形态上的差异,但不少发达国家防治可能发生的危机、处理已经发生的危机,达到减少损失、将危机化为机会的目的,以保护公民的人身权和财产权,维护国家安全的目的,采取了很多措施,有很多经验值得我国借鉴和学习,国外危机管理的特点主要呈现如下:

一、拥有专业、高效的综合性危机管理指挥系统

　　首长负责制的中枢指挥系统是公共危机管理的核心。一些国家成功的经

---

　　①　许文惠、张成福主编:《危机状态下的政府管理》,中国人民大学出版社1998年版,第56页。

验表明,危机管理的成功关键在于是否有一个权威、高效、协调的中枢指挥系统,该系统不仅体现一国最高领导层的战略决策效能和危机应变能力,同时也扮演着危机管理核心决策者和指挥者的角色。为此,一些发达国家对建立强有力的反危机指挥协调系统都非常重视。[①] 例如,美国于 20 世纪 70 年代建立以总统为核心的危机管理机制,总统可以召开国家安全委员会讨论危机形势,也可以组成高层工作班子帮助总统做出最适当的决定。处理危机的高层班子通常由副总统、国务卿、总统国家安全事务顾问、国防部长、参谋长联席会议主席、中央情报局长、财政部长等组成。俄罗斯在长期应对各类危机的实践中,形成了以总统为核心主体,以负责国家安全战略的联邦安全会议为决策中枢的危机管理权力机构。任何重大的危机管理方案与行动都必须由总统来敲定,总统不仅是危机管理的核心,还是国家元首与军队统帅,掌握着广泛的行政权和立法权。例如,日本的危机管理机制是以内阁总理大臣为最高指挥官,内阁官房长官负责整体协调和联络,通过安全保障会议、中央防灾会议等决策机构制定危机对策,由国土厅、气象厅、防卫厅和消防厅等部门进行具体实施的组织体系,其中包括由日本地方政府行政"一把手"牵头的都道府县危机管理机构。

二、不断完善政府危机管理的法律法规和计划安排

从公共危机管理的实践来看,不少国家在构建危机管理机制的同时,先后建立了比较完备的法律法规体系。危机过后,必然要从中总结经验教训。这"可以提供一个至少能弥补部分损失和纠正造成的错误的机会。"[②]实践证明,将危机管理纳入法制化的轨道,有利于保证突发事件应急措施的正当性和高效性。美国一贯重视通过立法来界定政府机构在紧急情况下的职责和权限,先后制定了上百部专门针对自然灾害和其他紧急事件的法律和法规,建立了以《国家安全法》、《全国紧急状态法》和《灾难和紧急事件援助法案》为核心的危机应对法律体系。2005 年 1 月,美国重新构建危机管理机制,制定了新的《国家应急反应计划》。根据该计划,美国将设立一个永久性的国土安全行动中心,作为最主要的国家级多机构行动协调中心。《国家应急反应计划》将利用国家紧急事件管理系统,为不同部门间的协作建立起标准化的培训、组织和

① 王德迅:《国外公共危机管理机制纵横谈》,《发展》,2006 年第 1 期。
② 〔美〕诺曼·R.奥古斯丁等著,北京新华信商业风险管理有限责任公司译校:《危机管理》,中国人民大学出版社 2001 年版,第 29 页。

通信程序,并明确了职权和领导责任。日本到目前为止,共制定有关危机管理
(防灾救灾以及紧急状态)的法律法规约 227 部。此外,为了配合防灾救灾法
律的组织实施,日本要求各级政府针对本身的业务权责制订防灾计划、防灾基
本计划、防灾业务计划和地域防灾计划。计划的内容虽因机构层级的不同,详
细程度有差别,但均包括灾害预防、灾害应急以及灾后重建等不同阶段所应实
施的防灾救灾工作及内容。韩国危机管理机制比较有效,也主要得益于其完
整的法律体系。韩国有关危机事态应急管理的法律分为战争灾害、自然灾害
和人为灾害三个大类,其中包括《自然灾害对策法》、《农渔业灾害对策法》、《灾
害救济法》以及《灾害对策法》、《森林法》、《高压气体安全控制法》、《生命救助
法》等,为有效应对各种突发性灾难提供了权威的依据。虽然这些法律名称各
异,但其目的和内容却大致相同,就是要保障国家元首及其所代表的政府享有
充分的权力,以便尽快处理和解决危机,恢复国民信心,将危机所带来的各种
损失降到最低程度。

三、建立强大的预警机制和高效的应对机制

未雨绸缪是实现危机有效管理的关键。为此,美、日等国家都建立了立体
的危机信息收集处理网络;进行常规的训练和演习。如日本政府每年都进行
应对重大危机事件的训练和演习,其目的是提高实际应变能力,并进一步完善
危机管理机制,适时启动危机防护系统。

快速有效的应对措施是实现危机管理的重要环节。俄罗斯解决莫斯科人
质事件就说明了这一点。事件发生后,俄罗斯的危机管理系统紧急启动:联邦
安全局和内务部宣布实施应对突发事件的"雷雨"计划;政府成立了解救人质
指挥部;"阿尔法"反恐怖小组立即进入临战状态;警察和军队封锁了通往事发
现场的道路,并疏散了事发现场周围居民;国家杜马和内务部召开紧急会议研
究如何解散人质。这些应对措施为解救行动提供了充分保障。在国际沿革
中,公共危机管理不但是应急机制的强化和权责体系的明晰,而且在法治、民
主和科学等领域同步推进,在理论、战略和体制和管理四大领域呈现创新
趋势。①

---

　①　唐钧:《从国际视角谈公共危机管理的创新》,《理论探讨》,2003 年第 5 期。

四、有效利用发达的信息沟通机制

危机管理的关键在于危机信息的获取和预警。良好的信息沟通在危机管理过程中所发挥的作用毋庸置疑;它可以防止信息的误传;可以灵敏地启动预警系统,以在短时间内控制事态;可以对危机潜伏期的情况及时处理,为准确分析危机发生的概率以及危机后可能产生的负面影响提供数据支持。美国经过长期的经验积累和研究,形成了较为完备的信息沟通系统。以美国公共卫生信息沟通系统为例,全国共有 100 多个,主要包括国家应急行动中心、全国医院传染病监控报告系统、全球新发传染病监测网等。它是美国公共卫生系统决策制定和具体措施的基石,为发现公共卫生问题和重点制定防范疾病的具体行动以及效果评估提供了重要依据。例如,德国早年的一些大规模的灾难,2002 年 8 月易北河的大洪水、1999 年 12 月发生在德国南部的 Lothar 暴风雪,都显示了灾难管理部门只获取了部分的必需信息,在联邦政府和受灾地区的灾难反应部门间的通讯信息流也是极度不足。有鉴于此,2001 年夏天,德国内政部门决定建立"危机预防信息系统"(German Emergency Planning Information Systerm,DENIS)。在此基础上开发的 DENIS Ⅱ 的目标则是为市民和灾难反应建立起一个网络,作为联邦和地方政府决策制订者的信息沟通支持,更好地为自然灾害和技术事故等突发事件的援救提供信息服务。[①]

五、巧借并发挥现代传媒作用,缓解社会紧张状态

一些国家的媒体作为政府危机管理主体的一个组成部分,扮演着政府"危机信息代言人"的重要角色,被誉为"政府危机管理形象的塑造者"。一旦危机爆发,媒体应在政府与各种社会力量之间相互沟通,切实起到安抚民心,稳定社会情绪,缓解社会紧张状态的作用。例如,英国重视突发事件中政府与媒体的协作,要求有关机构在平时必须做好准备,把配合媒体作为紧急反应计划的一部分进行讨论和演习,并任命受过专门训练的新闻官员负责媒体事务,甚至要求电话总机接线员和其他员工也必须清楚地知道在接到媒体询问时该怎样应答。俄罗斯政府注重对媒体的控制和防范。在危机事件的处理过程中,俄罗斯政府及其相关职能行政部门会尽快确定能及时向公众发布有关政府信息的主流媒体。在阻止"有害"、失真信息传播的同时,主动与媒体进行合作,建

---

① 邵瑜编译:《德国的危机预防信息系统》,《环球采风》,2005 年第 8 期。

立并保证与媒体之间交流渠道的通畅,增加危机处理工作的透明度、公开度。联邦总统及其他相关职能部门的负责人也都通过发表电视讲话或接受主流媒体记者的采访,以及定期或不定期地召开的新闻发布会,及时公布或披露相关信息,以增强国民信心,缓和他们的紧张、恐怖心理,稳定社会情绪。

德国政府重视在公共突发事件中与媒体的互动,要求政府公务员自觉遵守"回答记者和传媒提出的每一项问题"的法则,形成了为记者服务、为传媒服务、为公众服务的传统。日本将媒体视为"政府应对危机的好朋友"。政府早在 1961 年制定的《灾害对策基本法》中就明确规定日本广播协会(NHK)属于国家指定的防灾公共机构,从法律上确立了公共电视台在国家防灾体制中的地位。韩国在 1995 年发生三丰百货公司倒塌事件后,也参照日本的做法,于1996 年根据《灾难管理法》将韩国公共电视台(KBS)列为报道灾难的指定台。法国有一套比较健全的新闻发布制度,从国防到外交,从自然灾害到恶性事故,在事件发生后,基本能在第一时间由国家有关部门直接发布信息,以杜绝社会上的猜测和不良传闻,显示国家发言人的权威。总之,在社会突发性危机事件的处理和应对中,各国政府着力构建危机管理者与媒体两者之间的良性互动关系,使媒体成为传播政府决策的途径、公众获取正确的渠道和官民共同解决危机的桥梁。

六、发动民间社会组织的力量参与危机事件的处理

在危机管理方面,不管是在危机事件发生后的灾难救助阶段,还是在前期的危机预警、监控阶段,都应当大力发挥民间社会组织和民众结合紧密、公益性强等特点,积极吸纳民间社会组织加入危机管理的行列。加拿大和美国在这个方面做得比较出色。例如,加拿大确定每年 3 月第 1 周是常规危机演习周。通过危机演习,增强民众对危机管理和紧急元的关注。通过在政府引导下,形成紧急响应者、志愿者组织、非政府组织、大众媒体和教育机构的共同参与、合作。[①] 美国危机管理体系建设,特别注重建立民间社区灾难联防体系,通过各种措施吸纳民间社区参与危机管理:一是制定各级救灾组织、指挥体系、作业标准流程及质量要求与奖惩规定,并善用民间组织及社区救灾力量;二是实施民间人力的调度,通过广播呼吁民间土木技师、结构技师、建筑师、医师护士等专业人士投入第一线的救灾工作;三是动员民间慈善团体参与赈灾工作,结合民间资源力量,成立民间赈灾联盟;四是动员民间宗教系统,由基层

---

① 加拿大紧急预案周网址 http://www.emergencypreparedensessweek.ca.

民政系统邀集地方教堂、寺庙的领导人成立服务小组,有效调查灾民需求,并建立发放物资的渠道。"9.11"事件发生后,美国政府和民间社会组织动员人民献血、捐款、捐物,由教堂来主持各类追悼仪式,这些民间社会力量的参与,极大地缓解了社会对政府的压力。

七、培养和提高公民的危机管理意识与抗危机能力

国民意识的强弱直接关系到政府危机管理的效果。对一个国家而言,理性的国民危机意识是一种宝贵的精神财富,也是整个社会危机管理的基础。在国外,为了提高公民的危机管理意识和对抗危机的能力,许多国家的政府都重视全民的危机管理教育、应对灾难的培训和实地演习等素质教育。许多国家不但注重强化公共管理者的危机管理意识,而且不惜花费巨资对国民进行经常性的危机意识教育和培养。在日本的政府出版物中,涉及防灾救灾内容的就有《建筑白皮书》、《环境白皮书》、《消防白皮书》、《防灾白皮书》、《防灾广报》等 10 余种刊物。孩子们刚上幼儿园,就会到地震模拟车上体会大自然狰狞的一面。家家户户的门窗附近,都备有矿泉水、压缩饼干、手电筒以及急救包,就连新潮的电脑游戏,也专门开发考验人们在强震下应急对策的软件。通过这些举措,日本国民不仅提高了危机意识,而且掌握了急救知识、逃生的要领以及自救互救的本领。澳大利亚的防灾教育深入人心,政府不仅设立了全国灾害管理学院,培养危机管理的专业人才,而且不忘对普通百姓灌输危机防范意识,如向每户居民邮寄有关反恐的资料,指导人们在发生恐怖事件时如何应对。德国把增强国民的危机意识作为危机管理的一项重要内容,政府利用"危机预防信息系统"(DENIS)向人们集中提供各种公民保护以及危急情况下自我保护的知识。例如,通过宣传手册、互联网、展览以及听众热线,重点介绍如何应对新型急性瘟疫、化学品泄漏和恐怖危机等;居民保护与灾害救助局出版的《居民手册》季刊,普及防灾救灾知识。韩国非常重视防灾宣传教育,有关部门印制了宣传手册,图文并茂,易看易懂,效果很好。韩国政府还规定每年的 5 月 25 日为"全国防灾日",在这一天举行全国性的"综合防灾训练",通过防灾演习让政府官员和普通群众熟悉防灾业务,提高应对灾害的能力。[①]同样,日本东京把每年的 8 月 30 日—9 月 5 日定位防灾周,政府组织区、市、町支援志愿者,地区居民和企业开展综合性和专项性的训练演习。[②]

---

① 王德迅:《国外公共危机管理机制纵横谈》,《发展》,2006 年第 1 期。
② 王良:《论国外危机管理机制的特点及启示》,《毛泽东邓小平理论研究》,2008 年第 7 期。

八、加强危机管理的国际合作和深入危机理论研究

综观近年来各国所发生的一些重大的危机事件,凡是对危机处理得比较有效、值得称道的政府,都十分注重危机管理过程中的国际合作。无论是始于英国,后蔓延于欧洲的"疯牛病"危机,还是震惊世界的美国"9.11"事件,以及其他一些涉及国家安全保障方面的活动等等,之所以没有造成更大的恐慌和破坏,其主要原因就在于世界各国政府对危机发生国处理危机事件的积极支持和参与。这种国际间的合作已经成为各国政府成功处理危机的一个必不可少的条件。

例如,2004 年印度洋海啸发生后,全球民间组织承担了 1/3 的救助行动和工作,成为救灾不可或缺的力量。[1] 在加强国际合作的同时,世界许多国家的政府都注重对危机管理理论的研究,并设立了专门的机构。比如美国的行政管理学会的危机管理分会、欧洲的 CRISMART 等,就对古巴导弹危机、疯牛病等危机进行过深入的研究。

第三节　国外公共危机管理模式

公共危机管理是国家的战略选择。关于危机管理的具体过程,不同的学者具有不同的界定。这里简述三种比较常见的模式:诺曼·R.奥古斯丁(Augustinus)的六阶段模式、罗伯特·希斯(Robert Heath)的 4R 模式、米特罗夫(Mitroff)和皮尔森(Pearson)的五阶段模式、PPRR 模式。

一、诺曼·R.奥古斯丁的六阶段模式[2]

诺曼·R.奥古斯丁将危机管理划分为六个不同的阶段,并针对不同的阶段提出了具体的管理建议。

---

[1]　叶国文:《民众参与和危机演习:政府危机管理的再思考》,《中共浙江省委党校学报》,2008 年第 4 期。

[2]　[美]诺曼·R.奥古斯丁等著,北京新华信商业风险管理有限责任公司译校:《危机管理》,中国人民大学出版社 2001 年版,第 8—34 页。

第一阶段:危机的避免。危机的避免即预防危机的发生,然而许多人往往忽视了这一既简便又经济的方法。在这一阶段,管理者必须竭力减少风险,对于无法避免的风险,必须建立恰当的保障机制。

第二阶段:危机管理的准备。组织需要为预防工作一旦失效即做好准备,包括建立危机处理中心,制订应急计划,事先选定危机处理小组成员,提供完备和充足的通信设施,建立重要的关系等。在为危机做准备时,需要留心那些细微的地方,忽略它们任何一方面,其代价都将是高昂的。

第三阶段:危机的确认。通过收集各种有效的信息,确认危机已经发生,并找出危机的根源。尽快地识别危机是有效控制和解决危机的前提。在寻找危机发生的信息时,需要尽可能倾听各种不同公众的看法,也可以寻求外部专家的帮助。

第四阶段:危机的控制。需要根据不同情况确定控制工作的优先次序,尽快将危机所造成的损失控制在最小的范围内。在这一阶段,果断进行决策是最重要的。在危机发生之前已经制订了明确的危机管理计划,因此危机控制过程一般都有计划地进行。

第五阶段:危机的解决。根据危机发生的原因,实施针对性强的危机解决对策。危机不等人,在这一阶段,速度至关重要。

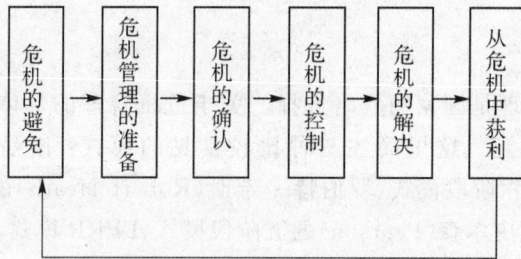

```
┌──────┐  ┌──────┐  ┌──────┐  ┌──────┐  ┌──────┐  ┌──────┐
│危机的避免│→ │危机管理的准备│→ │危机的确认│→ │危机的控制│→ │危机的解决│→ │从危机中获利│
└──────┘  └──────┘  └──────┘  └──────┘  └──────┘  └──────┘
     ↑                                                      │
     └──────────────────────────────────────────────┘
```

图 9-1 奥古斯丁的六阶段模式

第六阶段:从危机中获利。危机管理的最后阶段就是总结经验教训。如果在危机管理的前五个阶段做得较好,第六阶段就可以提供一个至少能弥补部分损失和纠正所造成错误的机会。

二、罗伯特·希斯的 4R 模式①

罗伯特·希斯将危机管理过程概括为 4R 模式,即危机管理可以划分为缩减、预备、反应和恢复四个阶段。有效的危机管理是对 4R 模式所有方面的整合。

（一）缩减阶段

在缩减阶段,主要任务是预防危机的发生和减少危机发生后的冲击程度。对任何有效的危机管理而言,缩减是其核心,因为在缩减阶段,危机最易控制、花费也最小,只要对各种细小的变化多加注意,防微杜渐,就可以防止一些危机的发生,促进管理、增进沟通、提升品质等皆可以在不知不觉中降低危机事发的可能性。

（二）预备阶段

在火灾发生之后才去学习灭火器的使用方法显然已经太迟了。在危机发生之前,就必须做好响应和恢复计划,对员工进行技能培训和模拟演习,保证这些计划深入人心并落到实处,其目的是一旦危机发生,使损失最小化,并尽快恢复到常态。

（三）反应阶段

在危机爆发之后,需要及时出击,在尽可能短的时间内遏制危机发展的势头,运用各种资源、人力和管理方法解决危机,防止事态的进一步恶化。

（四）恢复阶段

通常在经历过危机之后,人和物都会受到不同程度的冲击和影响。危机情景一旦得到控制,应着手恢复工作,还应就危机处理过程中反映出来的问题对危机管理工作进行改进,对危机管理计划进行修订。

---

① ［美］罗伯特·希斯著,王成等译:《危机管理》,中信出版社 2001 年版。

```
┌──────────┐          ┌──────────┐
│  缩减阶段  │─────────→│  风险评估  │
└──────────┘          └──────────┘
                            │
                            ↓
                       ┌──────────┐
                       │   管理   │
                       └──────────┘

                                      ┌──────────┐
                              ┌──────→│   预警   │
                              │       └──────────┘
         ┌──────────┐        │       ┌──────────┐
    ┌───→│  预备阶段  │────────┼──────→│   培训   │
    │    └──────────┘        │       └──────────┘
    │                         │       ┌──────────┐
    │                         └──────→│   演习   │
    │                                 └──────────┘

    │                                 ┌──────────┐
    │                         ┌──────→│  影响分析  │
    │                         │       └──────────┘
    │                         │       ┌──────────┐
    │                         ├──────→│   计划   │
    │    ┌──────────┐        │       └──────────┘
    ├───→│  反应阶段  │────────┤       ┌──────────┐
    │    └──────────┘        ├──────→│  技能要求  │
    │                         │       └──────────┘
    │                         │       ┌──────────┐
    │                         └──────→│   审计   │
    │                                 └──────────┘

    │                                 ┌──────────┐
    │                         ┌──────→│  影响分析  │
    │                         │       └──────────┘
    │                         │       ┌──────────┐
    │                         ├──────→│   计划   │
    │    ┌──────────┐        │       └──────────┘
    └───→│  恢复阶段  │────────┤       ┌──────────┐
         └──────────┘        ├──────→│  技能要求  │
                              │       └──────────┘
                              │       ┌──────────┐
                              └──────→│   审计   │
                                      └──────────┘
```

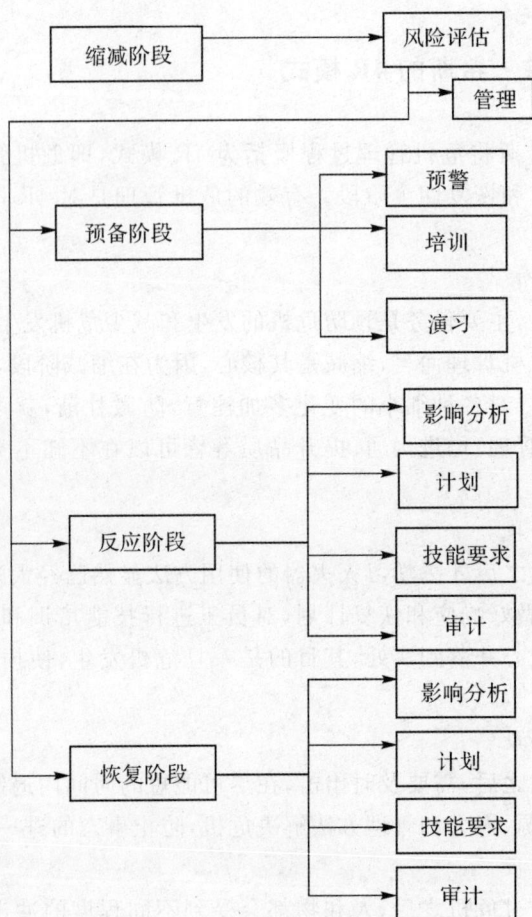

图 9-2　希斯的 4R 模式

三、米特罗夫和皮尔森的五阶段模式[①]

美国学者米特罗夫和皮尔森认为收集、分析和传播信息是危机管理者的直接任务。危机发生的最初几小时或最初几天，管理者应该同步采取一系列关键的行动。这些行动是"甄别事实，深度分析，控制损失，加强沟通"。[②] 他们提出了一个五阶段的危机管理模式。

第一，信号侦测阶段：识别危机发生的预警信号。

―――――――――――――――――

① 李传军：《复杂和不确定条件下的危机管理》，《行政论坛》，2007 年第 4 期。
② ［美］罗伯特·希斯著，王成等译：《危机管理》，中信出版社 2001 年版，第 19 页。

第二，准备及预防阶段：对可能发生的危机做好准备并尽力减少潜在损害。

第三，损失控制阶段：在危机发生之后，努力使危机不影响企业的其他部分或外部环境。

第四，恢复阶段：尽快从危机的伤害中恢复过来，实现正常运转。

第五，学习阶段：从危机处理的整个过程中，汲取危机再次发生的经验教训。即便危机再次发生，也能提高危机处理的效率。

四、PPRR 模式

根据危机发生的规律，总结不同学者的概括，可以将公共危机管理分危机前的预防、危机前的准备、危机爆发期的应对和危机结束期的恢复。这四个阶段通常被称为 PPRR，即预防（prevention）、准备（preparation）、反应（response）和恢复（recovery）。

（一）危机前的预防——监测、预警阶段

危机管理的最高境界不在于危机事件发生以后的干预，而是在于排除导致危机的各种可能性。任何危机事件都有前兆，只不过是有的前兆明显，有的前兆不明显；有的前兆需要通过仪器设备才能测试出来，有的前兆凭人的理性分析就能发现。这一阶段可以说是控制潜在危机花费最少、最简便的方法。危机的预防包括几个环节：首先是分析危机的环境，其次是危机管理者找到可能导致危机的关键因子，并尽可能提前加以解决。这就需要政府有专门的管理部门来对危机事件的前兆进行监测，对已经积聚一定的能量，即将发生危机的对象，要通过预警来加强防范，采取措施，以防止危机的发生。

（二）危机前的准备——预控、预防阶段

根据监测、预警情况，对可能发生的危机时间进行预先的控制和防范，以防止危机的发生，或者减轻危机发生后的危害后果。一方面要制订应急计划。提前设想可能出现的危机以及危机可能爆发的方式、规模，并且准备好多套应急方案，危机一旦发生，可以根据实际情况选择政策，同时要有完备、充足的物质保障。编制各类危机事件的应急预案，开发各类危机事件发生后的辅助决策系统，是预控、预防阶段的一项重要工作，将为下一阶段的应急处理提供决策依据。

另一方面，建立危机预警机制。近十年来危机研究和社会科学其他领域的进步已经使人们在很多领域建立危机预警机制成为可能。预防阶段是危机管理的关键。"凡事预则立，不预则废。"做好预控、预防工作，就等于做好危机管理的 60%，甚至是 100% 的工作。因为对于由于预控、预防而最终没有发生的危机，就是做好了危机管理的 100% 的工作，对于由于预控、预防而减轻了危机的危害后果，就至少是做好了危机管理的 60% 的工作。

（三）危机爆发期的应对——应急处理阶段

对于已经发生的危机事件，政府根据事先制定的应急预案，采取应急行动，控制或者解决正在发生的危机事件，减轻灾害危害，保护人民的生命和财产安全。

应急处理阶段是危机管理的核心，对于无法防止的危机事件，政府必须采取应急行动，才能保护人民的生命和财产安全。但是，应急处理阶段又是整个公共危机管理过程中最困难、最复杂的阶段，这是因为应急处理阶段是在危机事件发生的紧急状态下进行的。危机事件通常来势凶猛，能够让人们做出有效反应的时间短。

应急处理中最重要的是两个方面：首先是处理既发危机，平缓其造成的冲击。要达到这个目标，需要危机管理部门在极端困难的情况下为决策者提供准确而必要的信息，决策者依靠这些信息迅速找到危机要害，及时出击，在最短的时间内遏制危机的冲击。其次，要注意隔绝危机，避免既发危机的蔓延，危机管理者要把危机限制在一定的范围内。应急处理阶段还涉及应急指挥体系的协调与效率，信息、通信系统的快捷、便利以及运输系统的畅通与快速等问题。

相互协调、有分有合、能够整合一切应急资源的应急之体系对于做好应急处理工作有着决定性的意义。"9.11"事件给美国造成严重的影响，但由于美国有一个联邦应急管理署，该机构集成了从中央到地方的救灾体系，建立了一个统合军、警、消防、医疗、民间救难组织等单位的一体化指挥、调度体系，事件发生后即迅速动员一切资源，在第一时间内进行救护工作，有效地减轻了事件的损失。

（四）危机结束期的恢复——评估、恢复阶段

即对危机事件造成的危害后果进行评估，在评估的基础上做好恢复与重建工作。评估、恢复阶段是公共危机管理不可分割的组成部分，在整个公共危机管理过程中有着重要的地位。危机事件发生后，对危机事件造成的后果进行评估，决定着重建成本，关系着人民生命与财产的安危。如地震造成了房屋开裂，开裂的房屋是否炸掉，能否继续住人，如果只需修缮，是大修还是小修，都需要在技术检测的基础上由权威机构进行评估，并根据评估结果进行重建。

第四节　国外典型国家公共危机管理体制

危机事件实质就是潜在的各种社会矛盾与社会问题积聚激化后的变现形式,或者说是冲突的人群试图通过非常规或极端的方式,促使有关政府部门解决没有预见或长期无力解决的问题。[①] 随着社会的发展,国际社会的危机在增加,面对各种各样的危机,世界各国从政府到民间都建立起越来越健全的危机管理体制,并形成了一套行之有效的针对危机的管理措施及应对策略。这里主要介绍六种典型的国外危机管理体制。

一、美国的动态型危机管理体制

美国是一个危机感比较强的国家,在多个领域都已经形成了比较完善的应急机制。在积极采取措施降低危机爆发的风险及通过有效的应急机制尽可能减少危机造成的损失方面,美国目前居世界领先水平。通过长期的努力,美国已建成了一套严密的应急体系,其特色主要体现在操作上的制度化和规范化,组织结构上的灵活性以及应急配套措施的齐全。

（一）美国公共危机管理的组织机构

美国应对危机的管理机制比较成熟,其危机管理体制是以总统为核心,以国家安全委员会为决策中枢,国务院、国防部、司法部(及其下属的联邦调查局和移民局)等有关部委分工负责,中央情报局等跨部委独立机构负责协调,临时性危机决策特别小组发挥关键作用,国会负责监督的综合性、动态性组织体系。

美国危机管理体制[②]的基本结构包括:美国国家安全委员会、危机决策小组、中央情报局、国务院、国防部、白宫办公室、联邦调查局、移民局和国土安全部等。国家安全委员会是美国国家安全管理的一个重要组成部分。国家安全委员会是美国国家安全与危机管理的最高决策机构。从 1947 年成立至今,一

---

① 薛澜、张强、钟开斌著:《危机管理:转型期中国面临的挑战》,清华大学出版社 2003 年版,第 8 页。

② 详情参见中国现代国际关系研究所危机管理与对策研究中心编著:《国际危机管理概论》,时事出版社 2003 年版,第 79—126 页。

直支配着美国的国家安全决策。它不仅负责管理国内危机管理,而且负责国际危机管理;中央情报局的主要职责是向总统和国家安全委员会提供有关危机的情报和对策建议;国务院一般负责对外代表美国政府进行危机谈判,对内向总统和国家安全委员会汇报国际危机形势,提供对策建议;国防部在危机管理中主要负责军事情报的搜集、分析与汇报、执行危机管理过程的相关军事行动,负责对外军事谈判;白宫办公室是总统的私人政治智囊。白宫情况室是国家安全委员会情报汇总与分析中心,为总统、国家安全事务助理和国家安全委员会其他成员及时提供情报和信息报障。白宫情况室另一项任务是负责总统与外国元首的热线联系。这在国际危机事态的处理中发挥着积极重要的作用;联邦调查局是美国国内危机管理机制中的龙头老大;联邦紧急事态管理局是一个直接向总统负责、报告并处理国家灾情的独立政府机构;国土安全部,主要负责分析情报,将政府情报部门收集来的信息进行综合分析,其主要职责是负责美国本土安全。

(二)美国突发公共事件应急机制①

美国突发公共事件应急机制主要是由美国联邦应急事务管理总署、联邦应急计划和有关的法律、法规组成的总体。

1.联邦应急事务管理总署

美国联邦应急事务管理总署(FEMA)从联邦独立机构,发展成为新成立的国土安全部的一部分。联邦应急事务管理总署的主要任务是:就建立处理规则和洪灾日常管理提出建议;教会人们如何克服灾害;帮助地方政府和州政府建立突发事件应急处理机制;协调联邦政府机构处理突发事件的一致行动;为州政府、地方政府、社区、商业界和个人提供救灾援助;培训处理突发事件的人员;支持国家消防服务;管理国家洪灾和预防犯罪保险计划等。联邦应急事务管理总署的权力很大,被有的人称为美国的"秘密政府"。联邦应急事务管理总署在成立之初,就遇到了意想不到的极其复杂的挑战。早期的灾害和应急事件包括腊夫运河污染、古巴难民危机和三英里岛核电站事故以及1992年安德鲁飓风。

2.联邦应急计划

实施联邦应急计划(FRP)的目的是为了动员联邦资源、协调联邦行动和提供联邦支持,以增强州和地方政府、私人和自愿组织在灾害应急方面的努力。联邦应急计划在预计发生飓风等可能导致需要联邦援助的突发事件时实

---

① 任进:《突发公共事件应急机制:美国经验及其对我国的启示》,中国法律教育网,http://www.chinalawedu.com/news/2004_8/19/1200025654.htm,2004年8月19日。

施。联邦应急计划可作为对需要联邦灾害或紧急援助重大事件发生时的应急反应；它也可以在某一受影响州的州长向总统提出联邦援助请求时实施，或因发生某一重大灾害或总统发布紧急宣告时实施。根据联邦应急计划，美国对突发公共事件实行地方、州和联邦政府三级反应机制。

3.紧急救助职能(ESF)及涉及的领域

根据"紧急救助职能"可以确定需要联邦政府支持以加强州和地方政府处理突发性事件努力的重点领域。"紧急救助职能"涉及联邦部门和机构在12个主要职能领域的活动和能力。"紧急救助职能"涉及的领域有：交通、通讯、公共工程、公共服务和公共设施、防灾、公众关怀、人力支持、医疗卫生服务、城市搜索与救援、危险物质、食品、能源等。

4.相关法律

突发公共事件是一个模糊但非常重要的概念，而且在不同国家有不同的含义和范围。在美国，突发公共事件主要包括自然和人为的两大类，如灾害和紧急事务等，也包括紧急状态宣布等。相应的，有关立法也主要包括这几个方面：灾害应急处理的《灾害救助和紧急援助法》和《国家地震灾害减轻法》、紧急状态立法的《全国紧急状态法》、反恐方面折《反对国际恐怖主义法》、《使用军事力量授权法》、《国土安全法》等等。

(三)美国公共危机管理体制的优势

美国公共危机管理体制的优势表现在：首先，它能够根据实际情况做出重大调整，有利于反危机能力的不断提高，同时，因时代不同而面临的任务不同，危机管理的机制和结构也随之变化。比如，联邦储备委员会、联邦调查局和中情局都是不同时期为应付各类危机事件而创建的。其次，美国的危机管理水平比较高。在"9.11"事件的危机管理过程中，美国危机管理机制充分发挥了效能。完善的危机管理机制自动运作，保证了政府职能机构的正常运转，遏制了危机的扩散与蔓延。最后，美国的危机管理体制实现了制度化和法制化。当危机到来时，何时启动什么程度的应急计划，众议院、参议院对总统如何授权，决策机制如何形成，部门之间如何协调，都有章可循。

发达国家政府危机管理体制的构建，是一个历史的动态的过程，也是随着危机事件的频繁出现而逐渐完善起来的。[①] 美国的应急制度建立后，经历了多次灾害检验。例如1995年俄克拉何马州州长以及当地市场、消防局、警察局的局长等均动员起来。对灾害进行了较为成功的救援。在2001年发生"9.11"恐怖袭击时，纽约世界贸易中心双塔里面工作的人员超过2万。但是

---

① 徐新伟主编：《国家与政府的危机管理》，江西人民出版社2003年版，第77页。

在遭受袭击到大楼倒塌的一两个小时中,大部分人员有序而安全的撤离,只有不到 3000 人遇难。这与美国较高的危机处理能力有密切关系。在北美大停电时间中,Verizon 电话公司几个中央控制室的故障导致了 911 危机呼救和反应系统的部分失效,致使纽约布鲁克林区的危及服务和消防局丧失了应急反应能力。公众媒体也是危机管理网络中的一部分。在大停电事件发生后的半个小时,纽约市场即召开了新闻发布会,宣布大停电为事故而非恐怖事件,并通过广播全面发布消息,从而消除了市民怀疑是恐怖袭击的紧张心理。[①]

（四）美国公共危机管理体制对中国的启示

事实证明,在美国,尽管有些危机事件特别是较大的恐怖袭击事件很难避免,但在有效的危机管理体制下,他们至少能够减少危机所造成的损失,使社会迅速回复到正常的生活和工作状态。[②] 从美国的"9.11"事件到我国的防治 SARS 疫情,从俄罗斯莫斯科解救人质到亚洲各国对禽流感的防范,反映出各国处理危机的水平和问题。美国作为危机处理经验十分丰富的国家,其危机管理经验对我国有一定的借鉴意义。经过多年的积累,美国已经形成了一套完善的危机管理体系。这套体系构筑在整体治理能力的基础上,通过法制化的手段,将完备的危机应对计划、高效的核心协调机构,全面的危机应对网络和成熟的社会应对能力包容其中。

虽然中美两国国情迥然不同,但是适当借鉴美国的公共危机管理机制经验,对我国自身应急机制建设有较大帮助。例如,强化危机意识,制订危机预案;建立还专门的危机处理机构;充分发挥社会各界的力量等等。危机既是灾难,也是机会,我们应该汲取 SARS 危机的教训,理顺政府内部各部门之间的关系,借鉴美国处理危机的经验,建立一套适合我国国情行之有效的应对各种危机的管理机制。我国学者张成福认为,政府危机管理的能力大小取决于各种各样的因素及其相互的作用。因此,从国际社会和危机管理先进国家的经验出发,建立一个全面整合的危机管理体系(comprehensive and integrated emergency management system)是十分必要的。[③]

二、俄罗斯的总统强力型危机管理体制

俄罗斯以总统为核心,以联邦安全会议为决策中枢,政府各部门分工合

---

① 赵成根:《国外大城市危机管理模式研究》,北京大学出版社 2006 年版,第 303—306 页。
② 徐家良:《美日政府危机管理体制比较及启示》,《中国软科学》,2004 年第 6 期。
③ 张成福:《公共危机管理:全面整合的模式与中国的战略选择》,《中国行政管理》,2003 年第 7 期。

作、相互协调的危机管理机制。在俄罗斯的危机管理体制中,总统起着至关重要的作用。

(一)俄罗斯公共危机管理的组织机构

俄罗斯危机管理机构包括总统、联邦安全会议和支援保障与信息管理系统等组成。总统在俄罗斯的危机管理领域中拥有广泛的执行权。总统成为危机管理的核心主体,任何重大的危机管理方案与行动都必须由总统来敲定。《俄罗斯联邦紧急状态法》规定,在俄联邦实行或中止紧急状态必须由总统发布的《紧急状态令》来加以确定等等,这些规定意味着联邦总统不仅是危机管理的关键性决策主题,也是危机管理过程的行为主体。联邦安全会议,是危机管理机制中中枢指挥系统的重要组成部分。危机管理的支援和保障系统是处置危机的职介机构,它主要职责是有效贯彻危机中枢指挥系统决策,保证在危机发生后,政府的决策能够得到社会各部门有效的配合,从而化解危机。俄罗斯危机管理支援保障与信息支持系统最大特色在于俄罗斯的所有强力部门都直接由总统领导,它们是总统进行危机管理的重要工具。

(二)俄罗斯公共危机管理体制的优势

俄罗斯危机管理机制以总统和强力部门负责,其危机管理的强制性特征明显,这是与俄罗斯政治体制与现实国情分不开的。在经历了苏联解体大伤元气的痛苦中,俄罗斯国内的凝聚力和国内秩序受到严重侵蚀,以车臣分离分子频频制造恐怖事件为核心的危机事件不断上演,没有强有力的领导是无法实施有效的危机管理的。总的来说,俄罗斯的公共危机管理体制比较有效地应对了危机事件,特别是在应对车臣分离分子不断制造恐怖事件的危机事件中,俄罗斯危机管理体制体现了快速高效的特点。当然,从目前俄罗斯的危机管理机制看,虽然制定了比较完备的反危机法律法规,但其在危机管理过程中暴露的问题仍旧不少。

俄罗斯联邦安全会议在危机管理方面的主要职能有:审议俄罗斯联邦在保障个人社会和国家安全方面的国内、外交和军事政策问题;准备总统有关保障个人、社会和国家安全等领域的内政、外交和军事政策以及有关保障国防能力、开展军事技术合作等方面的决定;评估安全主体面临的内外威胁并阐明其根源;审议建立、监督和维持保障安全的力量和手段的准备情况及其活动的问题;收集、分析和加工有关俄罗斯联邦安全保障系统职能化的信息,提出完善这一系统的建议、组织制定保障俄罗斯联邦安全的联邦纲要并评估其有效性;根据俄罗斯联邦法律和联邦总统的命令执行保障个人、社会和国家安全领域其他方面的任务。① 在危机状态下,安全会议运用"紧急决策机制。"

（三）俄罗斯危机管理体制建设的基本经验

俄罗斯危机管理体制是在管理和处置频繁发生的危机事件中构建并不断加以完善的,主要体现在以下几个方面:法律法规系统比较健全完备;危机管理中枢指挥系统强权集中;拥有强有力的危机管理的支援保障系统与信息管理系统;注重借助、发挥现代传媒作用缓解社会进展状态。

在危机事件的处理过程中,俄罗斯政府及其相关职能行政部门会尽快确定能及时向公众发布有关政府信息的主流媒体,并在阻止"有害"、失真信息传播的同时,主动与媒体进行合作,建立和保障与媒体之间交流渠道的通畅,增加危机处理工作的透明度、公开度。联邦总统及其相关职能部门的负责人也都通过发表电视讲话或接受主流媒体记者的采访,以及定期或不定期召开的新闻发布会,及时公布或披露相关信息,以增强国民信息,缓和他们的紧张、恐惧心理,稳定社会情绪。② 为此,中国政府可以从中得到启示,例如,加快完善危机管理的法律保障体系;建立一个强有力的危机管理中枢指挥系统,加强各部门应对危机事件的综合协调能力;充分发挥新闻媒体在解决危机事件中的积极作用。

三、日本的综合型危机管理体制

位于太平洋西岸的日本,是一个灾害多发型国家。日本是一个岛国,从它的地理位置、地形、地质、气象等自然条件来看,是一个地震、台风、暴雨和火山爆发等自然灾害易发的国家。日本的危机管理体制从建立到不断完善,都是以几次重大的事件为契机的。1959 年伊势湾台风灾害发生后,日本政府着手建立了综合防灾管理体制。1995 年阪神地震以及奥姆真理教制造的地铁沙林事件等灾难以后,日本的防灾体系由综合防灾管理体制上升为首相直接领导的国家危机管理体制。"9.11"事件发生以后,日本进一步完善危机管理组织机构,采取了预防国际恐怖犯罪的危机管理措施,使危机管理适应国际反恐的形势,从而奠定了日本当今危机管理体制的基本框架。20 世纪 90 年代以来,日本政府不断加强和完善国家危机管理,建立起一套从中央到地方的危机管理体系。

---

① 《俄罗斯联邦安全会议章程》。

② 倪芬:《俄罗斯政府危机管理体制的经验与启示》,《行政论坛》,2004 年第 66 期。

（一）日本公共危机管理体制的变革

20世纪50年代末到90年代末，日本的公共危机管理体制发生了从综合防灾管理体制到全国危机管理体制的转变。1959年伊势湾台风灾害发生（死亡和失踪5098人）以后，日本政府着手建立综合防灾管理体制，1961年制定《灾害对策基本法》，综合进行防灾政策的制定和防灾规划的编制及实施，形成以中央和地方政府为主体、民间和家庭参与的防灾体系。1962年把防灾专项规划纳入"国土规划中"。1974年设立国土厅，主管国土开发和防灾。通过采取建立综合防灾管理体制和加大公共投资等措施，对自然灾害的危机管理成效卓著，自1959年以来的35年中，日本的灾害死亡没有超过230人。①

1995年阪神地震以及奥姆真理教制造的地铁沙林事件等灾难之后，日本政府的危机管理状况遭到了严重的批评，日本的防灾体系由综合防灾管理体制转向国家危机管理体制。国家危机管理体制是把防灾减灾的工作上升到国家危机的层次，完善危机管理体制，将危机管理体制直接置于首相管辖之下。日本政府从国家安全、社会治安、自然灾害等不同的方面，建立了以内阁首相为危机管理最高指挥官的危机管理体系，负责全国的危机管理。

1996年5月，日本政府在首相官邸地下一层建立"内阁危机管理中心"，指挥应对包括战争在内的所有危机，而在其他有关政府部门设有负责危机管理的处室。该中心的情报室实行24小时五班制，与警察厅、消防厅、海上保安厅、防卫厅、气象厅的紧急传真直接连接，同时与国土厅的无线通信网络连接。一旦发生紧急事态，一般内阁会议决议成立对策本部，如果是比较重大的问题或事态，首相亲任部长，坐镇指挥。在危机管理体系中，日本政府还根据不同的危机类别，启动不同的危机管理部门。安全保障会议主要承担日本国家安全危机管理的职责，下设专门对策委员会，为决策提供相关建议。以首相为会长的中央防灾会议负责应对全国的自然灾害，其成员除首相和负责防灾的国土交通大臣之外，还有其他内阁成员以及公共机构的负责人等。此外，政府还设立了紧急召集对策小组，为防止发生大规模自然灾害时指挥人员不到岗，出现混乱局面。

1997年5月，日本行政改革会议发表了《关于内阁危机管理机能强化的意见》。根据此次会议的建议，1998年4月，日本政府在内阁官房设立了"内阁危机管理监"一职，由此日本的国家危机管理体制得以确立。日本的危机管理体制是以内阁首相为最高指挥官，由内阁官房（其下设有专职危机管理者，即内阁危机管理监。内阁危机管理监下设副内阁官房长官助理，直接对首相、

①　孙叶青、臧术美：《"9.11"事件前后日本的危机管理》，《黑龙江社会科学》，2007年第3期。

官房长官及内阁危机管理监负责)来负责总体协调、联络。通过安全保障会议、阁僚会议、内阁会议、中央防灾会议等决策机构制定危机对策,由警察厅、防卫厅、海上保安厅、消防厅等各省厅、部门根据具体情况予以配合,在这一体系中,根据危机种类的不同,启动不同的危机管理部门。

"9.11"事件之后,日本的危机管理组织机构进一步得以完善。2002年4月建成、2002年5月使用的首相新官邸,在地下一楼设置了危机管理中心,新址的危机管理中心面积比原危机管理中心大5倍。该危机管理中心具有同时处理两个以上危机事态的多功能系统。有防止危机事态长期化的食品储备系统,防止信息泄露和外人潜入的信息安全系统,防止断水、断电、断通信的储备系统,汇总全国的各种危机管理信息的多媒体、多渠道信息通信系统。[①] 2004年3月,外务省在其发表的《恐怖主义和日本的对策》文件中,表明了日本的反恐三原则。2004年10月,日本外务省发表了《国际反恐合作中我国的对策》。日本以联合国决议为基础,加强与西方八国首脑会议、各种区域组织的合作,旨在扩大国家间安全反恐对策等领域的人员交流与合作。总之,内阁的危机管理体制比"9.11"事件发生之时已经大为加强和充实了。

(二)日本公共危机管理体制的组织形式

根据国家危机管理体制的构建以及地方紧急事态处理的需求,日本地方政府在2002—2005年间纷纷建立了新的危机管理体制,设立了带有危机管理名称的组织。这种组织形式有三种[②]:第一种是设立相当于副知县级别的专职行政职务"防灾总监",直属知县和辅助知县全盘进行危机管理;第二种是设立相当于厅长级别的"危机管理总监"或"防灾总监"或"危机管理室长",统管防灾和危机管理部门;第三种是在规划部门或办公厅或环境部门设立副职的"危机管理总监"或"防灾监"或"危机管理主管",辅助正职局厅长等和统管防灾的危机管理部门。这种机构调整和整合都是在原有成熟的综合防灾管理基础上进行的。同时,地方城市政府以及农村的村町政府也一样,建立危机管理体系和危机管理综合协调部门。例如,日本东京通过建立知事直管型危机管理机制,设置局长级的"危机管理总监",改组灾害对策部,成立综合防灾部,建立一个面对各种危机的全政府机构统一应对的机制。这是一种在成熟的综合防灾减灾机制的基础上建立起来的新机制,这也是一种成熟发展下的资源整合方式。[③]

---

① 孙叶青、臧术美:《"9.11"事件前后日本的危机管理》,《黑龙江社会科学》,2007年第3期。
② 自治体危机管理研究会:《为自治体职员的危机管理读本》,2002年10月。
③ 顾林生:《日本大城市防灾应急管理体系》,《减灾论坛》,2004年第6期。

（三）日本公共危机管理体制的优劣势

日本的国家危机管理体制是一个以法律为依托，内阁总理大臣为最高指挥官，内阁官房负责整体协调和联络，通过安全保障会议、中央防灾会议以及相关省厅负责人紧急协议等决策机构制定危机对策，由国土厅、气象厅、防卫厅和消防厅等部门负责具体实施的组织制度①，在危机管理上拥有自己的独特优势。

为提高应对危机的效果，中央防灾会议也制定了一系列法律法规，在发生非常灾害时，制定紧急措施，并推进实施。日本还把每年的9月1日定为国民的"防灾日"，全国各地方政府、居民区、学校和企业都要举行各种防灾演习，特别是各地震多发区的居民组织，都要进行一次综合性防震训练和地域防灾训练。此外，日本各地还设有许多防灾体验中心，免费向市民开放。这些中心内有模拟火灾、地震的情景的场所，供人们亲身体验发生灾害的实况，了解避难方法。各中心通过发行杂志、录像带出租与销售以及在互联网上介绍防灾知识等方法进行减灾知识宣传。面向公众开设各种减灾培训课程，例如向单位开设消防员培训班，内容包括防火管理的一般知识、防灾人员的责任、设备的使用、综合防灾操作训练等，取得资格证书后才能上岗工作。②

除了拥有一套专门应对危机事件的法律体系，日本公共危机管理体制的优势体现在：重视危机预防在整个危机管理机制中的作用；建立了专门防范生化危机的管理体系；注重国民危机预防意识的培养；不断提高政府在危机事件处置过程中的综合协调和快速反应能力；应对危机事件的物质储备充裕、硬件设施科技化；提倡在危机管理中各方共同参与、合作等等。

尽管日本在危机管理方面取得一定的成效，当"9.11"事件发生后，日本的危机管理体制在预防国际恐怖袭击方面也暴露了一定的缺陷。例如，"9.11"事件发生后虽然媒体多次提到内阁危机管理中心的活动，但是内阁管理中心这一组织，被批评为仅仅是一个外壳③，出现了内阁危机管理的"空壳化"。日本的内阁管理监是2001年1月设置的有关危机管理的专门职务，但是没有专属的部下，只是在发生紧急事态时，临时由危机相关省厅的人员编成。如"9.11"事件发生后，以防卫厅和外务省为主体召集临时危机管理人员。这些临时选派的官员有可能是各自领域的专家，但很难称得上是危机管理的专家。日本的学者认为，和美国相比，日本没有专门的危机管理的组织，更缺少美国

---

① 王德迅：《日本危机管理体制的演进》，《国际经济评论》，2007年第3期。

② 孙茜：《试论日本危机管理机制的特点》，《江西公安专科学校学报》，2006年第5期。

③ 《现代政治用语辞典》[DB/OL].(2003-05-02).Http://pol cside4. Jp/gaikou/29.html.

那样的危机管理专家。

为加强政府的危机管理机能,日本通过修改法律,加强首相在危机管理中的指挥权,并设立内阁危机管理总监,专门负责处理政府有关危机管理的事务,改变了以往各省厅在危机处理中各自为政、相互保留所获情报、纵向分割行政的局面。

进行危机管理是为了摆脱危机以及避免危机的再度发生,传统上有危机意识的日本,能够根据客观环境的重大变化,不断调整危机管理的具体措施,使危机管理随时代的发展予以深化。"9.11"事件后日本采取了许多具体措施应对可能发生恐怖的危机。日本政府和国民充分的危机意识以及对危机管理的具体措施,值得我们学习与借鉴。

四、英国的整合型危机管理体制

(一)英国整合型危机管理体制的构成

英国的危机管理称为"整合危机管理"(integrated emergency management,IEM),由预期(anticipation)、评估(assessment)、防止(prevention)、准备(preparation)、应对(response)和恢复(recovery)①六个相互依存的环节构成。又可以分为两个方面:危机应对的准备方面和危机的应对与恢复方面,主要表现在合作、信息分享、风险评估和英国的危机应对与恢复体制等四个方面。

1. 合作

英国的危机管理非常强调合作,认为政府当局、危机服务部门、商业部门、志愿者组织之间必须进行双边和多边合作。英国危机管理通过各种平台来进行这方面的合作:在地方层面是通过"地方恢复力论坛(Local Resilience Forum)",在中央政府主要是国民紧急事务秘书处负责协调中央各部门之间及其与地方的合作。通过这些平台进行信息沟通、资源分配、行动协调,同时这些平台不但是同一层级不同危机管理主体合作的平台,而且是不同层级之间进行协调和沟通的平台。

2. 信息分享

英国《国民紧急事务法》明确规定了两类危机管理主体都有风险信息的义务,该法指出不同主体之间的充分的信息沟通是危机管理的关键,是风险评估、危机规划、业务持续管理等各项工作的基础。英国的政府当局、许多私营

---

① 罗云恒:《英国危机管理简述》,《党政论坛》,2008 年第 4 期。

部门(如公用事业、交通运输部门)都将有关它们的规章体制、活动或经营状况的信息公开,各类企业之间通过商业关系进行信息共享。

3.风险评估

风险评估是整个危机管理的前提,也是危机规划和业务持续管理的基础,它大致可以分为三个阶段:背景化、风险评估和风险应对。英国危机管理体系的各个层次都要进行风险评估,其风险评估过程中特别强调各类危机应对的主体、各管理层次的合作以及行动的协调一致。英国危机管理的风险评估一般以5年为一个周期。

4.英国的危机应对与恢复体制

从纵向看,英国的危机应对和恢复体制大致可划分为三个层次。首先,中央政府。危机事件的规模和复杂性达到需要中央政府的支持和协调时,于是它会指定一个"政府牵头部门"(lead government department)来负责整体的统筹和协调,危机应对和恢复具体工作仍以地方危机应对主体为主。但爆发全国重大危机事件并牵涉若干个政府部门时,除了政府牵头部门外,中央还会成立"内阁办公室简报室"(cabinet office briefing room, COBR);同时,英国首相还会召开有内政部长、各相关部的部长参加的会议对危机应对和恢复工作的各种战略问题做出决策。此外,为了加强信息沟通和信息发布工作还会成立由"政府联络官"(government liaison officer)领导的"政府联络队"(government liaison team)以及前述的"新闻协调中心"(new coordination center)。其次,授权行政区。即威尔士、苏格兰、北爱尔兰和英格兰的区。最后,地方层次。地方层次的危机应对和恢复工作的运行机制是英国危机管理一大特色。它包括三个层次:铜色操作层、银色策略层和金色战略层。

此外,英国政府及其许多部门都有紧急应变机制,不同部门各有一套应急管理措施及策略,如对付恐怖袭击、应对罢工和动乱、防灾治灾、处理重大交通事故、突发疫情、健康保护、食品安全、化学污染、旅游事件以及电脑病毒感染等等。一旦有严重的突发事件,各有关部门可以马上启动应急危机管理机制,相关部门予以配合和支持,如在健康意外事件应急方面,英国医疗部门于2003年上半年成立了健康保护局,作为政府的一个新机构,致力于国民健康保护事务和减少传染病、中毒、化学和放射性灾难的监控与预防,协调全国医疗专业技术资源并在全国和地方范围内提供多项健康领域的服务。[①]

(二)英国政府应对疯牛病的危机管理

英国是始于1986年的疯牛病危机的发源地和重灾区,英国政府对这场危

---

① 刘助仁:《危机管理——国际经验的审视与启示》,《四川行政学院学报》,2004年第1期。

机初期管理的滞后导致了危机的蔓延扩散。从 1996 年开始,欧盟对英国牛肉实施出口禁令。英国政府曾一度采取不合作政策,与欧盟成员国乃至欧委会的摩擦不断,"牛肉大战"演化成为外交危机。1997 年布莱尔政府开始在疯牛病问题上与欧盟开展合作,并在内外压力下强化了对危机的预防、监控和处理的机制,使该危机在英国有所控制。但是,2000 年,疯牛病在德、法等欧盟国家相继发作,导致了新一轮疯牛病恐慌,疯牛病危机成为欧洲人心头挥之不去的阴影。2002 年初,伦敦皇家科学技术和医学学院一批流行病学家作出最新估计,在 2000 年至 2008 年间,英国仅仅因为食用受疯牛病污染的牛肉而死亡的人数将逐步上升到 5 万人,最多可能达 10 万人。英国政府应对疯牛病危机的成功经验表现在:

第一,较重视沟通信息。政府管理危机与传达危机信息的渠道畅通,定期向公众和欧盟委员会通报危机管理的进程。

第二,重视危机研究及各部门间的合作管理。通过各类研究机构使公众正确理解危机,避免过度恐慌,提高对危机的反应能力。各机构间共同分享有关危机情报,通过对危机管理人员进行培训等手段,提高管理和传达危机信息的技术水平,指定由环境、食品与农村事务部主要负责危机的管理。

第三,采取了一系列具体有效的措施,保障食品安全;加强对疯牛病的研究;屠宰感染牛群;保护牛肉市场;发放屠宰补贴;提高消费者的信心;进行市场干预性购买,维系牛肉的价格体系;由政府向整个行业注入资金,支持个人公司重组等。

第四,与欧盟和欧洲其他国家协调,防止危机扩大与恶化。力求恪守欧盟《佛罗伦萨框架协定》以争取解禁,重整英国牛肉工业。鉴于英国政府危机管理取得成效,欧盟于 1999 年 8 月 1 日,解除了英国牛肉的出口禁令。

当然,英国政府在这次疯牛病危机中的教训也值得反思,比如政策反应迟钝、管理机制滞后等等,有待于进一步完善和优化。

五、以色列的全民军事型危机管理体制

(一)以色列公共危机管理的组织机构

以色列著名危机管理专家德罗尔指出:"政府中枢决策系统就必须享有发号施令的权威,并且可以制定和执行带有强制性的政策。"[①]以色列危机管理的组织机构是:以紧急状态法规为依据,以政府为核心,动员所有社会资源的

---

① 吴兴军:《公共危机管理的基本特征与机制构建》,《华东经济管理》,2004 年第 6 期。

全民型准军事化管理。即以危机管理决策部门（总理、安全内阁）为核心，以国家安全委员会为国家安全事务最高决策机构，情报系统、军方（国防部、总参谋部及下属机构）等参谋和执行部门既分工负责又相互协作，发挥整体作用的综合性组织体系。

以色列的危机管理机制主要由紧急状态法规、决策系统、支援和保障系统以及信息管理系统四部分组成。① 紧急状态法规，以色列没有专门的紧急状态发，但在其基本法中有一些涉及紧急状态的条款，国家根据实际情况可以临时制定有关紧急状态的法令。决策系统包括中枢指挥系统，由总统、安全内阁、国家安全委员及国防部组成。总统对危机具有最高处理权，在危机管理中有权处理所有相关的内政、外交和国防方面的事务。安全内阁由总统、国防部长、外交部长等组成。每逢重大危机事件发生，安全内阁就在总理主持下召开紧急会议，讨论通过应急策略。国家安全委员会是处理国家安全事务的最高决策机构，由安全内阁成员、总参谋长、总理顾问及情报机构首脑等组成。参谋与咨询系统，包括情报系统和以整体安全系统组织为代表的咨询机构两部分。支援和保障系统包括警察总局、国家安全机构、国防军的预备役、民防和地区防御系统，以及医疗、消防、交通、社会保障等社会相关部门。信息管理系统由教育部门、新闻媒体及政府有关部门有相应的责任单位构成，其职责是发挥教育的特殊功能，提高全民危机意识。

（二）以色列公共危机管理体制的优势

以色列的公共危机管理体制体现了以下优势：其一是危机管理机制法制化，使危机管理有法可依，有效地避免了管理中的混乱现象；其二是对国民的危机教育及危机意识的培养上，以色列走在世界的前列，使得民众在危机状态下能够做到主动配合政府的范围及行动，使危机后的社会秩序得以维持，客观上减少了损害；其三是危机管理效果明显，以色列自成立以来，长期处于战争或冲突状态，但正是由于已建立起来了整套行之有效的危机管理机制，最大限度地减少了危机的损失，使得以色列成为一个经济、科技、社会发展水平较高的国家。

以色列危机管理存在的缺陷：一是危机根源难以从根本上消除，尽管在危机管理上体现了很高的水平，但仍是治标不治本之举。其原因是以色列的反恐战略与因领土争端引发的阿以民族、宗教冲突纠缠在一起，难以从根本上消除恐怖根源；二是过分注重运用军事手段对付恐怖分子，导致恐怖浪潮恶性循环，而且外交上陷于孤立及被动地位。如以军方的"定点清除战略"起到了加

---

① 陈双庆：《以色列危机管理的运作程序》，《学习时报》，2003 年 4 月 21 日。

深敌意,刺激巴勒斯坦极端势力的报复行为。同时以一味诉诸武力,也给外界留下了恃强凌弱的印象,受到国际社会的普遍谴责,使得在国际社会中越发被动。

六、韩国"小核心、小范围"的公共危机管理体制

韩国是一个灾害类型多样化的国家,为防止各种突发性灾害给国家带来大的冲击和损害,韩国建立了有本国特色的"小核心、小范围"的危机管理机制。该机制包括法律法规系统、决策与协调机制、信息管理机制及资金保障机制四部分。中国应该借鉴韩国的先进经验,尽快建立适合本国国情的危机管理机制。根据政府各组织在危机管理中发挥的作用、参与危机管理过程的直接与否,可以将韩国的危机管理机制分解为危机应对的法律法规体系、决策与协调机制、信息管理机制及资金保障机制四大部分。①

(一)危机管理的法律法规

法律法规方面,韩国的危机管理机制井然有序,主要依靠法律法规的保障作用。韩国涉及危机事态应急管理的法律法规基本可以分为两大类:第一类是以《民防基本法》为基础的防灾减灾法案。韩国政府针对灾害的预防、防灾体系建设、灾情发生后的救援、灾情调查、恢复与补助等制订了一系列的规章细则,从而保证了防灾、减灾、救灾到灾后恢复等工作的正常进行。第二类是以《传染病预防法》为主的应对传染病问题的法律法规,对各类传染病的预防做了详细明确的规定。韩国完善的立法为突发性灾难的预防和应对提供了有力的法律保证,有助于政府及时地把灾难性的后果控制在最低限度。

(二)危机决策协调机制

决策协调机制方面,韩国的危机管理机制是以总统为最高指挥官,由议长来负责总体协调,通过国家安全保障会议、中央防灾会议等机构制定危机对策,由警察厅、消防厅等部门根据具体情况予以配合的组织体系。在这一体系中,根据危机的种类和危害程度的不同,所启动的危机管理部门也不尽相同。主要分为指挥决策机构、协调辅助机构、保障福祉部等等。

(三)信息管理机制

韩国信息管理机制主要由教育宣传部门、新闻媒体及政府相关部门构成,在危机管理中的作用主要表现在:(1)通过有组织的宣传教育提高国民的危机

---

① 刘艳、刘新:《试析韩国危机管理机制及其对中国的启示》,《中国人民公安大学学报》,2005年第2期。

意识。突发性灾难的突然性、严重性及不可预测性很容易引起民众的心理恐慌和手足无措。(2)构建多层次的信息发布平台。根据韩国《信息公开法》及相关法案的规定,一旦出现大规模的突发性事件,各级危机管理部门应该立即通过公众媒体如广播、电视、公用热线电话向公众发布,以确保信息的准确及时。以2002年发生的口蹄疫疫情为例,韩国政府在此前未雨绸缪,多次举行过防治口蹄疫的大规模演习,内容包括发现疫情、警戒隔离、消毒接种等。因此,当疫情真的发生时,不仅各路人马立即能进入角色,而且民众也有了相当的心理承受能力。

韩国在全国设立了12个应急疾病监控信息中心,覆盖所有的行政区域,并充分利用有线、无线通信网,不断改善通信联络体系,保证疾病监控信息中心和各医院之间及参与应急医疗的主要人员之间的通信联络随时畅通,发现疫情爆发的规模,分析疫情的发展趋势,及时制订有效的预防措施,避免疫情扩散。

(四)资金保障机制

韩国政府非常重视国家的防灾减灾等危机管理工作,将防灾减灾作为国家的公益事业,其工程建设和管理费用列入中央政府财政预算和地方政府财政预算,从而为国家的危机管理工作提供了充足的资金保证。韩国有一套完整的灾情调查评价程序,对灾情的补助标准、灾害修复费用,中央、地方各自承担的比例都有明确规定,并由中央灾害对本部每年修订颁布,避免了人为因素的干预。

与美国、日本相同,韩国将危机管理经费纳入国家预算体系,建立应对危机基金,有稳定的资金保障。基金的来源主要有三个渠道:中央政府与地方政府每年的财政预算;其他机构、团体的捐助;其他基金的营运收入。以防洪防台风工程为例,韩国政府于1998年将416个容易受到台风和洪水侵袭的地方划为灾害易发区,从资金方面大力支持这些地区发展防灾抗灾工程。据统计,从1998年到2007年,将有大约总数为76200万美元的资金被投入该地区。

人类社会开始从工业经济时代进入知识经济时代,这个新时代不仅逐步实现了全球经济一体化,而且出现了全球政治一体化和全球文化一体化的趋势。随着全球化的深入发展,国际范围内危机事件的发生频率呈明显上升趋势。"危机管理"在某种程度上看,政府对于危机事件的认识和处置与该国的经济发展有高度的关联性。西方发达国家在经济上实现高度发达的同时,在危机事件的处理上也积累了比较丰富的经验。"在对危机的处理上,尽管世界各国存在着地域和意识形态上的差异,但反应是相似的。"①西方国家不论在危机管理的理念还是具体的操作实践上积累了很多经验,值得我国借鉴与学习。

参考文献

1. Hermann C. Fed. International Crisis：Insights from Behavioral Research,New York：Free Press,1972

2. Rosenthal U. Charles Michael T. ed. Coping with Crises：The Management of Disaster, Riot sand Terrorism,Sprngfield,1989

3. Stallings. R. A, Schepart C. B. Contrasting Local Government Responses to a Tornado Disaster in two communities. In：R. T. Sylves，W. L. Waugh ed. Cities and Disaster：North American Studies in Emergency Management[R]. Working paper,1990

4. Christopher H. Foreman, Jr, Plagues, Products, and Politics：Emergent Public Health Hazards and National Policymaking, the Brookings Institution, Washington, D. C. 1994

5. Eric K. Stern and Dan Hansen Crisis Management in a Transitional Society：The Latvian Experience[R]. 2000 (CRISMART：A publication of the Crisis Management Europe Research Program，Volume12)

6. Yoshitaka Kuwata. An architecture for Command and Control in Disaster Response Systems [A]. Industrial Electronics Society[C]. 26th Annual Conference of the IEEE, 2000

7. Ali Farazmand, ed, Hand book of crisis and emergency management, NewYork：MarcelDekker, 2001

8. Formidable Final Report [EB/OL]. http://www. formidable-project. org/. . 2002

9. Shibata, Y.. Residents Oriented Disaster Information Network [A]. Applications and the Internet Workshops[c], 2003

10. Hermann C. Fed. International crisis：Insights from Behavioral Research. New York：Free Press,1972

11. Sarah Norman New Zealand's holistic framework for disaster recovery.

---

① ［美］斯蒂尔曼著:《公共行政学》,中国社会科学出版社 1989 年版,第184 页。

The Australian Journal of Emergency Management，Vol. 21 No 4，November 2006

12.［美］罗伯特·希斯著,王成等译.危机管理.北京：中信出版社,2001

13.［美］诺曼·奥古斯丁著,北京新华商业风险管理有限责任公司译校.危机管理.北京：中国人民大学出版社,2001

14.［日］佐佐淳行著,诸先忠译.危机管理宝典.台北：建宏出版社,2002

15.［美］劳伦斯·巴顿著,符彩霞译.组织危机管理.北京：清华大学出版社,2002

16.［英］比尔·维特主编,李正全译.风险管理与危机解决.上海：上海人民出版社,2004

17.叶国文.预警和救治——从"9.11"事件看政府危机管理.国际论坛,2002（3）

18.许文惠,张成福.危机状态下的政府管理.北京：中国人民大学出版,2003

19.冯惠玲.公共危机启示录.北京：中国人民大学出版社,2003

20.薛澜,张强,钟开斌.危机管理：转型期中国面临的挑战.北京：清华大学出版社,2003

21.中国现代国际关系研究所.危机管理与对策研究中心.北京：时事出版社,2003

22.杨开忠等编著.国外公共卫生突发事件管理要览.北京：中国城市出版社,2003

23.张梦中.美国的危机管理系统及其在"非典"防范中的作用.中国行政管理,2003(7)

24.薛澜,朱琴.危机管理的国际借鉴：以美国突发公共卫生事件应对体系为例.中国行政管理,2003(8)

25.唐钧.公共危机管理：国际趋势与前沿动态.理论与改革,2003（6）

26.刘长敏主编：危机应对的全球视角——各国危机应对机制与实践比较研究.北京：中国政法大学出版社,2004

27.徐家良.美日政府危机管理体制比较及启示.中国软科学,2004(6)

28.刘文光.国外政府危机管理的基本经验及其启示.中共云南省党校学报,2004(2)

29.刘助仁.危机管理——国际经验的审视与启示.四川行政学院学报,2004（1）

30.王德迅.日本危机管理研究.世界经济与政治,2004(3)

31.顾林生,刘静坤.英联邦危机管理体系.城市与减灾,2004(3)

32.倪芬.俄罗斯政府危机管理体制的经验与启示.行政论坛,2004(66)

33.何贻纶.俄美两国危机管理机制比较研究及其启示.福建师范大学学报(哲学社会科学版),2004(3)

34.郭济.中央和大城市政府应急机制建设.北京:中国人民大学出版社,2005

35.王茂涛.近年来国内公共危机管理研究综述.政治学研究,2005(4)

36.王辑思,徐辉.中美危机行为比较分析.美国研究,2005(2)

37.顾林生.东京大城市防灾应急管理体系及启示.防灾技术高等专科学校学报,2005(7)

38.曹伟,周洋毅.国外大城市防灾应急管理体系研究及借鉴.城市防灾,2005(9)

39.王强.美国危机管理对我国的启示.武警学院学报,2005(21)

40.刘艳,刘新.试析韩国危机管理机制及其对中国的启示.中国人民公安大学学报,2005(2)

41.赵成根.国外大城市危机管理模式研究.北京:北京大学出版社,2006

42.万鹏飞主编.美国、加拿大和英国突发事件应急管理法选编.北京:北京大学出版社,2006

43.朱正威,吴霞.论政府危机管理中公共政策的应对框架与程式.中国行政管理,2006(2)

44.肖鹏英.当代公共危机管理研究的现状及发展趋势.贵州社会科学,2006(202)

45.包正友,苏燕.美国飓风给政府危机带来的思考.管理咨询,2006(7)

46.邱美荣."危机管理与应急机制"国际学术研讨会综述.国外社会科学,2006(4)

47.陈先才.美俄危机管理体制之比较.行政与法,2006(6)

48.赵敬丹,邬海萍.美日政府危机管理制度对中国的启示.沈阳师范大学学报,2006(30)

49.姚国章.典型国家突发公共事件应急管理体系及借鉴.南京审计学院学报,2006(3)

50.斯亚平.公共危机管理体系研究.北京:知识产权出版社,2007

51.邱美荣.后"9.11"时期美国的危机管理研究.外交评论,2007(100)

52.周文彧.发达国家城市综合防灾的启示.城市减灾,2007(3)

53.卢一郡,贾红轩.美国国家突发事件管理系统简介.中国急救复苏与灾害医学杂志,2007(2)

54.宋立军,普娜,瓦建任.俄罗斯的应急体系.中国应急救援,2007(3)

55. 肖淑敏.西方突发公共卫生事件管理体系对我国的启示.河南理工大学学报(社会科学版),2007(8)

56 孙叶青,臧术美."9.11"事件前后日本的危机管理.黑龙江社会科学,2007(3)

57. 王渊.中美两国危机管理体制比较及其对中国的启示.辽宁行政学院学报,2008(5)

58. 王良.论国外危机管理机制的特点及启示.毛泽东邓小平理论研究,2008(7)

59. 熊文美,陈进,李幼平等.美日俄中四国地震医疗救援应急管理比较.中国循证医学杂志,2008(8)

60. 叶国文.民众参与和危机演习:政府危机管理的再思考.中共浙江省委党校学报,2008(4)

61. 游志斌.公共安全危机的恢复管理研究.中国公共安全,2008(3)

62. 郭晶莹.从暴雪灾害事件看政府危机管理中的公共政策制定.经济研究导刊,2008(9)

63. 李军.韩国的危机管理机制.学习时报,2003-6-9

64. 陈双庆.以色列危机管理的运作程序.学习时报,2003-4-21

65. 顾林生.日本——全政府型防灾与危机管理体制.中国社会报,2005-4-26

第十章 非传统安全视阈中
的公共危机管理

  非传统安全威胁是指区别于传统安全的来自经济、社会、环境、生态、文化、信息等更宽泛领域的新安全威胁。非传统安全概念的提出和理论探讨是对传统安全理论的补充和发展。传统的安全理论只关注政治、军事和外交领域的国家安全和国与国的相互关系。非传统安全研究在内涵和外延两方面拓展了安全的定义,不仅扩大了安全研究的领域,将经济、环境、文化和社会等问题纳入安全研究的范畴,还使安全主体从国家扩展到个人和非政府组织等其他非国家行为主体。冷战后发展中国家和贫困国家面临着新的安全威胁,比如国内种族和宗教冲突、政府治理能力下降以及贫困引发的暴力、饥饿、传染病和难民等问题,实际上也都有着深刻的社会根源。非传统安全威胁应对能力的建设成为了现时期公共危机管理的重要方面。公共危机管理是非传统安全威胁能力建设的核心内容之一。

第一节 非传统安全问题的凸显

  冷战后,大国的安全战略不再以军事安全为重心,更多的国家乃至民众不再视他国为自身的威胁。但是,生态环境恶化、经济金融危机、恐怖主义、艾滋病等公共卫生问题、难民移民、海盗问题、毒品泛滥等新的不安全因素困扰着人类,直接威胁着国家安全、社会安全和人的生活。这类非军事与非典型政治领域的"新安全威胁",是人类社会过去没有遇到或很少见过的安全威胁,"它们的显著特征是逐渐突出的、发生在战场之外的安全威胁"[①]。

  中国政府 2001 年起在重要的文件上正式使用"非传统安全"一词,从政治

---

① 王逸舟:《重视非传统安全研究》,《人民日报》,2003 年 5 月 21 日第 7 版。

上肯定了这一概念的价值,并且随着安全形势的发展,与众多以往不同的安全因素相关联的非传统安全的维度正逐渐上升为国家战略层面的思考坐标。《二○○八年中国的国防》白皮书指出,"生存安全与发展安全、传统安全威胁与非传统安全威胁、国内安全问题与国际安全问题交织互动。"①中国政府将非传统安全纳入执政视野,纳入的是一种新的思维和境界——即从更大范围、更广领域、更宏观层面、更长远战略审视国家安全,体现了国家治理能力的与时俱进。

一、社会风险全球化

（一）安全:从"传统"拓展到"非传统"

2002 年 11 月 16 日,中国广东佛山发现第一例后来被称为 SARS 的病例;到 2003 年 2 月 11 日,广东公布患者已有 305 例,其中死亡 5 例;之后,SARS 疫情开始在全球蔓延。在中国,4 月初日均新增病例 4 个,月中上升到 34 个,月底陡然升至 190 个……②据世界卫生组织（WHO）发布的资料,截至 2003 年 4 月 11 日,SARS 已扩散到五大洲的 19 个国家,全球已经有 2781 人被感染,111 人死亡,病死率为 4.0%。SARS 肆虐之后迫使人们认真地思考:为什么国家没有受到侵犯,而生活在领土边界以内的人民却明显感受到了不安全? 为什么没有明确的敌对国家,也没有明显的武力进攻,而人们却显然感受到威胁的存在乃至形成了普遍恐慌? 为什么 SARS 式威胁使传统的安全维护手段不能发挥作用,并一度在社会、经济、政治、外交等不同层面上导致了多方面的危机?

对上述问题的思考已经开始超越了传统的军事安全与政治安全范畴,我们将这一类"新安全"问题概括为非传统安全问题。早在 SARS 之前,"非传统安全"就是一个在学术界已经出现的词汇,但是大众对它的具体含义和理解却不是很深刻。当试图进一步了解非传统安全问题时,人们发现除了 SARS 给我们最直接的感受之外,世界上其他国家和地区发生的很多事件也都可以归结为非传统安全问题。

2001 年爆发的"9.11 事件"就是一个明显的例证。"9.11 事件"是美国本土建国以来遭受的规模最大的袭击。根据纽约市政府公布的数据,截至北京

---

① 《二○○八年中国的国防》白皮书第一部分"安全形势",转引自:http://mil.news.sina.com.cn/2009-01-20/1101539495.html

② 据瀬桂瑞:《认识恐慌、战胜恐慌》,《人民日报》,2003 年 5 月 8 日第 11 版。

时间 2001 年 9 月 30 日,直接伤亡人数已达 5219 人。这不仅对美国的经济运行产生严重影响,而且由于曾作为美国标志的世贸中心大楼和政府重镇五角大楼被炸,将直接改变美国的国内状态(生活方式、社会状态和政治基调)和国际整体的外交格局,以至于有人认为"9.11"事件是世界已经进入"后冷战时期"的标志,也是对美国国家危机管理体系的重大考验。① "9.11"事件和"SARS 事件"一样,也是典型的非传统安全问题。首先,这次袭击同样不是由某个具体的敌对国家发动的,而是来自多个国家的一小部分恐怖分子的群体行为;其次,恐怖分子未使用大规模武力,却给美国人民的生命和财产造成了巨大损失;再次,这次恐怖袭击对美国人的心理安全产生了极大影响,人们发现,世界上最安全的美国也无法用其强大的军事力量保证国民的安全。

除了 2003 年的 SARS 和 2001 年的"9.11"事件,种种不安全事件使我们感受一个"不安全的时代"的境遇:1994 年,卢旺达种族灭绝大屠杀达百万人;1995 年,日本"奥姆真理教"制造施放沙林毒气惨案;1996 年,秘鲁大批不同国家的外交人员被扣作人质;1997 年,亚洲金融危机爆发;1998 年,中国长江洪水泛滥②;1999 年,科索沃危机引发中东地区动荡;2000 年,世界艾滋病蔓延严重;2002 年,英国疯牛病疫情造成全球恐慌;2004 年,印度洋海啸;2005 年,伦敦、埃及连环恐怖大爆炸;2006 年,地震引发的海底光缆断裂导致网络的安全危机;2007 年,食品安全与饮水安全成为世界性话题;2008 年,中国国内的毒奶粉事件再次考验食品安全问题,全球性的金融海啸以史无前例之态爆发……如此,当我们对安全的理解不再局限于国家间的军事威胁时,惊讶地发现非传统安全威胁无处不在,"社会风险全球化"已经是一个摆在面前的事实。生态危机、金融危机、能源危机、人口危机、水资源危机、移民难民危机、民族冲突危机、国家认同危机等,作为一种对安全的新威胁而日益引起人们的关注。不管我们是否愿意,在国际社会秩序动荡不安,国内社会结构发生重大变革的时期,非传统安全事件引发的各类危机已经成为我们这个时代生活的一部分。

(二)全球化:"新危机"与"新安全观"

全球化是讨论国际关系的新架构,是冷战结束以来世界政治发展的最主要的特征之一,它体现在经济、政治、科技、军事、社会和文化等各个领域,我们可以从经济相互依存、国家地位和作用的变化、全球通讯信息技术的发展和全球问题的产生等方面来理解全球化的影响。全球化在推动世界经济相互依存

---

① 薛澜、张强、钟开斌等:《危机管理:转型期中国面临的挑战》,清华大学出版社 2003 年版,第 1 页。
② 1998 年我国长江流域和嫩江、松花江流域的特大洪水,直接经济损失达 2000 多亿元,占 GDP 总量的 2% 多。

不断加深的同时也带来了全球化危机,反映在安全领域,即安全的概念、主体、威胁来源以及维护安全的手段都发生了复杂的变化,非传统安全问题渗透到社会的各个层面,使传统的安全观在许多方面需要予以修正,需要新的安全观来应对新的危机。因此不能再从传统安全观的角度来看待国家安全和国际安全问题,必须深刻了解全球化浪潮对安全造成的巨大冲击。

第一,全球化对传统安全观的挑战首先表现为对国家中心地位的挑战。近代以来,民族国家一直是人类政治生活的核心,构成民族国家的三个主要要素是领土、主权和公民。任何独立的国家都必须具备一定的领土,国家的领土是独立而不受侵犯的;在这个独立而确定的领土上必须具有一个至高无上的主权,它代表国家的意志,主权不受他国的干预;在国家的领土范围内必须拥有足够数量的公民,他们的责任和权利受国家的保护。主权国家是国内社会和国际社会的唯一主体,它在对内方面具有至高无上的权力,对外方面是独立的主体。因此,国家安全的首要任务就是保护国家的领土、主权和公民不受侵犯。然而,不可阻挡的全球化进程已经对国家的领土、主权和公民三要素构成了重大挑战,正在从根本上动摇传统的国家安全观。人的安全、社会安全、全球安全正在成为新的危机主题而拓展着国家安全的内涵和外延。

第二,全球化对安全的影响还体现为国家间大规模战争的减少和军事力量在维护国家安全方面作用的下降。传统安全观认为国家维护安全的手段只能是军事实力,或者是被合法化了的战争,主权国家具有拥有和行使军事实力的正当权利。但是随着国家间相互渗透关系的增加,各种全球问题的出现,以及人类共同意识的形成,国际合作机制和国际组织的建立,进一步降低了军事力量的作用。美国军事专家曾运用多种方法论证,认为在未来各种类型的战争中,全面核战争的可能性极小,大规模常规战争的可能性是 50%,而小规模常规战争和非战争形态的军事冲突可能性则达 100%。① 冷战结束后在全球化快速推进的情况下,世界存在着两种平行的趋势“国家之间的军事冲突减少,而在国家内部因民族、部族、宗教等引发的跨疆界的战争增多了”。②

第三,全球化的发展还使全球范围的非传统安全问题成为对国家安全和人的安全最直接的威胁。随着军事作用的下降,全球范围的经济金融危机、环境问题、贫困与饥饿问题、人口与粮食问题、资源与能源、难民与移民、恐怖主义、毒品和艾滋病等具有全球规模的问题,可以自由跨越国境成为国家安全和

---

① 转引自王逸舟主编:《全球化时代的国际安全》,上海人民出版社 1999 年版,第 83 页。

② Charlotte Bretherton, Contemporary sources of Armed Conflict, in Bretherton, C. and Geoffrey, P. eds.,1996. Global Politics: An introduction, Oxford: Blackwell, p.101.

发展的重要威胁。这些超出军事领域的安全危害有时并不亚于战争的破坏，而国家在解决这些非传统安全问题方面的能力正在显著下降，国家对公民以至国际社会难以提供充分的安全、福利、生态和人权保障。这种情况给非国家主体与超国家关系的发展提供了可能，使包括个人、非政府组织和国际组织在内的非国家行为体有机会与国家一样成为安全主体，在协调全球发展和处理全球性问题的过程中相互合作、共同发挥作用。

　　全球化的发展对传统的国家安全观念提出的挑战是任何国家都无法回避的现实。全球化的发展也大大深化了对安全问题的理论思考，要求我们对安全进行再认识。安全的概念重新检讨和定位的必要性逐渐受到学术界和政策制定者的重视。① 可以说，全球化彻底改变着人们的安全理念与各国的安全环境，而非传统安全问题的凸显与新安全观的提出就是这种改变的具体而突出的表现。它表明人类面临的安全问题更加趋于多元化、复杂化，安全研究面临重新定义安全、探寻新安全维护之道等理论拓展的挑战。

二、非传统安全的中国"语境"

（一）非传统安全：定义和特征

　　究竟什么是非传统安全？目前学界仍无公认的严格定义与权威说法。笔者综合国内外研究的主流观点后认为，非传统安全可以定义为：免于由非军事武力所造成的一切生存性威胁。简言之，非传统安全是"非军事武力安全"。②

　　非传统安全具有以下重要特征：

　　第一，问题的始发性。非传统安全问题之所以成为"非传统"，因为它们大多是"始发"的安全问题。西方学者也用非常规安全（unconventional secueity）、非传统威胁（nontraditional threats）、非传统问题（nontraditional issues）和新安全（new security）来指称非传统安全。因为这类新型安全问题是过去很少见到、或者是过去根本没有见到过，现在却变得日益"现实化"与"普遍化"，并使得各国政府既有的安全机制与危机处理机制产生严重的不适应性。如"9.11恐怖袭击事件"，是对超级大国美国的一次史无前例的"非军事性"袭击，也是对世界上具有无可匹敌的军事力量的美国一直把"战场"推至国门之

---

① Nef, Jorge, Human Security and Mutual Vulnerability: the Global Political Economy of Development and Underdevelopment, Ottawa: International Development Research Center, 1999.
httpa/www. idrc. ca/books/focus/879/03-intro. html.

② 对非传统安全的定义，为表达清晰起见，笔者在此处进行了修正；笔者的最早定义请参见余潇枫等著：《非传统安全概论》，浙江人民出版社2006年版，第52页。

外的传统安全防御模式的一次否定性攻击,它标志着"国际安全"与"本土安全"(homeland security)界线模糊的新时期的到来。为此,美国不得不重新考虑国家安全战略,重新认识"本土安全"的重要性。

第二,成因的潜在性。多数非传统安全问题是从传统安全问题演化而成为"新"问题的。诸如恐怖主义、非法移民、生态恶化、流行疾病、水资源匮乏等问题早已有之,只是由于长期以来没有得到应有的重视和有效的治理而愈演愈烈,从而演化成为人类的"生存性威胁"与"跨国性威胁"后才备受关注。另外,非传统安全由于威胁来源隐蔽、多样和复杂,爆发时间和地点存在着极大的不确定性,所以常以突发性灾难和危机的形式造成巨大的伤害,令民众和政府在应对上措手不及。例如恐怖主义袭击、生态灾难等。

第三,传递的扩散性。跨国性、全球性是非传统安全的突出特点。非传统安全问题大多是一些地区安全、全球安全和人类安全的问题,或者由一国内部非军事和非政治因素引起并影响各国安全的跨国性问题,在地域上有明显的蔓延和扩散,而不只是单独哪一个国家和哪一个地区的难题。如非洲中部大湖地区的暴力与武装冲突,就是由布隆迪和卢旺达国内图西族和胡图族之间的矛盾冲突而引起并波及其周边邻国的。再如信息网络中的黑客攻击,造成的破坏和影响会在极短的时间内迅速传递和扩散甚至波及全球各地。

第四,表现的多样性。与传统安全威胁多来自于国家行为体不同,非传统安全威胁的来源是多元的、复杂的,更多的是来自非国家行为体,甚至包括个人。它们所挑战的可能是某一个国家,也可能是某一区域、某个群体或个人,威胁的表现形式更是五花八门、各式各样,比起以往军事、战争威胁较单一的形式,显得十分复杂多样而难以应对。有学者将非传统安全问题的来源从范围上划分为三类。第一类是次国家性的,包括政治、种族、宗教、文化和民族冲突,这些冲突从内部对民族国家的规定性和权威性提出挑战。第二类是无国家性的,其威胁与它们所属国家无关,如地区性的有组织犯罪,海盗和恐怖主义活动是这类威胁的主体。第三类是超国家性的,其威胁超越了民族国家的边界,它们包括宗教运动、国际犯罪组织,以及协助武器扩散的非正式经济组织。①

第五,治理的综合性。非传统安全问题的跨国性质,使其具有极大的破坏力与很强的蔓延性,"各国即使是出于自利考虑,也会因为自助上的无能为力,不得不采取互助的姿态和行为,与他国合作以共同应对危机和挑战"。② 另

---

① 王小东著:《信息时代的世界地图》,中国人民大学出版社 1997 年版,第 44—46 页。
② 刘兴华:《非传统安全与安全共同体的建构》,《世界经济与政治》,2004 年第 6 期。

外,非传统安全各个问题相互之间有着紧密的相关性,它们之间会相互影响,相互激发,相互缠绕,进而形成对人类"共同命运"的挑战,这就更需要对其进行跨领域、跨国家的综合治理与维护。非传统安全问题是所有国家、社会、地区以及公民共同面对的问题,这些问题还会促使人民建立起共同意识和共同目标。从长远来看,应对非传统安全需要全球治理,而非仅仅是强制的统治。全球治理既包括政府机制,需要国家在解决这些问题过程中发挥作用;同时也包括非政府机制,随着治理范围的扩大,各色人群和各类组织都可以借助这些机制满足各自的需求,实现各自的愿望。

(二)非传统安全研究:视角和特点

非传统安全概念的提出和理论探讨是对传统安全理论的补充和发展。传统的安全理论反映的是国际安全研究中的现实主义观点,认为国家总是追求权利的最大化,并且经常在损害其他国家利益的情况下增加自身利益,甚至在极端情况下,不惜诉诸军事手段来维护安全。因此,传统的安全理论只关注政治、军事和外交领域内各国的相互关系,即所谓的"高政治"(high politics)[1]。非传统安全研究在内涵和外延两方面拓展了安全的定义,不仅扩大安全研究的领域,将经济、环境、文化和社会等所谓的"低政治"(low politics)纳入安全研究的范畴,还使安全主体从国家扩展到个人和非政府组织等其他非国家行为主体。应对非传统安全威胁形成的新安全观为国家间安全关系提供了新的理论基础。传统的安全观只限于国家之间的军事博弈,是一种非此即彼的"零和游戏"。新安全观强调安全的综合性和相互依存性,指出共同安全和合作安全是维护安全的重要手段,从而把国家间安全关系看成是"双赢格局"。

对传统安全来说,"安全研究的主要焦点是战争现象。相应的,安全研究可被定义为对军事力量的威胁性进行实际使用和控制的研究"。[2] 对非传统安全来说,安全研究的主要特点是"非战争"现象;非传统安全问题的重点在于安全威胁的"非传统性",即现有安全认知的不确定性和国家安全对策的不适应性。[3]因此,非传统安全研究与传统安全研究的主要区别在于:

---

① high politics 与 low politics 在学界有不同的翻译,王逸舟译成"高政治"和"低政治",参见王逸舟:《探寻全球主义国际关系》,北京大学出版社 2005 年版,第 185 页;王缉思译成"高度政治"和"低度政治",参见王缉思:《国际关系理论与中国外交研究》,袁明主编:《跨世纪的挑战:中国国际关系学科的发展》,北京大学出版社 2007 年版,第 334 页;同时,也有译成"高级政治"和"低级政治","高政治"和"低政治"。

② Stephen M. Walt, "The Renaissance of Security Studies", International Studies Quarterly 35, No. 2.

③ 王逸舟:《论"非传统安全":基于国家与社会关系的一种分析思路》意见征求稿。

一是非传统安全研究主要指向"跨国家"的安全互动,以及国家内部产生的安全威胁,如种族冲突问题取代国家冲突问题,而传统安全主要研究"国家与国家之间"的安全互动。

二是非传统安全着重研究"非国家行为体"所带来的安全挑战和维护,而传统安全的着重点是"国家行为体"。

三是非传统安全侧重非军事安全对国家和国际安全造成的影响,而传统安全侧重的是军事安全的议题。

四是非传统安全更多的是将"人"和"社会"视为安全主体和实现安全的目的,而传统安全倾向于将"国家"视为安全主体。[①]美国非传统安全专家乔治·费达斯(George Fidas)认为,冷战时代的威胁是有"威胁者"的威胁,而后冷战时代的威胁是"没有威胁者的威胁"(threats without threateners)。

从安全理念看,传统安全观是狭义的安全观,重点是防御危险与威胁,军事武力是主要手段,因而其安全理念必然是"危态对抗"。非传统安全观则是一种广义的安全观,重点是共同治理以获得良好的生存及发展环境,非军事武力是主要手段,因而其安全理念必然应是"优态共存",追求"你安全我才安全"的"和合"共建安全模式。安全观从以往的狭义安全观转向广义安全观,内含着安全主体的扩大与转换,非国家行为体在非传统安全中占有更多的角色,并将发挥更大的作用。

安全重心的转移是非传统安全所具有的划时代的标志,以人的安全为基、以社会安全为本,突破了传统安全的国家安全本位,其实是在更广的范围与更多的层面上去维护国家安全和超国家的全球安全、共同安全。

明确了非传统安全与传统安全在安全理念、安全主体以及安全重心上的区别,那么有几个特征就比较容易界定。如安全领域,传统安全是军事安全、外交安全与政治安全,即"高政治"所关涉的内容;而非传统安全领域是军事安全与政治安全外的所有安全领域,即"低政治"中的许多内容都被纳入考虑范围。再如安全的维护力量、维护方式、维护前提、维护内容等,都可以与上述相应而做出比较明晰的界定。

当然,非传统安全与传统安全也有着难以分离的领域边界,如非传统安全中的民族分离主义、宗教极端主义问题都涉及政治安全领域,另如非传统安全中的恐怖主义问题同样都涉及军事安全领域。

再就行为主体而言,非传统安全维护的主体是多元的。非传统安全可以分解为个体安全、群体安全、国内社会安全、国际社会安全、人类安全等层面。

---

① 朱锋:《"非传统安全"解析》,《中国社会科学》,2004 年第 4 期。

非传统安全危险的来源也可以相应分解为个体、群体、国内非政府组织、跨国组织机构、自然力量等非国家行为体。由于非传统安全危险来源和行为体的多元化,民族国家在应对非传统安全问题上已经不再拥有独占地位且不能发挥主导作用,超国家组织和非国家行为体在应对非传统安全问题的作用和地位不断强化上升。同时,全球化已经使得非政府组织甚至个人的活动空间和能量大大扩张,这些非国家行为体的活动更多地表现为一种社会关系,它们不需要国家作为中介而直接在国际和国内事务中发挥作用,进而影响国家的决策和人们的观念。

(三)非传统安全维护:中国命题和当代意义

中国改革开放以后,一直处在持续高速增长的发展阶段,与此相应也带来了一系列发展性的非传统安全问题。生态环境的破坏和污染问题、大规模人口流动所导致的社会治安问题、越来越严重的能源和水资源短缺问题等都与中国的高速发展相关。这些问题既与国家安全相关,也与社会安全和个体安全相关。摆脱贫困又不能以普遍的安全为代价,是发展中国家必须考虑的首要问题。

从国际环境看,中国直接面临着跨国性的"三股恶势力"(宗教极端主义、分裂主义和恐怖主义)的危害。台独、藏独、"东突"不断与外国势力结合给中国的发展带来诸多的负面影响。同时,跨国犯罪活动如跨国毒品贩运、海盗、国际洗钱活动、拐卖妇女等,犯罪组织通过便利的通信、交通、组织网络对我国造成越来越严重的危害。

从体制环境看,中国面临的很多非传统安全问题是社会转轨中的安全问题。社会主义市场经济的深入发展,加快了中国的市场转轨以及与世界经济的接轨。在过去的 30 年里,我们创造了一个历史上少有的举世瞩目的经济持续发展的奇迹,但与此同时,我们也正经历着"经济转轨、社会转型"的关键时期,处于"经济容易失调、社会容易失序、心理容易失衡、社会伦理需要调整、核心价值观需要重建"的关键时期,这就使得经济安全、社会心理安全、社会安全等诸多非传统安全问题比较突出,这和体制问题以及社会转型背景高度相关。在"改革、发展、稳定"的关系中,社会稳定是维系国家系统有序运作的根本保证,因此,"稳定压倒一切",是科学发展、和谐发展的前提,对于中国具有特殊的意义。

从社会环境看,中国面临的非传统安全问题具有多层次性、多元性和复合交织的特点。全球性的问题、地区性的问题、国家层次问题、次国家层次问题和公民个体安全问题都对中国产生着影响。中国"科学发展观"的提出,提出构建"和谐社会"的理想、提出加强国际交往中的非传统安全领域的合作,正是要从立体综合的角度处理好非传统安全问题。

从人口环境看,中国人口众多,落实"以人为本"和"人的安全"的任务比较艰巨,相应的非传统安全问题解决的难度也很大。公共健康问题、公共卫生问题、就业失业问题、犯罪问题、教育问题等等处理不当都会引发社会的不安定。

从自然环境看,中国地大边界长,各种自然灾害年年不断,此起彼伏,自然灾害在一定的外界条件下,甚至会进一步发展成为社会性危机。2008年的南方雪灾与汶川大地震以猝不及防之态突现,政府作为公共事务的管理者,必然要承担控制由自然灾害等引起的连锁反应的责任,必须时时警惕处处提防,健全灾害危机预防机制与灾害发生处理机制。

21世纪是中国和平发展的重要战略机遇期。中国需要安定团结的国内环境与和平稳定的国际环境。冷战结束以来,中国的国际安全环境得到极大改善,同美国、俄罗斯、日本、印度等主要国家的关系得到改善,同周边国家的关系也处于历史上的最好时期。国外敌对势力武力侵犯中国的可能性大大减少,传统安全的威胁在降低。但是,经济、社会、环境领域的非传统安全问题却日益成为中国的新威胁。对于转型期的中国社会,有效、及时、安全地处理这些非传统问题已经成为各级政府必须高度重视的重大挑战,政府作为国家政权机关和社会公共事务的管理者,如何处理好非传统安全问题将直接关系到政府在公众心目中的权威地位和良好形象,直接影响我国政治经济的稳定和发展,进而关系到国家政权的生死存亡。以此为背景,研究非传统安全问题、在非传统安全的视阈中研究公共危机,对中国和平、和谐、科学发展是十分必要和有意义的。

首先,对非传统安全的研究有助于实现中国的科学发展。环境恶化、能源危机、粮食安全、人口爆炸、走私、毒品等跨国有组织犯罪的猖獗、艾滋病的蔓延等非传统安全威胁都与经济发展与人民的生活密切相关,通过对这些问题的研究可以建立起经济发展和社会全面发展之间的良性循环机制,使社会和经济得到可持续、科学、和谐的发展。

其次,非传统安全研究有利于中国拓展新的安全空间。冷战后安全形势和安全类型都发生了巨大变化,需要我们准确做出判断,并及时调整安全战略,以新安全观应对新威胁。正确认识和积极应对非传统安全对中国国内稳定具有非常重要的意义,可以帮助我们防范、应对金融危机和非法洗钱对中国经济的侵蚀,减少经济金融危机对中国经济发展速度和前景的影响;阻止网络科技犯罪对中国信息安全的破坏;减少疾病蔓延造成的社会动荡,降低跨国犯罪、走私贩毒、海盗猖獗对中国社会稳定的危害,削弱国际恐怖主义与国内分裂势力对中国安全和稳定的潜在和直接威胁,缩小环境恶化给经济和社会发展带来的负面影响等等。

再者,加强非传统安全研究也有助于中国提升在国际安全合作中的地位;有助中国树立负责任的大国形象,提高中国处理全球问题的能力;有助于在全球寻求更多的共同语言,积极参与国际社会"热点外交"。应对非传统安全威胁需要新型的国际合作,更需要国家具备完善的综合治理能力。"9.11事件"后的美国外交政策的调整令人深思,恐怖袭击发生后,美国已经开始把反恐置于其外交政策的中心,大幅度地改善了它与主要大国的关系。

随着改革开放的不断深入,我国与世界的交流日益广泛,国际社会在经济、政治和文化等方面的重大变化都会不同程度地波及我国。因此,非传统安全问题对中国安全和发展的影响不可低估。特别是"9.11事件"发生之后,一些利益集团和组织利用非军事手段,对敌对方的一些战略目标进行非常规袭击,这种现象引起了国际军事理论界和安全专家的高度关注。目前,国内外都在深入反思和研究新时期的国家安全问题,对我国来说,这一宏观背景的变化必然要影响到我们的思维方式和实际工作。

第二节　非传统安全视阈中的公共危机

非传统安全是安全思想的革命,也是中国和谐发展的重大国家战略领域。非传统安全应对能力建设的研究有利于对未来可预见的非传统安全威胁进行有效的预警、防范和应对;有利于国家发展的增长方式与社会和谐的保障方式在长远战略思考与阶段性实施中得以相互协调;也有利于中国在世界范围内更好地争取和平、发展与合作的国际战略环境,促进"和谐世界"战略目标的实现。从非传统安全视角审视公共危机,即把公共危机置于了一个更宏阔和长远的视阈中,具有战略意义。

一、非传统安全理论研究述评

安全是个人或社会共同体免于威胁的一种存在状态,表示着个人或社会共同体生存性威胁的消解。安全是人类生存的最基本需要,是国家发展的最基本条件,也是国际关系最基本的价值诉求。人类发展的历史同时也是一部人类不断"应对"各种"安全问题"或"安全威胁"的历史。

在以往的国际安全理论视域中,一切安全问题可以分为两类:一类是作为

"高政治"的安全问题,主要是涉及主权和政权相关联的军事安全、政治安全与外交安全。另一类是作为"低政治"的安全问题,主要涉及的是军事、政治与外交以外的各类安全。鉴于人类历史上战争的威胁始终是人类生存的最主要威胁,因而军事安全被置于各国安全的首要与绝对位置,与此相应的军事、政治、外交安全也被赋予极其重要的地位。

然而,全球化导致的全球问题的普遍化、冷战结束后国际发展的新格局、世纪之交的金融危机以及 21 世纪以来国际恐怖主义猖獗、能源资源紧张、环境问题凸现、粮食危机出现、极端气象灾害频发,近年来的公共卫生问题,2008年全球性金融危机等,越来越成为人类生存性威胁与国家安全威胁的主要方面,使得以前被视为"低政治"的安全问题不断影响甚至转化成为"高政治"而受到重视。

这些新凸显出来的问题有着多种来源,它们或者是以前曾有过的非军事和非政治外交领域的安全问题被赋予了全球化时代的新形式,或者是以前没有过的非军事和非政治外交领域的安全问题成为全球化时代的新危机,或者是以前是军事政治领域的传统问题转化成非传统问题。于是在新的安全威胁的条件下,安全问题的研究开始有了新的"分界"。军事安全与政治外交安全开始被称之为"传统安全";而直接造成人类生存性威胁或国家安全威胁的其他安全问题开始被划入"非传统安全"(non-traditional security)[①]领域。也就是说,"非传统安全威胁是相对于军事、政治和外交等传统安全威胁而言的,指除此以外的其他对主权国家及人类生存与发展构成威胁的因素,主要包括恐怖主义、贩毒走私、严重传染性疾病、海盗活动、非法移民、环境安全、经济金融安全和信息安全等方面。"[②]

国外的非传统安全研究主要集中在欧美西方发达国家。他们对非传统安全问题的研究起步于 20 世纪 70 年代。1972 年罗马俱乐部发表《增长的极限》、《人类处于转折点》等报告预警了人类社会面临的某些非军事性灾难。这一时期的非传统安全理论研究主要是对传统现实主义安全观的反思和批判。此后,一些新兴的国际关系理论流派,特别是国际政治经济学(international political economy)和环境政治学(internationalpolitics of environment)的学者对拓展非传统安全研究的领域、建构非传统安全的理论框架做出了许多贡

[①]　"非传统安全"是一个逐渐被认可的范畴,起初人们描述军事安全以外的威胁的概念还有"非军事安全"、"非常规安全"。

[②]　熊光楷:《协力应对非传统威胁新挑战》,世界知识,2005 年 8 月 8 日,http://news.xinhua-net.com/mil/2005-08/18/content_3372168.htm

献,并成为西方国际关系理论关于非传统安全研究的主要学术渊源。冷战结束后,随着非传统安全问题日益突出,后现代主义、女性主义和建构主义学者等纷纷参与其中。1994 年联合国提出"人的安全"(human security)概念之后,安全的探讨和努力已经在相当大的程序上超越了传统的国际关系研究的范畴,也超越了传统安全的研究边界而使非传统安全成为了国家发展的重要议题。非传统安全正在成为一门显学。

在诸多学术流派中,国际政治经济学、环境政治学以及冷战后渐成声势的批评性安全研究对非传统安全研究有着较为突出的贡献:一是通过对政治与经济互动的研究,使经济安全成了非传统安全研究的重要对象;二是通过对国内问题与国际问题相结合的研究,把非传统安全研究的视野扩展到国家、国际和全球三个层次上;三是通过对非国家行为体的研究实现了使非传统安全对象的多元化。这三大进展构成了如今国际学术界对非传统安全研究的重要理论取向。

国际关系政治经济学中的新自由制度主义者在超越传统安全观方面的理论探索十分显著。在罗伯特·基欧汉(Robert Keohane)和约瑟夫·奈(Joseph Nye)提出的复合相互依赖理论明确提出,由于非国家行为体直接参与世界政治,政治与经济、军事与外交、国际与国内之间不存在明确的等级之分,因此武力并非有效的政策工具,军事安全并非始终是国家关系的首要方面。

环境政治学将环境问题引入了非传统安全研究领域,将环境和安全问题联系起来研究,除了对人类环境与生态危机发出警告外,还呼吁重新定义国家安全的概念。1983 年和 1989 年理查德·乌尔曼(Richard Ullman)和杰西卡·冯修斯(Jessica Mathews)分别在《国际安全》(International Security)和《外交》(Foreign Affairs)上发表"重新定义安全"的文章,提出国家安全和国际安全的概念应该扩大,应该包含非军事的全球问题,比如资源、环境和人口问题。冷战结束后,环境安全问题的研究更为深入,主要集中在环境变化、人口增长、资源匮乏与国际冲突之间的关系等方面。

批评性安全研究者不仅主张对非传统安全研究应该把非军事安全威胁包括在内,而且还质疑将国家作为安全研究的主要对象,他们呼吁将研究重点从主权国家的安全转向关注社会安全和人的安全,安全不仅仅局限于特定的主权国家,还包括所有的社会和所有人的社会关系。布斯(Ken Booth)指出,真正的安全只有通过人民和集体才能获得,只有他们的安全不被剥夺,也就是说只有他者获得了安全,自己才能获得安全。在质疑国家安全主体地位的基础上,批评性安全研究者把"人的安全"和"全球安全"概念放在非传统安全研究的突出地位,强调把安全观从传统的防御外来敌对国家的军事侵略转向对全球生态系统以及人的福祉的保护上。有些学者甚至认为："国家不再是安全的目标而成为维护安全的手段。"在某种程度上，人的安全或全球安全概念既可以代表安全领域的横向扩展，包括了大量诸如贫穷、流行性传染病、政治不公正、自然灾害、有组织犯罪、甚至失业等问题，也可以使安全主体从民族国家向上、下两个层次纵向延伸。

哥本哈根学派对冷战后的非传统安全研究产生了很大影响。巴瑞·布赞（Barry Buzan）在 1991 年出版的《认同、移民与欧洲的新安全议程》一书中对传统的军事政治安全的含义做了探讨，认为社会安全是理解欧洲新安全议程的最有效工具。另一代表人物奥利·维夫（Ole Waever）建议用"社会"来取代国家作为安全的主体。哥本哈根学派通过对社会安全问题的研究深化了领域概念，并且将社会关系置于安全分析的核心位置。在《新安全论》中巴瑞·布赞明确提出安全主要涉及五个相互关联的领域：军事安全、政治安全、经济安全、社会安全和环境安全领域，其中经济、社会和环境安全扮演着与军事、政治安全同样重要的角色。

在研究方法上，西方学者倾向于社会建构主义的研究方法，强调社会建构对国家行为和国际安全关系的影响。建构主义的代表人物亚历山大·温特（Alexander Wendt）认为，国际政治是由社会建构成的，国际体系不仅与物质资源的分配相关，也包括社会相互作用，强调社会结构和观念分配对行为体的影响。如果行为体之间高度猜疑就会形成安全困境，如果行为体之间高度信任就会形成安全共同体。国际关系中的"英国学派"也将国际政治的社会性作为主要研究对象，着重考察国际社会的起源、发展、当代特征及其与直接秩序的关系。奥斯陆的"和平研究"也致力于从社会学的角度研究和平、冲突、暴力的关系。这两派都强调社会学研究方法对国际政治和国际安全研究的重要性。

须指出的是，在西方学者的理论研究中，他们较少使用非传统安全一词，而是倾向于使用有更具体指称的非军事安全、全球安全、跨国安全、综合安全、人的安全、新安全等等。此外，由于各国各地区所面临的非传统安全威胁各不相同，他们所关注的研究领域也各有侧重。美国学者比较关心经济安全和恐怖主义问题；欧洲特别是英国和丹麦的哥本哈根学派特别关注社会安全，而日本、加拿大等国则对人的安全研究较多，联合国和其他国际组织的学者则更注重环境安全和人权问题的研究。

在研究分布上，各个国家都各有侧重。美国是在传统安全研究的框架下讨论非传统安全议题。尽管美国政府的思想库和学术机构纷纷资助新安全研究项目，但他们出版的著作很少获得广泛影响。大部分学者认为必须根据冷战后的国际新形势对安全研究进行大幅度的调整，特别要求对安全概念进行扩大性的解释和理解。其最具代表性的著作是保罗·斯塔尔（Paul B. Stares）主编的《新安全议程：一份全球调查》（The New Security Agenda：A Global Survey），该书比较全面概括了各国学术界关于新安全问题不同的争论和观点，对进一步研究非传统安全问题提供了十分有益的指南和参考。加拿大也非常注重非传统安全研究，尤其是人的安全研究，政府、民间及学术界都积极参与探讨，加拿大政府在外交实践中提出以人为中心，推动全球安全向人的安全转变的纲领。欧洲的德国在非传统安全研究中强调国际关系的民主化和制度化，重视联合国的作用，主张慎用武力，寻求多边主义途径和进行全球治理。东亚非传统安全研究在 20 世纪 90 年代起步，在印度、新加坡、日本和中国已经受到越来越多的重视。

近年来，随着非传统安全对中国的威胁不断扩大，国内学术界对非传统安全的研究得到显著加强，进行了富有成果的理论探索。中国学者主要围绕非传统安全的产生根源、非传统安全与传统安全的区别与联系、非传统安全与新安全观等问题，提出了自己的观点。

有学者认为中国在非传统安全的研究和实践上可分为三个阶段。第一阶段是冷战结束到 1997 年，学术界和政界开始反思安全概念，提出包括军事、科技、环境、资源、文化、经济等内容的综合安全观。体现在外交政策上，"新安全观"开始在官方文件中出现。第二阶段从 1998 年到 2001 年"9.11"事件，非传统安全问题研究逐渐展开，"反恐"成了中美战略合作的黏合剂。第三阶段是从"9.11"事件到现在，学术界对非传统安全威胁包括的领域和特点有了深入的研究。中国政府工作报告及党的十六大、十七大报告中正式将非传统安全提到国家安全战略的高度，明确提出"传统安全威胁和非传统安全威胁的因素相互交织"，要应对传统和非传统安全威胁。

中国学者对非传统安全的真正关注始于 1997 年东南亚金融危机。一些学者开始探讨经济和金融危机对国家安全的影响，在如何防范金融危机和经济犯罪方面出版和发表了许多文章和著作。这些研究侧重分析了经济全球化对中国经济的影响，如何减少全球化的负面影响，以及中国加入世界贸易组织后的经济安全和产业安全。2001 年，中国加入世界贸易组织。学者们在分析"入世"对中国政治经济冲击中，开始更多地关注金融安全、经济安全、货币安全、生态安全、环境安全等新安全问题，开始使用综合安全、复合安全、多层次安全以及立体安全等概念。这些研究认为在全球化和信息化时代，安全的概念和领域要超越传统的束缚，延伸到军事安全以外更宽广的范围，尤其是经济安全得到更多的重视。后来的"9.11"事件、SARS 和禽流感事件等使国内学者又进一步思考国内社会因素与安全之间的关系,提出社会安全和人的安全概念,开始注重国家与社会的关系,注意协调国家利益和个人需求之间的关系。2008 年以来的全球金融风暴,更使得学界和政府开始不断探索非传统安全的应对能力建设之路,从而使非传统安全理论更加成熟和丰富。

根据中国期刊数据库的记录,1998 年至 2006 年底,用"非传统安全"一词讨论国际和国内问题的文章达 2747 篇。其中的代表著述有:王逸舟发表于《人民日报》的"重视非传统安全问题研究"(2003)和《国际经济评论》的"中国与非传统安全"(2004),俞晓秋等在《现代国际关系》发表的"非传统安全论析"(2003)等文章,陆忠伟主编《非传统安全论》(2003)、余潇枫等著《非传统安全概论》(2006)、于俊平等著《非传统安全问题与重大突发公共安全事件应急对策》(2006),查道炯主编《中国学者看世界——非传统安全卷》(2007)、傅勇著《非传统安全与中国》、张曦主编、余潇枫执行主编"非传统安全与现实中国"丛书(2007、2008)等。这些著述比较全面地探讨了非传统安全的起源、概念等理论问题,并就多领域的非传统安全问题做了多维分析,对综合理解非传统安全问题具有极为重要的意义。

可以说,中国学界对非传统安全进行了诸多有益而深入的研究,并在非传统安全的对象、主体、领域、手段等问题上达成基本共识,政府也积极地进行非传统安全应对能力建设,初步形成了一些值得重视的经验与做法。

二、非传统安全威胁与公共危机

20 世纪中下叶联合国十分关注生态环境、能源资源、贫困、经济危机、人的安全等非传统安全问题,随之"非传统安全"范畴以及相关词语在 20 世纪 90 年代起见诸于加拿大、美国、英国及东盟主要国家关于国际安全问题的学术研究、战略报告和政策文件中。如 1997 年克林顿政府的《国家安全战略报告》就强调了美国面临的"新威胁",此后美国相继出台了《网络空间国家安全战略》、《国土安全国家战略》等。中国于 20 世纪末提出新安全观,2002 年发表《中国与东盟关于非传统安全领域合作联合宣言》,2003 年党的十六大报告指出传统安全威胁和非传统安全威胁的因素相互交织,2007 年党的十七大报告指出要重视非传统安全的挑战和应对。

世纪之交特别是亚洲金融危机、"9.11"恐怖袭击、SARS 事件,加之 2008 年以来的国际金融风暴、国内大地震和冰雪之灾、藏独活动等,中国政府和学界已经开始对"安全"有了全新的理解和诠释,即传统军事、政治和外交领域之外的诸多问题也同样会造成安全形态的改变。生态环境、经济金融、能源资源、公共卫生、突发群发事件等等与"安全形态"紧密相连并可能引发的非传统安全问题的研究越来越凸显出其价值、意义和迫切性。

我们必须看到,中国的非传统安全已从低风险进入多元风险加速集聚和陆续爆发的重要转型阶段,非传统安全威胁及其带来的安全事件已经从偶发性转向密集型、从零散性转向连带性、从小幅度转向大面积,典型的如公共危机事件呈现出高频次、大规模特征和常态化趋势。非传统安全威胁及其应对之所以被关注,不仅仅是由于它的强敏感性、高连带性和明显的聚集效应,更是因为重大的非传统安全问题往往以危机突发的形式爆发,其产生的影响会"内传"和"外溢",造成大范围的连锁反应直至危害普遍安全。同时,伴随着全球化的进程,全球已经形成一个十分敏感的共振系统,国际国内的非传统安全威胁相互交织,国际因素可能影响国内的安全形态,国内安全问题的处理失当也将带来国际共振。这已是不争的事实,非传统安全威胁的关注及其应对迫在眉睫。

因此,面对来自人口流动、公共卫生、生态环境、能源资源、经济金融等非传统安全领域的挑战和风险以及与之相应的公共政策设计上的一系列问题,如何从非传统安全的视阈加强公共危机管理,如何理性科学地预测经济和社会转型过程中已经显现或者潜在的危机和威胁,怎样制定和选择相关的公共政策与治理方案来消解非传统安全威胁、规避不确定的风险、应对常态或非常态危机,如何加强中国非传统安全威胁应对能力的总体建设,如何促进经济环境的均衡协调发展,实现和谐社会的战略目标及和谐世界的发展愿景,不仅仅是中国政府需要面对和回应的迫切问题,也是学界需要和值得研究的重大理论及现实问题,同时更是具有前瞻性、长远性、系统性、全局性的重大战略问题。

中国经济发展正式进入了人均 GDP 2000～5000 美元的关键时期,这一关键时期也对应着人口、资源、环境、效率与公平等社会矛盾较为严重的瓶颈时期,这一过程也必定伴随着形成不同非传统安全威胁的可能。一个领域的非传统安全问题可能引发的是普遍安全问题,更多的矛盾预示着我们所处的安全环境和安全形态更加复杂,安全威胁的应对能力建设紧迫而任重道远。理性科学地梳理和预测已经显现或者潜在的非传统安全威胁,提高和加强非传统安全应对能力建设,促进经济环境的均衡协调发展,实现和谐社会的战略目标,是中国政府和民众需要面对的共同的、紧迫的、现实生存问题,直接考验着政府的执政能力。对中国而言,极端民族主义和分裂势力是对国家安全的最主要威胁,其次是国内社会问题比如大规模流行疾病、突发群发事件等等。

从非传统安全视阈加强公共危机管理的研究主要要注重以下几方面的研

究和实践。首先是要通过常态危机向非常态危机转化这一过程的研究,综合考量全球化背景下的危机相关因素及国内的"特别领域"的"特殊威胁",进一步促进对国际政治与国内政治互动的研究。其次,由于全球化使得一国的国内安全更多地受到国际安全的影响,同时国内安全问题也可以外溢到国际社会。国内安全与国际安全的联系越来越紧密,其界限也日益模糊。所以需要通过国际比较研究,提出针对中国作为发展中大国的非传统安全威胁的应对框架,增强以中国为代表的发展中国家的地位和作用。再者,要加强非传统安全"应对能力建设"。安全作为一种"公共产品",非传统安全应对能力的建设既是一种应对威胁的能力,也是一种治理与超越危机的能力。传统安全可以被理解为是"保卫国家不受攻击、侵略、征服和毁灭"的能力,非传统安全可以被理解为是在非军事领域"关注人的安危、维护社会稳定、防治国家危机、确保国际和谐"的能力。这种能力的建设与发展,既要着眼于当前紧迫性威胁,也应着眼于未来长远性挑战;既要从技术维度进行探究,也要从价值维度进行思考;既要重视物质层面的应对,更应重视制度层面的创新。通过梳理中国面对的各个领域的非传统安全威胁,寻找中国应对非传统安全能力建设的基本理论范式和相关模式与途径,有利于中国拓展新的安全空间,有助于中国提升在国际安全合作中的地位,有助于中国树立负责任的大国形象,提高中国处理全球问题的能力。通过跨学科的交叉研究,注重非传统安全应对与公共危机治理相结合;国际关系的理论研究与国内公共治理、社会管理相结合;全局性的、普遍性的现实问题研究与前瞻性的、战略性的未来趋势研究相结合,从而形成多学科、跨学科、综合的、交叉的新的横断性安全学科的发展。

实践方面,要对未来中国可能的非传统安全威胁进行排序,将有助于政府和相关部门建立相关的应对框架和具体措施,为决策提供科学的参照。同时要加快我国非传统安全应对能力体系构建与应对能力评估体系的建设,为政府的实际操作提供可操作的参考。安全维护的手段方面,由于非传统威胁的多样化,维护安全的手段和策略也具有多样化的趋势,安全维护的主体也趋于多元化。

三、安全转型与中国非传统安全能力建设

安全威胁从传统领域扩展至非传统安全领域,非传统安全问题的多层面凸显,改变着国家的安全理念与各国的安全环境。20世纪60、70年代起就有学者对由非军事武力引发的人类生存性威胁进行研究和呼吁。联合国也从20世纪60、70年代开始对环境、粮食、人口、贫困等非传统安全问题进行关

注。随后的亚洲金融危机、"9.11"恐怖袭击、SARS等大规模流行疾病,使得这些非传统领域的威胁以突发危机的形式,扣响了人类安全的大门。安全威胁的来源从传统领域拓展至非传统领域,表明人类面临的安全问题更加趋于多元化、复合化、交织化,安全研究面临着重新定义安全、探寻新安全维护之道等理论挑战,安全维护的实践也更加复杂。安全的主体从传统领域拓展至更多的非传统领域,实指人类社会已从传统的国家安全(state security)、国际安全(international security)时代,逐渐步入一个全新的人类安全(human security)、共同安全(common security)、全球安全(global security)时代。

中国自新中国成立后有相当长的时间一直处于恶劣的国际环境中,加之国内政治运动不断,作为"高政治"的传统安全是国家安全的首要关注。十一届三中全会以后,中国开始了改革开放的新历史进程,中国的国家发展战略与外交战略发生了历史性转变。经济发展与国际和平的维护成了中国安全战略的新主题。

改革开放以来,伴随着社会主义市场经济体制的发展过程,中国也遇到了历史上从未遇到过的安全挑战。如经济安全领域的亚洲金融危机、民族和社会安全领域的国内外政治风波、台独问题、恐怖主义,公共卫生安全领域的SARS危机,以及资源能源安全问题、生态环境安全问题,以及超常的自然灾害和重大群发突发事件。这些非传统威胁的挑战,一方面暴露了中国安全体制与应对能力的薄弱与缺陷,另一方面也大大促进了中国不断加强非传统安全应对能力建设。

进入21世纪,传统安全没有弱化,非传统安全却更加凸显,两者相互交织,中国面临的是传统安全与非传统的双重挑战。中国开始全面应对非传统安全问题,正式将非传统安全应对纳入政府的执政议程和执政能力建设的范畴。面对逐年增长的非传统安全威胁,中国通过社会转型与外交转型,逐渐更新安全观念、调整安全战略,不断提高自己的应对能力,以"和谐世界"和"和谐社会"的安全立意及发展目标,越来越多地赢得国际社会的认可,为发展中国家和世界各国人民做出了贡献。

对非传统安全问题的认识,中国政府和学界呈现出一个不断加深的过程;中国对非传统安全威胁的应对能力也是一个不断提升的过程:1978—1991年是中国从传统安全拓展至非传统安全的过渡期,也是初步应对非传统安全挑战的时期。这一时期中国实现了时代观、安全观及相应安全战略的历史性转型,在与贫困问题相关的社会安全维护、与国际国内政治风波相关的政治安全维护方面做出了努力。1992—2000年是中国非传统安全问题不断凸现时期,也是多面应对非传统安全挑战时期。这一时期中国提出了新安全观,在与外交转型相关的国际安全维护、与金融危机相关的经济安全维护、与认同危机相关的周边安全维护方面做出了成绩。2001—2008年是非传统安全问题不断加深、传统安全与非传统安全相互交织,中国非传统安全问题与世界性非传统安全问题相互交织的时期,也是中国全面应对非传统安全挑战的时期。这一时期中国政府和学界全面重视对非传统安全的研究与应对,在与反恐怖行动相关的国际合作反恐、与反分裂主义相关的国家安全维护、与流行疾病问题相关的人的安全维护、与能源资源问题相关的能源安全维护、与环境问题相关的生态安全维护等方面表现出了前所未有的关注和努力。[①] 改革开放30年,中国在认定传统安全仍是当前所面临的主要威胁的同时,非传统安全及其应对能力建设正在不断被提升为国家战略的重要内容。

第三节　非传统安全维护与公共危机管理

中国正在迅速崛起成为一个世界性的大国,在参与经济全球化的过程中势必会遇到越来越多的突发事件,同时也处于社会发展序列谱的"非稳定状态"中,诚如著名政治学家塞缪尔·亨廷顿所说:"事实上,现代性产生稳定性,而现代化却产生不稳定性……产生政治混乱并非由于没有现代性,而是由于要实现这种现代性所进行的努力。说穷国显得不稳定,并不是因为它穷,而是它们想致富。"[②]现阶段我国正处于经济转轨和社会转型期,改革开放所触及的深层次的体制性问题、加上有些地方政府在工作和作风上存在的一些问题,使得从领域、频率、规模等多角度来看,我国目前正处于危机事件多发期,各类安全事故、群体性事件、突发事件以及敌对分子的破坏活动不断出现,其频发度和危害性亦呈明显上升趋势,我国政府和学界明确提出了"风险社会"和"社会突发事件"的概念,这表明非传统安全维护和公共危机的管理已不仅仅是学者们探讨和研究的纯理论问题,更是当下政府所面临的共同的、紧迫的、现实生存问题。如何应对非传统安全问题,如何应对公共危机并实施有效的管理,直接考验着政府的执政能力,可以说是一项极其重要的执政能力,会长远而深

---

① 参见余潇枫、李佳:《非传统安全:中国的认知与应对(1978—2008)》,《世界经济与政治》,2008年第11期。

② 〔美〕塞缪尔·P.亨廷顿著,李盛平等译:《变革社会中的政治秩序》,上海译文出版社1989年版,第45页。

切地影响经济和社会的和谐健康发展。

一、中国未来重大非传统安全威胁排序

（一）非传统安全认知与危机意识

非传统安全问题的产生，是时代发展、社会演进和安全环境变化等多种因素综合作用的结果。非传统安全成为影响各个国家乃至全球安全的一种新型安全挑战。进入新世纪以来，以恐怖主义、经济安全、信息安全、资源安全、文化安全、公共卫生安全、生态环境安全、武器扩散、跨国犯罪等为其表现形式，具有跨国性、动态性、广泛性、突发性、多样性等新特征，并与传统安全相互交织。应对非传统安全威胁，我们既要认识到这种新的安全问题带来的新变化、新挑战，也要看到其诸多不变的内在性：一是消除国家威胁的基本目标没有变；二是维护国家利益的根本性质没有变；三是运用国家资源的力量基础没有变。①

改革开放 30 年来，虽然发展作为中国国家战略的最高目标一直未变，与之相适应的，为发展提供安全保障作为国家安全战略的主要目标也没有变，具备国际和地区安全环境的对外交往能力作为中国的外交的职能也没有变。但这一过程中有两个具有标志意义的进程：一是 90 年代初中期以来中国一直积极倡导以互信、互利、平等、协作为核心的新安全观，走和平发展道路，提倡建构和谐世界，积极推动国际关系民主化，应对与传统安全相互交织的非传统安全问题，为塑造国际特别是周边的安全环境提供了有力保障。近年来的实践表明，新安全观在途径上所强调的合作与共赢思想，日益赢得广泛的国际认同，占领了国际政治道义的高地；新安全观在内容上所强调的综合安全思想，有效地应对了安全威胁多元化的趋势，促进了安全维护力量的全面建设；新安全观在安全主体上的拓展，也越来越受到政府的关注和学界的研究。二是新世纪以来中国提出科学发展观与建设和谐社会，这其中蕴涵着从"发展主义"向"科学发展"的重大理念转型。作为发展中的人国，中国正在越来越注意妥善处理发展与安全的关系，环境问题、资源能源问题等等已实质性地纳入党和政府的执政视野，中国对国家安全的寻求开始关注到社会和人本身，安全主体开始从单纯的国家安全到社会安全、人的安全领域的延伸和拓展。

改革开放 30 年来，中国在非传统安全威胁的应对中完成了从不自觉到自觉、从非战略高度到战略高度、从零散到系统、从被动到主动的发展过程。伴

---

① 来自王逸舟在浙江大学非传统安全与和平发展研究中心成立仪式的贺信。

随这一过程的是，非传统安全问题从非战略高度进入到国家安全战略的高度；非传统安全引申的新安全观，从不被关注进入到国家安全战略理论体系；非传统安全能力建设越来越显得迫切并受到重视，党的十六大报告、十七大报告已经明确将非传统安全应对纳入其执政议程。

非传统安全问题在越来越得到重视的同时，也在继续和扩大。在经济安全领域，金融安全、资源安全、产业安全、市场安全问题日益凸显；在科技安全领域，信息安全、生物安全、核安全问题浮现，网络安全、转基因产品安全、核电生产风险问题成为新的安全热点；在社会安全领域，民族分裂势力、宗教极端势力、国际恐怖势力等的危害有所上升，其中"藏独"、"疆独"给国家安全带来了尤其严峻的挑战，同时群体性事件呈现上升趋势；生态与卫生安全领域形势严峻。各种非传统安全威胁都是正在和平发展的中国必须面对的严重而复杂的挑战。特别是当前时期正对应着人口、资源、环境、效率与公平等各类矛盾较为严重的瓶颈时期，伴随着诸多不安全因素。在我们面对更多矛盾的时候，也预示着所处的安全环境和安全形态更加复杂。与 2007 年 24.66 万亿元GDP 接踵而至的 2008 年的冰雪之灾、西藏事件、8.0 级四川汶川地震，都从不同侧面威胁着国家安全、人的安全、社会安全，也考验着政治体制的治理能力和政治家的水平，考验着专家学者的应对能力和智慧，考验着正在和平发展、作为一个负责任大国的中国的方方面面。

2005—2006 年《中国政府白皮书》中"中国的和平发展之路"指出：应通过合作尽可能消除或降低恐怖主义活动、金融风险、自然灾害等非传统安全问题的威胁，维护世界和平、安全与稳定。[①] 2008 年中国政府指出，在中国工业化、信息化、城镇化、市场化、国际化深入发展的进程中，要更加关注能源、水资源、环境保护、全球气候变化问题，更加关注关系民生的食品、卫生、公共健康等重大问题。[②]

（二）中国未来面临的重大非传统安全挑战

非传统安全问题大多数属于全球性问题，具有跨国性；但同时，非传统安全问题又大多数产生于国家内部的社会结构性根源。[③] 它们首先威胁的不是主权国家的外部安全，而是威胁到国家内部的公民个体和社会群体的生存和

---

① 《中国政府白皮书(5)》，外文出版社 2008 年版，第 395 页。

② 参见胡锦涛《在中国科学院第十四次院士大会和中国工程院第九次院士大会上的讲话》，2008 年 06 月 23 日 17:30:17. 来源：新华网 http://news3.xinhuanet.com/newscenter/2008-06/23/content_8424606.htm

③ Kolodziej, Ed, "Renaissance in Security Studies?" International Studies Quarterly, Vol. 36, No. 4,1992, p. 421—438.

安全,具有很强的社会破坏性。当非传统安全威胁溢出国界时,直接的受害者仍然是外国的公民个体和社会群体,间接威胁到相关国家的安全。非传统安全背景下,国家的内部安全与外部安全往往相互渗透、相互作用、相互融合,国家安全不再限于外部安全,许多国内社会问题也成为国家安全的主要威胁。非传统安全大多数情况下不是发生在国家之间,而是发作于国家内部,有着深刻的体制性和结构性根源。冷战后,发展中国家和贫困国家面临着新的安全威胁,比如国内种族、宗教冲突、政府治理能力下降以及贫困引发的暴力冲突、饥饿、传染病和难民等问题,实际上也都有着深刻的社会根源。[①] 非传统安全的这些特性也成为现时期公共危机形成的重要方面。

有学者认为中国在全面建设小康社会的进程中面临六大非传统安全挑战的排序是:金融、环境、信息安全、流行疾病、人口安全、民族分裂主义等,并认为鉴于中国目前正处在整顿金融秩序、深化金融改革的关键性阶段,防范金融风险、避免金融危机的发生尤其重要。[②] 另有学者在对包括传统安全在内的统筹考虑中对非传统安全进行排序,认为"以国防为主导包括军事、政治和社会的传统安全仍然是国家安全的支柱;以经济为中心包括科技与信息安全、金融安全、石油安全、生态与环境安全、粮食安全等非传统安全是国家安全的基石;文化安全是国家安全必须坚守的阵地。通过发挥各个领域的综合优势构建维护国家安全的可靠支撑。"[③] 王逸舟对非传统安全问题排序提出了独到的见解。他认为在台湾问题未得到根本解决之前,涉台军事斗争和相关的非传统安全问题(如防恐、应对心理战和"信息黑客战"),肯定是安全领域的第一要务,是军方和政府资源投入的重中之重。其次,从国际合作角度衡量,中国应当把跨国性非传统安全问题提上日程。其中主要包括洗钱问题、海盗问题、贫困问题、难民与非法移民问题、严重传染病问题、环境安全问题等内容,让这些属于合作安全的内容广为社会所知,为政府的相关决策提供坚实的社会基础。再次,依据"社会安全与国家安全并重"的原则,可将经济安全(主要包括能源安全、金融安全、粮食安全)、信息安全、"三股恶势力"问题这样二类安全挑战,视为中国近期面临的主要非传统安全威胁,编入政府资源配置和学界研究工作的重点。不过,它们的轻重不仅可能随着国家与社会的关系在总体改革开放进程中的不断完善而改变,随着国际政治环境,特别是大国战略的变化而改

① Kaplan, Robert D, "The Coming Anarchy." Atlantic Monthly, Vol. 273, No. 3, 1994, pp. 22—29.

② 宿景祥:《趋利避害化风险 中国面临非传统安全的六大挑战》,新华网 2004-08-10 09:07:29http://news. xinhuanet. com/newscenter/2004-08/10/content_1751945. htm

③ 杨毅主编:《国家安全战略研究》,国防大学出版社 2007 年版,第 328 页。

变,而且可能随着国内不同地区的区情而改变。简言之,非传统安全问题解决序列的评估,是一个包含多重因素的动态过程。[①]

我们认为中国未来重大非传统安全问题主要来自以下几方面。

第一,中国的环境安全问题。其原因主要由全球生态环境系统的破坏和污染给中国造成极大的影响;中国庞大的人口对生态环境造成了重大持久的压力;以及先发展后治理的传统经济发展模式也使生态环境遭受了巨大的冲击和破坏。由于气候变化,近年来高温天气持续不断,部分地区出现严重的干旱和洪涝灾害,土地荒漠化和沙尘暴、酸雨等现象越演越烈,导致黄河等主要河流断流和水资源短缺,危及人类的生存环境和人民的生活质量,更不利于经济的可持续发展。我国的生态环境安全威胁方面的研究资料显示,我国近半个世纪以来,灾害频率加快,呈不断增长趋势。我国因灾害造成的损失相当惊人,已占全国每年新增 GDP 的 1/3 左右。这种损失尚未包括基因退化、物种消失等难以计算的潜在经济损失。据联合国环境规划署评估这种损失,要大于直接经济损失 2~3 倍,甚至 10 倍以上。

第二,经济金融安全问题。当前我国正处于重要的发展时期,与此同时,整个世界经济也正处于深刻变动之中。中国加入 WTO 后,中国经济与国际经济体系的接轨日益加速,经济的对外依存度也将不断提高,今后我国面临的经济风险将呈增加态势。除了短期冲击意义上的国家经济安全问题,还面临着长期的经济安全问题。经济全球化使跨越国界的商品流、资本流、信息流和人力流急剧加速,国际上的金融危机、股市危机、股市崩盘、石油价格骤升骤降都有可能对中国的经济安全产生巨大影响,增加了中国经济的不稳定性。同时,我国正处在整顿金融秩序、深化金融改革的关键性阶段,防范金融风险、避免金融危机的发生尤其重要。美国、日本等国提出的推动人民币汇率升值的动议,实际上是对中国金融安全的一个巨大挑战。而银行系统的改革进展缓慢,又从整体上加大了金融风险。

第三,能源安全问题。中国人均能源资源拥有量低于世界平均水平,目前能源风险突出的问题有:能源种类不均衡,能源利用率低,开发难度加大,能源发展后劲不足。与之相应,能源领域的供需矛盾日益严重,根据相关研究报告,除了煤之外,今后 20 年,中国实现现代化所需的石油、天然气资源累计消费总量至少是目前的 2~5 倍,国内所能提供的能源供给量难以与之匹配。同时,中国融入世界的步伐很快,而能源储备却严重不足,一旦出现国际市场供应中断或价格飙升,我国的能源安全将受到极大冲击。

[①]　王逸舟:《中国非传统安全的轻重缓急》,《世界新闻报》2006 年 2 月 10 日。

　　第四，流行性传染病的传播与蔓延。我国自1985年首次报告艾滋病病例以来，艾滋病的流行呈快速上升趋势。中国现有艾滋病病毒感染者约84万人；其中，艾滋病病人约8万例，艾滋病感染者总数到2010年可能增长10倍以上。对国家安全构成威胁的流行疾病中，非典型肺炎被视为仅次于艾滋病的严重问题，而其紧迫程度甚至一度超过艾滋病。非典型肺炎死亡率虽然不高，但其传染能力过于强大，不可避免地引起国内民众和国际社会的严重恐慌，从而导致社会、经济、政治、外交等诸多方面不易处理的危机。

　　第五，人口与社会发展问题。人口过多和自然资源相对短缺将直接制约中国经济的长期发展，而且，人口与自然资源比例失调情况严重；人口的老龄化问题日益突出，我国已经成为人口老龄化国家；另外，人口素质仍有待提高，人才安全问题突出；人口国内流动带来的问题和隐患，流动人口使城市基础设施超负荷运转，也给城市管理带来了一些难题。人口流动给维护社会治安、预防和打击犯罪也增加了难度。

　　第六，信息技术安全问题。我国基础信息技术严重依赖国外，计算机芯片、骨干路由器、操作系统和数据库管理系统以及大量的应用软件等核心技术的缺乏，是中国信息安全的根本问题。西方国家、非政府组织、民间组织以及海外敌对势力，纷纷通过网络对我国展开舆论争夺、思想渗透和文化侵略，极大威胁社会的安全和稳定，加大了保障信息安全的难度，互联网络上的渗透与反渗透更加激烈。

　　第七，民族分裂势力、极端宗教主要和恐怖主义。对我国国家安全构成危害的民族分裂主义主要是来自新疆、西藏等地的"东突"和"藏独"分裂主义势力、宗教极端势力、暴力恐怖势力及境外国际敌对势力，对我国民族地区安定团结的政治局面和国家安全构成严重危害。中国周边的中亚和南亚地区、东南亚和东北亚地区也都是受非传统安全威胁严重的地区，那里的非传统安全问题也会直接或间接影响中国的安全与稳定。

　　第八，社会文化领域的非传统安全问题。贫富差距扩大导致社会不稳定因素增加。走私、毒品等跨国有组织犯罪在某些地区活动猖獗。在文化和意识形态领域，随着改革开放西方的价值观念、生活方式、思维方式也同时大量进入我国，对广大青少年的影响不可低估，基督教文化成为当代中国文化最强有力的影响者和竞争者。

二、非传统安全维护与政府执政能力提升

（一）中国安全形态的总体特征

现阶段我国的政治经济改革已经进入社会结构的全面分化时期，改革开放触及深层次的体制性问题，社会制度系统（经济制度、政治制度、法律制度和家庭制度）存在一定程度的制度变迁，在社会发展序列上恰好对应着"非稳定状态"的频发阶段——理论界普遍认为：一个国家发展到人均 GDP500 美元至 3000 美元时，往往对应着人口、资源、环境、效率与公平等社会矛盾较为严重的瓶颈时期，比较容易造成社会失序、经济失调、心理失衡等问题，形成一些不稳定因素。在这样的变革过程中，利益和权力将在不同的主体之间进行重新分配、转移，形成诸多不稳定因素，因此也就存在形成不同危机的可能。具体而言，转型期我国的安全形态总体上呈现出以下几个方面的特点：

第一，传统安全与非传统安全交织，公共危机类型的重心从高政治向低政治或非传统事务转移，公共危机事件涉及的领域多元化。非传统安全威胁上升是冷战后中国面临的总体安全环境。分析冷战后中国的国际安全环境必须要明确冷战后国际局势发生的深刻变化，认清和平与发展仍然是当今时代的两大主题。国际局势呈现"总体和平，局部战争，总体缓和，局部紧张的态势"，中国的总体安全能够得到保证。与此同时，以信息技术为核心的新技术革命和新产业革命，极大地推动了世界经济的全球化趋势，发展经济成为各国优先考虑的问题，越来越多的国家把主要精力放在以发展经济和科技为主的综合国力的竞争上，不再仅仅着眼于争夺军事领域的单方面优势地位。世界主要国家的相互关系呈良性互动，大国之间的相互依存和制约也在进一步增加，主要采用政治经济外交和文化手段解决相互间的问题，大国协调和竞争成为国际关系的主流。因此，我国面临的国际安全环境总体上处于新中国成立以来比较好的时期。但和平中潜伏了动荡和不安，合作中交织着对抗与冲突，呈现出传统安全和非传统安全交织，非传统安全威胁上升的态势。

第二，非传统安全越来越成为安全的重要议题。传统军事安全威胁大多是潜在的而非现实和迫切的，对中国安全的影响也是可以预测和控制的。特别是"9.11 事件"以来，美国将打击恐怖主义和防止大规模杀伤性武器的扩散确立为美国国家安全的首要任务，强调了大国合作的重要性，大国关系重新回到合作的轨道上。中俄已经建立起战略协作伙伴关系，中美也结成反恐伙伴，中日经济利益逐渐加深，中印关系也已解冻，国际舆论也逐渐由"中国威胁论"转为"中国机遇论"，中国面临的传统安全压力得到缓解。但是，非传统安全因

素对国际安全、国家安全以及社会生活的各个领域的影响都在逐渐显露,其危害程度也在不断加深。21世纪初,非传统安全威胁对中国的安全挑战也明显加大,中国的安全将出现新的不确定因素,经济安全、环境恶化、有组织犯罪、艾滋病等将上升为对国家安全构成威胁的战略问题。而且,如果非传统安全问题处理不当,很有可能导致传统的战争和武装冲突,危及国家安全和社会稳定。因此,中国的安全不仅要关注传统的军事威胁的挑战,同时,必须加强对经济文化社会领域的非传统安全的关注。

第三,安全问题常态化,主要表现为公共危机的频次从偶发性转向密集性,公共危机事件呈现高频次、大规模的特征和常态化的趋向。[1] 一方面,世界多极化和经济全球化的深入发展,国家安全的内涵已经扩展,形成包括政治安全、经济安全、国防安全、信息安全、文化安全、环境安全等在内的综合安全,恐怖主义、环境恶化、毒品走私和疾病蔓延等非传统安全问题更趋突出。另一方面,人的安全与社会安全问题越来越成为国家安全考虑的重要议题。因而除了火灾、地震、空难、骚乱等传统危机外,恐怖袭击、疫病传播、生态灾难、技术事故、人为灾祸、突发事件、宗教风波等新的危机形式不断出现。通过电视、报纸、互联网等大众传媒,我们每天都要面对各种危机的发生,危机的密集性、高频次、大规模与常态化所造成的社会风险已经成为当代社会难以逃避的重要组成部分。同时,社会的高度相互依存性也造成公共危机的不断扩大化趋势。

第四,安全问题的后果日益严重,公共危机事件的组织性、暴力性、危害性加强。据信访部门调查,近年来我国发生的群体性事件,绝大多数幕后有人策划、煽动和组织,较大规模的群体性事件更是如此。随着组织性趋向明显,群体性事件呈现出持续和反复的态势,闹事方式不断升级,规模不断扩大,对抗性不断加剧。诸如近年来全国发生的各类爆炸、抢劫和杀人等严重暴力犯罪案件也越来越频繁,严重危害着公共安全。

第五,安全问题的跨地区特征正在强化,公共危机的波动方式已呈多元化,震动频度不断增大。由于目前公共危机事件的发生往往涉及社会不同利益群体,敏感性、连带性很强,聚集效应明显。而且随着社会信息化的发展,传播渠道多元化,国内外各类反动势力认为有机可乘,利用我国政府传统的处理方式和群众心理,在各类高科技技术的支持下,妖言惑众,煽动群众采取过激行为。

第六,安全问题越来越具有国际互动性。伴随着全球化的进展,公共危机的来源与风险从区域性转向全球性,全球已经形成一个十分敏感的共振系统。

---

① 参见薛澜等:《防范与重构:从 SARS 事件看转型期中国的危机管理》,《改革》,2003 年第 3 期;陈永泉:《科学发展观视野中的危机管理》,《经济师》,2005 年第 1 期。

一方面,国际社会在经济、政治和文化等方面的重大变化都会不同程度地波及我国;另一方面,国内的极端个人或组织往往与各类国际反华势力紧密勾结,遥相呼应,严重危害我国国家安全。其具体表现一是公共危机主体的跨国联盟,二是公共危机后果的跨国扩散。

（二）危机管理与政府执政能力提升

在全球化的时代,一个国家或者地区出现的危机,不可避免地会产生国际化的影响。危机管理问题一直是国际社会、国际组织和地区组织十分关注的一个问题。特别是"9.11 事件"以后全球一系列的危机事件给世界造成了重大影响,也将政府管理的一个重要方面——危机管理推到了迫在眉睫的位置上。如何应对非传统威胁与突发性公共危机事件,如何在尽可能短的时间内控制事态、降低损失、重建秩序,如何做好与公民的沟通、维护国家长远利益和政府公信力,这一系列问题对世界各国政府都构成严峻挑战,也对转型期的我国社会和政府提出了重要预警。作为一个发展中国家,如何建构适合国情、适合需要的危机管理体系,从而有效、及时地规避、应对与处理这些突发性危机事件已经成为今后一定时期内党和政府必须重视的重大问题。在这个变得更加相互依赖的国际社会中,我们不得不承认:危机管理,已成为全球化时代摆在各个国家、各级政府面前的一个崭新课题。

公共危机直接关联着人的安全、社会安全、国家安全乃至全球安全。因而,危机是任何政治要面对的中心问题,公共危机则是任何政府所有面对的中心问题。如果说,以往的政府主要面对的是传统安全中的主权危机,那么当今政府主要面对的将是非传统安全问题中的公共危机。在经历了"9.11 事件"、SARS 疫情、禽流感、伦敦大爆炸和法国大骚乱等公共危机的严峻考验后,现代社会的人们不得不正视一个事实:随着社会与经济的发展,非传统安全领域的新问题不断涌现,这些问题将会对一个国家或社会乃至整个世界产生巨大的影响,也会给政府管理带来前所未有的挑战。

基于非传统安全的研究视角,笔者要强调的是我国政府在新的执政期要加强对低政治的关注。长期以来,中国外交一直高度关注高政治事务,而忽视某些低政治或非传统事务。SARS 是第一个冲击中国高政治的低政治难题,它不仅冲击着国家政治安全、经济安全,而且对社会安全与人的安全构成最直接的严重威胁。全球化的发展和相互依赖的加深使得此类非传统安全问题传播、扩散速度更快、密度更大、影响范围更广。关注低政治意味着,更加关注本国事务的处理,更加关注社区和公民个体。而这些与政府执政能力的提升有着直接的联系。

我国政府围绕构建和谐社会的目标明确提出了要建立健全社会预警体系

和应急救援、社会动员机制,提高保障公共安全和处置突发性事件能力的要求。无疑,虽则和平与发展仍然是主题,但世界格局多极化趋势越来越清晰,各种矛盾和竞争错综复杂,各类危机的不断发生已使危机意识和危机管理日渐普及,各类社会组织对危机损害和危机管理模式有了清醒的认识。由于公共突发事件具有不可预测性和非常态性,往往会对人类的生存和社会的发展造成难以预料的灾难性后果,因此,如何有效地应对这些突发公共事件,是提高党的执政能力的重要内容,也是各级政府面临的一个十分紧迫的现实问题。

(三)公共危机管理的"危机"

联合国在总结国际社会危机管理和灾变管理的经验时曾经指出,危机管理在当代世界面临新的挑战。这些挑战主要包括:提高对于危机风险的广泛理解和认知;把生态的考虑和危机与灾变的管理相结合;承认危机和灾变风险的消解是政府的责任;持续不断地进行集中化的风险管理;加强危机管理政策的制定与协调;加强危机管理的教育、研究和信息传播;建立与发展危机管理的伙伴关系;制定危机管理的具体方法与措施。[①]

中国改革开放以来的发展速度与巨大的社会进步令世界瞩目,但社会转型所造成的贫富差距与地区发展不平衡也使中国进入了一个各类矛盾不断加深、社会风险不断加大、潜在危机不断集聚的历史时期。中国政府要面对的最重大的问题,是如何综合地预防与处理可能出现的且具有跨地区性质的各类重大公共危机。然而,在可能有的诸多公共危机中,中国面临的最大危机可以说是"公共危机管理的'危机'"。这是因为:

中国缺乏与公共危机管理相应的完整法律体系。SARS事件之后,中国政府开始注意和进入相应的危机处理的立法工作,但这还只是局部的、暂时的。中国需要对各类危机的发生与处理进行新的完整法律体系的建构。可以说,法律的预先确立直接标志危机管理的历史水平。

中国缺乏与公共危机管理相应的科学决策程序。危机的出现需要政府做出迅速而正确的反应,而不是总靠某几个领导人"亲临现场"指挥,这就需要有各种各样的紧急预案的科学制定,需要有社会各界富有弹性地协同应对,需要超越正常规制的安全(人的安全与社会安全)来带动决策程序的紧急启动。

中国缺乏与公共危机管理相应的共享信息机制。由于中国政府行政体制的条块分割以及缺乏及时的信息共享机制,中国公共危机事件发生后的信息收集与共享存在着严重的障碍,尤其是在行政部门里为了不影响"政绩"而以下瞒上的现象较为普遍。信息机制的不合理还包括大众媒介在危机处理中的

① 张小明主编:《公共部门危机管理》,中国人民大学出版社2006年版,第2页。

处于被动、低效与两难的境地。

中国缺乏与公共危机管理相应的合法权利保障。公共危机的管理一方面需要给政府以直接的紧急处置权利,另一方面又必须充分保障公民所应具有的权利,特别是当公共危机处置之后,对公务员和公民所尽义务的合理与适当补偿应纳入法律保障的范围。

综上所述,"公共危机"的频繁出现与中国高风险社会的到来紧密关联,"公共危机"的有效管理又与中国政府治理能力的提升紧密关联。危机管理是极具复杂性、系统性和时效性的,其理论涉及公共管理学、灾难社会学、公共政策学、国际关系学、冲突理论、安全理论等诸多学科,更涉及一门与政府工作人员紧密相关的新兴学科——"领导科学"。公共危机管理与非传统安全维护的紧密结合,可以使国内的社会问题和对外安全问题更一致地谐和,可以更好地将安全战略与发展战略结合起来,进一步促进与改善中国经济的健康平衡发展和社会的长治久安。同时,对公共危机管理的"危机"进行预先的有效治理,也必将是中国政府构建和谐社会所要面对的当务之急。

在非传统安全维护领域,我国的危机管理战略思考应突出如下几个方面:

一是充分认识非传统安全问题对我国经济发展和安全利益的影响范围和程度。在制定国家发展和国际战略时,必须对传统安全和非传统安全问题的影响做出准确的判断和科学的预见,必然对非传统安全问题引发的公共危机做出深入的分析与体制上的应对准备。

二是努力实现传统安全与非传统安全的有机统一。在应对非传统安全威胁时,要妥善把握不同国家、区域、时空的平衡关系。在推动非传统安全合作中,要从我国的发展阶段和根本利益出发,综合考虑国家发展战略与国家安全战略的协调,确保非传统安全合作不损害传统安全利益,避免别国的非传统安全判断标准干扰我国的指导原则和行为规范。

三是顺势运用各种地区及全球多边安全机构和组织,积极倡导处理非传统安全威胁的公正、合理的规则和制度,建立稳定、有效的国际合作机制。

参考文献

1. Buzan, Barry, Wæver, O. *Regions and powers: The structure of international security*. Cambridge University Press, 2003

2. Ken Booth. *Critical Security Studies and World Politics*. Lynne Rienner Publishers, Inc., 2005

3. Ramesh Thakur. *The United Nations, Peace and Security*. Cambridge

University Press,2006

4. Ralf Emmers Mely Caballero-Anthony, and Amitav Acharya. *Studying Non-traditional Security in Asia: Trends and Issues*. Marshall Cavendish Academic,2006

5. Mely Caballero-Anthony, Ralf Emmers, and Amitav Acharya, *Non-traditional Security in Asia: Dilemmas in Securitisation*. Ashgate Publishing Limited,2006

6. Lobert Piccioto,Rachel Weaving. *Security and Development: Investing in Peace and Prosperity*. Routledge,2006

7. S Neil MacFarlane and Yuen Foong Khong. *Human Security and the UN*, *Pennsylvania*. Indiana University Press,2007

8. Alan Collins. *Contemporary Security Studies*. Oxford University Press, 2007

9. Emil J. Kirchner and James Sperling. *Global Security Governance: Competing Perceptions of Security in 21ˢᵗ Century*. Routledge,2007

10. Ken Booth,Nicholas J. Wheeler. *The Security Dilemma: Fear,Cooperation and Trust in World Politics*,Palgrave Macmillan,2008

11. Stephen M. Walt. The Renaissance of Security Studies. International Studies Quarterly 35, No. 2

12.［美］塞缪尔·P.亨廷顿著,李盛平等译.变革社会中的政治秩序.上海:上海译文出版社,1989

13.［美］刘易斯·科塞著,孙立平等译.社会冲突的功能.北京:华夏出版社,1989

14.王逸舟主编.全球化时代的国际安全.上海:上海人民出版社,1999

15.王逸舟著.全球政治与中国务外交.北京:世界知识出版社,2003

16.朱锋."非传统安全"解析.中国社会科学,2004(4)

17.余潇枫等.非传统安全概论.杭州:浙江人民出版社,2006

18.王缉思总主编,查道炯分册主编.中国学者看世界·非传统安全卷.北京:新世界出版社,2007

19.朱锋.国际关系理论与东亚安全.北京:中国人民大学出版社,2007

20.余潇枫.非传统安全与公共危机治理.杭州:浙江大学出版社,2007

21.傅勇.非传统安全与中国.上海:上海人民出版社,2007

22.余潇枫主编.公共危机管理.杭州:浙江人民出版社,2008

附件一：

中华人民共和国突发事件应对法 [①]

（2007 年 8 月 30 日第十届全国人民代表大会
常务委员会第二十九次会议通过）

目　　录

第一章　总　　则

第一条　为了预防和减少突发事件的发生，控制、减轻和消除突发事件引起的严重社会危害，规范突发事件应对活动，保护人民生命财产安全，维护国家安全、公共安全、环境安全和社会秩序，制定本法。

第二条　突发事件的预防与应急准备、监测与预警、应急处置与救援、事后恢复与重建等应对活动，适用本法。

第三条　本法所称突发事件，是指突然发生，造成或者可能造成严重社会危害，需要采取应急处置措施予以应对的自然灾害、事故灾难、公共卫生事件和社会安全事件。

按照社会危害程度、影响范围等因素，自然灾害、事故灾难、公共卫生事件分为特别重大、重大、较大和一般四级。法律、行政法规或者国务院另有规定

[①]　引自 中国政府网

的,从其规定。

突发事件的分级标准由国务院或者国务院确定的部门制定。

第四条 国家建立统一领导、综合协调、分类管理、分级负责、属地管理为主的应急管理体制。

第五条 突发事件应对工作实行预防为主、预防与应急相结合的原则。国家建立重大突发事件风险评估体系,对可能发生的突发事件进行综合性评估,减少重大突发事件的发生,最大限度地减轻重大突发事件的影响。

第六条 国家建立有效的社会动员机制,增强全民的公共安全和防范风险的意识,提高全社会的避险救助能力。

第七条 县级人民政府对本行政区域内突发事件的应对工作负责;涉及两个以上行政区域的,由有关行政区域共同的上一级人民政府负责,或者由各有关行政区域的上一级人民政府共同负责。

突发事件发生后,发生地县级人民政府应当立即采取措施控制事态发展,组织开展应急救援和处置工作,并立即向上一级人民政府报告,必要时可以越级上报。

突发事件发生地县级人民政府不能消除或者不能有效控制突发事件引起的严重社会危害的,应当及时向上级人民政府报告。上级人民政府应当及时采取措施,统一领导应急处置工作。

法律、行政法规规定由国务院有关部门对突发事件的应对工作负责的,从其规定;地方人民政府应当积极配合并提供必要的支持。

第八条 国务院在总理领导下研究、决定和部署特别重大突发事件的应对工作;根据实际需要,设立国家突发事件应急指挥机构,负责突发事件应对工作;必要时,国务院可以派出工作组指导有关工作。

县级以上地方各级人民政府设立由本级人民政府主要负责人、相关部门负责人、驻当地中国人民解放军和中国人民武装警察部队有关负责人组成的突发事件应急指挥机构,统一领导、协调本级人民政府各有关部门和下级人民政府开展突发事件应对工作;根据实际需要,设立相关类别突发事件应急指挥机构,组织、协调、指挥突发事件应对工作。

上级人民政府主管部门应当在各自职责范围内,指导、协助下级人民政府及其相应部门做好有关突发事件的应对工作。

第九条 国务院和县级以上地方各级人民政府是突发事件应对工作的行政领导机关,其办事机构及具体职责由国务院规定。

第十条 有关人民政府及其部门作出的应对突发事件的决定、命令,应当及时公布。

第十一条　有关人民政府及其部门采取的应对突发事件的措施,应当与突发事件可能造成的社会危害的性质、程度和范围相适应;有多种措施可供选择的,应当选择有利于最大程度地保护公民、法人和其他组织权益的措施。

公民、法人和其他组织有义务参与突发事件应对工作。

第十二条　有关人民政府及其部门为应对突发事件,可以征用单位和个人的财产。被征用的财产在使用完毕或者突发事件应急处置工作结束后,应当及时返还。财产被征用或者征用后毁损、灭失的,应当给予补偿。

第十三条　因采取突发事件应对措施,诉讼、行政复议、仲裁活动不能正常进行的,适用有关时效中止和程序中止的规定,但法律另有规定的除外。

第十四条　中国人民解放军、中国人民武装警察部队和民兵组织依照本法和其他有关法律、行政法规、军事法规的规定以及国务院、中央军事委员会的命令,参加突发事件的应急救援和处置工作。

第十五条　中华人民共和国政府在突发事件的预防、监测与预警、应急处置与救援、事后恢复与重建等方面,同外国政府和有关国际组织开展合作与交流。

第十六条　县级以上人民政府作出应对突发事件的决定、命令,应当报本级人民代表大会常务委员会备案;突发事件应急处置工作结束后,应当向本级人民代表大会常务委员会作出专项工作报告。

第二章　预防与应急准备

第十七条　国家建立健全突发事件应急预案体系。

国务院制定国家突发事件总体应急预案,组织制定国家突发事件专项应急预案;国务院有关部门根据各自的职责和国务院相关应急预案,制定国家突发事件部门应急预案。

地方各级人民政府和县级以上地方各级人民政府有关部门根据有关法律、法规、规章、上级人民政府及其有关部门的应急预案以及本地区的实际情况,制定相应的突发事件应急预案。

应急预案制定机关应当根据实际需要和情势变化,适时修订应急预案。应急预案的制定、修订程序由国务院规定。

第十八条　应急预案应当根据本法和其他有关法律、法规的规定,针对突发事件的性质、特点和可能造成的社会危害,具体规定突发事件应急管理工作的组织指挥体系与职责和突发事件的预防与预警机制、处置程序、应急保障措施以及事后恢复与重建措施等内容。

第十九条　城乡规划应当符合预防、处置突发事件的需要,统筹安排应对突发事件所必需的设备和基础设施建设,合理确定应急避难场所。

第二十条 县级人民政府应当对本行政区域内容易引发自然灾害、事故灾难和公共卫生事件的危险源、危险区域进行调查、登记、风险评估,定期进行检查、监控,并责令有关单位采取安全防范措施。

省级和设区的市级人民政府应当对本行政区域内容易引发特别重大、重大突发事件的危险源、危险区域进行调查、登记、风险评估,组织进行检查、监控,并责令有关单位采取安全防范措施。

县级以上地方各级人民政府按照本法规定登记的危险源、危险区域,应当按照国家规定及时向社会公布。

第二十一条 县级人民政府及其有关部门、乡级人民政府、街道办事处、居民委员会、村民委员会应当及时调解处理可能引发社会安全事件的矛盾纠纷。

第二十二条 所有单位应当建立健全安全管理制度,定期检查本单位各项安全防范措施的落实情况,及时消除事故隐患;掌握并及时处理本单位存在的可能引发社会安全事件的问题,防止矛盾激化和事态扩大;对本单位可能发生的突发事件和采取安全防范措施的情况,应当按照规定及时向所在地人民政府或者人民政府有关部门报告。

第二十三条 矿山、建筑施工单位和易燃易爆物品、危险化学品、放射性物品等危险物品的生产、经营、储运、使用单位,应当制定具体应急预案,并对生产经营场所、有危险物品的建筑物、构筑物及周边环境开展隐患排查,及时采取措施消除隐患,防止发生突发事件。

第二十四条 公共交通工具、公共场所和其他人员密集场所的经营单位或者管理单位应当制定具体应急预案,为交通工具和有关场所配备报警装置和必要的应急救援设备、设施,注明其使用方法,并显著标明安全撤离的通道、路线,保证安全通道、出口的畅通。

有关单位应当定期检测、维护其报警装置和应急救援设备、设施,使其处于良好状态,确保正常使用。

第二十五条 县级以上人民政府应当建立健全突发事件应急管理培训制度,对人民政府及其有关部门负有处置突发事件职责的工作人员定期进行培训。

第二十六条 县级以上人民政府应当整合应急资源,建立或者确定综合性应急救援队伍。人民政府有关部门可以根据实际需要设立专业应急救援队伍。

县级以上人民政府及其有关部门可以建立由成年志愿者组成的应急救援

队伍。单位应当建立由本单位职工组成的专职或者兼职应急救援队伍。

县级以上人民政府应当加强专业应急救援队伍与非专业应急救援队伍的合作，联合培训、联合演练，提高合成应急、协同应急的能力。

第二十七条　国务院有关部门、县级以上地方各级人民政府及其有关部门、有关单位应当为专业应急救援人员购买人身意外伤害保险，配备必要的防护装备和器材，减少应急救援人员的人身风险。

第二十八条　中国人民解放军、中国人民武装警察部队和民兵组织应当有计划地组织开展应急救援的专门训练。

第二十九条　县级人民政府及其有关部门、乡级人民政府、街道办事处应当组织开展应急知识的宣传普及活动和必要的应急演练。

居民委员会、村民委员会、企业事业单位应当根据所在地人民政府的要求，结合各自的实际情况，开展有关突发事件应急知识的宣传普及活动和必要的应急演练。

新闻媒体应当无偿开展突发事件预防与应急、自救与互救知识的公益宣传。

第三十条　各级各类学校应当把应急知识教育纳入教学内容，对学生进行应急知识教育，培养学生的安全意识和自救与互救能力。

教育主管部门应当对学校开展应急知识教育进行指导和监督。

第三十一条　国务院和县级以上地方各级人民政府应当采取财政措施，保障突发事件应对工作所需经费。

第三十二条　国家建立健全应急物资储备保障制度，完善重要应急物资的监管、生产、储备、调拨和紧急配送体系。

设区的市级以上人民政府和突发事件易发、多发地区的县级人民政府应当建立应急救援物资、生活必需品和应急处置装备的储备制度。

县级以上地方各级人民政府应当根据本地区的实际情况，与有关企业签订协议，保障应急救援物资、生活必需品和应急处置装备的生产、供给。

第三十三条　国家建立健全应急通信保障体系，完善公用通信网，建立有线与无线相结合、基础电信网络与机动通信系统相配套的应急通信系统，确保突发事件应对工作的通信畅通。

第三十四条　国家鼓励公民、法人和其他组织为人民政府应对突发事件工作提供物资、资金、技术支持和捐赠。

第三十五条　国家发展保险事业，建立国家财政支持的巨灾风险保险体系，并鼓励单位和公民参加保险。

第三十六条　国家鼓励、扶持具备相应条件的教学科研机构培养应急管理专门人才,鼓励、扶持教学科研机构和有关企业研究开发用于突发事件预防、监测、预警、应急处置与救援的新技术、新设备和新工具。

第三章　监测与预警

第三十七条　国务院建立全国统一的突发事件信息系统。

县级以上地方各级人民政府应当建立或者确定本地区统一的突发事件信息系统,汇集、储存、分析、传输有关突发事件的信息,并与上级人民政府及其有关部门、下级人民政府及其有关部门、专业机构和监测网点的突发事件信息系统实现互联互通,加强跨部门、跨地区的信息交流与情报合作。

第三十八条　县级以上人民政府及其有关部门、专业机构应当通过多种途径收集突发事件信息。

县级人民政府应当在居民委员会、村民委员会和有关单位建立专职或者兼职信息报告员制度。

获悉突发事件信息的公民、法人或者其他组织,应当立即向所在地人民政府、有关主管部门或者指定的专业机构报告。

第三十九条　地方各级人民政府应当按照国家有关规定向上级人民政府报送突发事件信息。县级以上人民政府有关主管部门应当向本级人民政府相关部门通报突发事件信息。专业机构、监测网点和信息报告员应当及时向所在地人民政府及其有关主管部门报告突发事件信息。

有关单位和人员报送、报告突发事件信息,应当做到及时、客观、真实,不得迟报、谎报、瞒报、漏报。

第四十条　县级以上地方各级人民政府应当及时汇总分析突发事件隐患和预警信息,必要时组织相关部门、专业技术人员、专家学者进行会商,对发生突发事件的可能性及其可能造成的影响进行评估;认为可能发生重大或者特别重大突发事件的,应当立即向上级人民政府报告,并向上级人民政府有关部门、当地驻军和可能受到危害的毗邻或者相关地区的人民政府通报。

第四十一条　国家建立健全突发事件监测制度。

县级以上人民政府及其有关部门应当根据自然灾害、事故灾难和公共卫生事件的种类和特点,建立健全基础信息数据库,完善监测网络,划分监测区域,确定监测点,明确监测项目,提供必要的设备、设施,配备专职或者兼职人员,对可能发生的突发事件进行监测。

第四十二条　国家建立健全突发事件预警制度。

可以预警的自然灾害、事故灾难和公共卫生事件的预警级别,按照突发事件发生的紧急程度、发展势态和可能造成的危害程度分为一级、二级、三级和四级,分别用红色、橙色、黄色和蓝色标示,一级为最高级别。

预警级别的划分标准由国务院或者国务院确定的部门制定。

第四十三条　可以预警的自然灾害、事故灾难或者公共卫生事件即将发生或者发生的可能性增大时,县级以上地方各级人民政府应当根据有关法律、行政法规和国务院规定的权限和程序,发布相应级别的警报,决定并宣布有关地区进入预警期,同时向上一级人民政府报告,必要时可以越级上报,并向当地驻军和可能受到危害的毗邻或者相关地区的人民政府通报。

第四十四条　发布三级、四级警报,宣布进入预警期后,县级以上地方各级人民政府应当根据即将发生的突发事件的特点和可能造成的危害,采取下列措施:

(一)启动应急预案;

(二)责令有关部门、专业机构、监测网点和负有特定职责的人员及时收集、报告有关信息,向社会公布反映突发事件信息的渠道,加强对突发事件发生、发展情况的监测、预报和预警工作;

(三)组织有关部门和机构、专业技术人员、有关专家学者,随时对突发事件信息进行分析评估,预测发生突发事件可能性的大小、影响范围和强度以及可能发生的突发事件的级别;

(四)定时向社会发布与公众有关的突发事件预测信息和分析评估结果,并对相关信息的报道工作进行管理;

(五)及时按照有关规定向社会发布可能受到突发事件危害的警告,宣传避免、减轻危害的常识,公布咨询电话。

第四十五条　发布一级、二级警报,宣布进入预警期后,县级以上地方各级人民政府除采取本法第四十四条规定的措施外,还应当针对即将发生的突发事件的特点和可能造成的危害,采取下列一项或者多项措施:

(一)责令应急救援队伍、负有特定职责的人员进入待命状态,并动员后备人员做好参加应急救援和处置工作的准备;

(二)调集应急救援所需物资、设备、工具,准备应急设施和避难场所,并确保其处于良好状态、随时可以投入正常使用;

(三)加强对重点单位、重要部位和重要基础设施的安全保卫,维护社会治安秩序;

(四)采取必要措施,确保交通、通信、供水、排水、供电、供气、供热等公共设施的安全和正常运行;

(五)及时向社会发布有关采取特定措施避免或者减轻危害的建议、劝告;

(六)转移、疏散或者撤离易受突发事件危害的人员并予以妥善安置,转移重要财产；

（七）关闭或者限制使用易受突发事件危害的场所，控制或者限制容易导致危害扩大的公共场所的活动；

（八）法律、法规、规章规定的其他必要的防范性、保护性措施。

第四十六条　对即将发生或者已经发生的社会安全事件，县级以上地方各级人民政府及其有关主管部门应当按照规定向上一级人民政府及其有关主管部门报告，必要时可以越级上报。

第四十七条　发布突发事件警报的人民政府应当根据事态的发展，按照有关规定适时调整预警级别并重新发布。

有事实证明不可能发生突发事件或者危险已经解除的，发布警报的人民政府应当立即宣布解除警报，终止预警期，并解除已经采取的有关措施。

第四章　应急处置与救援

第四十八条　突发事件发生后，履行统一领导职责或者组织处置突发事件的人民政府应当针对其性质、特点和危害程度，立即组织有关部门，调动应急救援队伍和社会力量，依照本章的规定和有关法律、法规、规章的规定采取应急处置措施。

第四十九条　自然灾害、事故灾难或者公共卫生事件发生后，履行统一领导职责的人民政府可以采取下列一项或者多项应急处置措施：

（一）组织营救和救治受害人员，疏散、撤离并妥善安置受到威胁的人员以及采取其他救助措施；

（二）迅速控制危险源，标明危险区域，封锁危险场所，划定警戒区，实行交通管制以及其他控制措施；

（三）立即抢修被损坏的交通、通信、供水、排水、供电、供气、供热等公共设施，向受到危害的人员提供避难场所和生活必需品，实施医疗救护和卫生防疫以及其他保障措施；

（四）禁止或者限制使用有关设备、设施，关闭或者限制使用有关场所，中止人员密集的活动或者可能导致危害扩大的生产经营活动以及采取其他保护措施；

（五）启用本级人民政府设置的财政预备费和储备的应急救援物资，必要时调用其他急需物资、设备、设施、工具；

（六）组织公民参加应急救援和处置工作，要求具有特定专长的人员提供服务；

（七）保障食品、饮用水、燃料等基本生活必需品的供应；

（八）依法从严惩处囤积居奇、哄抬物价、制假售假等扰乱市场秩序的行为，稳定市场价格，维护市场秩序；

（九）依法从严惩处哄抢财物、干扰破坏应急处置工作等扰乱社会秩序的行为，维护社会治安；

（十）采取防止发生次生、衍生事件的必要措施。

第五十条　社会安全事件发生后，组织处置工作的人民政府应当立即组织有关部门并由公安机关针对事件的性质和特点，依照有关法律、行政法规和国家其他有关规定，采取下列一项或者多项应急处置措施：

（一）强制隔离使用器械相互对抗或者以暴力行为参与冲突的当事人，妥善解决现场纠纷和争端，控制事态发展；

（二）对特定区域内的建筑物、交通工具、设备、设施以及燃料、燃气、电力、水的供应进行控制；

（三）封锁有关场所、道路，查验现场人员的身份证件，限制有关公共场所内的活动；

（四）加强对易受冲击的核心机关和单位的警卫，在国家机关、军事机关、国家通讯社、广播电台、电视台、外国驻华使领馆等单位附近设置临时警戒线；

（五）法律、行政法规和国务院规定的其他必要措施。

严重危害社会治安秩序的事件发生时，公安机关应当立即依法出动警力，根据现场情况依法采取相应的强制性措施，尽快使社会秩序恢复正常。

第五十一条　发生突发事件，严重影响国民经济正常运行时，国务院或者国务院授权的有关主管部门可以采取保障、控制等必要的应急措施，保障人民群众的基本生活需要，最大限度地减轻突发事件的影响。

第五十二条　履行统一领导职责或者组织处置突发事件的人民政府，必要时可以向单位和个人征用应急救援所需设备、设施、场地、交通工具和其他物资，请求其他地方人民政府提供人力、物力、财力或者技术支援，要求生产、供应生活必需品和应急救援物资的企业组织生产、保证供给，要求提供医疗、交通等公共服务的组织提供相应的服务。

履行统一领导职责或者组织处置突发事件的人民政府，应当组织协调运输经营单位，优先运送处置突发事件所需物资、设备、工具、应急救援人员和受到突发事件危害的人员。

第五十三条　履行统一领导职责或者组织处置突发事件的人民政府，应当按照有关规定统一、准确、及时发布有关突发事件事态发展和应急处置工作的信息。

第五十四条　任何单位和个人不得编造、传播有关突发事件事态发展或者应急处置工作的虚假信息。

  第五十五条 突发事件发生地的居民委员会、村民委员会和其他组织应当按照当地人民政府的决定、命令,进行宣传动员,组织群众开展自救和互救,协助维护社会秩序。

  第五十六条 受到自然灾害危害或者发生事故灾难、公共卫生事件的单位,应当立即组织本单位应急救援队伍和工作人员营救受害人员,疏散、撤离、安置受到威胁的人员,控制危险源,标明危险区域,封锁危险场所,并采取其他防止危害扩大的必要措施,同时向所在地县级人民政府报告;对因本单位的问题引发的或者主体是本单位人员的社会安全事件,有关单位应当按照规定上报情况,并迅速派出负责人赶赴现场开展劝解、疏导工作。

  突发事件发生地的其他单位应当服从人民政府发布的决定、命令,配合人民政府采取的应急处置措施,做好本单位的应急救援工作,并积极组织人员参加所在地的应急救援和处置工作。

  第五十七条 突发事件发生地的公民应当服从人民政府、居民委员会、村民委员会或者所属单位的指挥和安排,配合人民政府采取的应急处置措施,积极参加应急救援工作,协助维护社会秩序。

第五章 事后恢复与重建

  第五十八条 突发事件的威胁和危害得到控制或者消除后,履行统一领导职责或者组织处置突发事件的人民政府应当停止执行依照本法规定采取的应急处置措施,同时采取或者继续实施必要措施,防止发生自然灾害、事故灾难、公共卫生事件的次生、衍生事件或者重新引发社会安全事件。

  第五十九条 突发事件应急处置工作结束后,履行统一领导职责的人民政府应当立即组织对突发事件造成的损失进行评估,组织受影响地区尽快恢复生产、生活、工作和社会秩序,制定恢复重建计划,并向上一级人民政府报告。

  受突发事件影响地区的人民政府应当及时组织和协调公安、交通、铁路、民航、邮电、建设等有关部门恢复社会治安秩序,尽快修复被损坏的交通、通信、供水、排水、供电、供气、供热等公共设施。

  第六十条 受突发事件影响地区的人民政府开展恢复重建工作需要上一级人民政府支持的,可以向上一级人民政府提出请求。上一级人民政府应当根据受影响地区遭受的损失和实际情况,提供资金、物资支持和技术指导,组织其他地区提供资金、物资和人力支援。

  第六十一条 国务院根据受突发事件影响地区遭受损失的情况,制定扶持该地区有关行业发展的优惠政策。

受突发事件影响地区的人民政府应当根据本地区遭受损失的情况，制定救助、补偿、抚慰、抚恤、安置等善后工作计划并组织实施，妥善解决因处置突发事件引发的矛盾和纠纷。

公民参加应急救援工作或者协助维护社会秩序期间，其在本单位的工资待遇和福利不变；表现突出、成绩显著的，由县级以上人民政府给予表彰或者奖励。

县级以上人民政府对在应急救援工作中伤亡的人员依法给予抚恤。

第六十二条　履行统一领导职责的人民政府应当及时查明突发事件的发生经过和原因，总结突发事件应急处置工作的经验教训，制定改进措施，并向上一级人民政府提出报告。

第六章　法律责任

第六十三条　地方各级人民政府和县级以上各级人民政府有关部门违反本法规定，不履行法定职责的，由其上级行政机关或者监察机关责令改正；有下列情形之一的，根据情节对直接负责的主管人员和其他直接责任人员依法给予处分：

（一）未按规定采取预防措施，导致发生突发事件，或者未采取必要的防范措施，导致发生次生、衍生事件的；

（二）迟报、谎报、瞒报、漏报有关突发事件的信息，或者通报、报送、公布虚假信息，造成后果的；

（三）未按规定及时发布突发事件警报、采取预警期的措施，导致损害发生的；

（四）未按规定及时采取措施处置突发事件或者处置不当，造成后果的；

（五）不服从上级人民政府对突发事件应急处置工作的统一领导、指挥和协调的；

（六）未及时组织开展生产自救、恢复重建等善后工作的；

（七）截留、挪用、私分或者变相私分应急救援资金、物资的；

（八）不及时归还征用的单位和个人的财产，或者对被征用财产的单位和个人不按规定给予补偿的。

第六十四条　有关单位有下列情形之一的，由所在地履行统一领导职责的人民政府责令停产停业，暂扣或者吊销许可证或者营业执照，并处五万元以上二十万元以下的罚款；构成违反治安管理行为的，由公安机关依法给予处罚：

（一）未按规定采取预防措施，导致发生严重突发事件的；

（二）未及时消除已发现的可能引发突发事件的隐患，导致发生严重突发事件的；

（三）未做好应急设备、设施日常维护、检测工作，导致发生严重突发事件或者突发事件危害扩大的；

（四）突发事件发生后，不及时组织开展应急救援工作，造成严重后果的。

前款规定的行为，其他法律、行政法规规定由人民政府有关部门依法决定处罚的，从其规定。

第六十五条　违反本法规定，编造并传播有关突发事件事态发展或者应急处置工作的虚假信息，或者明知是有关突发事件事态发展或者应急处置工作的虚假信息而进行传播的，责令改正，给予警告；造成严重后果的，依法暂停其业务活动或者吊销其执业许可证；负有直接责任的人员是国家工作人员的，还应当对其依法给予处分；构成违反治安管理行为的，由公安机关依法给予处罚。

第六十六条　单位或者个人违反本法规定，不服从所在地人民政府及其有关部门发布的决定、命令或者不配合其依法采取的措施，构成违反治安管理行为的，由公安机关依法给予处罚。

第六十七条　单位或者个人违反本法规定，导致突发事件发生或者危害扩大，给他人人身、财产造成损害的，应当依法承担民事责任。

第六十八条　违反本法规定，构成犯罪的，依法追究刑事责任。

第七章　附　　则

第六十九条　发生特别重大突发事件，对人民生命财产安全、国家安全、公共安全、环境安全或者社会秩序构成重大威胁，采取本法和其他有关法律、法规、规章规定的应急处置措施不能消除或者有效控制、减轻其严重社会危害，需要进入紧急状态的，由全国人民代表大会常务委员会或者国务院依照宪法和其他有关法律规定的权限和程序决定。

紧急状态期间采取的非常措施，依照有关法律规定执行或者由全国人民代表大会常务委员会另行规定。

第七十条　本法自 2007 年 11 月 1 日起施行。

附件二：

国家突发公共事件总体应急预案[①]

1 总则

1.1 编制目的

提高政府保障公共安全和处置突发公共事件的能力,最大程度地预防和减少突发公共事件及其造成的损害,保障公众的生命财产安全,维护国家安全和社会稳定,促进经济社会全面、协调、可持续发展。

1.2 编制依据

依据宪法及有关法律、行政法规,制定本预案。

1.3 分类分级

本预案所称突发公共事件是指突然发生,造成或者可能造成重大人员伤亡、财产损失、生态环境破坏和严重社会危害,危及公共安全的紧急事件。

根据突发公共事件的发生过程、性质和机理,突发公共事件主要分为以下四类:

(1)自然灾害。主要包括水旱灾害,气象灾害,地震灾害,地质灾害,海洋灾害,生物灾害和森林草原火灾等。

(2)事故灾难。主要包括工矿商贸等企业的各类安全事故,交通运输事故,公共设施和设备事故,环境污染和生态破坏事件等。

(3)公共卫生事件。主要包括传染病疫情,群体性不明原因疾病,食品安全和职业危害,动物疫情,以及其他严重影响公众健康和生命安全的事件。

(4)社会安全事件。主要包括恐怖袭击事件,经济安全事件和涉外突发事件等。

各类突发公共事件按照其性质、严重程度、可控性和影响范围等因素,一般分为四级:Ⅰ级(特别重大)、Ⅱ级(重大)、Ⅲ级(较大)和Ⅳ级(一般)。

---

① 引自 新华网

1.4　适用范围

本预案适用于涉及跨省级行政区划的,或超出事发地省级人民政府处置能力的特别重大突发公共事件应对工作。

本预案指导全国的突发公共事件应对工作。

1.5　工作原则

(1)以人为本,减少危害。切实履行政府的社会管理和公共服务职能,把保障公众健康和生命财产安全作为首要任务,最大程度地减少突发公共事件及其造成的人员伤亡和危害。

(2)居安思危,预防为主。高度重视公共安全工作,常抓不懈,防患于未然。增强忧患意识,坚持预防与应急相结合,常态与非常态相结合,做好应对突发公共事件的各项准备工作。

(3)统一领导,分级负责。在党中央、国务院的统一领导下,建立健全分类管理、分级负责,条块结合、属地管理为主的应急管理体制,在各级党委领导下,实行行政领导责任制,充分发挥专业应急指挥机构的作用。

(4)依法规范,加强管理。依据有关法律和行政法规,加强应急管理,维护公众的合法权益,使应对突发公共事件的工作规范化、制度化、法制化。

(5)快速反应,协同应对。加强以属地管理为主的应急处置队伍建设,建立联动协调制度,充分动员和发挥乡镇、社区、企事业单位、社会团体和志愿者队伍的作用,依靠公众力量,形成统一指挥、反应灵敏、功能齐全、协调有序、运转高效的应急管理机制。

(6)依靠科技,提高素质。加强公共安全科学研究和技术开发,采用先进的监测、预测、预警、预防和应急处置技术及设施,充分发挥专家队伍和专业人员的作用,提高应对突发公共事件的科技水平和指挥能力,避免发生次生、衍生事件;加强宣传和培训教育工作,提高公众自救、互救和应对各类突发公共事件的综合素质。

1.6　应急预案体系

全国突发公共事件应急预案体系包括:

(1)突发公共事件总体应急预案。总体应急预案是全国应急预案体系的总纲,是国务院应对特别重大突发公共事件的规范性文件。

(2)突发公共事件专项应急预案。专项应急预案主要是国务院及其有关部门为应对某一类型或某几种类型突发公共事件而制定的应急预案。

(3)突发公共事件部门应急预案。部门应急预案是国务院有关部门根据总体应急预案、专项应急预案和部门职责为应对突发公共事件制定的预案。

(4)突发公共事件地方应急预案。具体包括:省级人民政府的突发公共事件总体应急预案、专项应急预案和部门应急预案；各市（地）、县（市）人民政府及其基层政权组织的突发公共事件应急预案。上述预案在省级人民政府的领导下，按照分类管理、分级负责的原则，由地方人民政府及其有关部门分别制定。

（5）企事业单位根据有关法律法规制定的应急预案。

（6）举办大型会展和文化体育等重大活动，主办单位应当制定应急预案。

各类预案将根据实际情况变化不断补充、完善。

2 组织体系

2.1 领导机构

国务院是突发公共事件应急管理工作的最高行政领导机构。在国务院总理领导下，由国务院常务会议和国家相关突发公共事件应急指挥机构（以下简称相关应急指挥机构）负责突发公共事件的应急管理工作；必要时，派出国务院工作组指导有关工作。

2.2 办事机构

国务院办公厅设国务院应急管理办公室，履行值守应急、信息汇总和综合协调职责，发挥运转枢纽作用。

2.3 工作机构

国务院有关部门依据有关法律、行政法规和各自的职责，负责相关类别突发公共事件的应急管理工作。具体负责相关类别的突发公共事件专项和部门应急预案的起草与实施，贯彻落实国务院有关决定事项。

2.4 地方机构

地方各级人民政府是本行政区域突发公共事件应急管理工作的行政领导机构，负责本行政区域各类突发公共事件的应对工作。

2.5 专家组

国务院和各应急管理机构建立各类专业人才库，可以根据实际需要聘请有关专家组成专家组，为应急管理提供决策建议，必要时参加突发公共事件的应急处置工作。

3 运行机制

3.1 预测与预警

各地区、各部门要针对各种可能发生的突发公共事件，完善预测预警机制，建立预测预警系统，开展风险分析，做到早发现、早报告、早处置。

3.1.1 预警级别和发布

根据预测分析结果,对可能发生和可以预警的突发公共事件进行预警。预警级别依据突发公共事件可能造成的危害程度、紧急程度和发展势态,一般划分为四级:Ⅰ级(特别严重)、Ⅱ级(严重)、Ⅲ级(较重)和Ⅳ级(一般),依次用红色、橙色、黄色和蓝色表示。

预警信息包括突发公共事件的类别、预警级别、起始时间、可能影响范围、警示事项、应采取的措施和发布机关等。

预警信息的发布、调整和解除可通过广播、电视、报刊、通信、信息网络、警报器、宣传车或组织人员逐户通知等方式进行,对老、幼、病、残、孕等特殊人群以及学校等特殊场所和警报盲区应当采取有针对性的公告方式。

3.2 应急处置

3.2.1 信息报告

特别重大或者重大突发公共事件发生后,各地区、各部门要立即报告,最迟不得超过 4 小时,同时通报有关地区和部门。应急处置过程中,要及时续报有关情况。

3.2.2 先期处置

突发公共事件发生后,事发地的省级人民政府或者国务院有关部门在报告特别重大、重大突发公共事件信息的同时,要根据职责和规定的权限启动相关应急预案,及时、有效地进行处置,控制事态。

在境外发生涉及中国公民和机构的突发事件,我驻外使领馆、国务院有关部门和有关地方人民政府要采取措施控制事态发展,组织开展应急救援工作。

3.2.3 应急响应

对于先期处置未能有效控制事态的特别重大突发公共事件,要及时启动相关预案,由国务院相关应急指挥机构或国务院工作组统一指挥或指导有关地区、部门开展处置工作。

现场应急指挥机构负责现场的应急处置工作。

需要多个国务院相关部门共同参与处置的突发公共事件,由该类突发公共事件的业务主管部门牵头,其他部门予以协助。

3.2.4 应急结束

特别重大突发公共事件应急处置工作结束,或者相关危险因素消除后,现场应急指挥机构予以撤销。

3.3 恢复与重建

3.3.1 善后处置

要积极稳妥、深入细致地做好善后处置工作。对突发公共事件中的伤亡人员、应急处置工作人员，以及紧急调集、征用有关单位及个人的物资，要按照规定给予抚恤、补助或补偿，并提供心理及司法援助。有关部门要做好疫病防治和环境污染消除工作。保险监管机构督促有关保险机构及时做好有关单位和个人损失的理赔工作。

3.3.2　调查与评估

要对特别重大突发公共事件的起因、性质、影响、责任、经验教训和恢复重建等问题进行调查评估。

3.3.3　恢复重建

根据受灾地区恢复重建计划组织实施恢复重建工作。

3.4　信息发布

突发公共事件的信息发布应当及时、准确、客观、全面。事件发生的第一时间要向社会发布简要信息，随后发布初步核实情况、政府应对措施和公众防范措施等，并根据事件处置情况做好后续发布工作。

信息发布形式主要包括授权发布、散发新闻稿、组织报道、接受记者采访、举行新闻发布会等。

4　应急保障

各有关部门要按照职责分工和相关预案做好突发公共事件的应对工作，同时根据总体预案切实做好应对突发公共事件的人力、物力、财力、交通运输、医疗卫生及通信保障等工作，保证应急救援工作的需要和灾区群众的基本生活，以及恢复重建工作的顺利进行。

4.1　人力资源

公安(消防)、医疗卫生、地震救援、海上搜救、矿山救护、森林消防、防洪抢险、核与辐射、环境监控、危险化学品事故救援、铁路事故、民航事故、基础信息网络和重要信息系统事故处置，以及水、电、油、气等工程抢险救援队伍是应急救援的专业队伍和骨干力量。地方各级人民政府和有关部门、单位要加强应急救援队伍的业务培训和应急演练，建立联动协调机制，提高装备水平；动员社会团体、企事业单位以及志愿者等各种社会力量参与应急救援工作；增进国际间的交流与合作。要加强以乡镇和社区为单位的公众应急能力建设，发挥其在应对突发公共事件中的重要作用。

中国人民解放军和中国人民武装警察部队是处置突发公共事件的骨干和突击力量，按照有关规定参加应急处置工作。

4.2　财力保障

要保证所需突发公共事件应急准备和救援工作资金。对受突发公共事件影响较大的行业、企事业单位和个人要及时研究提出相应的补偿或救助政策。要对突发公共事件财政应急保障资金的使用和效果进行监管和评估。

鼓励自然人、法人或者其他组织(包括国际组织)按照《中华人民共和国公益事业捐赠法》等有关法律、法规的规定进行捐赠和援助。

4.3 物资保障

要建立健全应急物资监测网络、预警体系和应急物资生产、储备、调拨及紧急配送体系,完善应急工作程序,确保应急所需物资和生活用品的及时供应,并加强对物资储备的监督管理,及时予以补充和更新。

地方各级人民政府应根据有关法律、法规和应急预案的规定,做好物资储备工作。

4.4 基本生活保障

要做好受灾群众的基本生活保障工作,确保灾区群众有饭吃、有水喝、有衣穿、有住处、有病能得到及时医治。

4.5 医疗卫生保障

卫生部门负责组建医疗卫生应急专业技术队伍,根据需要及时赴现场开展医疗救治、疾病预防控制等卫生应急工作。及时为受灾地区提供药品、器械等卫生和医疗设备。必要时,组织动员红十字会等社会卫生力量参与医疗卫生救助工作。

4.6 交通运输保障

要保证紧急情况下应急交通工具的优先安排、优先调度、优先放行,确保运输安全畅通;要依法建立紧急情况社会交通运输工具的征用程序,确保抢险救灾物资和人员能够及时、安全送达。

根据应急处置需要,对现场及相关通道实行交通管制,开设应急救援"绿色通道",保证应急救援工作的顺利开展。

4.7 治安维护

要加强对重点地区、重点场所、重点人群、重要物资和设备的安全保护,依法严厉打击违法犯罪活动。必要时,依法采取有效管制措施,控制事态,维护社会秩序。

4.8 人员防护

要指定或建立与人口密度、城市规模相适应的应急避险场所,完善紧急疏散管理办法和程序,明确各级责任人,确保在紧急情况下公众安全、有序的转移或疏散。

要采取必要的防护措施,严格按照程序开展应急救援工作,确保人员安全。

4.9　通信保障

建立健全应急通信、应急广播电视保障工作体系，完善公用通信网，建立有线和无线相结合、基础电信网络与机动通信系统相配套的应急通信系统，确保通信畅通。

4.10　公共设施

有关部门要按照职责分工，分别负责煤、电、油、气、水的供给，以及废水、废气、固体废弃物等有害物质的监测和处理。

4.11　科技支撑

要积极开展公共安全领域的科学研究；加大公共安全监测、预测、预警、预防和应急处置技术研发的投入，不断改进技术装备，建立健全公共安全应急技术平台，提高我国公共安全科技水平；注意发挥企业在公共安全领域的研发作用。

5　监督管理

5.1　预案演练

各地区、各部门要结合实际，有计划、有重点地组织有关部门对相关预案进行演练。

5.2　宣传和培训

宣传、教育、文化、广电、新闻出版等有关部门要通过图书、报刊、音像制品和电子出版物、广播、电视、网络等，广泛宣传应急法律法规和预防、避险、自救、互救、减灾等常识，增强公众的忧患意识、社会责任意识和自救、互救能力。各有关方面要有计划地对应急救援和管理人员进行培训，提高其专业技能。

5.3　责任与奖惩

突发公共事件应急处置工作实行责任追究制。

对突发公共事件应急管理工作中做出突出贡献的先进集体和个人要给予表彰和奖励。

对迟报、谎报、瞒报和漏报突发公共事件重要情况或者应急管理工作中有其他失职、渎职行为的，依法对有关责任人给予行政处分；构成犯罪的，依法追究刑事责任。

6　附则

6.1　预案管理

根据实际情况的变化，及时修订本预案。

本预案自发布之日起实施。

本书参考文献

1. Hermann C. Fed. International crisis:Insights from Behavioral Research, New York: Free Press,1972

2. Zimmermann, Ekkart. Political Violence, Crises, and Revolution Theories and Research. G. K. Hall &.Co,1983

3. Robert V. Hong, Stuart A. Klugman. Loss Distributions. John Wiley &. Sons. Inc. ,1984

4. C. Arthur Williams, Jr. , Richard M. Heins. Risk Management and Insurance. Fifth Edition, McGraw-Hill Bock Company,1985

5. Newton L. Bowers Jr. , r. , Hans U. Gerber, James C. Hickman, Donald A. Jones, Cecil J. Nesbitt. Actuarial Mathematics. First Edition, The Society of Actuaries,1986

6. Regester Michael. Crisis Management: How to Turn a Crisis into an Opportunity, London: Hutchinson Business Press,1987

7. Ghartey, J. B.. Crisis Accountability and Development in the Third World, Vermont: Gower Publishing Company,1987

8. Rosenthal Uriel,Charles Michael T. ,ed. CopingWithCrises:the Management of Disasters, Riots and Terrorism. Springfield:Charles C. Thomas Publisher Ltd,1989

9. Stallings. R. A, Schepart C. B. Contrasting Local Government Responses to a Tornado Disaster in two communities. In: R. T. Sylves, W. L. Waugh ed. Cities and Disaster: North American Studies in Emergency Management[R]. Working paper,1990

10. Bolderson, Helen. Social Policy and Social Security in Australia, Britain and the USA, Aldershot Hants: Avebury,1991

11. White, Harrison C. Identity and Control: A Structural Theory of Social Action, Princeton University Press,1992

12. Christopher H. Foreman, Jr, Plagues, Products, and Politics: Emergent Public Health Hazards and National Policymaking, the Brookings Institution, Washington, D. C. 1994

13. George L. Head, Stephen Horn II. Essentials of Risk Management. Second Edition, Insurance Institute of America,1994

14. C. D. Daykin, T. Pentikainen, M. Pesonen. Practical Risk Theory for Actuaries. First Edition, Chapman & Hall,1994

15. Kim. Public Safety Measures and Crisis Management in the Republic of Korea. Jung-Hyun,1996

16. Hupchick, Dennis P.. Conflict and Chaos in Eastern Europe, New York: Academic Pr,1971

17. Fearn-Banks, Kathleen. Crisis Communications: a casebook approach. Lawrence Erlbaum Associates, Inc. 2002

18. Yoshitaka Kuwata. An architecture for Command and Control in Disaster Response Systems [A]. Industrial Electronics Society[C]. 26th Annual Conference of the IEEE, 2000

19. Eric K. Stern and Dan Hansen Crisis Management in a Transitional Society: The Latvian Experience[R]. 2000 (CRISMART: A publication of the Crisis Management Europe Research Program, Volume12)

20. Ali Farazmand, ed, Hand book of crisis and emergency management, NewYork: MarcelDekker, 2001

21. Formidable Final Report [EB/OL]. http://www. formidable-project. org/.. 2002

22. Shibata, Y.. Residents Oriented Disaster Information Network [A]. Applications and the Internet Workshops[c], 2003

23. Buzan, Barry, Wæver, O. Regions and powers: The structure of international security. Cambridge University Press, 2003

24. Etti Baranoff. Risk Management and Insurance. WILEY,2004

25. Ken Booth, Critical Security Studies and World Politics,Lynne Rienner Publishers,Inc. ,2005

26. Ralf Emmers, Mely Caballero-Anthony,and Amitav Acharya, Studying Non-traditional Security in Asia: Trends and Issues, Marshall Cavendish Academic,2006

27. Sarah Norman New Zealand's holistic framework for disaster recovery.

The Australian Journal of Emergency Management，Vol. 21 No 4，November 2006

28. Mely Caballero-Anthony，Ralf Emmers，and Amitav Acharya，Non-traditional Security in Asia：Dilemmas in Securitisation，Ashgate Publishing Limited，2006

29. Ramesh Thakur，The United Nations，Peace and Security，Cambridge University Press，2006

30. Lobert Piccioto，Rachel Weaving，Security and Development：Investing in Peace and Prosperity，Routledge，2006

31. Emil J. Kirchner and James Sperling，Global Security Governance：Competing Perceptions of Security in 21st Century，Routledge，2007

32. Alan Collins，Contemporary Security Studies，Oxford University Press，2007

33. S Neil MacFarlane and Yuen Foong Khong，Human Security and the UN，Pennsylvania ：Indiana University Press，2007

34. Ken Booth，Nicholas J. Wheeler，The Security Dilemma：Fear，Cooperation and Trust in World Politics，Palgrave Macmillan，2008

35. Stephen M. Walt，"The Renaissance of Security Studies"，International Studies Quarterly 35，No. 2

36. BP 公司. BP 世界能源统计[R]. www. bp. com/statisticalreview，2008

37. [美]菲克著，韩应宁译. 危机管理. 台北：经济与生活出版事业公司，1987

38. [日]龟井利明著，李松操译. 危险管理论. 北京：中国金融出版社，1988

39. [日]宫崎男著，余明村译. 危机就是转机. 台北：合森文化事业公司，1988

40. [美]塞缪尔·P. 亨廷顿著，李盛平等译. 变革社会中的政治秩序. 上海：上海译文出版社，1989

41. [美]刘易斯·科塞著，孙立平等译，社会冲突的功能. 北京：华夏出版社，1989

42. [美]防务系统管理学院著，国防科工委军用标准化中心译. 风险分析与管理指南. 北京：航天工业出版社，1992

43. [英]迈克尔·里杰斯特著，陈向阳，陈宁译. 危机公关. 上海：复旦大学出版社，1995

44. [美]德罗尔著，王满传等译. 逆境中的政策制定. 上海：上海远东出版社，1996

45. [美]戴维·奥斯本，特德·盖布勒. 改革政府. 上海：上海译文出版社，1996

46. [英]多米尼克·卡瑟利等.挑战风险——金融机构如何生存和发展.北京：商务印书馆,1997

47. [美]肯尼斯·博克等著,常昌富,顾宝桐译.当代西方修辞学:演讲与话语批评.北京:中国社会科学出版社,1998

48. [美]小哈罗德·斯凯博.国际风险与保险:环境－管理分析.北京:机械工业出版社,1999

49. [英]雷吉斯特等.经营风险与危机处理.北京:中国标准出版社,2000

50. [美]高盛公司编著,寇日明等译.风险管理实务.北京:中国金融出版社,2000

51. [美]休·考特尼等.不确定性管理.北京:中国人民大学出版社,2000

52. [美]B. E. Gilliland, R. K. James,肖水源等译.危机干预策略.北京:中国轻工业出版社,2000

53. [英]迈克尔·雷吉斯特,朱迪·拉金著.经营风险与危机管理.北京:中国标准出版社,科文(香港)出版有限公司,2000

54. [美]威廉斯等.风险管理与保险.北京:经济科学出版社,2000

55. [英]安东尼·吉登斯.第三条道路.北京:北京大学出版社,三联书店,2000

56. [英]萨姆·布莱克著,陈志云等译校.公共关系学新论.上海:复旦大学出版社,2000

57. [英]曼威·柯斯特著,夏铸九,王志弘等校译.网络社会之崛起.台北:唐山出版社,2000

58. [美]罗伯特·希斯著,王成等译.危机管理.北京:中信出版社,2001

59. [美]B. 盖伊·彼得斯,吴爱明,夏宏图译.政府未来的治理模式.北京:中国人民大学出版社,2001

60. [澳]欧文·E. 休斯.公共管理导论.北京:中国人民大学出版社,2001

61. [美]卡尔·帕顿,大卫·沙维奇著,孙兰芝,胡启生等译.政策分析和规划的初步方法.北京:华夏出版社,2001

62. [美]诺曼·奥古斯丁著,北京新华商业风险管理有限责任公司译校.危机管理.北京:中国人民大学出版社,2001

63. [美]劳伦斯·巴顿,符彩霞译.组织危机管理.北京:清华大学出版社,2002

64. [加]加里斯·摩根,刘霞,孙晓莉译.驾御变革的浪潮:开发动荡时代的管理潜能.北京:中国人民大学出版社,2002

65. [日]佐佐淳行著,诸先忠译.危机管理宝典.台北:建宏出版社,2002

66. [美]沃尔特·李普曼著,阎克文,江红译.公共舆论.上海:上海人民出版社,2002

67. [美]约瑟夫·S.奈等主编.球化世界的治理.北京:世界知识书店,2003

68. [意]克里斯蒂安·戈利耶.风险和时间经济学.北京:中信出版社,辽宁教育出版社,2003

69. [英]比尔·维特主编,李正全译.风险管理与危机解决.上海:上海人民出版社,2004

70. [法]加布里埃尔·塔尔德著,[美]特里·N·克拉克编,何道宽译.传播与社会影响.北京:中国人民大学出版社,2005

71. 宋明哲.风险管理.(台湾)中华企业管理发展中心,1984

72. 余红,黄昌保.加强社会预警促进社会稳定.载:王辉主编.社会稳定和发展的理论与实践.天津:天津社会科学院出版社,1992

73. 韦冠俊.安全原理与事故预测.北京:冶金工业出版社,1995

74. 余红胜.亨廷顿的政治发展观浅探.理论学习月刊,1995(3)

75. 丁水木.简论建立中国社会的社会稳定机制.载:赵子祥,曹晓峰主编.21世纪中国经济社会发展与社会学的历史使命.辽宁:辽宁人民出版社,1997

76. 穆怀中.社会保障适度水平研究.经济研究,1997(2)

77. 杨翠迎,庹国柱.建立农民社会养老年金保险计划的经济社会条件的实证分析.中国农村观察,1997(5)

78. 刘思华.对可持续发展经济的理论思考.经济研究,1997(3)

79. 郭秀亮,范作雄.浅探构建中国农村社会保障体系.东南学术,1997(1)

80. 翟晓敏,盛昭瀚,何建敏.应急研究综述与展望.系统工程理论与实践,1998(7)

81. 许文惠,张成福.危机状态下的政府管理.北京:中国人民大学出版社,1997

82. 盛勇等.风险断桥.北京:企业管理出版社,1998

83. 翟晓敏,盛昭瀚,何建敏.应急研究综述与展望.系统工程理论与实践,1998(7)

84. 胡税根.问题管理:国外危机预防新策略.国际新闻界,1999(3)

85. 王逸舟主编.全球化时代的国际安全.上海:上海人民出版社,1999

86. 梁鸿.改革视野中的农村社会保障.市场与人口分析,1999(5)

87. 国家环境保护总局监督管理司编.中国环境影响评价.北京:化学工业出版社,2000

88. 苏伟伦.危机管理.北京:中国纺织出版社,2000

89. 张岩松编著.企业公共关系危机管理.北京:经济管理出版社,2000

90. 何文炯.农村社会养老保险:进与退.浙江大学学报(人文社会科学版),2001(3)

91.鲍宗豪,李振.社会预警与社会稳定关系的深化.浙江社会科学,2001(4)

92.张成福,党秀云.公共管理学.北京:中国人民大学出版社,2001

93.北京太平洋国际战略研究所.应对危机:美国国家安全决策机制.北京:时事出版社,2001

94.林涛,姜庆五.地理信息系统与遥感遥测技术在公共卫生领域的应用.中华预防医学杂志,2002 (6)

95.郑功成.中国社会保障制度变迁与评估.北京:中国人民大学出版社,2002

96.韩文丽.当代中国人口社会养老保障制度的风险分析与道路选择[博士学位论文].西南财经大学,2002

97.刘芳.社会保障制度的国际比较研究.宁夏党校学报,2002(2)

98.吴强.社会危机与社会控制.中国研究,2002 (2)

99.帕特里夏·基利.公共部门标杆管理.北京:中国人民大学出版社,2002

100.朱德武.危机管理——面对突发事件的决策.广东:广东经济出版社,2002

101.叶婧.政府危机管理问题探讨.新疆财经学院学报,2002(4)

102.唐钧.公共危机管理:国际动态与建设经验.新视野,2003 (6)

103.汪玉凯.公共管理与非政府公共组织.北京:中共中央党校出版社,2003

104.张成福.公共危机管理——全面整合的模式与中国的战略选择.中国行政管理,2003(7)

105.冯惠玲.公共危机启示录——对 SARS 的多维审视.北京:中国人民大学出版社,2003

106.薛澜,张强,钟开斌.危机管理:转型期中国面临的挑战.北京:清华大学出版社,2003

107.中国现代国际关系研究所危机管理与对策研究中心.国际危机管理概论.北京:时事出版社,2003

108.王小璐.公共危机与价值失范.社会科学家,2003(9)

109.莫于川.公共危机管理的行政法治现实课题.法学家,2003(4)

110.叶婧.政府危机管理问题探讨.行政与法,2003(1)

111.马建珍.浅析政府的危机管理.长江论坛,2003(5)

112.李泽洲.构建危机时期的政府治理机制.中国行政管理,2003(6)

113.王晓成.论公共危机中的政府公共关系.上海师范大学学报(哲学社会科学版),2003 (11)

114.陈秉正.公司整体化风险管理.北京:清华大学出版社,2003

115.宋清华等.金融风险管理.北京:中国金融出版社,2003

116.国家与政府的危机管理.南昌:江西人民出版社,2003

117. 阎耀军. 城市社会预警基本原理刍议——从城市社会学视角对城市社会问题爆发的预警机理探索. 天津社会科学, 2003(3)

118. http://news.tsinghua.edu.cn/new/news.php? id=5572, 清华大学教授薛澜指出非典带给中国四点重要启示, 中新网, 2003 年 5 月 23 日。

119. 邓国胜: 中国非政府组织发展的新环境, http://www.usc.cuhk.edu.hk/wk_wzdetails.asp? id=1562。

120. 迟福林主编. 警钟——中国: SARS 危机与制度变革. 北京: 民主与建设出版社, 2003

121. 陈双庆. 以色列危机管理的运作程序, 学习时报, 2003-4-21

122. 李军. 韩国的危机管理机制. 学习时报, 2003-6-9

123. 王缉思总主编, 查道炯分册主编. 中国学者看世界·非传统安全卷. 北京: 新世界出版社, 2007

124. 王逸舟著. 全球政治与中国务外交. 北京: 世界知识出版社, 2003

125. 黄惠青, 何巧白. 现行农村社会养老保险制度评析. 观察思考, 2003(10)

126. 王金安. 人口老龄化与我国农村社会养老保险制度缺陷分析. 数量经济技术经济研究, 2003(7)

127. 吴妙琢, 郭小燕. 对建立和完善农村养老保险制度的思考. 北京市计划劳动管理干部学院学报, 2003(4)

128. 吴泽民, 宿鲁, 段德辉. 疾病控制预警系统模式探讨. 中国公共卫生, 2003(10)

129. 杨开忠等编著. 国外公共卫生突发事件管理要览. 北京: 中国城市出版社, 2003

130. 张梦中. 美国的危机管理体统及其在"非典"防范中的作用. 中国行政管理, 2003(7)

131. 唐钧. 公共危机管理: 国际趋势与前沿动态. 理论与改革, 2003(6)

132. 林国基, 贾珣, 欧阳顾. 用小世界网络模型研究 SARS 病毒的传播. 北京大学学报(医学版), 2003(增刊)

133. 郭济主编. 政府应急管理实务. 北京: 中共中央党校出版社, 2004

134. 曹现强, 赵宁. 危机管理中多元参与主体的权责机制分析. 中国行政管理, 2004(7)

135. 李琪, 董幼鸿. 论公共服务型政府的建设与创新. 中国行政管理, 2004(11)

136. 孙多勇, 鲁洋. 危机管理的理论发展与现实问题. 江西社会科学, 2004(4)

137. 朱锋. "非传统安全"解析. 中国社会科学, 2004(4)

138. 钟凯文, 黄建民. 基于 GIS/GSM 的疾病防疫应急指挥决策系统的设计与

实现.测绘科学,2004（1）

139.林伯强.电力短缺——短期措施与长期战略.经济研究,2004(3)

140.卢海元.粮食换保障:建立农村社会养老保险制度的新探索.工作研究与建议,2004(17)

141.蒋金荷.提高能源效率与经济结构调整的策略分析.数量经济技术经济研究,2004(10)

142.杨翠迎,何文炯.社会保障水平与经济发展的适应性关系研究.公共管理学报,2004(1)

143.米红,邱婷婷.农村社会养老保险基金长期平衡的精算预测与分析——基于北京市大兴区案例分析.厦门大学国家农村社会保险研究中心研究报告,2004年11月

144.米红.农村社会养老保险制度创新.北京:经济管理出版社,2004

145.米红,周仲高.人口流动影响下的农村社会养老保险方案重构与仿真研究——基于福建省的案例分析.中国人口科学,2005(5)

146.刘长敏主编:危机应对的全球视角——各国危机应对机制与实践比较研.北京:中国政法大学出版社,2004

147.徐家良.美日政府危机管理体制比较及启示.中国软科学,2004(6)

148.刘文光.国外政府危机管理的基本经验及其启示.中共云南省党校学报,2004(2)

149.刘助仁.危机管理——国际经验的审视与启示.四川行政学院学报,2004(1)

150.王德迅.日本危机管理研究.世界经济与政治,2004(3)

151.顾林生,刘静坤.英联邦危机管理体系.城市与减灾,2004(3)

152.倪芬.俄罗斯政府危机管理体制的经验与启示.行政论坛,2004(66)

153.何贻纶.俄美两国危机管理机制比较研究及其启示.福建师范大学学报(哲学社会科学版),2004(3)

154.郭济.中央和大城市政府应急机制建设.北京:中国人民大学出版社,2005

155.王茂涛.近年来国内公共危机管理研究综述.政治学研究,2005(4)

156.胡税根.公共部门绩效管理——迎接效能革命的挑战.杭州:浙江大学出版社,2005

157.曹伟,周洋毅.国外大城市防灾应急管理体系研究及借鉴.城市防灾,2005(9)

158.王强.美国危机管理对我国的启示.武警学院学报,2005(21)

159.刘艳,刘新.试析韩国危机管理机制及其对中国的启示.中国人民公安大

学学报,2005(2)

160.杨安华.近年来我国公共危机管理研究述评.江海学刊,2005(1)

161.王德迅.国外公共危机管理机制纵横谈.求是,2005(20)

162.刘萍萍,韩文秀等.发达国家危机管理机制与我国公共危机管理体系设计.西北农林科技大学学报(社会科学版),2005(4)

163.徐红,方雅静.政府危机管理.同济大学学报(社会科学版),2005(3)

164.何文炯:风险管理.北京:中国财政经济出版社,2005

165.吴江.公共危机管理能力.北京:国家行政学院出版社,2005

166.王茂涛.近年来国内公共危机管理研究综述.政治学研究,2005(4)

167.王辑思,徐辉.中美危机行为比较分析.美国研究,2005(2)

168.顾林生.东京大城市防灾应急管理体系及启示.防灾技术高等专科学校学报,2005(7)

169.曹伟,周洋毅.国外大城市防灾应急管理体系研究及借鉴.城市防灾,2005(9)

170.李希光,周庆安主编.软力量与全国传播.北京:清华大学出版社,2005

171.胡百精著.危机传播管理.北京:中国传媒大学出版社,2005

172.佘廉,马颖,王超.我国政府重大突发事件预警管理的现状和完善研究.危机管理,2005(11)

173.赵士林著.突发事件与媒体报道.上海:复旦大学出版社,2005

174.万鹏飞主编.美国、加拿大何英国突发事件应急管理法选编.北京:北京大学出版社,2006

175.朱正威,吴霞.论政府危机管理中公共政策的应对框架与程式.中国行政管理,2006(2)

176.肖鹏英,当代公共危机管理研究的现状及发展趋势.贵州社会科学,2006

177.包正友,苏燕.美国飓风给政府危机带来的思考.管理咨询,2006(7)

178.邱美荣."危机管理与应急机制"国际学术研讨会综述.国外社会科学,2006(4)

179.陈先才.美俄危机管理体制之比较.行政与法,2006(6)

180.赵敬丹,邬海萍.美日政府危机管理制度对中国的启示.沈阳师范大学学报,2006(30)

181.姚国章.典型国家突发公共事件应急管理体系及借鉴.南京审计学院学报,2006(3)

182.陈姣娥.论政府在农村社会养老保险制度中的责任.兰州学刊,2006(2)

183.宫晓霞.发达国家农村社会养老保险制度及其启示.中央财经大学学报,

2006(6)

184. 汪玉凯.公共危机与管理.北京:中国人事出版社,2006

185. 肖鹏军.公共危机管理导论.北京:中国人民大学出版社,2006

186. 胡豹,卫新.国外农村社会养老保障的实践比较与启示.商业研究,2006(7)

187. 魏巍贤.人民币升值的宏观经济影响评价.经济研究,2006(4)

188. 沈年耀.农村社会养老保险制度的外部环境因素分析.襄樊学院学报,2006(6)

189. 石宏伟.我国农村社会养老保险制度的现状分析和理性思考.安徽农业科学,2006

190. 米红等.嘉兴农村社会养老保险报告.厦门大学国家农村社会保险研究中心研究报告,2006

191. 米红.农村社会养老保险的模式、识别方法技术与政策仿真.北京:华龄出版社,2006

192. 肖鹏军.公共危机管理导论.北京:中国人民大学出版社,2006

193. 赵成根.国外大城市危机管理模式研究.北京:北京大学出版社,2006

194. 朱正威,吴霞.论政府危机管理中公共政策的应对框架与程式.中国行政管理,2006

195. 肖鹏英.当代公共危机管理研究的现状及发展趋势.贵州社会科学,2006(1)

196. 包正友,苏燕.美国飓风给政府危机带来的思考.管理咨询,2006(07)

197. 邱美荣."危机管理与应急机制"国际学术研讨会综述.国外社会科学,2006(4)

198. 陈先才.美俄危机管理体制之比较.行政与法,2006(6)

199. 赵敬丹,邬海萍.美日政府危机管理制度对中国的启示.沈阳师范大学学报,2006(3)

200. 姚国章.典型国家突发公共事件应急管理体系及借鉴.南京审计学院学报,2006(3)

201. 汪玉凯.公共危机与管理.北京:中国人事出版社,2006

202. 丛志杰,吕富媛.公共危机治理中的政策困境及其化解.内蒙古大学学报(人文社会科学版),2006(6)

203. 余潇枫等.非传统安全概论.杭州:浙江人民出版社,2006

204. 胡税根,翁列恩.预见性政府的治理与社会突发事件预警机制的建立.浙江大学学报,2006(2)

205. 郑涛.转型期我国面临的公共危机及政府对策.城市与减灾,2006(1)

206. 肖鹏军主编.公共危机管理导论.北京:中国人民大学出版社,2006

207. 蔡英文著.政治实践与公共空间.北京:新星出版社,2006

208. 丁元竹等主编.中国志愿服务研究.北京:北京大学出版社,2007

209. 李飞主编.中华人民共和国突发事件应对法释义.北京:法律出版社,2007

210. 余潇枫著.非传统安全与公共危机治理.杭州:浙江大学出版社,2007

211. 孙多勇著.突发事件与行为决策.北京:社会科学文献出版社,2007

212. 斯亚平.公共危机管理体系研究.北京:知识产权出版社,2007

213. 邱美荣.后"9.11"时期美国的危机管理研究.外交评论,2007(100)

214. 周文彧.发达国家城市综合防灾的启示.城市减灾,2007(3)

215. 卢一郡,贾红轩.美国国家突发事件管理系统简介.中国急救复苏与灾害医学杂志,2007(2)

216. 宋立军,普娜,瓦建任.俄罗斯的应急体系.中国应急救援,2007(3)

217. 肖淑敏.西方突发公共卫生事件管理体系对我国的启示.河南理工大学学报(社会科学版),2007(8)

218. 孙叶青,臧术美."9.11"事件前后日本的危机管理.黑龙江社会科学,2007(3)

219. 张红梅.协同应对.公共危机管理中的公众参与.长白学刊,2007(6)

220. 余潇枫.非传统安全与现实中国.杭州:浙江大学出版社,2007

221. 傅勇.非传统安全与中国.上海:上海人民出版社,2007

222. 朱锋.国际关系理论与东亚安全.北京:中国人民大学出版社,2007

223. 米红,王丽郦.从覆盖到衔接:论中国和谐社会保障体系"三步走"战略.中国第二届社会保障论坛,2007

224. 米红.农村社会养老保障制度、方法与制度设计.杭州:浙江大学出版社,2007

225. 杨翠迎,米红.农村社会养老保险:基于有限财政责任理念的制度安排及政策构想.西北农林科技大学学报,2007(3)

226. 王黎明.建立健全我国农村社会养老保险制度必要性和可行性分析.农村社保,2007(6)

227. 戴卫东.中国农村社会养老保险制度研究述评.中国农村观察,2007(1)

228. 王伟.公共危机信息管理体系构建与运行机制研究[博士学位论文].吉林大学,2007

229. 孙稳存.能源冲击对中国宏观经济的影响.经济理论与经济管理,2007(2)

230. 焦克源、周燕.西部农村建立社会养老保险制度的困境与路径探析——以甘肃省为例.开发研究,2007(6)

231. 刘晓清.发达国家农村社会养老保险制度及启示.浙江经济,2007(16)

232. 周建.经济转型期中国能源需求的长期均衡及短期波动:1978—2005.南开经济研究,2007(3)

233. 张子琦,张之蔚.日元汇率走势及其对中国经济的影响分析.价格月刊,2007(1)

234. 孙黎,李俊江,范思琦.浅析国际矿产资源经济贸易发展趋势及转型.黄金,2007(11)

235. 赵进文,范继涛.经济增长与能源消费内在依从关系的实证研究.经济研究,2007(8)

236. 王洪.完善我国农村社会养老保险制度的路径分析.经济工作,2008(2)

237. 米红,项洁雯."有限财政"下的农保制度及仿真研究.中国社会保障,2008(10)

238. 项洁雯,米红,童素娟,方锐帆.中国农村养老保险制度发展的风险因素分析及政策仿真研究——基于农村人口老龄化的预测与养老保险制度创新研究.中国第三届社会保障论坛文集,2008

239. 王良.论国外危机管理机制的特点及启示.毛泽东邓小平理论研究,2008(7)

240. 熊文美,陈进,李幼平等.美日俄中四国地震医疗救援应急管理比较.中国循证医学杂志,2008(8)

241. 叶国文.民众参与和危机演习:政府危机管理的再思考.中共浙江省委党校学报,2008(4)

242. 游志斌.公共安全危机的恢复管理研究.中国公共安全,2008(3)

243. 郭晶莹.从暴雪灾害事件看政府危机管理中的公共政策制定.经济研究导刊,2008(9)

244. 陈福今,唐铁汉.中国的公共危机管理.北京:外文出版社,2008

245. 胡百精.中国危机管理报告(2007).北京:中国人民大学出版社,2008

246. 卢涛.危机管理.北京:人民出版社,2008

247. 许蔓舒.国际危机预警.北京:时事出版社,2008

248. 中国科学技术协会.中国城市承载力及其危机管理研究报告.北京:中国科学技术出版社,2008

249. 周晓丽.灾害性公共危机治理(基于体制机制和法制的视界).北京:社会科学文献出版社,2008

250. 陈秀峰. 公共危机治理中的非政府组织参与. 华中师范大学学报(人文社会科学版),2008(1)

251. 张立荣,何水. 公共危机协同治理:理论分析与中国关怀——社会资本理论的视角. 理论与改革,2008(2)

252. 张立荣,冷向明. 协同治理与我国公共危机管理模式创新——基于协同理论的视角. 华中师范大学学报(人文社会科学版),2008(2)

253. 陈晓剑,刘智,熊宇. 基于危机信息的公共危机决策治理结构安排. 科学学研究,2008(2)

254. 杜文. 浅析转型时期我国的公共危机及危机管理机制建设. 法制与社会,2008(9)

255. 黄文斌. 非政府组织:公共危机管理中的坚实力量. 法制与社会,2008(18)

后　记

　　我国正处于经济和社会发展的转型时期,社会突发事件的频发及危害性使得公共危机管理越来越引起我国各级政府和社会各界的高度重视。笔者在20个世纪90年代开始危机管理问题的研究,2004年主持了浙江省重大招标课题"应对社会突发事件的预警机制、应急机制及责任机制研究"并受到浙江省社科规划办的资助。2006年初,余潇枫、何文炯、米红、杨翠迎等教授与我共同商讨撰写公共危机管理的系列著作,并由我负责组织《公共危机管理通论》的撰写工作。后杨翠迎教授因调任上海财经大学而遗憾没有继续参与。在本著作的写作过程中,非传统安全与公共危机管理研究方向受到学院和学校领导的高度重视,2006年11月我校成立了以余潇枫教授为主任的浙江大学非传统安全与和平发展研究中心,非传统安全管理与公共危机管理成为我校多学科交叉的重要研究方向,并于近年内发表了一批重要成果。在2007年12月至2008年3月我作为学校汤永谦教育基金高级访问学者赴美国交流,由于佛罗里达州是美国飓风等自然灾害频发之地,与我国浙江等东南沿海省市有相似之处,于是通过美国亚利桑那州立大学蓝志勇教授的帮助,联系了在中佛罗里达大学从事公共危机管理和政府绩效管理领域的研究工作。在中佛罗里达大学,我多次受邀赴刘国才教授的宴请,在学校办公室和刘国才教授的寓所,与刘国才教授进行了深入交流和探讨,还做了相关主题的讲座。在此,对浙江大学汤永谦教育基金会、亚利桑那州立大学蓝志勇教授以及中佛罗里达大学刘国才教授的支持和帮助深表感谢。在美国期间,我还游历了哈佛大学、普林斯顿大学和麻省理工学院,对美国公共危机管理工作有了直接的认识。2008年4月,经过2年多的努力,我们终于完成了此书初稿,此后还进行了多次讨论和修改。在书稿的修改过程中,浙江省人事厅培训教育处傅七宝处长、倪建海副处长等提出了宝贵的意见和建议,并得到了浙江大学公共管理学院院长姚先国教授、副院长陈劲教授、院务委员会副主任陈国权教授等学院领导和教师的关心和支持,在此表示衷心的感谢!

　　《公共危机管理通论》是我们各位作者集体合作和智慧的结晶。本书由我负责总体思路和写作大纲,并进行统稿,在此过程中,我与余潇枫教授就总体思路和大纲进行了多次讨论和修改。书稿的具体写作分工如下:第一章公共危机管理概述由胡税根撰写,第二章风险评估与公共危机管理由何文炯撰写,第三章公共危机预警管理由胡税根(第二节)、翁列恩(第三节)和吴乐珍(第一节)撰写,第四章公共危机应急管理由翁列恩撰写,第五章公共危机管理体制由吴乐珍撰写,第六章公共危机的沟通管理与社会参与由李佳撰写,第七章公共危机管理系统设计与政策仿真由米红、韩娟、杨帆和项洁雯撰写,第八章公共危机管理绩效评估由胡税根(第二节)和付璇(第一节、第三节)撰写,第九章国外公共危机管理由姚水琼撰写,第十章非传统安全视阈中的公共危机管理由余潇枫(第一节、第二节)和李佳(第三节)撰写。余潇枫教授、何文炯教授、米红教授教学和科研工作非常繁忙,对他们的努力和贡献致以衷心的感谢!同样也对翁列恩、李佳、吴乐珍、姚水琼、韩娟、杨帆、项洁雯和付璇等作者的辛勤努力和贡献致以衷心的感谢! 在本书的校对和参考文献的梳理过程中,研究生潘丽娜、徐元帅也付出了心血,同时也得到了浙江大学出版社傅百荣先生的支持,在此一并表示谢意!

我们认为,本书比较全面地整合了国内已有的公共危机管理的研究成果,首次把非传统安全视角引入公共危机管理研究,把风险分析方法运用于危机管理之中,把公共危机管理的绩效评估体系构建作为书的重点内容,把危机管理的社会参与和公共危机的恢复管理纳入危机研究的分析框架之中,并把公共危机管理的系统思维培养、应对能力素质提升及政府执政能力提高作为各章内容阐述的基本点。本书在构建具有预见性的政府、建立公共危机管理绩效评估框架、树立非传统安全观念、公共危机管理系统设计与政策仿真等研究领域都结合了新公共管理的理念与方法,使现代公共危机管理具备更多的可行性与创新性,体现了创新型政府的发展要求。本书中还有的不足,非常希望各位专家和读者批评指正。

最后,特别要感谢清华大学公共管理学院教授兼院长、我国著名公共危机管理专家薛澜先生。在本书完稿之际,我们邀请了薛澜先生审稿并作序,薛澜先生给予我们的研究以高度的评价并提出了宝贵的意见和建议,在此对薛澜教授的支持和不吝赐教深表谢意!

胡税根

2008 年 12 月于浙江大学玉泉校区

图书在版编目（CIP）数据

公共危机管理通论 / 胡税根等著. —杭州:浙江大学出
版社，2009.6(2018.7 重印)
　ISBN 978-7-308-06729-4

　Ⅰ. 公… 　Ⅱ. 胡… 　Ⅲ. 国家行政机关－紧急事件－公共
管理－概论 　Ⅳ. D035.1

中国版本图书馆 CIP 数据核字（2009）第 060018 号

公共危机管理通论

胡税根　余潇枫　何文炯　米　红 等著

责任编辑	傅百荣
封面设计	宋纪浔
出版发行	浙江大学出版社
	（杭州市天目山路 148 号　邮政编码 310007）
	（网址:http://www.zjupress.com）
排　　版	杭州中大图文设计有限公司
印　　刷	杭州杭新印务有限公司
开　　本	787mm×1092mm　1/16
印　　张	24.75
字　　数	457 千
版 印 次	2009 年 6 月第 1 版　2018 年 7 月第 5 次印刷
书　　号	ISBN 978-7-308-06729-4
定　　价	58.00 元